Supplement

zu

Staub's Kommentar

zum Allgemeinen Deutschen

Handelsgesetzbuch,

enthaltend:

1. eine Erläuterung der Bestimmungen des neuen H.G.B. über die Handlungsgehilfen.
2. eine vergleichende Darstellung des alten und des neuen H.G.B.

Herausgegeben

von

Hermann Staub.

Non multa sed multum

Berlin 1897.

J. J. Heines Verlag.

Vorrede.

Das vorzeitige Inkrafttreten der Bestimmungen über die Handlungsgehilfen hatte für mich die unabweisbare Pflicht im Gefolge, in einem Supplement die neuen Bestimmungen über die Handlungsgehilfen zu erörtern. Dabei ist überall der Kommentar zu Grunde gelegt und nur die Unterschiede sind hervorgehoben. Das schien mir dem Charakter eines Supplements zu entsprechen und dem Zwecke zu genügen. Besondere Rücksicht ist darauf genommen, wie sich die in Frage kommenden Rechtsverhältnisse in der Zwischenzeit (vom 1. Januar 1898 bis zum 1. Januar 1900) gestalten. — Vergl. S. 5.

In einem zweiten Nachtrage wird das alte Recht mit dem neuen verglichen, und zwar an der Hand des alten, weil dieses dasjenige ist, das dem Juristen zunächst geläufig ist.

Besondere Abkürzungen dieses Supplements.

Komm. = Staubs Kommentar zum Allgemeinen Deutschen Handelsgesetzbuch.

Denkschrift = Denkschrift zum Entwurf eines H.G.B. in der Fassung der dem Reichstag gemachten Vorlage. Berlin 1897. J. Guttentag.

K.B. = Bericht der 18. Kommission über den Entwurf eines H.G.B. Drucksachen des Reichstags Nr. 735.

Zwischenzeit. Wenn in der folgenden Darstellung von der Zwischenzeit die Rede ist, so ist damit die Zeit zwischen dem 1. Januar 1898 (dem Tage des Inkrafttretens der Handlungsgehilfenbestimmungen des neuen H.G.B.) und dem 1. Januar 1900 (dem Tage des Inkrafttretens des ganzen H.G.B.) gemeint.

Erster Theil.

Erläuterung der Bestimmungen des neuen H.G.B. über die Handlungsgehilfen.

Art. 1 Abs. 2 des Einführungsgesetzes zum neuen H.G.B.

Der sechste Abschnitt des Handelsgesetzbuchs tritt mit Ausnahme des § 65 am 1. Januar 1898 in Kraft.

1. **Das neue Handelsgesetzbuch vom 10. Mai 1897** [1]) **soll in seiner Totalität am 1. Januar 1900**, zugleich mit dem Bürgerlichen Gesetzbuch, in Kraft treten. Ein Theil davon, **der Abschnitt über die Handlungsgehilfen**, soll aber nach obiger Bestimmung des Einführungsgesetzes, welche auf einem Beschlusse der Reichstagskommission beruht, **bereits am 1. Januar 1898** Geltung erlangen. Diese Bestimmung hat darin ihren Grund, daß die rechtliche Stellung und auch die sozialen Verhältnisse der Handlungsgehilfen schon seit Jahren einer verbesserten gesetzlichen Regelung für bedürftig erachtet werden. Der Reichstag hatte schon früher namentlich über die Kündigungsverhältnisse Initiativbeschlüsse gefaßt, welche vom Bundesrath bisher nur deshalb nicht erledigt wurden, weil die Revision des H.G.B. in Aussicht stand. Als nun das neue H.G.B. zu Stande kam, wollte man die in diesem enthaltenen Verbesserungen den Handlungsgehilfen schon 2 Jahre vor dem Inkrafttreten der neuen Reichsgesetzbücher zu Theil werden lassen.

   Die entgegenstehenden Bestimmungen des alten H.G.B. sind dadurch ohne Weiteres aufgehoben, wenn dies auch nicht ausdrücklich gesagt ist.
2. **Nur die Bestimmungen des neuen H.G.B. über die Handlungsgehilfen, nicht auch die subsidiären Bestimmungen des Bürgerlichen Gesetzbuches** treten vom 1. Januar 1898 in Kraft. Diese letzteren treten vielmehr erst mit dem 1. Januar 1900 in Kraft. Für die Zwischenzeit vom 1. Januar 1898 bis 1. Januar 1900 finden die Bestimmungen des neuen H.G.B. über die Handlungsgehilfen ihre Ergänzung durch das bisherige bürgerliche Recht, Reichs- und Landesrecht. Insbesondere gilt dies von der rechtlichen Natur des Dienstvertrags und von den Versehen der Gehilfen. Wo sonstige handelsrechtliche Bestimmungen in Frage kommen (z. B. über die Geltung von Handelsgebräuchen), kommt in der Zwischenzeit das alte, nicht das neue H.G.B. in Anwendung. — Ein eigenthümliches Zwischenrecht!
3. **Uebergangsbestimmungen** sind nicht gegeben. Es fehlt jede Vorschrift darüber, welche Bestimmungen maßgebend sein sollen für die am 1. Januar 1898 bestehenden Handlungs-

---

[1]) Es hat den Titel „Handelsgesetzbuch" und ist abgedruckt in Nr. 23 des Reichsgesetzblatts, ausgegeben am 21. Mai 1897. Es ist in §§ eingetheilt, nicht in Artikel. Dagegen hat das Einf.-Ges. Artikel.

Gehilfenverhältnisse. Auch für die Uebergangszeit vom 1. Januar 1900 fehlt eine solche Bestimmung. Allein dieser letztere Mangel dürfte bedeutungslos sein, weil der Zusammenhang der an diesem Tage in Kraft tretenden Gesetzbücher die Lücke ausfüllt. Denn sicherlich liegt es im Geiste jener an einem Tage in Kraft tretenden, als organisches Ganze gedachten Gesetze, daß für die Uebergangszeit die Bestimmungen der Art 170 und 171 des Einführungsgesetzes zum B.G.B. maßgebend sein sollen. Das Gleiche aber wird man auch für die jetzt bevorstehende Uebergangszeit vom 1. Januar 1898 annehmen müssen. Denn die Bedeutung des „Inkrafttretens", also die rechtliche Kraft, mit der das Gesetz in Geltung tritt und in bestehende Verhältnisse eingreift, soll wohl in beiden Fällen die gleiche sein. Auch entsprechen die Vorschriften der Art 170 und 171 allgemeinen Rechtsanschauungen. Danach bleiben für die am 1. Januar 1898 bestehenden Dienstverhältnisse zunächst die bisherigen Gesetze maßgebend. Wenn sich aber das Dienstverhältniß unter der Herrschaft des neuen Rechts fortsetzt, obwohl unter Zugrundelegung des alten Rechts eine Kündigung zulässig war, so ist vom Zeitpunkt der solchergestalt eingetretenen Fortsetzung das neue Recht maßgebend. Soweit freilich die Vorschriften öffentlichrechtlicher Natur oder unverzichtbar sind, treten sie sofort am 1. Januar 1898 in Wirksamkeit ohne Rücksicht auf diese Kündigungsfragen (vgl. z. B. Zusatz zu § 62).

Handelsgesetzbuch.

Erstes Buch. Handelsstand.

Erster Abschnitt. Handlungsgehülfen und Handlungslehrlinge.

§ 59.

Wer in einem Handelsgewerbe zur Leistung kaufmännischer Dienste gegen Entgelt angestellt ist (Handlungsgehülfe), hat, soweit nicht besondere Vereinbarungen über die Art und den Umfang seiner Dienstleistungen oder über die ihm zukommende Vergütung getroffen sind, die dem Ortsgebrauch entsprechenden Dienste zu leisten sowie die dem Ortsgebrauch entsprechende Vergütung zu beanspruchen. In Ermangelung eines Ortsgebrauchs gelten die den Umständen nach angemessenen Leistungen als vereinbart.

Einleitung. Der vorliegende Paragraph entspricht dem Art. 57 des alten H.G.B. Formell unterscheidet er sich von ihm mehrfach, sachlich nicht. Der hauptsächlichste formelle Unterschied besteht darin, daß er eine Definition des Begriffes Handlungsgehilfe giebt.

Anm. 1. **Die Erläuterung schließt sich eng an die des Art. 57 an.**

Was zunächst die **Form des Engagementsvertrags** anlangt, so sind hierfür für die Zwischenzeit die Art. 273 Abs. 1 und 317 maßgebend. Er ist formlos giltig. Denn er ist ein Handelsgeschäft (§ 7 zu Art. 273). Es wird das übrigens auch nach dem 1. Januar 1900 nicht anders sein, da weder das neue H.G.B., noch das B.G.B. für Dienstverträge Formvorschriften aufstellt.

Anm. 2. 1. **Der Begriff des Handlungsgehilfen.** Er wird nunmehr vom Gesetze definirt: wer in einem Handelsgewerbe zur Leistung kaufmännischer Dienste gegen Entgelt angestellt ist. Hierin sind alle Merkmale unserer Definition im § 1 zu Art. 57 enthalten.

a) Er ist gegen Entgelt angestellt. Daraus folgt, daß er in einem Dienstverhältnisse stehen muß, daß also das von uns im § 1a zu Art. 57 aufgestellte Kriterium vorhanden ist. Denn wer gegen Entgelt angestellt ist, steht im Sinne des neuen

H.G.B. zumal im Hinblick auf § 611 B.G.B., in einem Dienstvertragsverhältnisse. Alles Weitere ergiebt sich daher aus Komm. § 1a zu Art. 57.

Das Kriterium der Entgeltlichkeit bewirkt, daß der Volontär kein Handlungsgehilfe ist. Allein nur diejenigen Vorschriften werden auf ihn keine Anwendung finden, welche von der Vergütung handeln. Im Uebrigen gehört zum Begriffe des Volontärs, daß er freiwillig die Pflichten eines Handlungsgehilfen übernimmt, und als Aequivalent hierfür wird man ihm auch (außer dem Recht auf Vergütung) alle Rechte des Handlungsgehilfen gewähren müssen.

b) In einem Handelsgewerbe angestellt muß der Handlungsgehilfe sein. Das Kriterium ist selbstverständlich. Denn es handelt sich ja nur um die Gehilfen des Kaufmanns. Von uns war dieses Merkmal daher früher nicht hervorgehoben worden. Es hat die Bedeutung, daß die Gehilfen eines Gewerbetreibenden, der nicht Kaufmann ist, auch dann keine Handlungsgehilfen sind, wenn ihre Dienste kaufmännischer Natur sind. Der Begriff Handelsgewerbe richtet sich für die Zwischenzeit nach dem alten H.G.B., der des neuen H.G.B. wird davon oft wesentlich verschieden sein (§§ 1, 2, 3 des neuen H.G.B.) Anm. 3.

c) Um kaufmännische Dienste zu leisten, muß die Anstellung erfolgt sein. Das ist nunmehr ausdrücklich ausgesprochen. Der längst begrabene Streit, ob alle Gehilfen eines Kaufmanns Handlungsgehilfen sind, oder nur diejenigen, welche kaufmännische Dienste leisten (Komm. § 2 zu Art. 57), fällt dadurch für ewig der Vergessenheit anheim. Die Gewerbegehilfen, das Gesinde und die sonstigen Gehilfen des Kaufmanns scheiden aus der Klasse der Handlungsgehilfen aus. Für sie gelten die für das Arbeitsverhältniß dieser Personen geltenden besonderen Vorschriften (vergl. § 83 des neuen H.G.B.). Die Denkschrift S. 60 hebt hervor, daß es den Begriff Handlungsgehilfe nicht aufhebt, wenn der Gehilfe nebenbei noch technische Dienste zu verrichten hat. Das ist nicht zweifelhaft. Zweifelhafter ist es schon, wie die Sache steht, wenn die technischen Dienstleistungen nicht den Charakter der Neben- oder Hilfsleistungen haben. Hierüber s. Komm. § 2 Note 1 zu Art. 57. Anm. 4.

Für die einschlagenden Einzelfragen gelten die Erläuterungen im Komm. §§ 2—5 zu Art. 57.

d) Nicht hervorgehoben ist, daß der Handlungsgehilfe nicht Vertreter in Rechtsgeschäften zu sein braucht. Das Kriterium ist nicht bestritten. Anm. 5.

e) Nicht hervorgehoben ist ferner, daß der Handlungsgehilfe vom Prinzipal (scil. oder dessen Vertreter) angestellt sein muß. Die Direktoren von Aktiengesellschaften sind nicht Handlungsgehilfen. Das folgt auch für das neue H.G.B. aus dem Zusammenhange seiner Vorschriften. Der Leiter des Geschäfts, der die Stellung eines gesetzlichen Vertreters hat, ist seiner Natur nach nicht Handlungsgehilfe. Anm. 6.

2. **Die Natur der Dienste.** Diese richten sich, wie früher, nach der Vereinbarung, eventuell nach dem Ortsgebrauch, eventuell ist das Angemessene zu leisten (früher war gesagt: richterliches Ermessen entscheidet). Zu verweisen ist auf Komm. § 6 zu Art. 57. Anm. 7.

3. **Ueber die Ansprüche** des Handlungsgehilfen entscheidet ebenfalls Vereinbarung, eventuell richterliches Ermessen. Anm. 8.

a) Unter den Ansprüchen erwähnt das neue H.G.B. die Vergütung. Früher war Gehalt und Unterhalt genannt. Die letzteren Begriffe waren zu eng, da statt des Gehalts oder neben demselben oft Tantieme oder Provision bedungen waren. Vgl. unter c.

b) Der Anspruch auf ein Dienstzeugniß ist jetzt ausdrücklich zugestanden im § 73. S. diesen. Anm. 9.

c) Der Anspruch des Gehilfen auf Tantieme ist auch im neuen H.G.B. nicht geregelt. Es gelten für die Zwischenzeit ungeschmälert die Anmerkungen des Komm. § 8 zu Art. 57. Anm. 10.

Hinzuzufügen ist bei dieser Gelegenheit, daß der Anspruch auf Vorlegung der Bücher nicht cedirbar ist (R.G. vom 7. Dezember 1896 in J.W. 1897. S. 57).

d) Ueber die Provision disponirt § 65 des neuen H.G.B. Allein dieser Paragraph Anm. 11.

soll aus technischen Gründen, weil er auf Bestimmungen des neuen H.G.B. verweist, welche erst später in Kraft treten, mit dem 1. Januar 1898 noch nicht in Kraft treten. (K. B. S. 130). Es gilt daher für die Zwischenzeit das in Komm. § 9 zu Art. 57 Gesagte.

Anm. 12. e) **Ueber das Versprechen eines Weihnachtsgeschenks oder einer Neujahrsgratifikation enthält auch das neue H.G.B. nichts.** Zu vergleichen ist daher Komm. § 9e zu Art. 57. Die gerichtliche oder notarielle Form, welche im B.G.B. § 518 für Schenkungen vorgeschrieben ist, gilt in der Zwischenzeit nicht. Nach dem neuen H.G.B. wird, da eine dem Art. 317 analoge Vorschrift, durch welche die Formfreiheit aller Handelsgeschäfte gesichert wäre, fehlt, jene erhöhte Form platzgreifen, soweit man eine wirkliche Schenkung und nicht einen Zuschlag zur Vergütung als vorhanden annehmen wird.

Anm. 13. **Zusatz.** Das in Komm. § 10 zu Art. 357 von uns behandelte **Retentionsrecht** ist auch im neuen H.G.B. nicht erwähnt. Die Kommission lehnte die Regelung dieser Materie ab (K.B. S. 23). Es gelten daher für die Zwischenzeit die Bemerkungen Komm. § 10 zu Art. 357, nachher die Vorschriften des B.G.B. über das Retentionsrecht.

Exkurs zu § 59.

Anm. 1. **Eine dem Art. 58 nachgebildete Vorschrift fehlt im neuen H.G.B.** Die Vorschrift bestimmt, daß der Handlungsgehilfe an sich nicht ermächtigt ist, Rechtsgeschäfte im Namen des Prinzipals vorzunehmen; wenn er aber dazu beauftragt ist, so finden die Bestimmungen über Handlungsbevollmächtigte auf ihn Anwendung. Die Vorschrift ist als überflüssig gestrichen worden. Auch ohne dieselbe wird nach dem neuen H.G.B. anzunehmen sein, daß ein Handlungsgehilfe nur dann und insoweit zugleich Handlungsbevollmächtigter ist, als ihm diese Vollmacht ausdrücklich oder stillschweigend ertheilt ist, daß aber, wenn sie ihm ertheilt ist, die Bestimmungen über Handlungsbevollmächtigte auf ihn Anwendung finden.

Anm. 2. Für die Zwischenzeit ist nur zu bemerken, daß nicht die Vorschriften des neuen H.G.B., sondern die des alten H.G.B. über Handlungsvollmacht in solchem Falle platzgreifen, weil die ersteren nicht zu denen gehören, welche schon am 1. Januar 1898 in Kraft treten sollen.

Anm. 3. Auch mag bei dieser Gelegenheit bemerkt werden, daß die Grundsätze über die Haftung des Prinzipals für das Versehen seiner Handlungsgehilfen für die Zwischenzeit nicht dem Bürgerlichen Gesetzbuch zu entnehmen sind, sondern dem zur Zeit noch geltenden Civilrecht. Es kommen daher die von uns in §§ 8—11 zu Art. 52 entwickelten Grundsätze für die Zwischenzeit zur Anwendung.

§ 60.

Der Handlungsgehülfe darf ohne Einwilligung des Prinzipals weder ein Handelsgewerbe betreiben noch in dem Handelszweige des Prinzipals für eigene oder fremde Rechnung Geschäfte machen.

Die Einwilligung zum Betrieb eines Handelsgewerbes gilt als ertheilt, wenn dem Prinzipal bei der Anstellung des Gehülfen bekannt ist, daß er das Gewerbe betreibt, und der Prinzipal die Aufgabe des Betriebs nicht ausdrücklich vereinbart.

Einleitung. **Die §§ 60—61 behandeln das Konkurrenzverbot während der Dauer des Dienstverhältnisses.** Es ist dies dieselbe Materie, welche das geltende H.G.B. in Art. 59 in Verbindung mit Art. 56 behandelt. — Der § 60 stellt zunächst das Verbot auf (Abs. 1) und giebt eine für die Auslegung werthvolle Vermuthung für das Vorhandensein der Einwilligung (Abs. 2).

Anm. 1. 1. (Abs. 1.) **Das Konkurrenzverbot.**

a) **Dem Verbote unterworfen sind die Handlungsgehilfen.** Ueber diesen Begriff vergl. § 59. Für die Handlungsbevollmächtigten hat das neue H.G.B. das Konkurrenzverbot nicht aufgestellt (Denkschrift S. 58), ganz abgesehen davon, daß es für die Zwischenzeit nicht gelten würde, auch wenn es vom neuen H.G.B. aufgestellt wäre, weil eben nur die Vorschriften des neuen H.G.B. über Handlungsgehilfen früher in Kraft treten würden. Andererseits folgt daraus nicht, daß es für die Zwischenzeit ein Konkurrenzverbot für die Handlungsbevollmächtigten während der Dauer der Handlungsvollmacht überhaupt nicht giebt. Für die Zwischenzeit gilt vielmehr die Vorschrift des Art. 56 für Handlungsbevollmächtigte, deren Rechtsverhältnisse ja eben nicht vorzeitig anders geregelt werden sollen. Wie aber, wenn jemand Handlungsgehilfe und Handlungsbevollmächtigter zu gleicher Zeit ist? Dann muß angenommen werden, daß das neue Konkurrenzverbot für ihn gilt und nicht das alte. Der Gedanke, daß er, weil er zwei verschiedene Qualitäten in sich vereinigt, zwei verschiedenen Konkurrenzverboten unterworfen sein soll, lag dem Gesetzgeber sicher fern, und überdies sind die beiden Konkurrenzverbote inhaltlich zum Theil unvereinbar. Wo daher beide zusammentreffen, wird das alte durch das neue überwunden.

b) **Verboten ist nur der Betrieb eines Handelsgewerbes und das Geschäftemachen im Handelszweige des Prinzipals für eigene oder fremde Rechnung.** Früher war dem Handlungsgehilfen überhaupt das Handelsgeschäftemachen verboten. Diese Fassung mußte jetzt geändert werden, weil nach § 343 des neuen H.G.B. nur die Geschäfte eines Kaufmanns Handelsgeschäfte sind. Die neue Vorschrift ist insofern enger als früher, als dem Handlungsgehilfen nunmehr es nicht verwehrt ist, ein einzelnes Geschäft zu machen, wenn es nicht in den Handelszweig des Prinzipals fällt, auch wenn es, wie für die Zwischenzeit hervorzuheben ist, ein absolutes Handelsgeschäft wäre. So darf z. B. ein Handlungsgehilfe im Waarengeschäfte Spekulationsgeschäfte in Börsenpapieren machen, ohne gegen das Konkurrenzverbot zu verstoßen. Das war früher anders (vergl. Komm. § 1 zu Art. 56). Anm. 2.

Die Begriffe Handelsgewerbe und Handelszweig richten sich für die Zwischenzeit noch nach dem alten H.G.B., vom 1. Januar 1900 nach dem neuen, was eine große Verschiedenheit im Gefolge haben wird (vergl. bes. § 2 des neuen H.G.B.). Grundstücksgeschäfte z. B. sind für die Zwischenzeit nicht mitgetroffen, weil sie in der Zwischenzeit wegen Art. 275 weder den Begriff eines Handelsgewerbes darstellen, noch in den Handelszweig des Prinzipals fallen können. Nach dem 1. Januar 1900 dagegen werden auch Grundstücksgeschäfte unter Umständen getroffen sein, z. B. wenn ein Grundstücksspekulant oder ein Bauunternehmer sich in das Firmenregister wird eintragen lassen (§ 2 des neuen H.G.B.). Anm. 3.

2. (Abs. 2.) **Es wird ein Hauptfall stillschweigender Einwilligung hervorgehoben.** Die Vermuthung entspricht dem bisherigen Recht (Art. 56 Abs. 2). Aus ihr geht hervor, daß die Einwilligung keiner Form bedarf und auch durch konkludente Handlungen erfolgen kann. Der Konsens kann auch in jeder andern begriffsmäßigen Weise erfolgen. Anm. 4.

Zusatz. Uebergangsfrage. Die Vorschrift ist nicht publici juris und tritt daher für die am 1. Jan. 1898 bestehenden Dienstverträge nicht unmittelbar, sondern erst in Folge unterlassener Kündigung in Kraft (vergl. S. 6). Anm. 5.

§ 61.

Verletzt der Handlungsgehülfe die ihm nach § 60 obliegende Verpflichtung, so kann der Prinzipal Schadensersatz fordern; er kann statt dessen verlangen, daß der Handlungsgehülfe die für eigene Rechnung gemachten Geschäfte als für Rechnung des Prinzipals eingegangen gelten lasse und die aus Geschäften für fremde Rechnung bezogene Vergütung herausgebe oder seinen Anspruch auf die Vergütung abtrete.

Die Ansprüche verjähren in drei Monaten von dem Zeitpunkt an, in welchem der Prinzipal Kenntniß von dem Abschlusse des Geschäfts erlangt; sie verjähren ohne Rücksicht auf diese Kenntniß in fünf Jahren von dem Abschlusse des Geschäfts an.

Der vorliegende Paragraph behandelt die Folge der Verletzung des Konkurrenzverbots. Die Materie war früher in Art. 56 Abs. 3 behandelt. In Abs. 1 werden die aus der Verletzung entstehenden Ansprüche behandelt, in Abs. 2 eine Verjährung eingeführt. Einleitung.

Anm. 1. 1. **Das Gesetz giebt dem Prinzipal den Anspruch auf Schadensersatz und das Eintrittsrecht.**
a) **Die beiden Rechte werden wahlweise gegeben.** Früher standen sie dem Prinzipal kumulativ zu und aus dieser Kumulation waren Zweifel entstanden (vergl. Komm. § 4 zu Art. 57). Hat sich der Prinzipal für das Eine entschieden, so kann er das Andere nicht mehr wählen. Er entscheidet sich durch eine Erklärung gegenüber dem Gehilfen.

Anm. 2. b) Der **Schadensersatz** besteht in dem wirklichen Schaden und dem entgangenen Gewinn. Für die Zwischenzeit gilt das auf Grund des Art. 283 des alten H.G.B., vom 1. Januar 1900 ab nach § 252 B.G.B.

Anm. 3. c) **Das Eintrittsrecht** ist jetzt seinem Inhalte nach genau präzisirt, um Zweifel abzuschneiden, welche früher über seinen Inhalt entstanden waren. Entgegen der früher herrschenden Ansicht (vergl. Komm. § 5 zu Art. 56), wird jetzt ausgesprochen, daß der Prinzipal auch die Herauszahlung der Vergütung beanspruchen kann, die der Gehilfe durch den Abschluß von Geschäften für Rechnung Dritter verdient hat. Die Kontroverse, ob das Vermittlungsgeschäft ein für eigene Rechnung oder ein für fremde Rechnung geschlossenes Geschäft ist, ist hiermit zwar nicht geschlichtet, aber bedeutungslos geworden. Klargestellt ist ferner, was die Wissenschaft auch früher schon angenommen hat, daß der Handlungsgehilfe seinen Anspruch auf die Gegenleistung, wenn er sie noch nicht erhalten hat, dem Prinzipal abtreten muß.

Im Uebrigen vergl. über Einzelheiten Komm. § 5 zu Art. 56.

Anm. 4. 2. (Abs. 2.) **Die neu eingeführte Verjährung** beruht auf einem gerechtfertigten Wohlwollen gegen die Handlungsgehilfen. Sie entspricht dem Art. 97 Abs. 2, nur daß sie hier eine Verjährung, nicht wie dort, eine Ausschlußfrist ist (Denkschrift S. 61).

Anm. 5. 3. **Das Verbot endet mit der Aufhebung des Dienstverhältnisses.** Dabei ist (vergl. Komm. § 1 zu Art. 59) das rechtliche, nicht das thatsächliche Bestehen entscheidend. Im Falle des vorzeitigen Rücktritts kommt es also darauf an, ob derselbe nach §§ 70—72 rechtlich begründet war. Im preußischen Recht ist dies allerdings anders. Hier hört wegen des bei Verträgen über Handlungen bestehenden freien Rücktrittsrechts das Verhältniß ohne weiteres auf, gleichviel ob der Rücktritt berechtigt ist oder nicht. Damit endet das Konkurrenzverbot des vorliegenden § 61. Dieses freie Rücktrittsrecht besteht in der Zwischenzeit noch fort (vergl. die Einl. zu § 70).

Zusatz 1. Die im früheren Recht ventilirten Fragen

Anm. 6. a) ob der Prinzipal behufs Geltendmachung seiner Rechte einen Anspruch auf **Rechnungslegung** hat,

b) ob er einen **Anspruch auf künftige Unterlassung**, insbesondere Schließung eines etablirten Geschäfts hat,

c) ob endlich **die verbotswidrig geschlossenen Geschäfte giltig** sind, sind auch im neuen H.G.B. nicht beantwortet, aber, jedenfalls für die Zwischenzeit, zu bejahen (vergl. Komm. §§ 6 u. 7 zu Art. 56).

Anm. 7. **Zus. 2.** Uebergangsfrage. Für die am 1. Jan. 1898 bestehenden Dienstverträge gilt das in Anm. 5 zu § 60 Gesagte. Hinsichtlich der Verjährung von Ansprüchen aus der Verbotsverletzung, welche am 1. Januar 1898 bestehen, dürfte Art. 169 des Einführungsgesetzes zum Bürgerlichen Gesetzbuch sinngemäß platzgreifen. Hatte der Prinzipal vor diesem Zeitpunkt Kenntniß, so beginnt die 3monatliche und die 5jährige Verjährung vom 1. Januar 1898; erlangt er erst nachher Kenntniß, so beginnt die 5jährige Verjährung mit dem 1. Januar 1898, die 3monatliche mit der Kenntniß. Ob es sich überall genau um den gleichen **Thatbestand handelt**, dürfte hierbei nicht absolut entscheidend sein: es dürfte genügen, wenn es sich um einen Anspruch aus der entsprechenden Bestimmung des früheren **Rechts handelt**.

§ 62.

Der Prinzipal ist verpflichtet, die Geschäftsräume und die für den Geschäftsbetrieb bestimmten Vorrichtungen und Geräthschaften so einzurichten und zu unterhalten, auch den Geschäftsbetrieb und die Arbeitszeit so zu regeln, daß der Handlungsgehülfe gegen eine Gefährdung seiner Gesundheit, soweit die Natur des Betriebs es gestattet, geschützt und die Aufrechterhaltung der guten Sitten und des Anstandes gesichert ist.

Ist der Handlungsgehülfe in die häusliche Gemeinschaft aufgenommen, so hat der Prinzipal in Ansehung des Wohn- und Schlafraums, der Verpflegung sowie der Arbeits- und Erholungszeit diejenigen Einrichtungen und Anordnungen zu treffen, welche mit Rücksicht auf die Gesundheit, die Sittlichkeit und die Religion des Handlungsgehülfen erforderlich sind.

Erfüllt der Prinzipal die ihm in Ansehung des Lebens und der Gesundheit des Handlungsgehülfen obliegenden Verpflichtungen nicht, so finden auf seine Verpflichtung zum Schadensersatz die für unerlaubte Handlungen geltenden Vorschriften der §§ 842 bis 846 des Bürgerlichen Gesetzbuchs entsprechende Anwendung.

Die dem Prinzipal hiernach obliegenden Verpflichtungen können nicht im Voraus durch Vertrag aufgehoben oder beschränkt werden.

Der vorliegende Paragraph legt dem Prinzipal eine Reihe von Verpflichtungen auf, welche die **Fürsorge für das Wohl der Handlungsgehilfen** zum Gegenstand haben. Die Vorschriften sind den §§ 120a und 120b der Gewerbeordnung und dem § 618 B.G.B. nachgebildet. In das Bürgerliche Gesetzbuch sind sie erst durch die Beschlüsse der zweiten Entwurfskommission und der Reichstagskommission gekommen. Der erste Entwurf des B.G.B. hatte derartige sozialpolitische Bestimmungen noch nicht. Abs. 1 handelt von den Verpflichtungen in Bezug auf die geschäftlichen Einrichtungen im Allgemeinen, Abs. 2 von weiteren Verpflichtungen gegenüber den in die häusliche Gemeinschaft aufgenommenen Handlungsgehilfen, Abs. 3 regelt die Folgen der Pflichtverletzungen, Abs. 4 wendet sich gegen entgegenstehende Vereinbarungen. Einleitung.

1. (Abs. 1.) **Die Verpflichtungen des Prinzipals in Bezug auf die geschäftlichen Einrichtungen** sind in diesem Absatz derart detaillirt aufgezählt, daß für die Erläuterung kaum noch etwas zu sagen bleibt. Zweierlei sei nur bemerkt: Anm. 1.

a) Die Einschränkung „soweit die Natur des Betriebes es gestattet" entspricht der gleichen Einschränkung in der Gewerbeordnung und im § 618 B.G.B.; sie hier zu streichen, wurde in der Reichstagskommission abgelehnt, indem ausgeführt wurde, daß auch der Handlungsgehilfe mehr nicht verlangen könne, auch seine Thätigkeit könnte in Räumen vorsichgehen, in denen eine Gesundheitsschädigung nicht vollständig ausgeschlossen werden könne, beispielsweise in Droguengeschäften, Cigarrenläden, auch Trockenböden. Soweit aber die Natur des Betriebes es gestattet, ist auf die Gesundheit Rücksicht zu nehmen und deshalb ist, wie in der Reichstagskommission allseitig anerkannt wurde, damit auch die „barbarische Uebung", welche insbesondere Ladenmädchen es untersagt, sich in Pausen zu setzen, gesetzlich verpönt (K.B. S. 25).

b) Daß auch die Regelung der Arbeitszeit auf das Wohl des Handlungsgehilfen Rücksicht nehmen müsse, ist von der Reichstagskommission hinzugefügt worden, obwohl allseitig anerkannt wurde, daß dies bei richtiger Auslegung des Paragraphen aus demselben ohne dies zu entnehmen sei (K.B. S. 25). Anm. 2.

2. (Abs. 2.) **Besondere Fürsorgeverpflichtungen gegenüber den in die häusliche Gemeinschaft aufgenommenen Handlungsgehilfen.** Die Fälle sind allerdings seltener. Anm. 3.

Die Rücksicht auf die Religion des Handlungsgehilfen ist dabei wohl nicht objektiv aufzufassen, es handelt sich wohl mehr um das subjektive religiöse Bedürfniß des betreffenden Handlungsgehilfen: Bei der großen Zahl von Feiertagen und gottesdienstlichen Uebungen, welche die einzelnen Religionen mit sich bringen und als religiöse Pflicht betrachten, wäre es eine durch nichts zu rechtfertigende übergroße Belästigung des Prinzipals, wenn er dem in die häusliche Gemeinschaft aufgenommenen Handlungsgehilfen so viel freie Zeit lassen müßte, um alles dies mitzumachen. Beabsichtigt ist nur die Schonung der religiösen Gefühle des Einzelnen. Ist der Handlungsgehilfe z. B. Jude, aber ausgesprochener Freigeist und nicht gewöhnt, den Sabbath zu halten und den Gottesdienst zu besuchen, so braucht ihm natürlich am Sonnabend nicht freigegeben zu werden.

Anm. 4. 3. (Abs. 3.) **Bei Zuwiderhandlungen finden die Vorschriften der §§ 842—846 B.G.B.** entsprechende Anwendung. Damit sind diese 5 Paragraphen des B.G.B. herausgerissen worden, um für die Zwischenzeit entsprechende Anwendung zu finden, obwohl sie selbst noch nicht in Kraft treten. Das ist ein eigenthümlicher Rechtszustand. Der § 65 des neuen H.G.B. ist deshalb von der Geltung in der Zwischenzeit ausgenommen worden, weil er auf Vorschriften Bezug nimmt, die erst am 1. Januar 1900 in Kraft treten. Es ist aber übersehen worden, daß der gleiche Mißstand auch hier eintritt, ja hier in noch höherem Grade, weil zwei der analog anwendbaren Paragraphen ihrerseits wieder auf andere Paragraphen des B.G.B. Bezug nehmen, wodurch auch diese für entsprechend anwendbar erklärt sind, nämlich die §§ 760 und 254 B.G.B. Ja die Anwendbarkeit des letzteren Paragraphen zieht seinerseits wieder die Anwendbarkeit des in ihm angezogenen § 278 B.G.B. für die hier in Frage kommenden Verhältnisse nach sich.

Die analog anwendbaren Vorschriften des B.G.B. betreffen die Art und den Umfang der Leistungen, welche dem Prinzipal obliegen, der die Verpflichtungen der Absätze 1 u. 2 verletzt und dadurch schadensersatzpflichtig wird. Eine wörtliche Wiedergabe dieser Vorschriften des B.G.B. erscheint bei der weiten Verbreitung des B.G.B. überflüssig, eine Kommentirung derselben dürfte den Zweck dieses Supplements überschreiten.

Anm. 5. 4. (Abs. 4.) **Die Vorschriften können durch Vertrag im voraus weder aufgehoben, noch beschränkt werden.** Eine entgegenstehende Vereinbarung ist nichtig, das ist mit dem Worte „können nicht" ausgedrückt (vergl. Planck B.G.B. S. 25). Das „im voraus" bedeutet, daß jede Vereinbarung, welche sich auf die Folgezeit bezieht, ungiltig ist, gleichviel ob sie getroffen wird bei Beginn oder während der Dauer des Dienstverhältnisses; nur über entstandene Schadensansprüche kann giltig paktirt werden (K.B. S. 25).

Anm. 6. **Zusatz. Uebergangszeit.** Die Vorschrift gilt auch für diejenigen Handlungsgehilfen, welche am 1. Januar 1898 bereits engagirt sind, und zwar sofort, nicht erst bei unterlassener Kündigung (vergl. S. 6). Denn sie ist öffentlich rechtlicher Natur und unverzichtbar.

§ 63.

Wird der Handlungsgehülfe durch unverschuldetes Unglück an der Leistung der Dienste verhindert, so behält er seinen Anspruch auf Gehalt und Unterhalt, jedoch nicht über die Dauer von sechs Wochen hinaus.

Der Handlungsgehülfe ist nicht verpflichtet, sich den Betrag anrechnen zu lassen, der ihm für die Zeit der Verhinderung aus einer Kranken- oder Unfallversicherung zukommt. Eine Vereinbarung, welche dieser Vorschrift zuwiderläuft, ist nichtig.

Einleitung. Die Vorschrift des vorliegenden Paragraphen entspricht dem Art. 60 des alten H.G.B., enthält aber diesem gegenüber mannigfache Verbesserungen zu Gunsten der Handlungsgehilfen, wie die folgende Erläuterung zeigen wird.

Anm. 1. 1. **Die Voraussetzungen** des hier gegebenen Anspruchs sind:

a) **Unverschuldetes Unglück.** Die Auslegung, welche wir dem Art. 60 gegeben hatten, daß jede unverschuldete Behinderung damit gemeint ist, nicht gerade ein wirkliches Unglück, kann für das neue Gesetz nicht mehr aufrecht erhalten werden. Der Gegensatz zu § 616 B.G.B., der subsidiär gelten soll (vergl. unten Anm. 6), und die Entstehungsgeschichte dieses Paragraphen (vergl. besonders Denkschrift S. 62 und K.B. S. 26) lassen deutlich erkennen, daß nicht jede unverschuldete Behinderung gemeint ist. Militärische Dienstleistungen z. B. fallen darunter nicht, und auch der wiederholte Versuch, dieselben in den § 63 mit aufzunehmen, scheiterte in der Reichstagskommission (K.B. S. 26). Ebenso gehört nicht dazu die Ladung zum auswärtigen Zeugentermine. Wegen dieser Fälle s. unten Anm. 6. Wohl aber fällt darunter die Krankheit der Angehörigen, unverschuldete Untersuchungshaft, insbesondere aber eigene Krankheit. Näheres über diese Fälle s. im Komm. § 1 zu Art. 60.

b) **Verhinderung an der Leistung der Dienste.** Wann diese vorliegt, muß von Fall zu Fall erwogen werden. Aber eine zeitweise Verhinderung, wie früher, ist nicht mehr erforderlich. Auch dann greift vielmehr die Vergünstigung des Paragraphen Platz, wenn sich von Anfang übersehen läßt, daß die Verhinderung eine dauernde ist, ja auch dann, wenn der Handlungsgehilfe wegen derselben entlassen wird (§ 72 Abs. 2). Anm. 2.

c) **Eine fernere Voraussetzung ist, daß das Dienstverhältniß nicht aus anderen Gründen während der 6 Wochen zur Lösung gekommen ist.** Daß der Anspruch wegfällt, sobald das Dienstverhältniß endigt, versteht sich von selbst (Denkschr. S. 62). Eine Ausnahme macht der Fall, wo die Entlassung gerade der Behinderung wegen erfolgt (vergl. Anm. 2). Stirbt der Handlungsgehilfe, so hört der Anspruch in jedem Falle auf. Sicher dann, wenn das Verhältniß damals noch bestand; aber auch dann, wenn es nicht mehr bestand, weil es wegen der Behinderung plötzlich aufgelöst wurde. Denn § 72 Abs. 2 soll den Handlungsgehilfen bei plötzlicher Entlassung wegen der Behinderung nicht besser stellen, sondern ihn nur vor Schlechterstellung schützen. Es ist auch nur „der im § 63 bezeichnete Anspruch", welcher nach § 72 Abs. 2 nicht berührt werden soll. Würde dieser auch ohne Entlassung nicht bestehen, so besteht er auch im Falle der Entlassung nicht. Anm. 3

2. **Die Wirkung** ist Verpflichtung des Prinzipals zur Fortsetzung der Zahlung von Gehalt und Unterhalt auf wenigstens 6 Wochen = 42 Tage. Zum Gehalt gehört auch die Tantieme, nicht jedoch auch die Provision. Was der Handlungsgehilfe aus einer Kranken- oder Unfallversicherung erhält, braucht er sich nicht anrechnen zu lassen. Das ist im Abs. 2 zur Abschneidung früherer Zweifel (vgl. Komm. § 3 zu Art. 60) ausdrücklich ausgesprochen, und zwar abweichend vom § 616 B.G.B., sodaß in dieser Beziehung die Handlungsgehilfen besser gestellt sind, als die übrigen Bediensteten. Anm. 4.

3. **Ausschluß entgegenstehender Vereinbarungen.** Zulässig sind Vereinbarungen gegen Abs. 1, nicht auch gegen Abs. 2. Das bedeutet: es kann vereinbart werden, daß im Falle unverschuldeten Unglücks der Prinzipal das Gehalt nicht weiterzuzahlen braucht, oder nur für eine geringere Zeit oder nur im Falle bestimmter Unglücksfälle. Ist dies aber nicht vereinbart worden, besteht also der Anspruch auf Fortzahlung, dann ist eine auf die Anrechnung von Kassenbeträgen gerichtete Vereinbarung ungiltig, auch dann, wenn sie nachträglich getroffen wird. In letzterer Hinsicht macht das Gesetz keinen Unterschied. Anm. 5.

Zusatz 1. Für die Fälle sonstiger unverschuldeter Behinderung, nicht gerade unverschuldeten Unglücks (kurze militärische Dienstleistung, Einziehung zum Geschworenendienst) soll § 616 B.G.B., welcher subsidiär gelten soll, dem Handlungsgehilfen das Gehalt sichern. Allein diese Wohlthat kommt dem Handlungsgehilfen in der Zwischenzeit nicht zu statten, da das B.G.B. erst am 1. Januar 1900 in Kraft tritt. Anm. 6.

Das Gleiche gilt von dem § 617 B.G.B., welcher dem in die häusliche Gemeinschaft aufgenommenen Handlungsgehilfen Anspruch auf Verpflegung und ärztliche Behandlung unter gewissen Umständen sichert. Auch die Wohlthat dieses Paragraphen kommt dem Handlungsgehilfen in der Zwischenzeit noch nicht zu statten.

Zusatz 2. Uebergangsfrage. Auf diejenigen Handlungsgehilfen, welche am 1. Januar 1898 schon angestellt sind, findet zunächst noch der Art. 60 Anwendung, bis etwa eine zulässige Kündigung unterblieben ist (vgl. oben S. 6). Von diesem Zeitpunkt ab gilt der neue § 63 Abs. 1. Dagegen tritt der neue § 63 Abs. 2 ausnahmslos sofort am 1. Januar 1898 in Wirksamkeit, weil die hier ausgesprochene Vergünstigung unverzichtbar ist. Vom 1. Januar 1898 ab braucht sich also der Handlungsgehilfe Kassenbeträge nicht anrechnen zu lassen. Anm. 7.

§ 64.

Die Zahlung des dem Handlungsgehülfen zukommenden Gehalts hat am Schlusse jedes Monats zu erfolgen. Eine Vereinbarung, nach der die Zahlung des Gehalts später erfolgen soll, ist nichtig.

1. (Satz 1.) **Die Vorschrift der Gehaltszahlung am Schlusse eines jeden Monats** ist eine Anm. 1.

Neuerung. Sie richtet sich hauptsächlich gegen § 614 B.G.B., nach welchem, wenn die Vergütung nach Zeitabschnitten bemessen ist, dieselbe nach dem Ablauf der einzelnen Zeitabschnitte zu entrichten ist. Daraus würde sich für den Handlungsgehilfen die Folgerung ergeben, daß, wenn Jahresgehalt bedungen ist, der Gehilfe in die Lage kommen könnte, das Gehalt erst nach Ablauf eines jeden Jahres zu fordern. Deshalb ist angeordnet, daß spätestens am Schlusse eines jeden Monats gezahlt werden muß. Nach der Fassung des § 64 Satz 1 ist aber nunmehr das Gehalt auch dann am Schlusse eines jeden Monats zu zahlen, wenn die Vergütung nach kürzeren Zeitabschnitten bemessen ist, also z. B. wenn der Handlungsgehilfe gegen einen Wochenlohn von 50 M. engagirt ist, nur daß selbstverständlich eine Vereinbarung, nach welcher in solchen Fällen auch die Gehaltszahlung wöchentlich erfolgen soll, giltig ist, indem Satz 2 ihr nicht entgegensteht. Ueberdies wird in der Vereinbarung eines Wochenlohns schon nach richtiger Auslegung des Parteiwillens die Vereinbarung wöchentlicher Lohnzahlung liegen.

Anm. 2. Am Schlusse des Monats ist das Gehalt auch dann zu zahlen, wenn der Gehilfe im Laufe des Monats eingetreten ist. Endet aber das Verhältniß im Laufe des Monats auf natürliche Weise, d. h. der Vereinbarung gemäß, dann muß es am Tage der Endigung gezahlt werden. Denn die Vorschrift bezieht sich nur auf den Fall, daß das Verhältniß am Schlusse des Monats noch besteht. Aber auch bei vorzeitiger Endigung durch Rücktritt verbleibt es bei der Zahlung am Schlusse des Monats, weil der Rücktritt des einen oder andern Theils den Handlungsgehilfen nicht schädigen, ihn aber auch nicht besser stellen soll, als wenn das Verhältniß seinen vereinbarten Abschluß fände.

Anm. 3. 2. (Satz 2.) **Hinausschiebende Vereinbarungen** sind nichtig. Es kann also nicht vereinbart werden, daß das Gehalt später als am Schlusse eines jeden Monats gezahlt werden soll; weder kann dies bei Antritt des Dienstverhältnisses, noch später vereinbart werden. Auch nicht nach eingetretener Fälligkeit. Das Gesetz macht in dieser letzteren Hinsicht keine Ausnahme und der klare Wortlaut und auch der gesetzgeberische Grund der Vorschrift trifft auch diesen Fall. Es kann daher entgegen der in der Reichstagskommission (vgl. K.B. S. 32) zu Tage getretenen Anschauung nicht giltig vereinbart werden, daß der Handlungsgehilfe sein fälliges Gehalt bei dem Prinzipal stehen lasse. Würde man eine solche Vereinbarung zulassen, so würde für den Fall der Verschlechterung der Verhältnisse des Prinzipals der Handlungsgehilfe des Schutzes entbehren, den ihm das Gesetz im Interesse der sozialen Lage des ganzen Standes und um seiner selbst willen geben will, eingedenk seiner schwächeren Position gegenüber dem Prinzipal, der gerade dann, wenn seine Verhältnisse sich verschlechtern, den Handlungsgehilfen bewegen wird, sein Gehalt bei ihm „stehen zu lassen", um es dann überhaupt nicht mehr auszuzahlen.

Anm. 4. Andrerseits legt das Gesetz den Ton nur auf den Zeitpunkt. Das Gebot der Baarzahlung ist damit nicht aufgestellt. Kompensationsvereinbarungen, Hingaben an Zahlungsstatt u. s. w. sind durch das Verbot nicht getroffen.

Anm. 5. 3. **Die Wirkung** der Vorschrift ist die Fälligkeit des Gehalts spätestens am Schlusse des Monats. Von diesem Tage ab sind demnach unter allen Umständen Zinsen zu zahlen. Auch verletzt der Prinzipal durch Nichtzahlung an diesen Tagen den § 71 Nr. 2; dies auch dann, wenn der Handlungsgehilfe sich mit der Nichtauszahlung einverstanden erklärt hat, nur daß im letzteren Falle die Sache oft milder zu beurtheilen sein wird, oft aber auch schlimmer, als wenn keine Vereinbarung der Grund der Nichtzahlung ist.

Anm. 6. **Zusatz. Uebergangsfrage.** Die Vorschrift tritt, weil unverzichtbar, mit dem 1. Januar 1898 auch für die an diesem Tage angestellten Handlungsgehilfen sofort in Kraft und hebt alle entgegenstehenden Vereinbarungen auf (vergl. S. 6).

(§ 65.)

Ist bedungen, daß der Handlungsgehilfe für Geschäfte, die von ihm geschlossen oder vermittelt werden, Provision erhalten solle, so finden die für die Handlungsagenten geltenden Vorschriften des § 88 und des § 91 Satz 1 Anwendung.

Dieser Paragraph soll am 1. Januar 1898 noch nicht in Kraft treten (vergl. Art. 1 des

Einf.-Ges. oben S. 5). Die betreffende Materie richtet sich also in der Zwischenzeit nach bisherigem Recht. Vergl. über diese Materie Anm. 11 zu § 59.

§ 66.

Das Dienstverhältniß zwischen dem Prinzipal und dem Handlungsgehülfen kann, wenn es für unbestimmte Zeit eingegangen ist, von jedem Theile für den Schluß eines Kalendervierteljahrs unter Einhaltung einer Kündigungsfrist von sechs Wochen gekündigt werden.

Die Vorschrift des vorliegenden Paragraphen giebt lediglich die des Art. 61 wieder. Das ist die ausgesprochene Absicht derselben, obgleich der Wortlaut etwas verändert ist (Denkschrift S. 64). Die Aenderungen gegen das frühere Recht enthalten erst die folgenden §§ 67—69. Einleitung.

Die Vorschrift ist allerdings in dem Sinne dispositiv, als zunächst der Vertrag über die Zeitdauer und die Kündigungsfrist entscheidet. Allein der Zulässigkeit von Vertragsabreden sind in den Folgeparagraphen Schranken gesetzt.

1. **In erster Linie entscheidet der Vertrag.** Damit ist nicht blos der Engagementsvertrag, sondern auch jede nachträgliche Vereinbarung gemeint. Aus dem Zeitabschnitt, für welchen der Lohn festgesetzt ist, ist nicht ohne weiteres auf die verabredete Dauer des Dienstverhältnisses zu schließen (Komm. § 1 zu Art. 61). Das würde nach § 621 B.G.B. allerdings Rechtens sein, doch gilt derselbe in der Zwischenzeit nicht. Bei stillschweigender Fortsetzung des Verhältnisses gilt ebenfalls das im Komm. § 1 zu Art. 61 Gesagte. Hier würde § 625 B.G.B. zum gleichen Ergebnisse führen. Für Engagements auf Lebensdauer gilt für die Zwischenzeit ebenfalls das im Komm. § 1 zu Art. 61 Gesagte. Denn der § 624 B.G.B. gilt in der Zwischenzeit nicht. Anm. 1.

   Das Engagement auf Probe, das wir im Komm. § 1 zu Art. 61 behandelt haben, ist eigentlich nicht statthaft. Denn die Vereinbarung jederzeitiger Aufhebung des Verhältnisses ist durch § 67 verboten, und der § 69, der hiervon eine Ausnahme macht, bezieht sich auf diese Art von Engagement nicht. Ein Probeengagement auf unbestimmte Zeit ist daher nur mit der Maßgabe statthaft, daß die Kündigung nicht vor Ablauf eines Monats erfolgen kann. Man wird jetzt wohl den Ausweg wählen, den Gehilfen auf bestimmte kurze Zeit zum Zwecke der Probe zu engagiren. Dann kann die Zeit auch kurz sein (vergl. Anm. 2 zu § 67). Ist nun in dieser Weise ein Engagement auf Probe erfolgt, dann gilt, wenn das Verhältniß nach Ablauf der vereinbarten Probezeit stillschweigend fortgesetzt wird, für die Folgezeit das oben für die stillschweigende Fortsetzung überhaupt Gesagte (vergl. auch unten § 77 Abs. 3). Vereinbarungen täglicher, vierzehntägiger, vierwöchentlicher Kündigung sind durch § 67 ausgeschlossen. Die Handelsgebräuche, durch welche solche Vereinbarungen ausgelegt werden (Komm. § 1 zu Art. 61), sind dadurch unpraktisch geworden. Anm. 2.

2. **In zweiter Linie greift die gesetzliche Kündigung Platz.** Anm. 3.
   a) **Eine Form der Kündigung** ist auch jetzt nicht vorgeschrieben. Hierüber Komm. § 2 zu Art. 61.
   b) **Die gesetzliche Kündigungsfrist** ist die gleiche wie früher. Daß die 6 Wochen 42 Tage bedeuten, wird von der Denkschrift S. 64 bestätigt. Hierüber und über vorzeitige Kündigung s. Komm. § 2 zu Art. 61.

3. **Die Beweislast,** also die Frage, wer zu beweisen hat, wenn eine von der gesetzlichen abweichende vertragsmäßige Kündigungsfrist in Frage kommt, sollte durch § 66 nicht geändert werden. Zwar ist der Wortlaut verändert und könnte zu der Annahme verleiten, als müßte derjenige, der sich auf die gesetzliche Kündigungsfrist stützt, behaupten und beweisen, daß das Dienstverhältniß auf unbestimmte Zeit eingegangen ist. Allein der veränderte Wortlaut beruht lediglich auf stilistischen Gründen, nicht auf der Absicht einer sachlichen Aenderung (Denkschr. S. 64). Vergl. daher über die Beweislast Komm. § 3 zu Art. 61. Anm. 4.

§ 67.

Wird durch Vertrag eine kürzere oder längere Kündigungsfrist bedungen, so muß sie für beide Theile gleich sein; sie darf nicht weniger als einen Monat betragen.

Die Kündigung kann nur für den Schluß eines Kalendermonats zugelassen werden.

Die Vorschriften des Abs. 1 finden auch in dem Falle Anwendung, wenn das Dienstverhältniß für bestimmte Zeit mit der Vereinbarung eingegangen wird, daß es in Ermangelung ein vor dem Ablaufe der Vertragszeit erfolgten Kündigung als verlängert gelten soll.

Eine Vereinbarung, die diesen Vorschriften zuwiderläuft, ist nichtig.

Anm. 1. 1. Der vorliegende Paragraph verdankt seine Entstehung einem im Jahre 1894 angenommenen Reichstagsbeschlusse. Die hier vorgesehene Beschränkung der Vertragsfreiheit wurde allgemein als ein Bedürfniß anerkannt.

Anm. 2. 2. Die Vorschriften beziehen sich nur auf denjenigen Dienstvertrag, welcher auf unbestimmte Zeit eingegangen ist. Bei bestimmter Vertragsdauer kann giltig vereinbart werden, daß dieselbe auch im Laufe des Monats endet, und sie kann auch kürzer als einen Monat dauern. Es ist also zulässig, daß jemand auf 6 Wochen oder auf 14 Tage engagirt wird. Diesen Ausweg wird man jetzt wählen, wenn man Jemanden wird auf Probe engagiren wollen (vergl. Denkschr. S. 66).

Anm. 3. In einem Falle fällt auch ein auf bestimmte Zeitdauer eingegangener Dienstvertrag unter den vorliegenden Paragraphen: wenn er zwar auf bestimmte Zeit eingegangen, aber die unterlassene Kündigung die Verlängerung des Verhältnisses zur Folge haben soll. Auf eine solche Kündigung findet Abs. 1 Anwendung. Sie muß für beide Theile gleich normirt sein und darf nicht weniger als einen Monat betragen. Dagegen darf sie auch auf einen anderen Zeitpunkt als auf den Schluß eines Kalendermonats lauten, da Abs. 2 nicht für anwendbar erklärt wird.

Anm. 4. Zu bemerken ist, daß für die verlängerte Vertragsdauer die Bestimmungen des vorliegenden Paragraphen im vollen Umfange gelten. Denn die verlängerte Vertragsdauer ist eine unbestimmte (vergl. Anm. 1 zu § 66). Anders natürlich, wenn die verlängerte Vertragsdauer vertraglich bestimmt ist.

Anm. 5. 3. Zuwiderlaufende Vereinbarungen sind nach Abs. 3 nichtig. Das bedeutet nicht etwa, daß der ganze Dienstvertrag nichtig ist, sondern die betreffende Vereinbarung ist nichtig und an ihre Stelle treten die gesetzlichen Kündigungsfristen. Wird z. B. für den Prinzipal eine vierzehntägige, für den Handlungsgehilfen eine dreimonatliche Kündigungsfrist vereinbart, so ist diese Vereinbarung nichtig und es wird so angesehen, als wäre überhaupt keine Kündigungsfrist vereinbart, vielmehr tritt § 66 in Wirksamkeit. Das Gleiche gilt, wenn umgekehrt für den Handlungsgehilfen eine 14 tägige und für den Prinzipal eine dreimonatliche Kündigungsfrist vereinbart ist, obwohl der Handlungsgehilfe dadurch besser gestellt ist, als nach dem Gesetze. Man kann in diesem Falle nicht etwa sagen, daß zu Gunsten des Handlungsgehilfen die vereinbarte kürzere Frist oder die gesetzliche Minimalfrist von einem Monate gilt. Vielmehr ist die Vereinbarung, weil sie dem § 67 zuwiderläuft, nichtig und es greift die gesetzliche Kündigungsfrist des § 66 Platz.

Anm. 6. Das Gleiche gilt, wenn die Kündigungsfrist zwar für beide Theile gleich bestimmt ist, aber auf eine kürzere Zeit als auf einen Monat. Auch hier gilt nicht etwa die gesetzliche Zwangsminimalfrist, sondern die getroffene Vereinbarung ist nichtig und es greift daher die gesetzliche Frist des § 66 Platz.

Anm. 7. Wenn aber die Kündigung für beide Theile gleich und mindestens einen Monat betrug, die Vorschrift des Absatzes 1 also beobachtet ist, und nur entgegen dem Absatz 2 bestimmt ist, die Kündigung solle vor dem Schlusse eines Kalendermonats das Verhältniß zur Endschaft bringen, so gilt zwar die vereinbarte Frist, aber die Kündigung kann nur für den Schluß eines Kalendermonats „zugelassen werden." Dieser Theil der Vereinbarung, der die Kündigung vor dem Schluß zuläßt, ist dann eben ungiltig, die vereinbarten Fristen selbst bleiben giltig, weil sie ja im Uebrigen dem Gesetze entsprechen, und es kann nicht etwa angenommen werden, daß die im Uebrigen giltig bleibenden Fristen nunmehr dem

§ 66 folgen, sodaß nur zum Ablauf des Kalenderquartals gekündigt werden könne. Denn diese Vorschrift greift nur Platz für die nicht auf Vertrag beruhenden gesetzlichen Kündigungsfristen. Und auch das wäre verfehlt, zu sagen, daß in solchem Falle die ganze Kündigungsfristabrede ungültig wäre. Denn das Gesetz läßt durch die Scheidung der Absätze 1 und 2 deutlich erkennen, daß es die beiden Modalitäten (für beide Theile gleiche monatliche Kündigungsfrist einerseits und Kündigung zum Schluß des Monats andrerseits) als selbstständige betrachtet, von denen die Ungültigkeit der einen die Ungültigkeit der anderen nicht nach sich zieht.

Uebergangsfrage. Die Vorschriften dieses Paragraphen finden, weil unverzichtbar, auf die am 1. Januar 1898 angestellten Handlungsgehilfen sofort Anwendung, nicht erst nach Unterlassung einer nach früherem Recht zulässigen Kündigung. Die in gegenwärtigen Verträgen bestehenden täglichen, 14 tägigen, vierwöchentlichen Kündigungsrechte sind an diesem Tage aufgehoben (vergl. oben S. 6). Anm. 8.

§ 68.

Die Vorschriften des § 67 finden keine Anwendung, wenn der Handlungsgehülfe einen Gehalt von mindestens fünftausend Mark für das Jahr bezieht.

Sie bleiben ferner außer Anwendung, wenn der Handlungsgehülfe für eine außereuropäische Handelsniederlassung angenommen ist und nach dem Vertrage der Prinzipal für den Fall, daß er das Dienstverhältniß kündigt, die Kosten der Rückreise des Handlungsgehülfen zu tragen hat.

In den beiden hier vorgesehenen Fällen liegen besondere Verhältnisse vor. Anm. 1.

1. Der Handlungsgehilfe mit 5000 M. Gehalt befindet sich in einer solchen wirthschaftlichen und sozialen Lage, daß er des bevormundenden Schutzes des § 67 nicht mehr bedarf.

   Erfordert ist, daß sein G e h a l t mindestens 5000 M. beträgt, also seine festen Bezüge ohne Tantieme, Provision und in unbestimmter Höhe in Aussicht gestellte Gratifikationen.

   Der Paragraph greift Platz in dem Augenblick, in welchem der Handlungsgehilfe in diese Gehaltsstufe aufrückt, auch wenn sein Gehalt früher weniger betragen hatte.

2. Bei dem für eine außereuropäische Handelsniederlassung angenommenen Reisenden hat der Prinzipal wegen der großen Kosten der Hinaussendung eines solchen Reisenden und wegen der Art der Verwendung desselben ein berechtigtes Interesse daran, sich die Dienste des Gehilfen für längere Zeit zu sichern, ohne seinerseits unbedingt auf die Befugniß zu verzichten, das Dienstverhältniß für den Fall, daß der Gehilfe sich nicht bewährt, schon vorher zu lösen (Denkschr. S. 65). Gegen willkürliche Ausübung des Kündigungsrechts ist der Gehilfe dadurch geschützt, daß die Vorschrift nur dann Platz greift, wenn der Prinzipal die Kosten der Rückreise im Falle der Kündigung vertragsmäßig zu tragen hat. Es genügt nicht, daß er im Kündigungsfalle die Kosten freiwillig übernehmen will, die Pflicht muß ihm vertragsmäßig obliegen. Anm. 2.

   Zu den außereuropäischen Ländern gehören auch die Schutzgebiete europäischer Staaten.

§ 69.

Wird ein Handlungsgehülfe nur zu vorübergehender Aushülfe angenommen, so finden die Vorschriften des § 67 keine Anwendung, es sei denn, daß das Dienstverhältniß über die Zeit von drei Monaten hinaus fortgesetzt wird. Die Kündigungsfrist muß jedoch auch in einem solchen Falle für beide Theile gleich sein.

1. Die Vorschrift bezieht sich nicht auf das Engagement zur Probe. Ueber dieses s. Anm. 2 zu § 67.
2. Nach dem vorliegenden Paragraphen kann bei dem Engagement zur vorübergehenden Aushilfe auch eine kürzere Kündigungsfrist vereinbart werden als ein Monat und auch eine Kündigung der Art, daß das Verhältniß im Laufe des Monats endigt.

3. Aber **die Kündigungsfrist muß für beide Theile gleich sein. Sonst ist sie, wie das Wort „muß" und der enge Zusammenhang des § 69 mit § 67 ergiebt, nichtig. Das bedeutet: es greift sonst die gesetzliche Kündigungsfrist des § 66 Platz. Man kann nicht etwa sagen, daß dann Platz greift eine Kündigungsfrist, wie sie der besonderen Natur des hier vorliegenden Verhältnisses entspricht, etwa eine kurze, den Umständen nach angemessene Kündigungsfrist, wie sie dem Worte „zu vorübergehender Aushilfe" entspricht.**

§ 70.

Das Dienstverhältniß kann von jedem Theile ohne Einhaltung einer Kündigungsfrist gekündigt werden, wenn ein wichtiger Grund vorliegt.

Wird die Kündigung durch vertragswidriges Verhalten des anderen Theiles veranlaßt, so ist dieser zum Ersatze des durch die Aufhebung des Dienstverhältnisses entstehenden Schadens verpflichtet.

Einleitung. **Der § 70 giebt die allgemeine Bestimmung über das Recht zur vorzeitigen einseitigen Aufhebung des Dienstverhältnisses.** Er betrifft den Rücktritt von an sich gültigen Verträgen aus besonderen im Laufe des Dienstverhältnisses eintretenden Gründen. Die Anfechtung des Dienstvertrages aus allgemeinen civilrechtlichen Gründen (Irrthum, Zwang, Betrug, Unzulässigkeit des Vertragsgegenstands u. s. w.) bleibt daneben bestehen und richtet sich nach früherem Recht. Vergl. hierüber Komm. Einleit. zu Art. 62. Auch das an dieser Stelle von uns erörterte, im preußischen Recht gegebene freie Rücktrittsrecht bei Verträgen über Handlungen besteht fort und findet für die Zwischenzeit noch Anwendung auf die Engagementsverträge mit Handlungsgehilfen. Vom 1. Januar 1900 allerdings wird es aufgehoben sein weil das B.G.B. es nicht kennt und den Dienstvertrag auf anderer Grundlage aufbaut. Für die Zwischenzeit könnte in Frage kommen, ob der vorliegende § 70 es aufhebt. Allein die gleichen Gründe, welche die Judikatur veranlaßt haben, sein Fortbestehen neben Art. 62 anzunehmen, sind auch gegenüber dem § 70 durchgreifend. Die Fassung des § 70 will nur, wie die Denkschrift S. 66 sagt, die Kontroverse beseitigen, ob die Auflösung des Verhältnisses erst durch den Richterspruch eintritt. Das soll verneint werden. Damit ist aber das freie Rücktrittsrecht nicht aufgehoben, welches den Dienstvertrag, gleichfalls ohne Richterspruch, durch die bloße Rücktrittserklärung aufhebt, gleichviel ob der Grund wichtig war oder nicht.

Ueber die einzelnen Modalitäten des Rücktritts gilt Folgendes.

Anm. 1. 1. **Für die Erklärung** des Rücktritts gilt das früher Gesagte (Komm. § 1 zu Art. 62).

Anm. 2. 2. **Ueber das Kriterium der Wichtigkeit der Gründe** gilt im Allgemeinen das im Komm. § 2 zu Art. 62 Gesagte. Wenn dort jedoch gesagt ist, daß die Gründe in der Person dessen liegen müssen, gegen den der Rücktritt sich richtet, so kann dies angesichts des § 71 Nr. 1 nicht mehr aufrechterhalten werden.

Anm. 3. 3. **Die Folge des Rücktritts** ist, wie nunmehr nicht mehr zweifelhaft ist, die Aufhebung des Dienstverhältnisses. Nicht erst der Richterspruch löst das Verhältniß auf, sondern die Rücktrittserklärung, wenn sie begründet ist, in Preußen auf alle Fälle (vergl. oben die Einleitung). — Hervorgehoben ist jetzt in Absatz 2 des vorliegenden Paragraphen die fernere Folge, daß derjenige Theil, der den andern durch sein vertragswidriges Verhalten zum Rücktritt veranlaßt hat, zum Schadensersatz verpflichtet ist. Es ist dies schon früher angenommen und von uns im Komm. § 6 zu Art. 62 betont worden. — Die Höhe und Art des Schadensersatzes richtet sich in der Zwischenzeit noch nach geltendem Recht, nicht nach dem B.G.B., auf dessen Bestimmungen die Denkschrift S. 66 verweist. Vergl. daher Komm. § 7 zu Art. 62.

Anm. 4. **Uebergangsfrage:** Für die am 1. Januar 1898 angestellten Handlungsgehilfen gilt das neue Recht von dem Tage ab, wo das Verhältniß infolge unterbliebener Kündigung sich fortsetzt (vergl. S. 6).

§ 71.

Als ein wichtiger Grund, der den Handlungsgehülfen zur Kündigung ohne

Einhaltung einer Kündigungsfrist berechtigt, ist es, sofern nicht besondere Umstände eine andere Beurtheilung rechtfertigen, namentlich anzusehen:

1. **wenn der Handlungsgehülfe zur Fortsetzung seiner Dienste unfähig wird;**
2. **wenn der Prinzipal den Gehalt oder den gebührenden Unterhalt nicht gewährt;**
3. **wenn der Prinzipal den ihm nach § 62 obliegenden Verpflichtungen nachzukommen verweigert;**
4. **wenn sich der Prinzipal Thätlichkeiten, erhebliche Ehrverletzungen oder unsittliche Zumuthungen gegen den Handlungsgehülfen zu Schulden kommen läßt oder es verweigert, den Handlungsgehülfen gegen solche Handlungen eines anderen Angestellten oder eines Familienangehörigen des Prinzipals zu schützen.**

Der Paragraph giebt einige Beispiele von wichtigen Rücktrittsgründen für den Handlungsgehilfen.

1. **Die Bedeutung dieser Beispiele** besteht darin, daß sie dem Richter ein Anhaltspunkt sein sollen für sein richterliches Ermessen. Sie sind weder erschöpfend, noch zwingend, sollen aber gelten, wenn nicht besondere Umstände eine andere Beurtheilung rechtfertigen. Diese Bedeutung der Beispiele entspricht dem bisherigen Recht (vergl. Komm. § 1 zu Art. 64). Dies ist jetzt nur klarer ausgesprochen. Anm. 1.

2. **Die einzelnen Beispiele.** Anm. 2.
   a) Unfähigkeit des Handlungsgehilfen zur Fortsetzung seiner Dienste. Dieser Rücktrittsgrund ist eine Neuerung.
   b) Nichtgewährung von Gehalt und Unterhalt. Das entspricht dem bisherigen Recht. Vergl daher Komm. § 2 zu Art. 63.
   c) Verweigerung der Pflichten aus § 62. Soweit ähnliche Pflichten dem Prinzipal früher oblagen, wurden sie früher der Nichtgewährung des Unterhalts beigezählt (vergl. Komm. § 2 zu Art. 63).
   d) Die Nr. 4 des Paragraphen enthält mehrere, geäußerten Wünschen entsprechende Neuerungen. Statt der thätlichen Mißhandlung ist bloße Thätlichkeit getreten, an Stelle der schweren die erhebliche Ehrverletzung, hinzugetreten sind die unsittlichen Zumuthungen und der verweigerte Schutz gegen derlei Handlungen seitens eines andern Angestellten oder eines Familienangehörigen des Prinzipals.

   Ueber die Thätlichkeiten und die Ehrverletzung s. Komm. § 3 zu Art. 63. Anm. 3.

3. **Wegen anderer Beispiele** s. Komm. § 4 zu Art. 63.

§ 72.

Als ein wichtiger Grund, der den Prinzipal zur Kündigung ohne Einhaltung einer Kündigungsfrist berechtigt, ist es, sofern nicht besondere Umstände eine andere Beurtheilung rechtfertigen, namentlich anzusehen:

1. wenn der Handlungsgehülfe im Dienste untreu ist oder das Vertrauen mißbraucht oder die ihm nach § 60 obliegende Verpflichtung verletzt;
2. wenn er seinen Dienst während einer den Umständen nach erheblichen Zeit unbefugt verläßt oder sich beharrlich weigert, seinen Dienstverpflichtungen nachzukommen;
3. wenn er durch anhaltende Krankheit, durch eine längere Freiheitsstrafe oder Abwesenheit oder durch eine die Zeit von acht Wochen übersteigende militärische Dienstleistung an der Verrichtung seiner Dienste verhindert wird;

4. wenn er sich Thätlichkeiten oder erhebliche Ehrverletzungen gegen den Prinzipal oder dessen Vertreter zu Schulden kommen läßt.

Erfolgt die Kündigung, weil der Handlungsgehülfe durch unverschuldetes Unglück längere Zeit an der Verrichtung seiner Dienste verhindert ist, so wird dadurch der im § 63 bezeichnete Anspruch des Gehülfen nicht berührt.

Der Paragraph giebt Beispiele von Entlassungsgründen.

1. **Ueber die Bedeutung dieser Beispiele** gilt das zu § 71 Gesagte.
2. **Die Beispiele** selbst.

Nr. 1. Hier sind die beiden in Nr. 1 und 2 des Art. 64 aufgezählten Entlassungsgründe zusammen aufgeführt. Vergl. Näheres im Komm. § 2 und 3 zu Art. 64.

Nr. 2. Dieser Grund entspricht der Nr. 3 des Art. 64. An die Stelle der Dienstverweigerung ist aber die beharrliche Dienstverweigerung getreten. Im Uebrigen vergl. §§ 4–8 zu Art. 64.

Nr. 3. Dieser Entlassungsgrund entspricht der Nr. 4 des Art. 64. Der Deutlichkeit wegen hinzugefügt ist eine mehr als 8 wöchentliche militärische Dienstleistung. Im Uebrigen s. § 9 zu Art. 64.

Im Absatz 2 des Paragraphen ist neu hinzugefügt, daß der Anspruch auf Gehalt für 6 Wochen dann nicht untergeht, wenn der Gehilfe durch unverschuldetes Unglück an der Verrichtung seiner Dienste verhindert wird und die Entlassung in Gemäßheit dieser Nr. 3 wegen dieses Unglücksfalls erfolgt (vergl. hierüber Anm. 3 zu § 63).

Nr. 4. Dieser Entlassungsgrund entspricht der Nr. 5 des Art. 64. An die Stelle der Mißhandlungen sind die Thätlichkeiten getreten. Hinzugefügt ist, daß Thätlichkeiten und Ehrverletzungen auch dann Entlassungsgrund sind, wenn sie sich gegen den Vertreter des Prinzipals richten.

Im Uebrigen vergl. Komm. § 10 zu Art. 64.

3. **Andere Beispiele.** Zu diesen gehört, natürlich nur in geeigneten Fällen, auch der unsittliche Lebenswandel des Gehilfen. Ausdrücklich erwähnt ist dieser Entlassungsgrund nicht, wie dies in Nr. 5 des Art. 64 geschehen war. Wegen anderer Beispiele s. Komm. § 12 zu Art. 64.

Zusatz. Muß der Prinzipal dem Handlungsgehilfen nach der Kündigung des Dienstverhältnisses auf Verlangen angemessene Zeit zum Aufsuchen des Dienstverhältnisses gewähren? Diese Frage ist durch § 629 B.G.B. zu Gunsten des Handlungsgehilfen gesetzlich geregelt. Aber für die Zwischenzeit gilt das B.G.B. noch nicht. Für die Zwischenzeit folgt indessen das Gleiche aus allgemeinen Erwägungen (vergl. unsere Ausführungen im Komm. § 6 zu Art. 64).

§ 73.

Bei der Beendigung des Dienstverhältnisses kann der Handlungsgehülfe ein schriftliches Zeugniß über die Art und Dauer der Beschäftigung fordern. Das Zeugniß ist auf Verlangen des Handlungsgehülfen auch auf die Führung und die Leistungen auszudehnen.

Auf Antrag des Handlungsgehülfen hat die Ortspolizeibehörde das Zeugniß kosten- und stempelfrei zu beglaubigen.

Nach früherem Recht war es streitig, ob der Handlungsgehilfe ein Dienstzeugniß verlangen konnte. Das Reichsgericht (Band 36 S. 71) hatte dies sogar verneint. Vergl. Komm. § 7 zu Art. 57.

Diese Streitfrage ist im vorliegenden Paragraphen gesetzlich geregelt. Dabei wurde in der Reichstagskommission (Bericht S. 38) festgestellt, daß die Bestimmung einen öffentlichrechtlichen Charakter hat und durch Vertrag nicht abgeändert werden kann. Es ist also auch ein nachträglicher Verzicht auf ein Zeugniß nicht rechtswirksam.

§ 74.

Eine Vereinbarung zwischen dem Prinzipal und dem Handlungsgehülfen, durch welche dieser für die Zeit nach der Beendigung des Dienstverhältnisses in seiner gewerblichen Thätigkeit beschränkt wird, ist für den Handlungsgehülfen nur insoweit verbindlich, als die Beschränkung nach Zeit, Ort und Gegenstand nicht die Grenzen überschreitet, durch welche eine unbillige Erschwerung des Fortkommens des Handlungsgehülfen ausgeschlossen wird.

Die Beschränkung kann nicht auf einen Zeitraum von mehr als drei Jahren von der Beendigung des Dienstverhältnisses an erstreckt werden.

Die Vereinbarung ist nichtig, wenn der Handlungsgehülfe zur Zeit des Abschlusses minderjährig ist.

Die §§ 74—75 regeln die Konkurrenzklausel nach Beendigung des Dienstverhältnisses. Einleitung. Die Paragraphen füllen eine Lücke des gegenwärtigen H.G.B. aus, die sich außerordentlich fühlbar gemacht hat. Die auf diesem Gebiete zutage getretenen Mißbräuche einerseits, die Schwankung der Rechtsprechung andrerseits verlangten gebieterisch eine gesetzliche Regelung der Konkurrenzklausel.

In § 74 werden die Voraussetzungen der Gültigkeit behandelt. In § 75 wird die Frage erörtert, für welche Fälle der Vertragsauflösung die Konkurrenzklausel gilt. Ferner enthält § 75 eine Sonderbestimmung über die an die Verletzung des Verbots geknüpfte Vertragsstrafe.

1. **Die Voraussetzungen der Giltigkeit** sind: die Beschränkung darf nach Zeit, Ort und Gegenstand nicht die Grenzen überschreiten, durch welche eine unbillige Erschwerung des Fortkommens des Handlungsgehilfen ausgeschlossen wird. Eine Erstreckung des Verbots über 3 Jahre ist überhaupt unzulässig. Anm. 1.

a) Der Hauptton liegt also darauf, daß eine **unbillige Erschwerung des Fortkommens** des Handlungsgehilfen ausgeschlossen sein muß. Dieses Erforderniß ist sicherlich verletzt, wenn das Verbot geeignet ist, die Erwerbsfreiheit des Einzelnen für immer, sei es im Ganzen, sei es in einzelnen Richtungen zu vernichten (R.G. 31 S. 99). Das Erforderniß ist ferner sicherlich verletzt, wenn der Prinzipal kein begründetes Interesse an der Stipulirung der Konkurrenzklausel hat; denn es ist unbillig, daß er die Erwerbsfreiheit des Gehilfen weiter beschränkt, als dies in seinem Interesse nöthig ist (Denkschr. S. 69).

Wann im Uebrigen die zulässigen Grenzen überschritten sind, kann nur im Einzelfalle gesagt werden. Die geschäftlichen Verhältnisse des Prinzipals einerseits, die des Gehilfen andrerseits, auch die Frage, ob der Gehilfe etwa durch sein Gehalt ausreichend entschädigt ist für die Konkurrenzenthaltung in einer bestimmten Zeit, werden hier maßgebend sein. Die Aufgabe, die hier an die Gerichte gestellt wird, ist allerdings nicht unerfüllbar, wie die Denkschrift S. 69 sagt, aber außerordentlich schwer. Anm. 2.

Die von uns im Komm. §§ 3, 4 und 6 zu Art. 59 aufgeführten Beispiele werden auch fernerhin lehrreich sein und wichtige Anhaltspunkte bieten. Anm. 3.

Dabei ist noch Folgendes hervorzuheben: nach dem vorliegenden Paragraphen muß sich die Beschränkung nach Zeit, Ort und Gegenstand innerhalb billiger Grenzen halten. Früher nahm die Rechtsprechung an, daß sie sich nach Zeit, Ort oder Gegenstand beschränken muß. Eine veränderte Rechtsauffassung ist damit nicht beabsichtigt. Die drei Erfordernisse greifen ineinander. Sie sind nur deshalb kumulativ aufgezählt, um zum Ausdruck zu bringen, daß auf alle drei Rücksicht zu nehmen ist und nach dem Gesamtbilde, welches danach das Konkurrenzverbot gewährt, beurtheilt werden soll, ob die billigen Grenzen überschritten sind. Wird z. B. einem Handlungsgehilfen, der in einem Teppichgeschäft Buchhalter war, untersagt, drei Jahre lang in Deutschland eine Buchhalterstelle in einem Teppichgeschäft anzunehmen, so ist dies nicht ungültig, obwohl sich das Verbot örtlich über ganz Deutschland erstreckt, weil ein Buchhalter ohne Rücksicht auf die Branche leicht Stellung findet. Anm. 4.

Die fixirte Zeitgrenze von 3 Jahren bedeutet natürlich nur, daß dieselbe Anm. 5.

keinesfalls überschritten werden darf. Aber Konkurrenzverbote mit geringerer Zeitgrenze können unter Umständen ebenfalls dem § 74 zuwiderlaufen. Die drei Jahre rechnen von der Beendigung des Dienstverhältnisses ab. Das ist die rechtliche Beendigung. Für die Zwischenzeit zwischen dem 1. Jan. 1898 — 1. Jan. 1900 gestaltet sich dieser Zeitpunkt nach den einzelnen Rechtssystemen verschieden, da in Preußen durch den bloßen auch unbegründeten Rücktritt das Dienstverhältniß beendigt wird, was im gemeinen und französischen Recht nicht der Fall ist (vergl. Einl. zu § 70).

Anm. 6. b) Die zweite Voraussetzung ist, daß die Vereinbarung nicht mit einem **minderjährigen** Handlungsgehilfen getroffen worden ist, gleichviel, ob der gesetzliche Vertreter hierbei mitgewirkt hat oder nicht.

Anm. 7. 2. **Ueber die Auslegung der Konkurrenzverbote** gilt im Allgemeinen das im Komm. § 6 zu Art. 59 Gesagte: daß sie zwar strikt auszulegen, aber doch der wahre Wille zu erforschen ist u. s. w.

Anm. 8. 3. **Verstößt das Verbot gegen die gesetzlichen Erfordernisse,** so hat dies nur auf das Konkurrenzverbot, nicht auf die übrigen Theile des Vertrags Einfluß: der Dienstvertrag bleibt im Uebrigen gültig. Das Konkurrenzverbot selbst ist, wenn mit einem Minderjährigen vereinbart, nichtig und wird auch, wie anzunehmen ist, nicht dadurch ohne Weiteres gültig, daß der Gehilfe das Verhältniß nach der Großjährigkeit fortsetzt; sonst aber liegt nicht Nichtigkeit der Abrede vor, sondern sie ist „nur insoweit verbindlich", als die Grenzen der Billigkeit nicht überschritten sind. Sie ist nicht unverbindlich, wenn diese Grenzen überschritten sind, sondern nur insoweit unverbindlich, als sie überschritten sind (vergl. Denkschr. S. 70; K.B. S. 41). Dadurch entsteht für den Richter wiederum die schwierige Aufgabe, das Verbot inhaltlich zu ermäßigen und seine Grenzen so festzusetzen, daß der Billigkeit entsprochen ist. Doch ist der Richter je nach der Sachlage auch in der Lage, die ganze Konkurrenzklausel für ungültig, weil unbillig, zu erklären (K.B. S. 41).

Anm. 9. 4. **Ueber die Folgen der Verletzung des Konkurrenzverbots** verhält sich § 75 Abs. 2, doch nur für den Fall, daß eine Konventionalstrafe vereinbart ist. Dort soll aber im Zusammenhange die Folge der Verletzung überhaupt erörtert werden.

Anm. 10. **Uebergangsfrage.** Die Vorschriften des § 74 sind zwingenden Rechts und greifen daher sofort am 1. Januar 1898 Platz, gleichviel ob eine zulässige Kündigung erfolgt oder nicht (vergl. oben S. 6). Gemäß Absatz 1 modifizirt sich der Inhalt der Konkurrenzverbote für die Folgezeit, gemäß Abs. 2 hört die Wirksamkeit früherer, bereits in Kraft getretener Konkurrenzverbote spätestens 3 Jahre nach dem 1. Januar 1898 auf, noch nicht in Kraft getretene, aber vertraglich stipulirte ermäßigen sich zeitlich auf 3 Jahre: Abreden, die mit Minderjährigen getroffen sind, sind für die Folgezeit nichtig.

§ 75.

Giebt der Prinzipal durch vertragswidriges Verhalten dem Handlungsgehülfen Grund, das Dienstverhältniß gemäß den Vorschriften der §§ 70, 71 aufzulösen, so kann er aus einer Vereinbarung der im § 74 bezeichneten Art Ansprüche nicht geltend machen. Das Gleiche gilt, wenn der Prinzipal das Dienstverhältniß kündigt, es sei denn, daß für die Kündigung ein erheblicher Anlaß vorliegt, den er nicht verschuldet hat, oder daß während der Dauer der Beschränkung dem Handlungsgehülfen das zuletzt von ihm bezogene Gehalt fortgezahlt wird.

Hat der Handlungsgehülfe für den Fall, daß er die in der Vereinbarung übernommene Verpflichtung nicht erfüllt, eine Strafe versprochen, so kann der Prinzipal nur die verwirkte Strafe verlangen; der Anspruch auf Erfüllung oder auf Ersatz eines weiteren Schadens ist ausgeschlossen. Die Vorschriften des Bürgerlichen Gesetzbuchs über die Herabsetzung einer unverhältnißmäßig hohen Vertragsstrafe bleiben unberührt.

Vereinbarungen, welche diesen Vorschriften zuwiderlaufen, sind nichtig.

Der vorliegende Paragraph regelt 1. die Fälle der Vertragsbeendigung, **für welche** die Konkurrenzklausel gilt (Abs. 1), 2. die Folgen der Uebertretung des Verbots im Falle der Vertragsstrafe (Abs. 2), 3. Absatz 3 erklärt entgegenstehende Vereinbarungen für nichtig. Einleitung.

1. (Abs. 1.) **Für welche Fälle der Vertragsbeendigung gilt das Konkurrenzverbot?** Im Anschluß an die früheren Entscheidungen des Reichsgerichts (z. B. R.G. 20 S. 107, Bolze 16 Nr. 389) statuirt das Gesetz **zwei Fälle der Vertragsbeendigung, in denen die stipulirte Konkurrenzklausel nicht gelten soll.** Anm. 1.

a) **Wenn der Prinzipal durch vertragswidriges Verhalten dem Handlungsgehilfen Grund zur einseitigen Aufhebung des Vertrages gemäß §§ 70, 71 giebt.** Es genügt nicht, daß der Handlungsgehilfe aus sonstigem wichtigem Grunde das Dienstverhältniß auflöst. Es genügt auch nicht, daß der Prinzipal ihm gerechten Anlaß zur Kündigung giebt. Es muß ein in vertragswidrigem Verhalten des Prinzipals liegender wichtiger Grund zur einseitigen Aufhebung des Verhältnisses vorliegen. Und es muß, wie hinzugefügt werden muß, die einseitige Aufhebung des Verhältnisses auch erfolgt sein. Erfolgt sie nicht, verbleibt vielmehr der Gehilfe in der Stellung und wartet die Vertragsdauer ab, kündigt er nur, dann liegt der Fall nicht vor. Anm. 2.

b) **Wenn der Prinzipal kündigt.** Regelmäßig soll also für den Fall, daß die Kündigung durch den Prinzipal erfolgt, die Konkurrenzklausel nicht Platz greifen. Ausnahmsweise aber — und das wird wohl thatsächlich die Regel sein; denn ohne Grund kündigt man nicht — greift das Konkurrenzverbot auch im Falle der Kündigung durch den Prinzipal Platz, wenn, was der Prinzipal beweisen muß, für seine Kündigung ein erheblicher von ihm selbst nicht verschuldeter Anlaß vorliegt. Es braucht das nicht ein wichtiger Grund zur sofortigen Entlassung zu sein, es genügt, wenn es ein Grund ist, der nach vernünftiger kaufmännischer Erwägung einen erheblichen Anlaß bildet zur Kündigung eines Dienstvertrages. Der Anlaß darf vom Prinzipal selbst nicht verschuldet sein, er braucht aber auch nicht gerade vom Gehilfen verschuldet zu sein. So z. B. wird ein erheblicher Anlaß vorliegen in „wohlbegründeter Unzufriedenheit mit den Leistungen des Handlungsgehilfen" (K.B. S. 44) oder wenn der Prinzipal durch seine geschäftliche Situation sich gezwungen sieht, sein Personal zu verkleinern. Sind aber beide Theile schuld, wie das oft bei Streitigkeiten der Fall sein wird, dann greift die Regel Platz: Die Konkurrenzklausel gilt nicht, denn es liegt kein vom Prinzipal nicht verschuldeter Anlaß zur Kündigung vor. Dem Falle, wo der Prinzipal kündigt, liegt selbstverständlich der Fall gleich, wo er das Verhältniß einseitig aufhebt. Nach dem Sprachgebrauche des B.G.B. und des neuen H.G.B. ist überhaupt auch das letztere eine Kündigung, nämlich eine Kündigung ohne Einhaltung einer Kündigungsfrist (vergl. § 70). Anm. 3.

Kündigt der Prinzipal ohne solchen Anlaß, so gilt die Konkurrenzklausel nicht. Indessen kann er auch in diesem Falle sich die Geltung der Konkurrenzklausel dadurch erkaufen, daß er dem Gehilfen während der Dauer der Beschränkung das zuletzt von ihm bezogene Gehalt fortzahlt. Gemeint ist hier wohl nicht blos das Gehalt, sondern überhaupt ein Betrag, wie er seinen letzten Bezügen entspricht. Sonst würde der gegen festes Gehalt und gegen Tantième oder Provision angestellte Handlungsgehilfe oder gar der bloße commis interessé hierbei sehr schlecht gestellt sein. Dieser Betrag ist aber zu zahlen ohne Rücksicht auf sonstigen Verdienst, den der Handlungsgehilfe während der Dauer der Beschränkung etwa macht (K.B. S. 44). Anm. 4.

2. (Abs. 2.) **Folge der Uebertretung des Konkurrenzverbots für den Fall der Konventionalstrafe.** In diesem Falle kann nur die Vertragsstrafe gefordert werden. Dabei erklärt der vorliegende Paragraph ferner, daß die Vorschriften des B.G.G. über die Herabsetzung einer unverhältnißmäßig hohen Vertragsstrafe unberührt bleiben. Doch wird diese Segnung für die Zwischenzeit vom 1. Januar 1898 bis zum 1. Januar 1900 den Handlungsgehilfen nicht zu Theil. Denn das B.G.B. gilt in dieser Zwischenzeit noch nicht; vielmehr bleibt inzwischen Art. 284 Abs. 1 des gegenwärtigen H.G.B. gültig, welcher für alle Handelsgeschäfte, also auch für die Engagementsverträge der Handlungsgehilfen, Anm. 5.

das Gegentheil vorschreibt, nämlich daß die Vertragsstrafe einer Herabsetzung ihrer Höhe nicht fähig ist. Unrichtig wäre es, aus dem Ausspruche, daß die Vorschriften des B.G.B. über die Ermäßigung der Vertragsstrafen unberührt bleiben, schon für die Zwischenzeit die Geltung dieser Vorschriften zu folgern. Der Ausdruck „unberührt bleiben", der in den Einführungsgesetzen häufig gebraucht wird, hat niemals die Bedeutung, daß die Geltung dieser Vorschriften angeordnet wird, sondern sie sollen, wenn sie auf Grund anderer Rechtsquellen gelten, diese Geltung durch das betreffende Gesetz nicht verlieren.

Anm. 6. **Ist eine Konventionalstrafe nicht vereinbart**, so hat der Prinzipal das Recht auf Erfüllung (Einstellung des Konkurrenzbetriebes) und Schadensersatz, auch auf vorbeugende Maßregeln durch einstweilige Verfügung. (Bolze 15 Nr. 709.)

Anm. 7. 3. (Abs. 3). **Entgegenstehende Vereinbarungen sind nichtig.** Das ist der wesentlichste Unterschied vom bisherigen Recht, wie es sich durch die Judikatur herausgebildet hatte. Die Fälle der Vertragsauflösung, für welche die Konkurrenzklausel gilt, waren ungefähr auch früher die gleichen, und auch die Regel, daß im Falle der Vertragsstrafe regelmäßig nur diese, nicht Erfüllung verlangt werden kann, war bei Verträgen solcher Art in Wissenschaft und Judikatur angenommen worden (vergl. Komm. § 8 zu Art. 59). Aber um den Handlungsgehilfen wirksam zu schützen, erschien es erforderlich, entgegenstehende Vereinbarungen für nichtig zu erklären.

Anm. 8. **Uebergangsfrage.** Da nach dem eben Gesagten die Vorschriften des vorliegenden Paragraphen zwingenden Charakter haben, so gelten sie vom 1. Januar 1898 ohne Weiteres, d. h. ohne Rücksicht auf eine erfolgte oder nicht erfolgte Kündigung. Die früheren Engagementsverträge modifiziren sich dementsprechend (vergl. oben S. 6). War also in solchen Verträgen z. B. die Konkurrenzklausel auch für den Fall stipulirt, daß der Prinzipal dem Gehilfen einen wichtigen Grund zum Rücktritt gab, so fällt diese Klausel fort; im Falle der Vereinbarung einer Vertragsstrafe kann vom 1. Januar 1898 nur noch diese, nicht auch das Aufgeben des neuen Verhältnisses gefordert werden, auch wenn Letzteres ausdrücklich vereinbart wurde. Die Dienstverträge bleiben im Uebrigen gültig und es kann auch nicht etwa der Prinzipal deshalb zurücktreten, weil sich nunmehr der Vertrag in dieser Weise ändert. Das wäre kein gesetzlicher Rücktrittsgrund, daß ein Vertrag sich durch Aenderung der Gesetzgebung so modifizirt, daß er seine bisherige, vom Gesetzgeber aus öffentlich-rechtlichen Gründen fortan für unzulässig erachtete Gestalt verloren hat.

§ 76.

Die Vorschriften der §§ 60 bis 63, 74, 75 finden auch auf Handlungslehrlinge Anwendung.

Der Lehrherr ist verpflichtet, dafür zu sorgen, daß der Lehrling in den bei dem Betriebe des Geschäfts vorkommenden kaufmännischen Arbeiten unterwiesen wird; er hat die Ausbildung des Lehrlinges entweder selbst oder durch einen geeigneten, ausdrücklich dazu bestimmten Vertreter zu leiten. Die Unterweisung hat in der durch den Zweck der Ausbildung gebotenen Reihenfolge und Ausdehnung zu geschehen.

Der Lehrherr darf dem Lehrlinge die zu seiner Ausbildung erforderliche Zeit und Gelegenheit durch Verwendung zu anderen Dienstleistungen nicht entziehen; auch hat er ihm die zum Besuche des Gottesdienstes an Sonntagen und Festtagen erforderliche Zeit und Gelegenheit zu gewähren. Er hat den Lehrling zur Arbeitsamkeit und zu guten Sitten anzuhalten.

In Betreff der Verpflichtung des Lehrherrn, dem Lehrlinge die zum Besuch einer Fortbildungsschule erforderliche Zeit zu gewähren, bewendet es bei den Vorschriften des § 120 der Gewerbeordnung.

Die §§ 76 ff. enthalten genauere Bestimmungen über den Lehrvertrag, zu dessen Regelung im alten H.G.B. nur die eine Vorschrift des Art. 61 Abs. 2 gegeben war.

1. **Ueber den Begriff des Handlungslehrlings** sagt auch das neue H.G.B. nichts. Seine besondere Stellung besteht darin, daß er durch seine Thätigkeit die Handlung erlernen, die für den Kaufmann erforderlichen Fähigkeiten sich erwerben will. Die Abgrenzung der Handlungsgehilfen gegen die Gewerbegehilfen gilt auch für die Lehrlinge (Anm. 4 zu § 59). So wenig alle Gehilfen eines Kaufmanns Handlungsgehilfen sind, so wenig sind alle Lehrlinge desselben Handlungslehrlinge. Anm. 1.

2. **Der Abschluß des Lehrvertrags.** Er erfordert keine Form, für die Zwischenzeit deshalb nicht, weil er ein Handelsgeschäft ist, sodaß Art. 317 Anwendung findet, vom 1. Januar 1900 ab deswegen nicht, weil das B.G.B. keine Form vorschreibt. Wegen der Bestimmung des § 79 ist aber schriftliche Form zu empfehlen. Anm. 2.

Der Abschluß erfolgt regelmäßig durch Personen, denen die Vertretung oder Erziehung obliegt, und es muß im Einzelfalle auseinander gehalten werden, ob diese Personen den Vertrag im eigenen oder in des Lehrlings Namen abschließen. Tritt der Vater als Kontrahent auf, so gilt er im Zweifel als Selbstkontrahent (R.O.H. 13 S. 106; 14 S. 18), ebenso, wenn die Mutter als Vormünderin abschließt, der fremde Vormund aber kontrahirt im Zweifel im Namen des Lehrlings.

Wer im eigenen Namen den Vertrag abschließt, leistet Gewähr für das vertragsmäßige Verhalten des Lehrlings, er ist also nicht blos bei eigenem Verschulden verantwortlich (R.O.H. 14 S. 18).

3. **Ueber den Inhalt des Lehrvertrags** gelten zunächst die §§ 60 und 61 (Konkurrenzverbot während der Dauer des Dienstverhältnisses), sodann § 62 (über die Fürsorgepflichten des Prinzipals, wobei besonders der im § 62 Abs. 2 vorgesehene Fall der Aufnahme in die häusliche Gemeinschaft praktisch werden wird, zumal in kleinen Städten), sodann § 63 (Fortzahlung des Gehalts auf 6 Wochen bei unverschuldetem Unglück), endlich die §§ 74 und 75 (Konkurrenzklausel nach Beendigung des Dienstverhältnisses, wobei jedoch meist der Abschluß mit einem Minderjährigen, also keine bindende Vereinbarung vorliegen wird (vergl. Anm. 8 zu § 74). Anm. 3.

4. Weitere Vorschriften über den Inhalt des Lehrvertrages geben die §§ 76 ff. Anm. 4.

5. **Zunächst stellen die Absätze 2—4 des vorliegenden Paragraphen eine Reihe von Verpflichtungen des Prinzipals auf.** Zu Abs. 2 ist dabei zu bemerken, daß es hier nicht auf die subjektiven religiösen Anschauungen des Lehrlings oder seiner Eltern ankommt, sondern objektiv auf die Gebote seiner Religion. Weichen die subjektiven Anschauungen des Lehrlings von den objektiven Satzungen der Religion ab, so soll er durch den Besuch des Gottesdienstes gerade auf den rechten Weg zurückgeführt werden.

6. **Uebergangsfrage.** Von den im Abs. 1 aufgezählten Paragraphen gelten diejenigen sofort für die am 1. Januar 1888 bestehenden Lehrverträge, welche zwingenden Charakter haben, worüber unsere Erläuterungen zu den einzelnen Paragraphen, insbesondere die Uebergangsfragen zu denselben zu vergleichen sind. Die Abs. 2—4 des vorliegenden Paragraphen haben zwingenden Charakter. Anm. 5.

§ 77.

Die Dauer der Lehrzeit bestimmt sich nach dem Lehrvertrag, in Ermangelung vertragsmäßiger Festsetzung nach den örtlichen Verordnungen oder dem Ortsgebrauche.

Das Lehrverhältniß kann, sofern nicht eine längere Probezeit vereinbart ist, während des ersten Monats nach dem Beginne der Lehrzeit ohne Einhaltung einer Kündigungsfrist gekündigt werden. Eine Vereinbarung, nach der die Probezeit mehr als drei Monate betragen soll, ist nichtig.

Nach dem Ablaufe der Probezeit finden auf die Kündigung des Lehrverhältnisses die Vorschriften der §§ 70 bis 72 Anwendung. Als ein wichtiger Grund zur Kündigung durch den Lehrling ist es insbesondere auch anzusehen, wenn der

Lehrherr seine Verpflichtungen gegen den Lehrling in einer dessen Gesundheit, Sittlichkeit oder Ausbildung gefährdenden Weise vernachlässigt.

Im Falle des Todes des Lehrherrn kann das Lehrverhältniß innerhalb eines Monats ohne Einhaltung einer Kündigungsfrist gekündigt werden.

Der Paragraph giebt Vorschriften über die Dauer der Lehrzeit, und zwar:

Anm. 1. 1. **eine Vorschrift über die normale Dauer.** Hier gelten nicht die Kündigungsvorschriften der §§ 66—69. Hier wird vielmehr davon ausgegangen, daß die Lehrzeit auf bestimmte Dauer zu bemessen ist, daß mit der Natur des Lehrverhältnisses Kündigungsfristen nicht harmoniren. Allenfalls geht der Lehrzeit eine kürzere Probefrist voraus. Das Gesetz bestimmt nun, daß der erste Monat als Probezeit zu betrachten ist; eine kürzere Probezeit darf nicht vereinbart werden, eine längere wohl, aber auch nicht mehr als 3 Monate. Nach dem Ablauf dieser Probezeit kann das Verhältniß von jedem Theile aufgelöst werden. Geschieht dies nicht, so ist das Lehrverhältniß definitiv geworden. Für dieses definitive Verhältniß gilt die vertragsmäßige, in Ermangelung derselben die ortsgebräuchliche oder ortsverordnete Dauer, aber nicht die kürzeren Kündigungsfristen, welche für die Handlungsgehilfen gelten. Diese können auch im Lehrvertrage nicht festgesetzt werden. Aus dem Zusammenhange der Vorschriften, insbesondere aus dem Zusammenhange des Absatzes 1 und des Absatzes 3 des vorliegenden Paragraphen geht vielmehr hervor, daß der Vertrag eine bestimmte Dauer der Lehrzeit, wie dies der Natur der Sache entspricht, vorsehen muß, und daß, wenn er dies nicht thut, die Lücke durch solche örtliche Gebräuche oder solche Ortsverordnungen ausgefüllt wird, welche eine bestimmte Dauer der Lehrzeit fixiren. Eine Kündigung vor dem Ablauf der so fixirten Lehrzeit kann nur aus wichtigen Gründen nach Maßgabe der §§ 70—72, und zwar ohne Einhaltung einer Kündigungsfrist erfolgen, und Gegentheiliges kann auch nicht vereinbart werden, weil diesen Vorschriften, die zum Schutze von noch schwächeren Personen, als die Handlungsgehilfen es sind, bestimmt sind, zwingender Charakter zu vindiziren ist. Allerdings kann auch zum Nachtheil des Prinzipals nichts Gegentheiliges vereinbart werden.

Die normale Dauer des Lehrvertrages ist also: entweder der Ablauf der vereinbarten Probezeit oder der Ablauf der vereinbarten Dauer des Lehrvertrages. Auf andere Weise kann er normalerweise nicht enden.

Anm. 2. 2. **Die außerordentliche Endigung des Lehrlingsverhältnisses** erfolgt nach Maßgabe der §§ 70—72, wie dies zu 1 auseinandergesetzt ist, unter Beachtung der Abs. 2 und 3 des vorliegenden Paragraphen. Nach dem Wortlaut des Gesetzes könnte es so scheinen, als sei eine Auflösung auch aus wichtigem Grunde erst nach Ablauf der Probezeit möglich. Doch ist das sicher nicht der Sinn des Gesetzes. Tritt vielmehr ein wichtiger Grund während der Probezeit ein, so ist auch hier sofortiger Rücktritt möglich, nur kann es sein, daß während der Probezeit nicht Alles so wichtig und zum Rücktritt berechtigend sein wird, wie nach Ablauf derselben. Hier wird man beim Hervortreten von Mißständen öfter sagen können: die Probezeit hindurch muß abgewartet werden, ob sich die Sache nicht bessert.

Anm. 3. **Zusatz: Uebergangsfrage.** Da, wie oben in Anm. 1 ausgeführt ist, die Vorschriften des vorliegenden Paragraphen zwingenden Charakter haben, so gelten dieselben für die in 1. Januar 1898 bestehenden Lehrverhältnisse sofort (vergl. S. 6).

§ 78.

Wird von dem gesetzlichen Vertreter des Lehrlinges oder, sofern dieser volljährig ist, von ihm selbst dem Lehrherrn die schriftliche Erklärung abgegeben, daß der Lehrling zu einem anderen Gewerbe oder zu einem anderen Beruf übergehen werde, so endigt, wenn nicht der Lehrling früher entlassen wird, das Lehrverhältniß nach dem Ablauf eines Monats.

Tritt der Lehrling der abgegebenen Erklärung zuwider vor dem Ablaufe von neun Monaten nach der Beendigung des Lehrverhältnisses in ein anderes Geschäft

als Handlungslehrling oder als Handlungsgehülfe ein, so ist er dem Lehrherrn zum Ersatze des diesem durch die Beendigung des Lehrverhältnisses entstandenen Schadens verpflichtet. Mit ihm haftet als Gesammtschuldner der neue Lehrherr oder Prinzipal, sofern er von dem Sachverhalte Kenntniß hatte.

1. Die nach Abs. 1 abgegebene schriftliche Erklärung giebt dem Prinzipal das Recht zur sofortigen Entlassung. Macht er hiervon keinen Gebrauch, so „endigt" das Lehrverhältniß nach Ablauf eines Monats (sc. seit Abgabe der Erklärung). Die Vorschrift bezieht sich sowohl auf denjenigen Vertrag, welcher im Namen des Lehrlings geschlossen, als auf denjenigen, den der gesetzliche Vertreter in seinem eigenen schließt. Die Erklärung muß schriftlich abgegeben sein. Sie braucht nicht in einem besonderen Scheine abgegeben zu werden, es kann dies auch im Laufe der Korrespondenz geschehen sein. Bloße mündliche Erklärungen dieser Art sind aber wirkungslos, es sei denn, daß sie die Absicht erkennen lassen, demnächst willkürlich das Lehrverhältniß zu lösen. Das kann unter Umständen ein wichtiger Grund zur vorzeitigen Auflösung für den Prinzipal sein. Anm. 1.

Liegt eine schriftliche Erklärung vor, so bedarf es einer besonderen Kündigung oder Entlassungserklärung nicht mehr. Dies Verhältniß endet nach Ablauf eines Monats von selbst. Die Vorschrift hat auch zwingenden Charakter und kann durch Vereinbarung nicht geändert werden. Denn sie ist zum Schutze des Lehrlings gegeben, der seinen Neigungen und Fähigkeiten zuwider in seinem Lehrverhältniß nicht festgehalten werden soll. Natürlich bewirkt der zwingende Charakter auch, daß die Vorschrift für beide Theile nicht abgeändert werden darf, da das Prinzip der Gleichberechtigung beider Theile es erfordert, wie dies auch in § 67 zum Ausdruck gebracht ist. Anm. 2.

2. Die Folgen der Zuwiderhandlung. Der Erklärung zuwider wird gehandelt, wenn der Lehrling vor dem Ablauf von 9 Monaten in ein anderes Handelsgeschäft eintritt, gleichviel welcher Branche. Seine Erklärung bindet ihn, sich dem Kaufmannsstande zunächst nicht zu widmen. Thut er es dennoch innerhalb 9 Monaten, so wird die Erklärung als Vorwand betrachtet und der Lehrling kann sich auch damit nicht entschuldigen, daß bei Abgabe der Erklärung wirklich die Absicht des Berufswechsels bestand. Der Austritt ist in solchem Falle von Gesetzeswegen unbefugt. Anm. 3.

Die Schadensersatzpflicht tritt für den Lehrling ein, wenn der gesetzliche Vertreter oder der volljährige Lehrling selbst die Erklärung abgiebt. Es genügt nicht, wenn die Mutter, die nicht Vormünderin ist, sie abgiebt. Damit die Schadensersatzpflicht gegen den Lehrling existent wird, muß der Lehrvertrag von ihm oder in seinem Namen geschlossen sein, und zwar wegen § 79 schriftlich. Ist der Lehrvertrag vom gesetzlichen Vertreter im eigenen Namen abgeschlossen, so trifft die Schadensersatzpflicht in sinngemäßer Anwendung des Abs. 2 ihn selbst. Anm. 4.

Soweit der Lehrling haftet, haftet mit ihm als Gesammtschuldner der neue Prinzipal, wenn er von dem Sachverhalt Kenntniß hatte. Unter Umständen wird auch der gesetzliche Vertreter in solchem Falle persönlich als Gesammtschuldner haften wenn die Voraussetzungen der Haftung für unerlaubte Handlungen vorliegen. Anm. 5.

Die Vorschrift des Absatzes 2 ist insoweit nicht öffentlichen Rechtens, als Einschränkungen oder Aufhebungen der Rechte des Lehrherrn in Frage stehen. Soweit aber durch Abänderung des Abs. 2 die Lage des Lehrlings erschwert werden soll, wird man auch dieser Vorschrift öffentlich-rechtlichen Charakter beilegen müssen wegen der Tendenz, welche allen diesen Vorschriften zu Grunde liegt: wirksamer Schutz des wirthschaftlich Schwachen gerade beim Treffen von Vereinbarungen. Dies gilt z. B., wenn an den unbefugten Austritt eine Konventionalstrafe geknüpft ist. Diese wird man insoweit ungültig erklären müssen, als der Lehrling mehr zahlen müßte als den Ersatz des dem Prinzipal entstandenen Schadens. Diesen und nicht mehr will die Vorschrift des Abs. 2 dem Lehrherrn zubilligen.[1] Anm. 6.

---

[1]) Das Gleiche kann man bei § 75 Abs. 2 Satz 2 nicht sagen. Hier fehlt es an einer Bestimmung, daß blos der wirkliche Schade oder annähernd der wirkliche Schade zu ersetzen ist. Man kann also nicht eine solche Bestimmung für zwingend erklären.

Anm. 7. **Zusatz. Uebergangsfrage.** Die Vorschrift des Abs. 1 tritt wegen der oben Anm. 1 entwickelten öffentlich-rechtlichen Natur derselben für die am 1. Januar 1898 bestehenden Lehrverträge sofort in Wirksamkeit, mit ihr aber auch Abs. 2, weil beide Vorschriften vom Gesetze als Einheit gedacht sind, Abs. 2 nur als Modalität des Abs. 1. Die theilweise Verzichtbarkeit, die der Vorschrift des Abs. 2 anhaftet, bewirkt nur, daß, wenn in bestehenden Lehrverträgen auf einen Anspruch solcher Art verzichtet ist, dieser Verzicht auch nach dem 1. Januar 1898 wirksam ist.

§ 79.

Ansprüche wegen unbefugten Austritts aus der Lehre kann der Lehrherr gegen den Lehrling nur geltend machen, wenn der Lehrvertrag schriftlich geschlossen ist.

Anm. 1. 1. Zu den hier vorgesehenen Ansprüchen gehören Verletzungen der §§ 77 u. 78: Verlassung der Lehre vor dem Ablauf der Probezeit oder vor dem Ablauf der Lehrzeit ohne wichtigen Grund oder unter Zuwiderhandlung gegen § 78. Diese Ansprüche kann der Lehrherr mangels schriftlichen Vertrages nicht geltend machen. Der Lehrvertrag ist aber im Uebrigen gültig, auch wenn er mündlich geschlossen wird (Anm. 2 zu § 76). Alle sonstigen Ansprüche können also auch aus einem mündlichen Vertrage geltend gemacht werden, z. B. Anspruch auf Lehrgeld.

Die Ansprüche wegen unbefugten Austritts fallen aber auch dann fort, wenn sie vertraglich stipulirt sind, nicht blos die gesetzlichen Ansprüche.

Anm. 2. 2. Das Erforderniß des schriftlichen Abschlusses richtet sich für die Zwischenzeit noch nach Landesrecht, so daß z. B. nach preußischem Recht Korrespondenz genügt und bei Analphabeten, Blinden und Taubstummen die erschwerenden Vorschriften in Kraft treten. Nach dem 1. Januar 1900 wird § 126 B.G.B. hier maßgebend sein. Höhere Formen (gerichtlich oder notariell) genügen natürlich.

Anm. 3. 3. Der Anspruch gegen den Lehrling fällt fort. Damit fällt natürlich auch im Falle des § 78 Abs. 2 Satz 2 der Anspruch gegen den neuen Prinzipal fort; denn dieser kann nicht „mit dem Lehrling als Gesammtschuldner" haften, wenn der Lehrling nicht haftet. Wenn dagegen der Lehrvertrag von dem Vater oder dem Vormunde im eigenen Namen abgeschlossen wurde, so besteht der Anspruch auch dann, wenn der Lehrvertrag nicht schriftlich abgeschlossen wurde, weil es sich nicht um einen Anspruch „gegen den Lehrling" handelt. Daß der Anspruch in solchem Falle überhaupt besteht, darüber s. oben Anm. 4 zu § 78.

Der Anspruch gegen den Lehrherrn wegen unbefugten Rücktritts ist übrigens durch § 79 nicht berührt.

Anm. 4. 4. **Uebergangsfrage.** Die Vorschrift ist ihrer Natur nach unverzichtbar und gilt daher für die am 1. Januar 1898 bestehenden Lehrverträge sofort (vergl. S. 6).

§ 80.

Bei der Beendigung des Lehrverhältnisses hat der Lehrherr dem Lehrling ein schriftliches Zeugniß über die Dauer der Lehrzeit und die während dieser erworbenen Kenntnisse und Fähigkeiten sowie über sein Betragen auszustellen.

Auf Antrag des Lehrlinges hat die Ortspolizeibehörde das Zeugniß kosten- und stempelfrei zu beglaubigen.

Das hier vorgesehene Zeugniß erstreckt sich auf die Dauer der Lehrzeit, die erworbenen Kenntnisse und auf das Betragen des Lehrlings. Die Vorschrift weicht ab von § 73. Es kann hier vom Prinzipal nicht verlangt werden, daß er lediglich die Dauer der Lehrzeit bescheinigen und die erworbenen Fähigkeiten oder das Betragen unberührt lassen soll. Vielmehr kann sich der Prinzipal auf den Standpunkt stellen, daß er entweder alles oder gar nichts bescheinigt.

Der Anspruch auf das Lehrzeugniß ist unverzichtbar. Die Vorschrift gilt daher für die am 1. Januar 1898 bestehenden Lehrverträge sofort (vergl. S. 6).

§ 81.

Personen, die nicht im Besitze der bürgerlichen Ehrenrechte sind, dürfen Handlungslehrlinge weder halten noch sich mit der Anleitung von Handlungslehrlingen befassen. Der Lehrherr darf solche Personen zur Anleitung von Handlungslehrlingen nicht verwenden.

Die Entlassung von Handlungslehrlingen, welche diesem Verbote zuwider beschäftigt werden, kann von der Polizeibehörde erzwungen werden.

Zufolge des Abs. 1 sind derartige Lehrverträge nicht ungültig. Im Sprachgebrauch des B.G.B., dem sich das neue H.G.B. angeschlossen hat, werden, wenn ein Akt derart verboten werden soll, daß der gleichwohl vorgenommene Akt unwirksam sein soll, die Worte „kann nicht" gebraucht; wenn aber nicht die Unwirksamkeit, sondern andere Nachtheile sich daran knüpfen sollen, wird „darf nicht" gesagt. (Vergl. Planck, Kommentar zum B.G.B. S. 25; für das H.G.B. vergl. z. B. §§ 227, 230, 238, 274, 283, 287, 288, 301). Selbstverständlich aber besteht in solchem Falle ein wichtiger Grund zur einseitigen Aufhebung des Verhältnisses, und zwar für beide Theile. Der Lehrherr wird in solchen Fällen nach Analogie der §§ 70, 77 schadensersatzpflichtig sein. Auch die Polizei kann die Entlassung erzwingen. Gemeint ist hierbei die thatsächliche Entlassung. Der Zwang und die Rechtsmittel bestimmen sich hierbei nach Landesrecht. Anm. 1.

Für die Uebergangszeit ist zu bemerken, daß die Vorschrift öffentlich-rechtlichen Charakters ist und daher für die am 1. Januar 1898 bestehenden Lehrverträge sofort in Kraft tritt (vergl. S. 6). Anm. 2.

§ 82.

Wer die ihm nach § 62 Abs. 1, 2 oder nach § 76 Abs. 2, 3 dem Lehrlinge gegenüber obliegenden Pflichten in einer dessen Gesundheit, Sittlichkeit oder Ausbildung gefährdenden Weise verletzt, wird mit Geldstrafe bis zu einhundertfünfzig Mark bestraft.

Die gleiche Strafe trifft denjenigen, welcher entgegen der Vorschrift des § 81 Handlungslehrlinge hält, ausbildet oder ausbilden läßt.

Der vorliegende Paragraph enthält eine echte Strafvorschrift. Das Delikt ist eine Uebertretung (§ 1 Str.G.B.).

Die Vorschrift ist, wie alle Strafvorschriften, juris publici und tritt für die bestehenden Verträge sofort am 1. Januar 1898 in Kraft.

§ 83.

Hinsichtlich der Personen, welche in dem Betrieb eines Handelsgewerbes andere als kaufmännische Dienste leisten, bewendet es bei den für das Arbeitsverhältniß dieser Personen geltenden Vorschriften.

Die Materie ist von uns bereits im § 59 behandelt (vergl. daselbst Anm. 4).

Zweiter Theil.

Vergleichende Darstellung des alten und des neuen Handelsgesetzbuchs.[1]

Artikel 1.[1]

In Handelssachen kommen, insoweit dieses Gesetzbuch keine Bestimmungen enthält, die Handelsgebräuche und in deren Ermangelung das allgemeine bürgerliche Recht zur Anwendung.

1. An die Stelle des Art. 1 des alten H.G.B. tritt der Art. 2 des Einführungsgesetzes zum neuen H.G.B. Derselbe lautet:

   In Handelssachen kommen die Vorschriften des Bürgerlichen Gesetzbuchs nur insoweit zur Anwendung, als nicht im H.G.B. oder in diesem Gesetz ein Anderes bestimmt ist.

   Im Uebrigen werden die Vorschriften der Reichsgesetze durch das Handelsgesetzbuch nicht berührt.

2. Damit ist also nur gesagt, daß das Bürgerliche Gesetzbuch subsidiär Anwendung findet. Dagegen bleiben die sonstigen Reichsgesetze, bestehende und künftige, unberührt, also auch, soweit sie privatrechtlichen Charakter haben, auch soweit handelsrechtliche Verhältnisse in Frage kommen. Das weicht erheblich von Art. 1 des alten H.G.B. ab, nach welchem das gesammte bürgerliche Recht, wo es auch immer enthalten war, gegenüber dem H.G.B. subsidiäre Geltung hatte (Komm. § 11).

3. Nichts gesagt ist über das Gewohnheitsrecht: ob es überhaupt als Rechtsquelle noch anerkannt wird und eventuell ob es blos ergänzende oder gar auch derogirende Kraft habe. Man wollte Alles der Wissenschaft überlassen, sowohl im bürgerlichen, als im Handelsrecht. (Denkschrift S. 5). Die Folge ist, daß jetzt schon die Kontroversen schwirren und daß soviele Meinungen als nur möglich aufgestellt und eindringlich vertreten werden. Während Endemann (Einführung in das Bürgerliche Gesetzbuch S. 52) nur ein reichsdeutsches und nur ein ergänzendes Gewohnheitsrecht anerkennt, will Cosack (Lehrbuch des Bügerlichen Rechts S. 39) ihm auch derogatorische Kraft beilegen, „wenn sich das Gewohnheitsrecht thatsächlich als stark genug erweist, das Gesetz außer Kraft zu setzen", und diese Kraft soll unter Umständen auch ein Landesgewohnheitsrecht gegenüber einem Reichsgesetze haben können, wogegen Gierke (deutsches Privatrecht § 22 Anm. 6) dem Reichsgewohnheitsrecht derogirende Kraft beilegt, dem Landesgewohnheitsrecht aber sie abspricht. Von einem

[1]) Die vergleichende Darstellung lehnt sich an die Artikel des alten H.G.B. an und zeigt bei jedem Artikel, wie die betreffende Materie sich nach dem neuen Recht gestaltet. — Allgemeines über das neue H.G.B. siehe S. 5.

solchen Streite hat Munk (bei Gruchot 40 S. 698) sehr richtig bemerkt: „Ein Ausgleich zwischen diesen einander entgegengesetzten Ansichten ist undenkbar, weil sie auf durchaus gegensätzlichen Geistesrichtungen beruhen."

Um so weniger kann, besonders bei dieser Gelegenheit, von unserer Seite in eine wissenschaftliche Untersuchung dieser Frage eingetreten werden. Jedenfalls wird ein derogirendes Gewohnheitsrecht wohl außerordentlich selten vorkommen, wie ja auch schon ein ergänzendes Gewohnheitsrecht nicht gerade oft sich bilden wird, indem die sogenannten Handelsgebräuche und die Anschauungen der Verkehrssitten hier eingreifen und die Funktionen des Gewohnheitsrechts übernehmen werden.

Als regelmäßige Ordnung der Rechtsquellen im neuen Handelsrecht wird also folgende aufzustellen sein: in erster Linie das H.G.B., und die sonstigen Reichsgesetze, in zweiter Linie das B.G.B., in dritter Linie ergänzendes Gewohnheitsrecht. Das Landesprivatrecht ist bei dieser regelmäßigen Ordnung nicht berücksichtigt. Soweit es nach den Einführungsgesetzen zum B.G.B. und zum H.G.B. unberührt bleibt, hat es gegenüber den Reichsgesetzen subsidiäre Geltung. Ob auch gegenüber dem Reichsgewohnheitsrecht, ist zweifelhaft.

Artikel 2.

An den Bestimmungen der Deutschen Wechselordnung wird durch dieses Gesetzbuch nichts geändert.

An die Stelle des Art. 2 tritt die allgemeine Bestimmung des Art. 2 Abs. 2 des Einführungsgesetzes.

Unsere Erläuterung zu Art. 2 gilt unverändert: eine Wechselsache kann zugleich Handelssache sein. Alsdann werden die Vorschriften der Wechselordnung durch das H.G.B. ergänzt.

Artikel 3.

Wo dieses Gesetzbuch von dem Handelsgerichte spricht, tritt in Ermangelung eines besonderen Handelsgerichts das gewöhnliche Gericht an dessen Stelle.

Diese Vorschrift ist überflüssig geworden, weil das neue Gesetzbuch das Wort Handelsgericht vermeidet. Es spricht nur vom Gericht und überläßt es einem noch zu erlassenden besonderen Gesetze betreffend die freiwillige Gerichtsbarkeit, die näheren Kompetenzen zu regeln.

Artikel 4.

Als Kaufmann im Sinne dieses Gesetzbuchs ist anzusehen, wer gewerbemässig **Handelsgeschäfte** betreibt.

1. Das neue H.G.B. sagt nicht mehr: *Kaufmann ist, wer gewerbsmäßig Handelsgeschäfte betreibt*, sondern: *wer ein Handelsgewerbe betreibt*. Es legt also nicht den Begriff der *Handelsgeschäfte*, sondern den des *Handelsgewerbes* zugrunde. Es hat nicht eine geschlossene Zahl von Handelsgeschäften aufgezählt und gesagt, daß der gewerbsmäßige Betrieb derselben die Kaufmannsqualität begründet. Das geschah deshalb nicht, weil auf diesem Wege einer großen Reihe von Gewerbeunternehmungen, welche kaufmännischen Charakter tragen, der Charakter von Handelsgewerben, den Unternehmern der Charakter als Kaufleute abging (Beispiele: Bauunternehmer, Auskunftsbüreaus, Bergwerksbetriebe, Ziegeleien). Das neue H.G.B. hat vielmehr umgekehrt den Begriff des Handelsgewerbes aufgestellt, aber nicht in der Weise, daß blos der Betrieb bestimmt aufgezählter Geschäfte davon umfaßt wird (§ 1 des neuen H.G.B.), sondern auch jede andere gewerbliche Unternehmung, die nach Art und Umfang einen in kaufmännischer Weise eingerichteten Geschäftsbetrieb erfordert, sofern die Firma des Unternehmers eingetragen ist, zu welcher Eintragung aber der Unternehmer verpflichtet ist (§ 2 des neuen H.G.B.). Dadurch ist das erstrebte Ziel erreicht, daß der Inhaber jedes gewerblichen Unternehmens,

welches kaufmännischen Charakter hat, Kaufmann werden kann. Handelsgeschäft ist aber nunmehr jedes Geschäft, welches ein Kaufmann im Betriebe seines Handelsgewerbes vornimmt (§ 343).

Ueber die einzelnen Handelsgeschäfte, deren Betrieb ein Handelsgewerbe ausmacht, wird zu Art. 271 zu handeln sein. Schon jetzt sei aber bemerkt, daß es absolute Handelsgeschäfte nicht mehr giebt.

2. Die einzelnen Bestandtheile der Definition anlangend, so ist der Begriff „Betrieb" der gleiche geblieben (Komm. § 1), desgleichen der Begriff „gewerbsmäßig" (Komm. § 2).

3. Daß jedes Rechtssubjekt Kaufmann sein kann, gilt auch für das neue H.G.B. (vgl. Komm. § 6). Insbesondere können es auch Kinder und Wahnsinnige sein, weil auch in ihrem Namen ein Handelsgewerbe betrieben werden kann. Von juristischen Personen ist das jetzt besonders gesagt (§ 33 des neuen H.G.B.). Die näheren Voraussetzungen, unter welchen jemand fähig ist, ein Handelsgewerbe zu betreiben (Vormundschaft, väterliche Gewalt u. s. w.) richten sich jetzt nach dem Bürgerlichen Gesetzbuch. Wegen der Frau und Ehefrau s. zu Art. 6, 7 u. 8.

4. Der Grundsatz, daß derjenige Kaufmann ist, der ein Handelsgewerbe betreibt, ist im ueuen H.G.B. nicht rein durchgeführt, und zwar nach zwei entgegengesetzten Richtungen:

a) Nicht Jeder, der ein Handelsgewerbe betreibt, ist Kaufmann. Denn auf den Betrieb der Land- und Forstwirthschaft finden die §§ 1 u. 2 des neuen H.G.B. keine Anwendung (§ 3 desselben), und bei kaufmännischen Gewerben, welche mit dem Betriebe der Landwirthschaft als Nebengewerbe verbunden sind, hat der Landwirth das Recht, aber nicht die Pflicht der Eintragung, und wird dadurch erst Kaufmann, daß er von dem Eintragungsrecht Gebrauch macht (§ 3 Abs. 2 des neuen H.G.B.).

b) Wer kein Handelsgewerbe betreibt, gilt gleichwohl als Kaufmann, solange er eingetragen ist. Wenigstens kann gegenüber demjenigen, der sich auf die Eintragung beruft, nicht geltend gemacht werden, daß der Eingetragene nicht Kaufmann sei. Es gilt hier absolutes, nicht relatives Registerrecht. D. h. es kann auch nicht eingewendet werden, daß der andere Theil die wahre Sachlage kennt (§ 5 des neuen H.G.B.).

Artikel 5.

Die in Betreff der Kaufleute gegebenen Bestimmungen gelten in gleicher Weise in Betreff der Handelsgesellschaften, insbesondere auch der Kommanditgesellschaften auf Aktien und der Aktiengesellschaften.

Dieselben gelten auch in Betreff der öffentlichen Banken in den Grenzen ihres Handelsbetriebes, unbeschadet der für sie bestehenden Verordnungen.

Die Vorschrift des Absatzes 1 wird im § 6 des neuen H.G.B. wiedergegeben und dabei im Absatz 2 des § 6 die Kontroverse beseitigt, ob juristische Personen, welche ohne Rücksicht auf die Art ihres Betriebes Kaufmannsqualität haben, dieselbe auch dann haben, wenn sie das Gewerbe eines Minderkaufmanns betreiben.

Der Absatz 2 des Art. 5 ist gestrichen, weil er durch § 1 Abs. 2 Nr. 4 des neuen H.G.B. überflüssig geworden ist.

Artikel 6.

Eine Frau, welche gewerbsmässig Handelsgeschäfte betreibt (Handelsfrau), hat in dem Handelsbetriebe alle Rechte und Pflichten eines Kaufmanns.

Dieselbe kann sich in Betreff ihrer Handelsgeschäfte auf die in den einzelnen Staaten geltenden Rechtswohlthaten der Frauen nicht berufen.

Es macht hierbei keinen Unterschied, ob sie das Handelsgewerbe allein oder in Gemeinschaft mit Anderen, ob sie dasselbe in eigener Person oder durch einen Prokuristen betreibt.

Die Vorschrift des vorliegenden Artikels ist in das neue H.G.B. nicht aufgenommen worden, weil sie überflüssig wurde. Es versteht sich von selbst, daß alles, was im H.G.B. über Kaufleute bestimmt ist, zugleich von Frauen gilt, wenn sie ein Handelsgewerbe betreiben. Es besonders auszusprechen, war nicht mehr nothwendig, nachdem das B.G.B. die Beschränkungen der persönlichen Geschäfts- und Prozeßfähigkeit für die Frauen beseitigt hat.

Artikel 7.

Eine Ehefrau kann ohne Einwilligung ihres Ehemannes nicht Handelsfrau sein.

Es gilt als Einwilligung des Mannes, wenn die Frau mit Wissen und ohne Einspruch desselben Handel treibt.

Die Ehefrau eines Kaufmanns, welche ihrem Ehemanne nur Beihilfe in dem Handelsgewerbe leistet, ist keine Handelsfrau.

Auch die Vorschrift dieses Artikels ist gestrichen. Da das Bürgerliche Gesetzbuch die uneingeschränkte Fähigkeit der Ehefrau, sich durch Rechtsgeschäfte zu verpflichten, anerkennt (vgl. § 1399 B.G.B.), so erschien es nicht gerechtfertigt, gerade hinsichtlich der Rechtsfolgen, die sich an die Stellung der Frau als Handelsfrau knüpfen, eine Ausnahme zu machen, wie denn auch § 11 der Gewerbeordnung in Bezug auf die Befugniß zum Gewerbebetriebe die Frauen den Männern gleichgestellt hat. Die Ehefrau ist also Handelsfrau, auch wenn der Ehemann seine Zustimmung zum Handelsgewerbe nicht gegeben hat. Sie übernimmt dadurch alle Pflichten eines Kaufmanns, z. B. die strafrechtliche Verantwortlichkeit für unterlassene Buchführung, und ebenso die vermögensrechtlichen Verpflichtungen. Hierüber s. jedoch Näheres zu Art. 8.

Artikel 8.

Eine Ehefrau, welche Handelsfrau ist, kann sich durch Handelsgeschäfte gültig verpflichten, ohne dass es zu den einzelnen Geschäften einer besonderen Einwilligung ihres Ehemannes bedarf.

Sie haftet für die Handelsschulden mit ihrem ganzen Vermögen, ohne Rücksicht auf die Verwaltungsrechte und den Niessbrauch oder die sonstigen, an diesem Vermögen durch die Ehe begründeten Rechte des Ehemannes. Es haftet auch das gemeinschaftliche Vermögen, soweit Gütergemeinschaft besteht; ob zugleich der Ehemann mit seinem persönlichen Vermögen haftet, ist nach den Landesgesetzen zu beurtheilen.

1. Aus dem zu Art. 7 Gesagten folgt, daß die Ehefrau nach dem neuen H.G.B. Handelsfrau ist, gleichviel, ob der Mann seine Zustimmung zum Handelsbetriebe gegeben hat oder nicht, und daß sie, ohne Rücksicht auf diese Zustimmung, für die im Handelsbetriebe kontrahirten Schulden persönlich haftet.
2. Indessen ist doch für die Wirksamkeit der Haftung die Frage wichtig, ob der Mann seine Zustimmung gegeben hat oder nicht.

   Hat nämlich der Ehemann seine Zustimmung gegeben, so ist jede Verfügung der Ehefrau über das Ehegut, welchen Charakter dieses letztere auch haben möge, dem Manne gegenüber wirksam (§§ 1399, 1405 B.G.B.).

   Wenn er aber seine Zustimmung nicht gegeben hat, so ist dies unerheblich, solange die Ehegatten in Gütertrennung leben oder soweit es sich um Vorbehaltsgut handelt, d. h. Verfügungen der Ehefrau sind trotz des mangelnden Konsenses voll wirksam. Dagegen sind sonstige Verfügungen der Ehefrau über ihr Vermögen dem nicht konsentirenden Ehemann gegenüber unwirksam (vergl. hierüber §§ 1395—1399, 1405, 1412, 1442, 1443, 1452, 1459—1462, 1530—1533, 1549 B.G.B.).

   Soweit die Verfügungen wirksam sind, ist der Zugriff der Gläubiger gestattet.
3. Seine Zustimmung kann der Ehemann erteilen oder versagen, je nach seinem Ermessen, nur darf sich die Entscheidung nicht als Mißbrauch darstellen (§ 1354 B.G.B.).

   Dritten gegenüber aber gilt die Verweigerung der Zustimmung (Einspruch) nur, wenn sie in das Güterrechtsregister am Wohnsitz des Ehemannes eingetragen ist (§§ 1405, 1435, 1452, 1519, 1549 B.G.B.), und wofern die Handelsniederlassung der Ehefrau sich

anderswo befindet, auch in das Güterrechtsregister am Orte der Handelsniederlassung (Art. 4 des Einführungsgesetzes zum H.G.B.).

4. **Die Rechte des Ehemannes am Vermögen** der Ehefrau **bestehen natürlich neben** der Verpflichtungsfähigkeit und Verfügungsberechtigung der Ehefrau fort. (Vgl. Komm. Zusatz § 3 zu Art. 8.)
5. **Eine persönliche Haftung** des Ehemannes aus den Schulden aus dem Handelsbetrieb der Ehefrau ist weder im H.G.B., noch im B.G.B. aufgestellt.

Artikel 9.

Eine Handelsfrau kann in Handelssachen selbstständig vor Gericht auftreten; es macht keinen Unterschied, ob sie unverheirathet oder verheirathet ist.

Hierüber s. zu Art. 7.

Artikel 10.

Die Bestimmungen, welche dieses Gesetzbuch über die Firmen, die Handelsbücher und die Prokura enthält, finden auf Höker, Trödler, Hausirer und dergleichen Handelsleute von geringem Gewerbebetriebe, ferner auf Wirthe, gewöhnliche Fuhrleute, gewöhnliche Schiffer, und Personen, deren Gewerbe nicht über den Umfang des Handwerksbetriebes hinausgeht, keine Anwendung. Den Landesgesetzen bleibt vorbehalten, im Falle es erforderlich erscheint, diese Klassen genauer festzustellen.

Vereinigungen zum Betriebe eines Handelsgewerbes, auf welches die bezeichneten Bestimmungen keine Anwendung finden, gelten nicht als Handelsgesellschaften.

Den Landesgesetzen bleibt vorbehalten, zu verordnen, dass die bezeichneten Bestimmungen auch noch für andere Klassen von Kaufleuten ihres Staatsgebiets keine Anwendung finden sollen. Ebenso können sie aber auch verordnen, dass diese Bestimmungen auf einzelne der genannten Klassen, oder dass sie auf alle Kaufleute ihres Staatsgebiets Anwendung finden sollen.

Der Vorschrift des vorliegenden Artikels entspricht der § 4 des neuen H.G.B. Doch ist in diesem die Materie insofern anders geregelt, als die Exemplifikation (Höker, Trödler, Hausirer) weggelassen ist. Statt dessen ist allgemein gesagt, daß Minderkaufleute Handwerker und solche Personen sind, deren Gewerbebetrieb nicht über den Umfang des Kleingewerbes hinausgeht. Gesetzliche Merkmale für den Umfang des Kleingewerbes sind nicht aufgestellt. Es ist den Landesregierungen freigestellt, die Grenze des Kleingewerbes näher festzustellen, und zwar nach Besteuerungs-, eventuell nach anderen Grundsätzen. Hiernach gelten für den Begriff Handwerker lediglich diejenigen Merkmale, die sich aus dem Begriffe ergeben. Für den Begriff Kleingewerbe dagegen gelten die allgemeinen begriffsmäßigen Merkmale nur so lange, als bis die betreffende Landesregierung besondere Merkmale aufgestellt hat. Durch Aufstellung verschiedener Merkmale in den einzelnen Bundesstaaten kann sich auf diesem Gebiete eine große Buntscheckigkeit ergeben.

Die Vorschriften, welche für Minderkaufleute außer Anwendung bleiben, sind nach dem vorliegenden Paragraph die gleichen wie früher (Vorschriften über Firmen, Handelsbücher, Prokura, offene Handelsgesellschaften und Kommanditgesellschaften). Es treten aber jetzt noch hinzu: die Vorschriften des § 348 (welcher die richterliche Ermäßigungsbefugniß bei Konventionalstrafen der Kaufleute ablehnt), des § 349 (welcher die handelsgeschäftliche Bürgschaft für eine selbstschuldnerische erklärt), und des § 350 (welcher für die Bürgschaft, das Schuldversprechen und das Schuldanerkenntniß, wenn dieselben Handelsgeschäfte sind, entgegen dem B.G.B. Formfreiheit statuirt). Diese drei Vorschriften finden nach § 351 auf Minderkaufleute keine Anwendung. Das ist gegen das bisherige Recht eine erhebliche Aenderung (vergl. Komm. § 6 zu Art. 10).

Artikel 11.

Durch die Landesgesetze, welche in gewerbepolizeilicher oder gewerbesteuerlicher Beziehung Erfordernisse zur Begründung der Eigenschaft eines Kaufmanns

oder besonderer Klassen von Kaufleuten aufstellen, wird die Anwendung der Bestimmungen des Gesetzbuchs nicht ausgeschlossen; ebenso werden jene Gesetze durch dieses Gesetzbuch nicht berührt.

Dem ersten Satz des vorliegenden Artikels entspricht der § 7 des neuen H.G.B. Der letztere hat eine erweiterte Fassung. In dieser erweiterten Fassung bezieht sich die Bestimmnng nicht nur auf gewerbepolizeiliche und gewerbesteuerliche Vorschriften, sondern auf alle Vorschriften des öffentlichen Rechts, insbesondere auch auf diejenigen der Gesetze über die Rechtsverhältnisse der Beamten.

Der zweite Satz des bisherigen Art. 11, wonach umgekehrt auch das H.G.B. nicht in jene öffentlichrechtlichen Verhältnisse eingreifen soll, ist als überflüssig weggelassen; denn es ist nicht ersichtlich, inwiefern die Vorschriften des H.G.B. in der fraglichen Beziehung von Einfluß sein können (Denkschrift S. 21).

Artikel 12.

Bei jedem Handelsgerichte ist ein Handelsregister zu führen, in welches die in diesem Gesetzbuche angeordneten Eintragungen aufzunehmen sind.

Das Handelsregister ist öffentlich. Die Einsicht desselben ist während der gewöhnlichen Dienststunden einem Jeden gestattet. Auch kann von den Eintragungen gegen Erlegung der Kosten eine Abschrift gefordert werden, die auf Verlangen zu beglaubigen ist.

I. **Allgemeines über den Titel Handelsregister.**

1. Die Vorschriften des neuen H.G.B. über das Handelsregister beruhen im wesentlichen auf der Grundlage des geltenden Rechts. Das neue H.G.B. ergänzt dieses nur in einzelnen Beziehungen, auch weicht es in der Anordnung des Stoffes nicht unwesentlich von dem alten H.G.B. ab. Insbesondere sind mehrfach Bestimmungen, die das alte H.G.B. an verschiedenen Stellen für die einzelnen in Betracht kommenden Eintragungen giebt, als allgemein giltige Regeln in diesem Abschnitt zusammengefaßt (Denkschrift S. 24). Vergl. z. B. die §§ 12, 13, 14, 15 des neuen H.G.B.

2. Welche Thatsachen der Eintragung unterliegen, bestimmt das neue H.G.B., ebenso wie das alte, nicht hier, sondern bei der Regelung der einzelnen Rechtsverhältnisse, auf welche sich die Eintragungen beziehen. Auch sachlich beläßt es das neue H.G.B. im allgemeinen bei dem im alten H.G.B. gezogenen Kreise der einzutragenden Thatsachen. Die Landeseinführungsgesetze hatten ihn zum Theil weiter gezogen. Die meisten bestimmten, daß die Konkurseröffnung einzutragen sei, andere, daß die Minderjährigkeit, andere, daß die Handlungsvollmacht, wieder andere, daß die ehelichen Güterverhältnisse einzutragen seien. Hinsichtlich der Konkurseröffnung ist das neue H.G.B. den Landesgesetzen gefolgt (§ 32), auch wegen der ehelichen Güterverhältnisse hat es im Einführungsgesetze eine Bestimmung getroffen (vergl. unsere Bemerkungen in diesem Supplement zu Art. 8), im übrigen aber sind jene landesgesetzlich angeordneten Eintragungen in das Gesetzbuch nicht aufgenommen und durch das Einführungsgesetz (Art. 15) beseitigt.

II. **Die Vorschriften des Art. 12** sind in den §§ 8 u. 9 des neuen H.G.B. wiedergegeben, jedoch mit mehrfachen Abweichungen:

1. Der Vorschrift des Absatzes 1 entspricht der § 8 des neuen H.G.B. Das Wort Handelsgericht ist weggelassen. Es ist nur von Gerichten die Rede. Die Regelung der Zuständigkeit bleibt dem zu erwartenden Reichsgesetze betr. die freiwillige Gerichtsbarkeit vorbehalten. Weggelassen sind die Worte, nach welchen in das Register „die in diesem Gesetzbuch angeordneten Eintragungen aufzunehmen sind". Früher ermangelte diesen Worten die volle rechtliche Bedeutung, weil es den Landesgesetzen vorbehalten blieb, auch noch andere Eintragungen anzuordnen (§ 3 B. 2 des Einführungsgesetzes vom 5. Juni 1869). Jetzt fehlen jene Worte, sie wären auch jetzt bedeutungslos, weil auch andere Reichsgesetze Eintragungen in das Handelsregister anordnen.

2. Der Vorschrift des Absatzes 2 entspricht der § 9 des neuen H.G.B. Weggelassen

ist die Vorschrift: das Handelsregister ist öffentlich. Die Worte hatten keine selbstständige Bedeutung, da der Umfang der Oeffentlichkeit ja genau präzisirt ist. Die Einsicht ist jetzt nicht blos in das Handelsregister, sondern auch in die zum Handelsregister eingereichten Schriftstücke gestattet, womit eine Kontroverse des früheren Rechts beseitigt ist (Komm. § 4 zu Art. 12). Desgleichen kann jetzt Abschrift nicht blos von den Eintragungen, sondern auch von den eingereichten Schriftstücken gefordert werden. Hinzugefügt ist nach dem Vorgang einzelner Landesgesetze, daß das Gericht Bescheinigungen ertheilen muß, doch nur negative Bescheinigungen, nicht auch positive über den Inhalt der Eintragungen, da hierzu die Abschriften und Auszüge genügen.

Für überflüssig wurde es gehalten, zu bestimmen, daß die Einsicht nur während der Dienststunden und die Abschrift nur gegen Kostenerstattung gefordert werden darf.

III. **Ueber die civilrechtliche Bedeutung der Eintragungen** giebt auch das neue H.G.B. keine Vorschriften. Es gelten hier im wesentlichen die im Komm. §§ 5 flg. zu Art. 12 entwickelten Grundsätze. Es ist nur zu § 7b zu bemerken, daß § 5 des neuen H.G.B. den dort aufgestellten Grundsatz (derjenige, der eine Eintragung bewirkt hat, muß das Eingetragene gegen sich gelten lassen) für einen der wichtigsten Gegenstände gesetzlich fixirt, und zu § 5d ist zu bemerken, daß das dort von uns aufgestellte, aus Einzelbestimmungen abgeleitete qualifizirte Registerrecht (jeder Dritte muß das Eingetragene gegen sich gelten lassen, außer wenn er es weder kannte, noch kennen mußte) jetzt im § 15 des neuen H.G.B. gesetzlich sanktionirt ist.

Artikel 13.

Die Eintragungen in das Handelsregister sind von dem Handelsgerichte, sofern nicht in diesem Gesetzbuche in einzelnen Fällen ausdrücklich ein Anderes bestimmt ist, nach ihrem ganzen Inhalte durch eine oder mehrere Anzeigen in öffentlichen Blättern ohne Verzug bekannt zu machen.

Der Vorschrift des vorliegenden Artikels entspricht der § 10 des neuen H.G.B. mit folgenden Abweichungen: 1. Die Publikationen müssen durch den Reichsanzeiger erfolgen, was einem vielfach geäußerten Wunsche entspricht, 2. die Publikationen erfolgen nur einmal, die mehrfachen Publikationen haben unnütze Kosten verursacht, 3. an dem Tage des Erscheinens des letzten, die Publikation enthaltenden Blattes gilt die Bekanntmachung als erfolgt. Das beseitigt eine frühere Kontroverse (vergl. Komm. § 5 zu Art. 13).

Artikel 14.

Jedes Handelsgericht hat für seinen Bezirk alljährlich im Monat Dezember die öffentlichen Blätter zu bestimmen, in welchen im Laufe des nächstfolgenden Jahres die im Artikel 13 vorgeschriebenen Bekanntmachungen erfolgen sollen. Der Beschluss ist in einem oder mehreren öffentlichen Blättern bekannt zu machen.

Wenn eines der bestimmten Blätter im Laufe des Jahres zu erscheinen aufhört, so hat das Gericht ein anderes Blatt an dessen Stelle zu bestimmen und öffentlich bekannt zu machen.

Inwiefern die Gerichte bei der Wahl der zu bestimmenden Blätter an Weisungen höherer Behörden gebunden sind, ist nach den Landesgesetzen zu beurtheilen.

Der Absatz 1 ist im § 11 wiedergegeben. Die übrigen Absätze sind weggelassen. Es soll näherer Erwägung durch das Reich oder die Einzelstaaten vorbehalten werden, wie das Publikationswesen besser zu regeln ist (Denkschr. S. 27).

Exkurs zu Art. 14.

Außer denjenigen Bestimmungen über das Handelsregister, welche den Art. 12—14 des alten H.G.B. entsprechen, hat das neue H.G.B. noch mehrere allgemeine Bestimmungen über das Handelsregister:

1. in § 12: Die allgemeine Bestimmung, daß alle Anmeldungen, welche zur Eintragung bestimmt sind, sowie die zur Aufbewahrung bei dem Gericht bestimmten Zeichnungen persönlich bei Gericht zu bewirken oder in öffentlich beglaubigter Form einzureichen sind. Früher war diese Bestimmung in den einzelnen in Betracht kommenden Fällen gegeben (vergl. Art. 12).
2. in § 13: Die allgemeine Bestimmung, daß die Eintragungen regelmäßig auch bei dem Gericht der Zweigniederlassung zu machen sind, und daß eine Eintragung in das Register der Zweigniederlassung nur stattfindet nach erfolgtem Nachweis, daß sie auch bei dem Gericht der Hauptniederlassung stattgefunden hat.
3. in § 14: Die allgemeine Vorschrift über das Ordnungsstrafrecht des Gerichts bei Verletzung der Registerpflichten.
4. in § 15: das qualifizirte Registerrecht (vergl. Anm. III zu Art. 12).
5. in § 16: die Spezialbestimmung über Eintragungen, wenn über den Gegenstand der Eintragung ein Prozeß geführt ist. An solchen Spezialbestimmungen hat es bisher gefehlt. Sie waren nothwendig, weil die Entscheidungen der Gerichte (rechtskräftiges Urtheil, vollstreckbares Urtheil, einstweilige Verfügung) an sich nicht die Anmeldung der Betheiligten ersetzen, dies aber im Falle von Streitigkeiten dazu führen kann, daß die Gerichte ein Rechtsverhältniß unter den Betheitigten feststellen, dasselbe aber nicht zur Eintragung gelangen kann. Deshalb sollen derartige Entscheidungen nunmehr ohne den Antrag des Verurtheilten, auf bloßen Antrag der übrigen Betheiligten zur Eintragung gelangen. Diese Vorschrift ist im Interesse der Sicherheit der Rechtspflege zu begrüßen, die zwar auch bisher zu annehmbaren Konsequenzen gelangt ist, aber doch einer klaren Vorschrift gerade hier bedarf, wo es auf schnelle Hilfe gegen Rechtswidrigkeit und bösen Willen ankommt.

Artikel 15.

Die Firma eines Kaufmanns ist der Name, unter welchem er im Handel seine Geschäfte betreibt und die Unterschrift abgiebt.

1. Dem vorliegenden Artikel entspricht der § 17 des neuen H.G.B. Derselbe wiederholt die Definition des Art. 15 und fügt im Abs. 2 die Vorschrift hinzu, daß der Kaufmann unter seiner Firma klagen und verklagt werden kann. Diese Vorschrift richtet sich gegen unsere Auffassung des geltenden Rechts, wonach der Einzelkaufmann unter seiner Firma nicht klagen und verklagt werden kann (Komm. § 6a zu Art. 15).
Ueber den Etablissementsnamen sagt das neue H.G.B. nichts. Den Schutz desselben überläßt es, wie bisher, anderen Gesetzen (vergl. Komm. § 7 zu Art. 15).

Artikel 16.

Ein Kaufmann, welcher sein Geschäft ohne Gesellschafter oder nur mit einem stillen Gesellschafter betreibt, darf nur seinen Familiennamen (bürgerlichen Namen) mit oder ohne Vornamen als Firma führen.

Er darf der Firma keinen Zusatz beifügen, welcher ein Gesellschaftsverhältniss andeutet. Dagegen sind andere Zusätze gestattet, welche zur näheren Bezeichnung der Person oder des Geschäftes dienen.

Die Vorschrift ist wiedergegeben im § 18 des neuen H.G.B., jedoch mit folgenden Abweichungen:

1. Mindestens ein ausgeschriebener Vorname muß in der Firma enthalten sein.
2. Ueber die Zusätze ist gesagt, daß sie eine Täuschung über die Art oder den Umfang des Geschäfts oder die Verhältnisse des Geschäftsinhabers herbeizuführen nicht geeignet sein dürfen. Sonstige Zusätze, also auch Phantasienamen, wenn sie nur nicht in dieser Weise zur Täuschung geeignet sind, sind hiernach gestattet. Das entspricht im wesentlichen unserer Auffassung des geltenden Rechts (Komm. § 4 zu Art. 16).
3. Bei Namensänderungen braucht nicht mehr, wie das früher richtiger Ansicht nach als Rechtens galt (Komm. § 1 zu Art. 16), die Firma geändert zu werden (§ 21 des neuen H.G.B).

Artikel 17.

Die Firma einer offenen Handelsgesellschaft muss, wenn in dieselbe nicht die Namen sämmtlicher Gesellschafter aufgenommen sind, den Namen wenigstens eines der Gesellschafter mit einem das Vorhandensein einer Gesellschaft andeutenden Zusatze enthalten.

Die Firma einer Kommanditgesellschaft muss den Namen wenigstens eines persönlich haftenden Gesellschafters mit einem das Vorhandensein einer Gesellschaft andeutenden Zusatze enthalten.

Die Namen anderer Personen, als der persönlich haftenden Gesellschafter, dürfen in die Firma einer Handelsgesellschaft nicht aufgenommen werden; auch darf sich keine offene Handelsgesellschaft oder Kommanditgesellschaft als Aktiengesellschaft bezeichnen, selbst wenn das Kapital der Kommanditisten in Aktien zerlegt ist.

Der vorliegenden Vorschrift entspricht § 19 des neuen H.G.B. Derselbe fügt nur hinzu, daß hier die **Beifügung von Vornamen nicht erforderlich** ist. Das war früher selbstverständlich, jetzt ist diese Hervorhebung wegen § 18 erforderlich. Bei der Vorschrift des § 19 ist noch zu bemerken, daß die Bestimmung über die Kommanditgesellschaft sich jetzt nicht mehr auf die Aktienkommanditgesellschaft bezieht. Die Firma dieser Gesellschaft ist vielmehr jetzt im § 20 des neuen H.G.B. zusammen mit der Firma der Aktiengesellschaft geregelt (vergl. den folgenden Art. 18).

Artikel 18.

Die Firma einer Aktiengesellschaft muss in der Regel von dem Gegenstande ihrer Unternehmung entlehnt sein.

Der Name von Gesellschaftern oder anderen Personen darf in die Firma nicht aufgenommen werden.

Die entsprechende Vorschrift des § 20 des neuen H.G.B. disponirt gleichzeitig über die Firma der Aktienkommanditgesellschaft. Die Firmen beider Gesellschaften müssen nunmehr in der Regel von dem Gegenstande des Unternehmens entlehnt werden. Außerdem ist bestimmt, daß sie die Zusätze „Aktiengesellschaft" bezw. „Kommanditgesellschaft auf Aktien" haben müssen. Dagegen ist **weggelassen** die Vorschrift des Art. 18 Abs. 2, wonach der Name von Gesellschaftern oder anderer Personen in die Firma einer Aktiengesellschaft nicht aufgenommen werden kann. Schon früher (vergl. Komm. § 2 zu Art. 18) war allgemein angenommen worden, daß trotz des Art. 18 Absatzes 2 Personennamen in die Firma der Aktiengesellschaft dann aufgenommen werden dürfen, wenn sonst aus ihr ersichtlich war, daß die Träger der Namen nicht persönlich haften sollen, also insbesondere, wenn die Firma die Bezeichnung Aktiengesellschaft enthielt (z. B. Hasenstein & Vogler Aktiengesellschaft). Ein Bedürfniß zur Aufnahme von Personennamen in die Firma war, zumal beim Uebergang von industriellen Unternehmungen auf Aktiengesellschaften, nicht zu leugnen. Alledem trägt das neue H.G.B. Rechnung: **Personennamen können also jetzt unbedenklich in die Firma einer Aktiengesellschaft aufgenommen werden** (vergl. auch § 22). In der Firma einer Aktienkommanditgesellschaft m u ß t e früher der Name eines persönlich haftenden Gesellschafters stehen, jetzt fällt diese obligatorische Vorschrift weg, nach dem eben Ausgeführten kann er aber darin stehen.

Artikel 19.

Jeder Kaufmann ist verpflichtet, seine Firma bei dem Handelsgerichte, in dessen Bezirk seine Handelsniederlassung sich befindet, behufs der Eintragung in das Handelsregister anzumelden; er hat dieselbe nebst seiner persönlichen Unterschrift vor dem Handelsgerichte zu zeichnen oder die Zeichnung derselben in beglaubigter Form einzureichen.

Die Vorschrift ist in § 29 wiedergegeben, aber mit dem Zusatze, daß auch der Ort der Handelsniederlassung anzumelden ist. Ueber die Form der Anmeldung enthält der § 29 nichts, weil hierüber die allgemeine Vorschrift des § 12 disponirt.

Artikel 20.

Jede neue Firma muss sich von allen an demselben Orte oder in derselben Gemeinde bereits bestehenden und in das Handelsregister eingetragenen Firmen deutlich unterscheiden.

Hat ein Kaufmann mit einem in das Handelsregister bereits eingetragenen Kaufmann gleiche Vor- und Familiennamen, und will auch er sich derselben als seiner Firma bedienen, so muss er dieser einen Zusatz beifügen, durch welchen sich dieselbe von der bereits eingetragenen Firma deutlich unterscheidet.

Die Vorschrift der deutlichen Unterscheidung ist im § 30 des neuen H.G.B. wiedergegeben, in dessen Abs. 3 sich gleichzeitig die Vorschrift des Art. 21 Abs. 2 findet.

Artikel 21.

Die Firma muss auch für die an einem anderen Orte oder in einer anderen Gemeinde errichtete Zweigniederlassung bei dem für die letztere zuständigen Handelsgerichte angemeldet werden.

Besteht an dem Orte oder in der Gemeinde, wo die Zweigniederlassung errichtet wird, bereits eine gleiche Firma, so muss der Firma ein Zusatz beigefügt werden, durch welchen sie sich von jener bereits vorhandenen Firma deutlich unterscheidet.

Die Eintragung bei dem Handelsgerichte der Zweigniederlassung findet nicht statt, bevor nachgewiesen ist, dass die Eintragung bei dem Handelsgerichte der Hauptniederlassung geschehen ist.

Die Bestimmngen dieser Artikels sind theils im § 30, theils im § 13 enthalten (vergl. zu Art. 20 und Exkurs Nr. 2 zu Art. 14). In § 13 wird klar und allgemein ausgesprochen, daß alle Anmeldungen, Zeichnungen und Eintragungen auch beim Zweigregister geschehen müssen, und zwar nach Eintragung beim Hauptregister. Dies gilt auch, wenn sich die Hauptniederlassung im Auslande befindet. Die Eintragung der Zweigniederlassung selbst ist nicht besonders vorgeschrieben, es ergiebt sich dies nach der Denkschrift S. 28 aus §§ 12 u. 30 von selbst.

Darüber, ob eine Eintragung in das Zweigregister eingetragen sein muß, um gegen den Dritten wirksam zu sein, gilt nunmehr die Vorschrift des § 15 Abs. 3 des neuen H.G.B.

Ueber die Firma der Zweigniederlassung s. § 30 Abs. 3 des neuen H.G.B.

Artikel 22.

Wer ein bestehendes Handelsgeschäft durch Vertrag oder Erbgang erwirbt, kann dasselbe nur unter der bisherigen Firma mit oder ohne einen das Nachfolgeverhältniss andeutenden Zusatz fortführen, wenn der bisherige Geschäftsinhaber oder dessen Erben oder die etwaigen Miterben in die Fortführung der Firma ausdrücklich willigen.

1. Die Vorschrift des vorliegenden Artikels ist im wesentlichen im § 22 des neuen H.G.B. wiedergegeben. Das Prinzip der Firmenwahrheit ist also auch nach dem neuen H.G.B. nicht rein durchgeführt worden. Man hat sich gerade mit diesem Prinzipe eingehend beschäftigt (vergl. Denkschr. S. 35; K.B. S. 213), hat sich aber mit Recht nicht entschlossen, das bestehende Recht zu ändern. Hinzugefügt ist nur:
   a) daß die Bezeichnung „Aktiengesellschaft" bezw. „Kommanditgesellschaft auf Aktien" auch bei dem Uebergange einer Firma auf eine solche Gesellschaft dieser hinzuzufügen ist (vergl. § 20). Von selbst versteht es sich, daß der Zusatz fortfallen muß, wenn die Aktiengesellschaft ihr Geschäft mit Firma an eine andere Person veräußert (Denkschr. S. 39).
   b) daß die Vorschrift des § 22 entsprechende Anwendung findet, wenn ein Handelsgeschäft auf Grund eines Nießbrauchs, eines Pachtvertrags oder eines ähnlichen Verhältnisses übernommen wird. Das war im bisherigen Recht nicht unzweifelhaft und soll jetzt klargestellt werden.

2. **Ueber die materiellen Grundsätze bei der Veräußerung eines Handelsgeschäfts** (vergl. Komm. § 9ff. zu Art. 22) enthält auch das neue H.G.B. insoweit keine Vorschriften, als es sich um den Umfang der Veräußerung und die Wirkung der Veräußerung (Komm. §§ 10 und 11) handelt, wohl aber enthält es Vorschriften **über das Verhältniß der Geschäftsgläubiger zum Uebernehmer,** was einem dringenden Bedürfnisse entsprach. Es sind dies die folgenden Grundsätze:

a) Beim Erwerb eines Handelsgeschäfts durch ein Rechtsgeschäft unter Lebenden.

α) Wird es mit der Firma fortgeführt, so haftet der Erwerber für alle Geschäftsverbindlichkeiten des früheren Inhabers ohne weiteres und eine abweichende Vereinbarung hat Dritten gegenüber nur Wirkung, wenn sie in das Handelsregister eingetragen und publizirt oder wenn sie dem Dritten mitgetheilt worden ist (§ 25 Abs. 1 und 2 des neuen H.G.B.). Das geht weiter als früher. Denn früher war doch immer Voraussetzung der Haftung in diesem Falle, daß in der That inter partes die Passiva übernommen wurden.

β) Wenn die Firma nicht fortgeführt wird, so haftet der Erwerber nur, wenn ein besonderer Verpflichtungsgrund dazu vorliegt, als welcher aber die handelsübliche Bekanntmachung der Passivenübernahme gilt (§ 25 Abs. 3 des neuen H.G.B.). Das entspricht der bisherigen Judikatur des Reichsgerichts, wie sie in jüngster Zeit vom Reichsgericht selbst authentisch ausgelegt wurde (vgl. R.G. vom 1. März 1897 in J.W. S. 241). Wir selbst hatten die Judikatur auch in diesem Falle dahin ausgelegt, daß die Anzeige der Passivenübernahme die Haftung gegenüber dem Gläubiger nur dann begründet, wenn sie auch inter partes erfolgt war; aber wir hatten als unsere Ansicht aufgestellt, daß die bloße Anzeige die Schuldübernahme begründet und daß dies allein den Anschauungen des Handelsstandes entspricht (Komm. § 13a. E. zu Art. 22). Dieser Ansicht schließt sich nun das Reichsgericht und das neue H.G.B. an.

γ) Für den Fall, daß die Haftung eintritt wegen Fortführung der Firma oder wegen Bekanntmachung der Passivenübernahme, ist eine fünfjährige Verjährung neu eingeführt (§ 26 des neuen H.G.B.).

b) Wird ein zum Nachlaß gehöriges Geschäft von den Erben fortgeführt, so finden zwar die Vorschriften des § 25 entsprechende Anwendung, jedoch mit der Maßgabe, daß die unbeschränkte Haftung auf Grund der Fortführung der Firma nicht eintritt, wenn die Fortführung des Geschäfts vor dem Ablauf von drei Monaten nach Kenntniß des Erbanfalls eingestellt wird (§ 27 des neuen H.G.B.).

c) Tritt jemand als persönlich haftender Gesellschafter oder als Kommanditist in das Geschäft eines Einzelkaufmanns ein, so haftet die Gesellschaft, gleichviel ob die Firma fortgeführt wird oder nicht, es sei denn, daß eine abweichende Vereinbarung in das Handelsregister eingetragen oder von einem Gesellschafter dem Dritten mitgetheilt worden ist (§ 28 des neuen H.G.B.). Das ist eine Neuerung. Früher galt der gleiche Grundsatz nur für den Fall des Eintritts eines Gesellschafters in eine Gesellschaft (vergl. Art. 113 und Komm. § 6 dazu).

Artikel 23.

Die Veräusserung einer Firma als solcher, abgesondert von dem Handelsgeschäft, für welches sie bisher geführt wurde, ist nicht zulässig.

Die nach unserer Ansicht überflüssige Vorschrift des vorliegenden Artikels ist im § 23 des neuen H.G.B. wiedergegeben.

Artikel 24.

Wenn in ein bestehendes Handelsgeschäft Jemand als Gesellschafter eintritt, oder wenn ein Gesellschafter zu einer Handelsgesellschaft neu hinzutritt oder aus einer solchen austritt, so kann, ungeachtet dieser Veränderung, die ursprüngliche Firma fortgeführt werden.

Jedoch ist beim Austreten eines Gesellschafters dessen ausdrückliche Einwilligung in die Fortführung der Firma erforderlich, wenn sein Name in der Firma enthalten ist.

Die Vorschrift des vorliegenden Artikels ist im § 24 des neuen H.G.B. enthalten. Klargestellt ist nur, daß beim Ausscheiden eines Gesellschafters, dessen Name in der Firma enthalten ist, zur Fortführung der Firma eventuell die Zustimmung der Erben erforderlich und ausreichend ist. Angenommen wurde dies auch früher schon (Komm. § 3 zu Art. 24). Daß ein Nachfolgezusatz beigefügt werden kann, ist, gleichfalls in Uebereinstimmung mit dem bisherigen Recht (Komm. § 4 zu Art. 24), anzunehmen, obwohl in diesem Paragraph, anders als im § 22, nicht steht, daß die Firma „mit oder ohne Beifügung eines das Nachfolgeverhältniß andeutenden Zusatzes" fortgeführt werden kann. Allein eine Verschiedenheit beider gesetzlichen Bestimmungen und eine Abweichung vom bisherigen Recht ist nicht beabsichtigt, es sollten vielmehr die Vorschriften des bisherigen Rechts über die abgeleiteten Firmen im wesentlichen unverändert bleiben (Denkschr. S. 39).

Artikel 25.

Wenn die Firma geändert wird oder erlischt, oder wenn die Inhaber der Firma sich ändern, so ist dies nach den Bestimmungen des Artikels 19 bei dem Handelsgerichte anzumelden.

Ist die Aenderung oder das Erlöschen nicht in das Handelsregister eingetragen und öffentlich bekannt gemacht, so kann derjenige, bei welchem jene Thatsachen eingetreten sind, dieselben einem Dritten nur insofern entgegensetzen, als er beweist, dass sie dem letzteren bekannt waren.

Ist die Eintragung und Bekanntmachung geschehen, so muss ein Dritter die Aenderung oder das Erlöschen gegen sich gelten lassen, sofern nicht die Umstände die Annahme begründen, dass er diese Thatsachen weder gekannt habe, noch habe kennen müssen.

1. Die Vorschrift des Absatzes 1 des vorliegenden Artikels ist wiedergegeben im § 31 des neuen H.G.B. Dabei ist in diesem letzteren noch für zwei andere Fälle Vorsorge getroffen, für welche das alte H.G.B. keine Bestimmung traf:
   a) Auch die Verlegung der Niederlassung an einen andern Ort ist in gleicher Weise anzumelden (§ 31 Abs. 1).
   b) Das Erlöschen der Firma ist eventuell von Amtswegen einzutragen (§ 31 Abs. 2). Diese letztere Bestimmung ist in ihrer lapidaren Kürze dazu bestimmt, das Reichsgesetz vom 30. März 1888 betr. die Löschung nicht mehr bestehender Firmen zu ersetzen (vergl. Komm. § 2 zu Art. 26). Die in diesem Gesetz gegebenen Vorschriften über das Verfahren sind hier aber weggelassen, bleiben vielmehr dem Reichsgesetz über die freiwillige Gerichtsbarkeit vorbehalten (Denkschr. S. 44).
2. Die Vorschriften der Absätze 2 u. 3 des vorliegenden Artikels über die Wirkung der Eintragung und Nichteintragung von Firmen sind als Spezialvorschriften gestrichen, sie sind durch die allgemeine Vorschrift über die Wirkung von Eintragung und Nichteintragung handelsrechtlicher Verhältnisse, welche das neue H.G.B. giebt, überflüssig geworden (vergl. oben Exkurs zu Art. 14 Anm. 4).

Artikel 26.

Das Handelsgericht hat die Betheiligung zur Befolgung der Vorschriften der Artikel 19, 21 und 25 von Amtswegen durch Ordnungsstrafen anzuhalten.

In gleicher Weise hat es gegen diejenigen einzuschreiten, welche sich einer nach den Vorschriften dieses Titels ihnen nicht zustehenden Firma bedienen.

1. Die Vorschrift des Absatzes 1 ist wiedergegeben im § 14 des neuen H.G.B.
2. Die Vorschrift des Absatzes 2 ist im § 37 des neuen H.G.B. wiederholt.

Artikel 27.

Wer durch den unbefugten Gebrauch einer Firma in seinen Rechten verletzt ist, kann den Unberechtigten auf Unterlassung der weiteren Führung der Firma und auf Schadensersatz belangen.

Ueber das Vorhandensein und die Höhe des Schadens entscheidet das Handelsgericht nach seinem freien Ermessen.

Das Handelsgericht kann die Veröffentlichung des Erkenntnisses auf Kosten des Verurtheilten verordnen.

Diese Vorschrift ist im § 37 Abs. 2 des neuen H.G.B. wiedergegeben. Klargestellt ist, daß sich der Schadensanspruch nach sonstigen Vorschriften richtet (vergl. Komm. § 3 zu Art. 27). Die Vorschrift über die Publikation des Erkenntnisses, die sich als unpraktisch erwiesen hat, ist gestrichen. Auch genügen in dieser Hinsicht die Vorschriften des Gesetzes zur Bekämpfung des unlauteren Wettbewerbes, insbesondere § 13 Abs. 4 dieses Gesetzes (Denkschr. S. 47).

Exkurs zu Art. 27.

Der Abschnitt des neuen H.G.B. über die Firmen enthält noch nach zwei Richtungen Vorschriften, welche das alte H.G.B. nicht enthalten hat,

1. daß die Konkurseröffnung einzutragen ist (§ 32),
2. in welcher Weise juristische Personen, wenn sie ein Handelsgewerbe betreiben, zur Registrirung gelangen (§§ 33–35 des neuen H.G.B.), wobei im § 36 noch hinzugefügt ist, daß ein Unternehmen des Reichs, eines Bundesstaats oder eines inländischen Kommunalverbandes nicht eingetragen zu werden braucht, aber eingetragen werden kann. Handeltreibende juristische Personen gelten als Einzelkaufleute. Eine Ausnahme machen die Aktienvereine. Diese gelten als Handelsgesellschaften.
3. Endlich ist noch auf Art. 9 des Einf.Ges. zum neuen H.G.B. zu verweisen, welcher Gewerbetreibenden mit offenem Laden die Anbringung von Firmenschildern mit dem bürgerlichen Namen gebietet.

Artikel 28.

Jeder Kaufmann ist verpflichtet, Bücher zu führen, aus welchen seine Handelsgeschäfte und die Lage seines Vermögens vollständig zu ersehen sind.

Er ist verpflichtet, die empfangenen Handelsbriefe aufzubewahren und eine Abschrift (Kopie oder Abdruck) der abgesandten Handelsbriefe zurückzubehalten und nach der Zeitfolge in ein Kopirbuch einzutragen.

Die Vorschrift des vorliegenden Artikels ist im § 38 des neuen H.G.B. wiedergegeben. Hier ist jedoch:

1. hervorgehoben, daß die Buchführung nach den Grundsätzen ordnungsmäßiger Buchführung erfolgen muß, was die Rechtsprechung auch früher schon angenommen hat, was aber zur Klarstellung wesentlich beiträgt (vergl. Komm. § 2a zu Art. 28).
2. Abgeschafft ist das Kopirbuch als obligatorisch vorgeschriebenes Handelsbuch. Es soll damit gestattet werden, die Behandlung der fraglichen Schriftstücke den Verhältnissen anzupassen und z. B. die ein- und ausgehende Korrespondenz in geordneter Reihenfolge zusammenzustellen (Denkschr. S. 48).

Artikel 29.

Jeder Kaufmann hat bei dem Beginne seines Gewerbes seine Grundstücke, seine Forderungen und Schulden, den Betrag seines baaren Geldes und seine anderen Vermögensstücke genau zu verzeichnen, dabei den Werth der Vermögensstücke anzugeben und einen das Verhältniss des Vermögens und der Schulden darstellenden Abschluss zu machen; er hat demnächst in jedem Jahre ein solches Inventar und eine solche Bilanz seines Vermögens anzufertigen.

Hat der Kaufmann ein Waarenlager. dessen Inventur nach der Beschaffenheit des Geschäfts nicht füglich in jedem Jahre geschehen kann, so genügt es, wenn das Inventar des Waarenlagers alle zwei Jahre aufgenommen wird.

Für Handelsgesellschaften kommen dieselben Bestimmungen in Bezug auf das Gesellschaftsvermögen zur Anwendung.

1. Der Vorschrift des vorliegenden Artikels entspricht der § 39 des neuen H.G.B. Derselbe stellt jedoch einige Kontroversen klar:

a) daß die Dauer des Geschäftsjahres 12 Monate nicht übersteigen darf,

b) daß die Aufstellung der Inventur und Bilanz nicht am Schlusse des Geschäftsjahres beendigt sein kann, sondern daß sie für den Schluß des Geschäftsjahres aufgestellt und nur innerhalb der einem ordnungsmäßigen Geschäftsgange entsprechenden Zeit bewirkt sein muß. Das war nach richtiger Auffassung schon früher Rechtens, war aber von der Rechtsprechung vielfach verkannt worden (Komm. § 2 zu Art. 29),

c) daß da, wo die Inventur nur alle zwei Jahre gemacht zu werden braucht, doch die Bilanz jährlich zu machen ist. Die Rechtsprechung nahm dies auch früher schon an (Komm. § 2 zu Art. 29).

2. Die Vorschrift des letzten Absatzes des vorliegenden Artikels ist als überflüssig gestrichen.

Artikel 30.

Das Inventar und die Bilanz sind von dem Kaufmann zu unterzeichnen. Sind mehrere persönlich haftende Gesellschafter vorhanden, so haben sie alle zu unterzeichnen.

Das Inventar und die Bilanz können in ein dazu bestimmtes Buch eingeschrieben oder jedesmal besonders aufgestellt werden. Im letzteren Falle sind dieselben zu sammeln und in zusammenhängender Reihenfolge geordnet aufzubewahren.

Das neue H.G.B. giebt die Vorschrift im § 41 sachlich unverändert wieder.

Artikel 31.

Bei der Aufnahme des Inventars und der Bilanz sind sämmtliche Vermögensstücke und Forderungen nach dem Werthe anzusetzen, welcher ihnen zur Zeit der Aufnahme beizulegen ist.

Zweifelhafte Forderungen sind nach ihrem wahrscheinlichen Werthe anzusetzen, uneinbringliche Forderungen aber abzuschreiben.

Das neue H.G.B. giebt im § 40 die Vorschrift wieder, jedoch mit der Aenderung, daß auch die Schulden nach dem zeitigen Werthe aufzustellen sind. Dies widerspricht zwar der Rechtsprechung des R.O.H., entspricht aber der richtigen, auch von uns vertretenen Auffassung des bisherigen Rechts (Komm. § 3 zu Art. 31).

Die besonderen Bewerthungsregeln des Aktienrechts dehnt auch das neue H.G.B. nicht über ihr gesetzliches Anwendungsgebiet aus (Denkschr. S. 49).

Hinzugefügt ist aber die Vorschrift, daß die Bilanz in Reichswährung aufzustellen ist.

Exkurs zu Art. 31.

Das neue H.G.B. stellt für die kaufmännischen Unternehmungen des Reichs, der Bundesstaaten und der inländischen Kommunalverbände eine Ausnahmevorschrift insofern auf, als diese befugt sind, die Rechnungsabschlüsse in abweichender Weise aufzustellen (§ 42 des neuen H.G.B.). Die Denkschrift S. 50 fügt hinzu, daß es den zuständigen Organen überlassen bleiben kann, die Grundsätze zu bestimmen, nach welchen bei einer gewerblichen Unternehmung der in Rede stehenden Art die Rechnungsabschlüsse vorzunehmen sind.

Die Vorschrift erscheint sachgemäß. Kontrovers aber wird werden, ob die Vorstände solcher Unternehmungen für die Befolgung der abweichenden Grundsätze ebenso verantwortlich sind, wie die Kaufleute.

Artikel 32.

Bei der Führung der Handelsbücher und bei den übrigen erforderlichen Aufzeichnungen muss sich der Kaufmann einer lebenden Sprache und der Schriftzeichen einer solchen bedienen.

Die Bücher müssen gebunden und jedes von ihnen muss Blatt für Blatt mit fortlaufenden Zahlen versehen sein.

An Stellen, welche der Regel nach zu beschreiben sind, dürfen keine leeren Zwischenräume gelassen werden. Der ursprüngliche Inhalt einer Eintragung darf nicht durch Durchstreichen oder auf andere Weise unleserlich gemacht, es darf nichts radirt, noch dürfen solche Veränderungen vorgenommen werden, bei deren Beschaffenheit es ungewiss ist, ob sie bei der ursprünglichen Eintragung oder erst später gemacht worden sind.

Das neue H.G.B. giebt die Vorschrift im § 43 sachlich unverändert wieder.

Artikel 33.

Die Kaufleute sind verpflichtet, ihre Handelsbücher während zehn Jahre, von dem Tage der in dieselben geschehenen letzten Eintragung an gerechnet, aufzubewahren.

Dasselbe gilt in Ansehung der empfangenen Handelsbriefe, sowie in Ansehung der Inventare und Bilanzen.

Die Vorschrift ist im § 44 des neuen H.G.B. wiedergegeben. Der Absatz 2 dieses Paragraphen enthält eine scheinbare Abweichung, indem die zehnjährige Aufbewahrungspflicht auch für die Abschriften der abgesendeten Handelsbriefe angeordnet ist. Allein das mußte jetzt vorgeschrieben werden, weil das Kopirbuch kein obligatorisches Handelsbuch mehr ist. Wäre dies der Fall, so wäre die Aufbewahrungspflicht schon durch Absatz 1 des § 44 angeordnet.

Art. 34, 35, 36 (aufgehoben).

Dieselben bleiben aufgehoben. Etwas Analoges ist im neuen H.G.B. nicht vorgeschrieben.

Artikel 37.

Im Laufe eines Rechtsstreites kann der Richter auf den Antrag einer Partei die Vorlegung der Handelsbücher der Gegenpartei verordnen.

Der Vorschrift des vorliegenden Artikels entspricht der § 45 des neuen H.G.B. Derselbe enthält jedoch eine Klarstellung und eine Abweichung:

1. eine Klarstellung: Der Absatz 2 des § 45 entscheidet die Kontroverse, ob neben der Vorschrift des vorliegenden Artikels die Vorlegungsvorschriften der C.P.O. Platz greifen, im Sinne des Nebeneinanderbestehens beider Vorschriften. Dies war auch unsere Ansicht hinsichtlich des bisherigen Rechts (Komm. § 1 zu Art. 37),
2. eine Abweichung: Der § 45 giebt dem Richter auch von Amtswegen die Befugniß, die Vorlegung der Handelsbücher anzuordnen.

Artikel 38.

Wenn in einem Rechtsstreite Handelsbücher vorgelegt werden, so ist von dem Inhalte derselben, soweit er den Streitpunkt betrifft, unter Zuziehung der Parteien Einsicht zu nehmen und im geeigneten Falle ein Auszug zu fertigen. Der übrige Inhalt der Bücher ist dem Richter insoweit offen zu legen, als dies zur Prüfung ihrer ordnungsmässigen Führung nothwendig ist.

Die Vorschrift kehrt im neuen H.G.B. im § 46 wieder.

Art. 39 (aufgehoben).

Der Artikel bleibt aufgehoben.

Artikel 40.

Die Mittheilung der Handelsbücher zur vollständigen Kenntnissnahme von ihrem ganzen Inhalte kann in Erbschafts- oder Gütergemeinschafts-Angelegenheiten, sowie in Gesellschaftstheilungssachen und im Konkurse, soweit es die Bücher des Gemeinschuldners betrifft, gerichtlich verordnet werden.

Die Vorschrift ist im § 47 wiedergegeben, doch so, daß sie sich nunmehr klar und deutlich auf alle Vermögensauseinandersetzungen bezieht, während der Konkursfall gestrichen ist.

Artikel 41.

Wer von dem Eigenthümer einer Handelsniederlassung (Prinzipal) beauftragt ist, in dessen Namen und für dessen Rechnung das Handelsgeschäft zu betreiben und per procura die Firma zu zeichnen, ist Prokurist.

Die Bestellung des Prokuristen kann durch Ertheilung einer ausdrücklich als Prokura bezeichneten Vollmacht, oder durch ausdrückliche Bezeichnung des Bevollmächtigten als Prokuristen, oder durch Ermächtigung, per procura die Firma des Prinzipals zu zeichnen, geschehen.

Die Prokura kann mehreren Personen gemeinschaftlich ertheilt werden (Kollektiv-Prokura).

Vorbemerkung. Die Vorschriften des 5. Titels „Von den Prokuristen und Handlungsbevollmächtigten" tragen im neuen H.G.B. die Gesammtüberschrift: „**Prokura und Handlungsvollmacht**". Damit soll von vornherein zum Ausdruck gebracht werden, was aus dem H.G.B. nicht so deutlich zu erkennen und deshalb von manchen Seiten angezweifelt worden war, daß die Handlungsbevollmächtigten und die Handlungsgehilfen nicht als zwei Klassen von Bediensteten gedacht sind, daß vielmehr das Gesetzbuch in den beiden Abschnitten nur verschiedene Seiten desselben Verhältnisses betonen wollte: hier die juristische Stellvertretung, dort das Dienstverhältniß des Angestellten (vergl. Komm. Vorbem. zum 5. Titel).

Der vorliegende Artikel ist mit Abweichungen im § 48 des neuen H.G.B. wiedergegeben.

1. Zunächst ist die Definition, welche Absatz 1 giebt, dort weggelassen. Sie war nicht korrekt und mit Rücksicht auf die späteren Bestimmungen über den Umfang der Prokura überflüssig (vergl. Komm. § 1 zu Art. 41).
2. Sodann ist statt der im Absatz 2 aufgestellten Arten, wie die Prokura zu ertheilen ist, nur gesagt, daß die Prokura nur durch ausdrückliche Erklärung ertheilt werden kann. Die Wirksamkeit einer blos stillschweigenden Willenserklärung hier anzuerkennen, erschien bei der weittragenden Bedeutung der Prokura nicht angemessen (Denkschr. S. 53).
3. Dagegen ist, was bisher nicht geschehen ist, jetzt hervorgehoben, daß die Prokura nur von dem Inhaber des Handelsgeschäfts oder seinem gesetzlichen Vertreter ertheilt werden kann. Früher ging das aus Art. 53 hervor.
4. Die im Absatz 3 des Art. 41 erwähnte Kollektivprokura ist beibehalten, die Hälfte des Namens aber ist verdeutscht, sie heißt jetzt: Gesammtprokura.

Artikel 42.

Die Prokura ermächtigt zu allen Arten von gerichtlichen und aussergerichtlichen Geschäften und Rechtshandlungen, welche der Betrieb eines Handelsgewerbes mit sich bringt; sie ersetzt jede nach den Landesgesetzen erforderliche Spezialvollmacht; sie berechtigt zur Anstellung und Entlassung von Handlungsgehilfen und Bevollmächtigten.

Zur Veräusserung und Belastung von Grundstücken ist der Prokurist nur ermächtigt, wenn ihm diese Befugniss besonders ertheilt ist.

Der § 49 des neuen H.G.B., welcher dem vorliegenden Artikel entspricht, hebt die Entbehrlichkeit einer Spezialvollmacht nicht hervor, weil das B.G.B. selbst solche nicht kennt, und hat die Berechtigung zur Anstellung und Entlassung von Handlungsgehilfen und Bevollmächtigten gestrichen, weil diese Befugniß selbstverständlich ist. Inhaltlich decken sich hiernach die Vorschriften des alten und des neuen H.G.B.

Artikel 43.

Eine Beschränkung des Umfanges der Prokura (Art. 42) hat dritten Personen gegenüber keine rechtliche Wirkung.

Dies gilt insbesondere von der Beschränkung, dass die Prokura nur für gewisse Geschäfte oder gewisse Arten von Geschäften gelte, oder dass sie nur unter gewissen Umständen oder für eine gewisse Zeit oder an einzelnen Orten ausgeübt werden solle.

Die Frage der Unbeschränkbarkeit ist im § 50 des neuen H.G.B. geregelt. Die Absätze 1 und 2 des vorliegenden Artikels sind dabei im § 50 Abs. 1 und 2 wiedergegeben. Im Abs. 3 aber fügt dieser Paragraph eine Bestimmung hinzu, welche ein Kontroverse des früheren Rechts in wünschenswerther Weise klarstellt: es ist gestattet, die Prokura auf den Betrieb einer von mehreren Niederlassungen zu beschränken, wenn dieselben unter verschiedenen Firmen betrieben werden. Das deckt sich mit der Auslegung, welche dem früheren Recht gegeben worden ist (Komm. § 3 zu Art. 43). In diesem Sinne soll, wie § 50 Abs. 3 hervorhebt, eine Firmenverschiedenheit auch darin liegen, daß der Firma ein Zusatz beigefügt wird, der sie als Firma der Zweigniederlassung bezeichnet. Das widerspricht der Auslegung des bisherigen Rechts (Komm. § 5 zu Art. 21), befriedigt aber ein vorhandenes Verkehrsbedürfniß.

Artikel 44.

Der Prokurist hat in der Weise zu zeichnen, dass er der Firma einen die Prokura andeutenden Zusatz und seinen Namen beifügt.

Bei einer Kollektiv-Prokura hat jeder Prokurist der mit diesem Zusatze versehenen Firmazeichnung seinen Namen beizufügen.

Absatz 1 des vorliegenden Artikels ist im § 51 des neuen H.G.B. wiedergegeben, Absatz 2 ist als selbstverständlich weggefallen (Denkschr. S. 54).

Der Charakter der Vorschrift als bloßer Ordnungsvorschrift (Komm. § 1 zu Art. 44) ist natürlich unverändert geblieben. Das Schweigen des Gesetzbuchs beweist das.

Artikel 45.

Die Ertheilung der Prokura ist vom Prinzipal persönlich oder in beglaubigter Form beim Handelsgerichte zur Eintragung in das Handelsregister anzumelden.

Der Prokurist hat die Firma nebst seiner Namensunterschrift persönlich vor dem Handelsgerichte zu zeichnen (Art. 44) oder die Zeichnung in beglaubigter Form einzureichen.

Das Erlöschen der Prokura ist von dem Prinzipal in gleicher Weise zur Eintragung in das Handelsregister anzumelden.

Die Betheiligten sind zur Befolgung dieser Vorschriften von Amtswegen durch Ordnungsstrafen anzuhalten.

Die Vorschrift der Registrirung der Prokura und ihres Erlöschens ist im § 53 des neuen H.G.B. wiederholt. Dabei ist auch die Eintragung einer Gesammtprokura als solcher ausdrücklich vorgeschrieben worden. Die Vorschriften über die Form der Anmeldung und über die eventuellen Ordnungsstrafen sind hier weggelassen, weil sie durch die allgemeinen Vorschriften der §§ 12 und 14 des neuen H.G.B ersetzt sind.

Artikel 46.

Wenn das Erlöschen der Prokura nicht in das Handelsregister eingetragen und öffentlich bekannt gemacht ist, so kann der Prinzipal dasselbe einem Dritten

nur dann entgegensetzen, wenn er beweist, dass es letzterem beim Abschlusse des Geschäfts bekannt war.

Ist die Eintragung und Bekanntmachung geschehen, so muss ein Dritter das Erlöschen der Prokura gegen sich gelten lassen, sofern nicht durch die Umstände die Annahme begründet wird, dass er das Erlöschen beim Abschlusse des Geschäfts weder gekannt habe, noch habe kennen müssen.

Diese Vorschrift über die Wirkung der Eintragung und Nichteintragung des Erlöschens der Prokura ist durch die allgemeine Vorschrift über die Wirkung der Eintragung und Nichteintragung eintragungsbedürftiger handelsrechtlicher Verhältnisse (§ 15 des neuen H.G.B.). ersetzt.

Artikel 47.

Wenn ein Prinzipal Jemanden ohne Ertheilung der Prokura, sei es zum Betriebe seines ganzen Handelsgewerbes oder zu einer bestimmten Art von Geschäften oder zu einzelnen Geschäften in seinem Handelsgewerbe bestellt (Handlungsbevollmächtigter), so erstreckt sich die Vollmacht auf alle Geschäfte und Rechtshandlungen, welche der Betrieb eines derartigen Handelsgewerbes oder die Ausführung derartiger Geschäfte gewöhnlich mit sich bringt.

Jedoch ist der Handlungsbevollmächtigte zum Eingehen von Wechselverbindlichkeiten, zur Aufnahme von Darlehen und zur Prozessführung nur ermächtigt, wenn ihm eine solche Befugniss besonders ertheilt ist.

Im Uebrigen bedarf er zu den Geschäften, auf welche sich seine Vollmacht erstreckt, der in den Landesgesetzen vorgeschriebenen Spezialvollmacht nicht.

1. Die Absätze 1 und 2 des vorliegenden Artikels über den Umfang der Handlungsvollmacht sind im § 54 des neuen H.G.B. im Wesentlichen unverändert wiedergegeben. Es ist nur durch die Ersetzung des Wortes „bestellt" durch das Wort „ermächtigt" klargestellt, daß der Bevollmächtigte nicht in einem Abhängigkeitsverhältnisse zu stehen braucht. Das entspricht unserer Auslegung des früheren Rechts (Komm. § 2 zu Art. 47).
2. Absatz 3, der von der Spezialvollmacht handelt, ist weggelassen, weil das B.G.B. eine Spezialvollmacht nicht kennt.
3. Dagegen ist ein neuer Absatz 3 hinzugefügt, welcher zum Ausdruck bringt, daß der hier aufgestellte Vollmachtsinhalt den gesetzlichen Umfang der Vollmacht bedeutet, der einer Beschränkung zwar fähig ist, doch so, daß die Beschränkung nur demjenigen Dritten gegenüber gilt, der sie kannte oder kennen mußte. Das entspricht dem geltenden Recht (vergl. Komm. Einl. zu Art. 47), die Hervorhebung trägt aber zur Klarheit wesentlich bei.

Artikel 48.

Der Handlungsbevollmächtigte hat sich bei der Zeichnung jedes eine Prokura andeutenden Zusatzes zu enthalten; er hat mit einem das Vollmachtsverhältniss ausdrückenden Zusatze zu zeichnen.

Die Vorschrift ist im § 57 des neuen H.G.B. wiedergegeben. Die rechtliche Bedeutung ist auch hier nur die einer Ordnungsvorschrift.

Daß die Namenszeichnung ein höchst persönlicher Akt sei, kann auch im neuen bürgerlichen Recht nicht angenommen werden (vergl. Komm. § 1 zu Art. 48), obgleich § 126 B.G.B. seinem Wortlaut nach fast so gedeutet werden könnte, als sei Vertretung ausgeschlossen.

Artikel 49.

Die Bestimmungen der beiden vorhergehenden Artikel finden auch Anwendung auf Handlungsbevollmächtigte, welche ihr Prinzipal als Handlungsreisende zu Geschäften an auswärtigen Orten verwendet. Dieselben gelten insbesondere für ermächtigt, den Kaufpreis aus den von ihnen abgeschlossenen Verkäufen einzuziehen oder dafür Zahlungsfristen zu bewilligen.

Die Vorschrift des vorliegenden Artikels ist im § 55 des neuen H.G.B. wiederholt, mit dem Zusatze, daß auch die Anzeige von Mängeln der Waare, sowie ähnliche Erklärungen dem anwesenden Reisenden gegenüber gemacht werden können. Dieser Zusatz entspricht der von uns für richtig erachteten Auffassung des geltenden Rechts (Komm. § 3d zu Art. 49) und jedenfalls den Bedürfnissen des Handelsverkehrs.

Artikel 50.

Wer in einem Laden oder in einem offenen Magazin oder Waarenlager angestellt ist, gilt für ermächtigt, daselbst Verkäufe und Empfangnahmen vorzunehmen, welche in einem derartigen Laden, Magazin oder Waarenlager gewöhnlich geschehen.

Die Vorschrift ist wiedergegeben im § 56 des neuen H.G.B. Zwar ist das Wort „daselbst" weggelassen, obwohl die Kritik diese Weglassung monirt hatte (vergl. z. B. Munk bei Gruchot 40 S. 720). Allein es sollte wohl nicht damit ausgedrückt werden, daß der in einem Laden Angestellte auch außerhalb des Ladens zum Verkaufen und Empfangnehmen bevollmächtigt ist (Komm. § 4 zu Art. 50).

Artikel 51.

Wer die Waare und eine unquittirte Rechnung überbringt, gilt deshalb noch nicht für ermächtigt, die Zahlung zu empfangen.

Die Vorschrift ist als selbstverständlich gestrichen. Sie enthält auch nichts für den Handelsverkehr Eigenthümliches, und auch im Bürgerlichen Gesetzbuch ist eine entsprechende Bestimmung nicht für erforderlich gehalten worden. Aus dem § 370 B.G.B. ergiebt sich übrigens der in Frage stehende Grundsatz von selbst (Denkschr. S. 57).

Artikel 52.

Durch das Rechtsgeschäft, welches ein Prokurist oder ein Handlungsbevollmächtigter gemäss der Prokura oder der Vollmacht im Namen des Prinzipals schliesst, wird der letztere dem Dritten gegenüber berechtigt und verpflichtet.

Es ist gleichgültig, ob das Geschäft ausdrücklich im Namen des Prinzipals geschlossen worden ist, oder ob die Umstände ergeben, dass es nach dem Willen der Kontrahenten für den Prinzipal geschlossen werden sollte.

Zwischen dem Prokuristen oder Bevollmächtigten und dem Dritten erzeugt das Geschäft weder Rechte noch Verbindlichkeiten.

1. Diese Vorschrift, welche die direkte Stellvertretung zur Anerkennung bringt, wird durch § 164 B.G.B. entbehrlich.
2. Auch die in unserem Zusatz 1 (§§ 7—9) behandelte Frage nach der Haftung des Prinzipals für den Schaden, den der Bevollmächtigte und der Gehilfe angerichtet hat, ist durch das B.G.B. ausreichend geregelt. § 278 B.G.B. bestimmt, daß der Schuldner ein Verschulden seines gesetzlichen Vertreters und derjenigen Personen, deren er sich zur Erfüllung seiner Verbindlichkeit bedient, in gleichem Umfang zu vertreten hat, wie eigenes Verschulden. Damit ist die Haftung für Versehen des Bevollmächtigten und Gehilfen bei Erfüllung der Verbindlichkeiten statuirt. Daß es bei Eingehung von Verbindlichkeiten (hinsichtlich der Willensmängel und des Kennens und Kennenmüssens von Umständen) auf die Kontrahirungsthätigkeit des Vertreters ankommt, bestimmt § 166 B.G.B. Die Haftung des Auftraggebers für unerlaubte Handlungen eines „zu einer Verrichtung Bestellten" regelt § 831 allgemein in bejahendem Sinne, jedoch mit der Einschränkung, daß die Haftung nicht eintritt, wenn der Auftraggeber beweist, daß er bei der Auftragsertheilung die im Verkehr erforderliche Sorgfalt beobachtet oder daß auch bei Anwendung dieser Sorgfalt der Schaden entstanden wäre.

Damit sind alle Fälle, die wir a. a. O. behandelt haben, erschöpft.

3. Die in unserem zweiten Satz (§ 10) behandelte Frage nach der Haftung der juristischen Personen für den Schaden, welchen ihre gesetzlichen Vertreter anrichten, ist im § 31 B.G.B. bejahend beantwortet. Das Bürgerliche Gesetzbuch schließt hiermit die Rechtsentwicklung in dieser Frage ab.
4. Daneben bleibt auch nach dem Rechte des B.G.B. die Verantwortlichkeit der Vertreter und Gehilfen für ihre unerlaubten Handlungen bestehen (vergl. im Komm. unseren Zusatz 3; § 11). Eine ausdrückliche Bestimmung hierüber giebt es zwar nicht. Doch folgt das aus der ganzen Struktur der Bestimmungen des B.G.B. über unerlaubte Handlungen. Vergl. auch § 840 Abs. 2 B.G.B.
5. Der in unserem 4. Zusatz (§ 12) behandelten Frage, ob der Vertreter auch mit sich selbst kontrahiren kann, ist im B.G.B. eine besondere Bestimmung gewidmet (§ 181). Danach ist das Kontrahiren mit sich selbst begrifflich gestattet, aber für den Regelfall verboten und nur alsdann erlaubt, wenn das Rechtsgeschäft in der Erfüllung einer Verbindlichkeit besteht oder wenn dem Vertreter „ein Anderes gestattet ist". Was Letzteres bedeutet, ist zweifelhaft. Ein ausdrückliches Gestatten, wie Endemann (Einführung in das Bürgerliche Gesetzbuch S. 345) meint, ist jedenfalls nicht nothwendig, im § 664 B.G.B. ist der gleiche Ausdruck gebraucht und es ist dort offensichtlich nicht ausdrückliche Erlaubnißertheilung gemeint. Auch stillschweigende Gestattung genügt daher (Cosack, Lehrbuch des Bürgerlichen Rechts S. 228). Auch bei gesetzlichen Vertretern ist die Gestattung möglich. Sie kann schon in der Natur des betreffenden Vertretungsverhältnisses oder in der Natur des Geschäftskreises, den es umfaßt, implicite liegen, kann aber auch von den dem gesetzlichen Vertreter übergeordneten Organen ausdrücklich ertheilt werden (Cosack S. 228), und es kann nicht gebilligt werden, wenn Planck (Komm. zum B.G.B. Anm. 1 zu § 181) meint, für den gesetzlichen Vertreter würde eine solche Ermächtigung nur durch Gesetz erfolgen können.

Liegt einer der Ausnahmefälle nicht vor und hat der Vertreter gleichwohl mit sich selbst kontrahirt, so ist das Rechtsgeschäft nichtig. Das liegt in dem Worten „kann nicht". Dieselben bedeuten eine rechtliche Unmöglichkeit (Planck S. 25 u. Anm. 2 zu § 181).

Artikel 53.

Der Prokurist oder der Handlungsbevollmächtigte kann ohne Einwilligung des Prinzipals seine Prokura oder Handlungsvollmacht auf einen Andern nicht übertragen.

Der korrespondirende § 58 des neuen H.G.B. verbietet nur die Uebertragung der Handlungsvollmacht, die der Prokura wird durch § 52 Abs. 2 des neuen H.G.B. verboten.

Artikel 54.

Die Prokura oder Handlungsvollmacht ist zu jeder Zeit widerruflich, unbeschadet der Rechte aus dem bestehenden Dienstverhältnisse.

Der Tod des Prinzipals hat das Erlöschen der Prokura oder Handlungsvollmacht nicht zur Folge.

1. Die jederzeitige Widerruflichkeit der Prokura ist im § 52 des neuen H.G.B. ausgesprochen, und zwar als zwingende Vorschrift. Bei der Handlungsvollmacht ist eine entsprechende Vorschrift in das neue H.G.B. nicht aufgenommen. Es bewendet daher hier bei der allgemeinen Vorschrift des § 168 B.G.B., Inhalts dessen die Widerruflichkeit der Vollmacht zwar Regel, aber nicht zwingende Vorschrift ist. Es ist also zulässig, die Unwiderruflichkeit für die Dauer des Verhältnisses zu vereinbaren. So werden z. B. stille Gesellschaftsverträge oft mit der Maßgabe geschlossen werden, daß der stille Socius für die Dauer des Vertragsverhälnisses Handlungsvollmacht hat.
2. Absatz 2 des vorliegenden Artikels ist hinsichtlich der Prokura im § 52 Abs. 3 des neuen H.G.B. enthalten. Hinsichtlich der Handlungsvollmacht ist er in das neue H.G.B. nicht übernommen. Infolgedessen greifen die Bestimmungen des B.G.B. Platz, wonach, wenn

ein Auftrags- oder Dienstverhältniß zu Grunde liegt, das gleiche Ergebniß eintritt (§§ 168, 672, 685 B.G.B.), wenn aber ein Gesellschaftsverhältniß zu Grunde liegt, mit der durch den Tod des Geschäftsinhabers bewirkten Auflösung die Handlungsvollmacht erlischt (§§ 168, 724 B.G.B.).

Artikel 55.

Wer ein Handelsgeschäft als Prokurist oder als Handlungsbevollmächtigter schliesst, ohne Prokura oder Handlungsvollmacht erhalten zu haben, ingleichen ein Handlungsbevollmächtigter, welcher bei Abschluss eines Geschäfts seine Vollmacht überschreitet, ist dem Dritten persönlich nach Handelsrecht verhaftet; der Dritte kann nach seiner Wahl ihn auf Schadensersatz oder Erfüllung belangen.

Diese Haftungspflicht tritt nicht ein, wenn der Dritte, ungeachtet er den Mangel der Prokura oder der Vollmacht oder die Ueberschreitung der letzteren kannte, sich mit ihm eingelassen hat.

Die Vorschrift des vorliegenden Artikels über den falsus procurator ist gestrichen, weil das B.G.B. sie in § 179 übernommen und verallgemeinert hat, jedoch mit einigen Klarstellungen und Abweichungen:

1. **Die Voraussetzungen des Falls** sind dieselben:
   a) Vorausgesetzt ist, daß der angebliche Vertreter keine Vollmacht hatte (Komm. § 2). Aber der andere Kontrahent hat nicht, wie das frühere Recht angenommen hatte, den Mangel der Vollmacht zu beweisen, sondern nur, daß der Vertretene die Genehmigung des Vertrags verweigert (§ 179 Abs. 1 B.G.B.).
   b) Vorausgesetzt ist ferner, daß der angebliche Vertreter sich als solcher ausgegeben hat (Komm. § 3). Daß dies schuldhaft geschehen sei, ist auch jetzt nicht erforderlich, und es ist dies vom Gesetze ausdrücklich ausgesprochen, nur daß der Schadensanspruch sich in diesem Falle jetzt modifizirt (vergl. unten Anm. 2). Hinzugefügt ist im § 179 B.G.B., daß, wenn der andere Theil den Mangel der Vollmacht kannte oder kennen mußte, die Haftung des Vertreters nicht eintritt. Daß der andere Theil den Mangel der Vollmacht kennen mußte, genügte früher nicht (Komm. § 8).
   c) Daß der Pseudostellvertreter **unbeschränkt** geschäftsfähig sein oder mit Zustimmung seines gesetzlichen Vertreters gehandelt haben muß, um zu haften (Komm. § 4), ist jetzt ausdrücklich hervorgehoben (§ 179 Abs. 3 B.G.B.).
2. **Die Folge** ist: Anspruch auf Erfüllung und Schadensersatz, nach Wahl des andern Theils, wobei im Falle unverschuldeter Pseudovertretung der Schadensersatz sich auf das negative Vertragsinteresse beschränkt (§ 179 Abs. 1. u. 2 B.G.B.). Haftung nach „Handelsrecht", wie früher, fällt in Folge der Verallgemeinerung der Vorschrift natürlich fort. Doch wird sich daraus kaum eine sachliche Aenderung ergeben.
3. **Die Lehre von der Ratihabition** (vergl. Komm. § 9) richtet sich jetzt nach den Vorschriften des B.G.B. von der Genehmigung (§§ 177 ff.).

Artikel 56.

Ein Prokurist oder ein zum Betrieb eines ganzen Handelsgewerbes bestellter Handlungsbevollmächtigter darf ohne Einwilligung des Prinzipals weder für eigene Rechnung, noch für Rechnung eines Dritten Handelsgeschäfte machen.

Eine Einwilligung des Prinzipals ist schon dann anzunehmen, wenn ihm bei Ertheilung der Prokura oder der Vollmacht bekannt war, dass der Prokurist oder Handlungsbevollmächtigte für eigene oder fremde Rechnung Handelsgeschäfte betreibe, und er die Aufgebung dieses Betriebes nicht bedungen hat.

Uebertritt der Prokurist oder Handlungsbevollmächtigte diese Vorschrift, so kann der Prinzipal Ersatz des verursachten Schadens fordern. Auch muss sich der Prokurist oder Handlungsbevollmächtigte auf Verlangen des Prinzipals gefallen lassen, dass die für seine Rechnung gemachten Geschäfte als für Rechnung des Prinzipals geschlossen angesehen werden.

Die Vorschrift ist für die Prokuristen und Handlungsbevollmächtigten als solche gestrichen, weil sie nur für Handlungsgehilfen paßt.

Artikel 57.

Die Natur der Dienste und die Ansprüche der Handlungsgehilfen (Handlungsdiener, Handlungslehrlinge) auf Gehalt und Unterhalt werden, in Ermangelung einer Uebereinkunft, durch den Ortsgebrauch oder durch das Ermessen des Gerichts, nöthigenfalls nach Einholung eines Gutachtens von Sachverständigen, bestimmt.

Das Verhältniß der Vorschrift dieses Artikels zum neuen H.G.B. ist im Suppl. Theil I § 59 ausführlich dargelegt.

Artikel 58.

Ein Handlungsgehilfe ist nicht ermächtigt, Rechtsgeschäfte im Namen und für Rechnung des Prinzipals vorzunehmen.

Wird er jedoch von dem Prinzipal zu Rechtsgeschäften in dessen Handelsgewerbe beauftragt, so finden die Bestimmungen über Handlungsbevollmächtigte Anwendung.

Dieser Artikel ist seiner Ueberflüssigkeit wegen gestrichen.

Artikel 59.

Ein Handlungsgehilfe darf ohne Einwilligung des Prinzipals weder für eigene Rechnung noch für Rechnung eines Dritten Handelsgeschäfte machen.

In dieser Beziehung kommen die für den Prokuristen und Handlungsbevollmächtigten geltenden Bestimmungen (Art. 56) zur Anwendung.

Das Verhältniß dieses Artikels zum neuen H.G.B. ist im Suppl. Theil I zu §§ 60 u. 61 ausführlich dargelegt. Vorschriften über die Konkurrenzklausel nach Beendigung des Dienstverhältnisses hat das neue H.G.B. gegeben (vergl. §§ 74 u. 75 und im Suppl. I die Erläuterung dazu).

Artikel 60.

Ein Handlungsgehilfe, welcher durch unverschuldetes Unglück an Leistung seines Dienstes zeitweise verhindert wird, geht dadurch seiner Ansprüche auf Gehalt und Unterhalt nicht verlustig. Jedoch hat er auf diese Vergünstigung nur für die Dauer von sechs Wochen Anspruch.

Wie das neue H.G.B. diese Materie regelt, ist im Suppl. I zu § 63 auseinandergesetzt.

Artikel 61.

Das Dienstverhältnis zwischen dem Prinzipal und dem Handlungsdiener kann von jedem Theile mit Ablauf eines jeden Kalendervierteljahres nach vorgängiger sechswöchentlicher Kündigung aufgehoben werden. Ist durch Vertrag eine kürzere oder längere Zeitdauer oder eine kürzere oder längere Kündigungsfrist bedungen, so hat es hierbei sein Bewenden.

In Betreff der Handlungslehrlinge ist die Dauer der Lehrzeit nach dem Lehrvertrage und in Ermangelung vertragsmässiger Bestimmungen nach den örtlichen Verordnungen oder dem Ortsgebrauche zu beurtheilen.

Die Vorschrift des vorliegenden Artikels ist im § 66 des neuen H.G.B. wiederholt, es sind aber außerdem Zwangskündigungsvorschriften eingeführt. Hierüber §§ 67—69 des neuen H.G.B. und die im Suppl. I. Theil hierzu gegebenen Erläuterungen.

Ueber den Lehrvertrag hat das neue H.G.B. ausführliche Vorschriften (§§ 76—82). Vergl. Suppl. Theil I zu diesen Paragraphen.

Artikel 62.

Die Aufhebung des Dienstverhältnisses vor der bestimmten Zeit (Art. 61) kann aus wichtigen Gründen von jedem Theile verlangt werden.

Die Beurtheilung der Wichtigkeit der Gründe bleibt dem Ermessen des Richters überlassen.

Die Vorschrift ist im § 70 des neuen H.G.B. wiederholt und noch ein Absatz 2 zur Klarstellung hinzugefügt. Vergl. unsere Erläuterungen dazu im Suppl. I. Theil. Zugleich sollte durch die Fassung des § 70 klargestellt werden, daß die Auflösung des Dienstverhältnisses nicht erst durch den Richterspruch erfolgt, sondern daß sie in Folge der Kündigung ohne Weiteres eintritt, „sofern diese gerechtfertigt war" (Denkschr. S. 66). Wenn sie aber nicht gerechtfertigt war? Dann gilt hiernach das Dienstverhältniß als nicht aufgelöst, sodaß erst der Richterspruch den Zweifel löst, zwar nicht konstitutiv, aber doch deklarativ, und bis dahin ist die Frage in suspenso. Entscheidet nun der Richter, daß der Rücktritt unberechtigt war, so besteht das Dienstverhältniß fort, außer wenn auch der andere Theil zurückgetreten ist. Es glaubt sich z. B. ein Kommis für erheblich beleidigt, tritt zurück und stellt seine Dienste ein. Das Gericht entscheidet aber, daß eine erhebliche Beleidigung nicht vorliegt und der Rücktritt daher unbegründet war. Infolgedessen besteht das Dienstverhältniß fort. Will der Prinzipal das verhüten, so muß er wegen der unbegründeten Meinung des Kommis auch seinerseits zurücktreten. Da ist doch der Standpunkt des preußischen Rechts klarer und einfacher: der Rücktritt löst das Verhältniß, gleichviel ob er gerechtfertigt war oder nicht: der ungerechtfertigte Rücktritt hat nur Schadensersatz zur Folge, und über diesen wird gestritten.

Artikel 63.

Gegen den Prinzipal kann insbesondere die Aufhebung des Dienstverhältnisses ausgesprochen werden, wenn derselbe den Gehalt oder den gebührenden Unterhalt nicht gewährt, oder wenn er sich thätlicher Misshandlungen oder schwerer Ehrverletzungen gegen den Handlungsgehilfen schuldig macht.

Dieser Vorschrift entspricht § 71 des neuen H.G.B. Vergl. die Erläuterung dazu im Suppl. I. Theil.

Artikel 64.

Gegen den Handlungsgehilfen kann insbesondere die Aufhebung des Dienstverhältnisses ausgesprochen werden:

1. wenn derselbe im Dienste untreu ist oder das Vertrauen missbraucht;
2. wenn derselbe ohne Einwilligung des Prinzipals für eigene Rechnung oder für Rechnung eines Dritten Handelsgeschäfte macht;
3. wenn derselbe seine Dienste zu leisten verweigert oder ohne einen rechtmässigen Hinderungsgrund während einer den Umständen nach erheblichen Zeit unterlässt;
4. wenn derselbe durch anhaltende Krankheit oder Kränklichkeit oder durch eine längere Freiheitsstrafe oder Abwesenheit an Verrichtung seiner Dienste verhindert wird;
5. wenn derselbe sich thätlicher Misshandlungen oder erheblicher Ehrverletzungen gegen den Prinzipal schuldig macht;
6. wenn derselbe sich einem unsittlichen Lebenswandel ergiebt.

Dieser Vorschrift entspricht § 72 des neuen H.G.B. Vergl. die Erläuterung dazu im Suppl. I. Theil.

Artikel 65.

Hinsichtlich der Personen, welche bei dem Betriebe des Handelsgewerbes Gesindedienste verrichten, hat es bei den für das Gesinde-Dienstverhältniss geltenden Bestimmungen sein Bewenden.

Dieser Vorschrift entspricht § 83 des neuen H.G.B.

Exkurs zu Art. 65.

Außer diesen Vorschriften hat das neue H.G.B. noch folgende Vorschriften über Handlungsgehilfen:

1. in § 62: eine Reihe von Verpflichtungen, welche die Sorge für das leibliche und geistige Gedeihen des Gehilfen betreffen. Vergl. im Suppl. Theil I die Erläuterung dazu.
2. in § 64: die Vorschrift, daß das Gehalt monatlich gezahlt werden muß (vergl. im Suppl. Theil I die Erläuterung dazu).
3. im § 65: die Vorschrift, daß für die Provision des Handlungsgehilfen die Vorschriften des § 88 und des § 91 Abs. 1 für die Handlungsagenten gelten sollen. Diese Vorschriften werden bei den Handlungsagenten von uns berührt werden. Für die Zwischenzeit ist die Geltung dieses § 65 suspendirt. Vergl. Suppl. Theil 1.
4. in § 73: die Vorschrift über das Dienstzeugniß (vergl. Suppl. Theil I).
5. in §§ 74 u. 75: Vorschriften über die Konkurrenzklausel nach Beendigung des Dienstverhältnisses (vergl. Suppl. Theil I).

Artikel 66.

Die Handelsmäkler (Sensale) sind amtlich bestellte Vermittler für Handelsgeschäfte.

Sie leisten vor Antritt ihres Amtes den Eid, dass sie die ihnen obliegenden Pflichten getreu erfüllen wollen.

Der Titel des alten H.G.B. „Von den Handelsmäklern oder Sensalen" handelt lediglich von den amtlichen Handelsmaklern. Diese fallen am 1. Januar 1900 weg. Damit wird der ganze vorliegende Titel (Art. 66—84) obsolet und ist der Kürze wegen hier auch nicht abgedruckt worden.

Das neue H.G.B. kennt nur noch Privathandelsmakler, bezeichnet diese mit dem Namen Handelsmakler und widmet ihnen einen ganzen Abschnitt (§§ 93 ff.).

Die Vermittlungsthätigkeit der Handelsmakler ist hiernach überall ihres amtlichen Charakters entkleidet. Damit ist jedoch nicht gesagt, daß die nunmehrigen Handelsmakler nicht in anderer Hinsicht offizielle Thätigkeiten ausüben können. Im Gegentheil, gerade dies ist mehrfach angeordnet. So müssen die sogenannten Kursmakler, welche in amtlicher Eigenschaft an der Börse bei der Feststellung der Kurse wesentlich mitwirken, aus der Zahl derjenigen Personen bestellt werden, welche die Vermittlung von Börsengeschäften in den betreffenden Waaren betreiben (§ 30 des Börsengesetzes), und auch zu sonstigen Funktionen (öffentliche Verkäufe u. s. w.) können die Handelsmakler amtlich bestellt werden (vergl. z. B. § 376 Absatz 4 des neuen H.G.B.; § 34 des Börsengesetzes in der durch Art. 14 des Einführungsgesetzes zum neuen H.G.B. veränderten Fassung).

Aber ihre *vermittelnde* Thätigkeit hat privaten Charakter, und deshalb giebt es eben, wie gesagt, nur private Handelsmakler. Das Wort Handelsmakler bezeichnete früher den amtlichen, jetzt den privaten Handelsmakler.

Zwei Zusätze zu Buch 1.

Erster Zusatz.

Von den Privathandelsmaklern.

Einleitung. Die Rechtsverhältnisse der Privathandelsmakler sind nunmehr im Gesetzbuch geregelt (§§ 93 ff.). Indessen kann diese Regelung nicht für glücklich erachtet werden. Denn nach der Begriffsbestimmung des § 93 fallen die Hypotheken- und Grundstücksmakler nicht darunter. Gerade diese aber sind es, welche als die eigentlichen Handelsmakler im Verkehrssinne betrachtet werden, für deren Rechtsverhältnisse ausführliche Vorschriften wünschenswerth waren, und in deren Prozessen die zahlreichen Rechtsgrundsätze sich ausgebildet haben, die wir in unserem Zusatz über die Privathandelsmakler zusammengestellt hatten. Nach der Begriffsbestimmung des § 93 fallen darunter im Großen und Ganzen nur die an den Börsen fungirenden Makler. Deren Vermittlungsthätigkeit ist aber mehr eine registrirende und so glatt und schnell sich abwickelnde, daß es hier nicht zu Prozessen geführt hat und für eine so ausführliche Behandlung durch das Gesetzbuch daher hier kein dringendes gesetzgeberisches Bedürfniß vorgelegen hat.

Das Mißverhältniß des gesetzgeberischen Bedürfnisses zu der gesetzlichen Regelung wird dadurch noch verschärft, daß nach § 93 Abs. 2 die neuen Vorschriften über die Handelsmakler auf Grundstücks- und Hypothekenmakler keine Anwendung finden sollen. Die analoge Anwendung sollte aber damit wohl nicht ausgeschlossen sein, und von diesem Gesichtspunkte aus werden die hier aufgestellten gesetzlichen Regeln von Wert sein und voraussichtlich am meisten praktisch angewendet werden.

In der folgenden kurzen Darstellung können die Verhältnisse der Grundstücks- und Hypothekenmakler noch nicht berücksichtigt werden. Es soll nur kurz bemerkt werden, daß ihre Rechtsverhältnisse sich nach §§ 652—654 B.G.B. richten und daß, wie eben bemerkt, die Vorschriften des neuen H.G.B. über die Handelsmakler analoge Anwendung finden, wo die Natur des Rechtsverhältnisses es gestattet.

I. **Begriff und rechtliche Stellung der Privathandelsmakler.** Ueber den Begriff s. die Einleitung. Seine rechtliche Stellung ist die eines Kaufmanns (§ 1 Nr. 7 des neuen H.G.B.). Als Vermittler hat sich der Gesetzgeber ihn als „ehrlichen Makler" über den beiden Parteien stehend gedacht, berechtigt von beiden Theilen den Lohn zu verlangen (§ 98) und daher verpflichtet, beiden Theilen gleichmäßig und treu zu dienen, demgemäß auch beiden Theilen gleichmäßig für den Schaden verantwortlich (§ 98). In derselben Weise war früher der amtliche Handelsmakler gedacht. Dort konnte man diese Konstruktion vielleicht damit entschuldigen, daß es ja eine amtliche Person sei, um die es sich handle; schon damals hat aber Dernburg mit Recht ein solches Gebilde „ein kaum erreichbares Ideal" genannt. Nun aber soll es der private Handelsmakler sein!

II. **Die Pflichten des Handelsmaklers.** Er hat, wie jeder Kaufmann, Bücher zu führen. Außerdem aber hat er Schlußnoten zuzustellen (§ 94), die Probe aufzubewahren (§ 96), ein Tagebuch zu führen (§ 100) und den Parteien auf Verlangen Auszüge daraus zu ertheilen (§ 101). Außerdem hat er beiden Theilen gegenüber die Pflicht, mit der Sorgfalt eines ordentlichen Kaufmanns (§ 347 des neuen H.G.B.) die Vermittlungsthätigkeit auszuüben, und haftet bei Verletzung derselben beiden Theilen für entstandenen Schaden (§ 98).

III. **Die Rechte des Privathandelsmaklers** bestehen in der Forderung des Maklerlohns. Diesen hat er nach § 99 von beiden Theilen zur Hälfte zu fordern. Detaillirte Vorschriften darüber, wann die Maklerprovision verdient ist, sind nicht gegeben. Sie sind auch für diejenigen Makler, deren Rechtsverhältnisse allein hier geregelt sind, nicht nothwendig. Gegenstand fortdauernder Streitigkeiten sind nur die Provisionsansprüche der Grundstücks- und Hypothekenmakler, und deren Rechtsverhältnisse sind ja hier nicht geregelt (vergl. die Einleitung).

Hinzugefügt ist, daß der Makler nicht befugt ist, die Vertragserfüllung in Empfang zu nehmen (§ 97).

Zusätzliche Bemerkung. Im § 102 ist bestimmt, daß das Gericht im Laufe des Rechtsstreits die Vorlegung des Tagebuchs anordnen kann, und im § 103 ist eine Strafe angedroht für Verletzung der Vorschriften über die Führung und Aufbewahrung des Tagebuchs.

Zweiter Zusatz.

Von den Agenten.

Das neue H.G.B. regelt die Rechtsverhältnisse der Agenten. Die Judikatur hatte so tüchtig vorgearbeitet, daß es ein Leichtes war, ihre Ergebnisse in gesetzliche Formeln zu fassen. Die Vorschriften befinden sich in den §§ 84—92 des neuen H.G.B. Einleitung.

Das Wesentliche ihrer rechtlichen Stellung ist im § 84 treffend definirt: Handlungsagent ist derjenige, der, ohne als Handlungsgehilfe angestellt zu sein, damit betraut ist, für das Handelsgewerbe eines Andern Geschäfte zu vermitteln oder im Namen des Andern abzuschließen. Die Begriffsbestimmung deckt sich mit der unserigen, nur daß die unserige sich lediglich mit den Verkaufsagenten befaßt hatte.

1. Die Agenten sind Kaufleute. Dies gilt auch jetzt (§ 1 Nr. 7 des neuen H.G.B.).
2. Ueber die Vollmacht ist, wie wir zu unserer Genugthuung sagen können, das gesetzlich festgelegt, was wir in den §§ 3—5 dieses Zusatzes als heutige Rechtsanschauung vorgetragen hatten: an sich hat der Agent keine Handlungsvollmacht, aber das Geschäft gilt als abgeschlossen, wenn der Geschäftsherr es nicht unverzüglich ablehnt (§ 85), zur Entgegennahme von Mängelanzeigen und ähnlichen Erklärungen ist der Agent befugt (§ 86 Abs. 2), nicht aber auch zur Annahme von Zahlungen (§ 86 Abs. 1).
3. Ueber seine Pflichten muß dasselbe, was wir im § 6 unseres Zusatzes gesagt haben, gelten. Denn seine rechtliche Stellung ist in derselben Weise fixirt, da in § 84 hervorgehoben ist, daß er verpflichtet ist, bei seinen Verrichtungen das Interesse des Geschäftsherrn mit der Sorgfalt eines ordentlichen Kaufmanns wahrzunehmen, und ständig damit betraut ist, Geschäfte zu vermitteln. Insbesondere ist im § 84 Abs. 2 hervorgehoben, daß er dem Geschäftsherrn die erforderlichen Anzeigen zu machen, namentlich ihm die Geschäftsabschlüsse unverzüglich anzuzeigen hat.

   Gegenüber der andern Partei ist er, wie früher, nur nach den Regeln von den unerlaubten Handlungen schadensersatzpflichtig.
4. Die Provisionsansprüche des Agenten sind im neuen H.G.B. geregelt (§ 88). Danach hat der Agent nur für das ausgeführte Geschäft, der Verkaufsagent nur von den eingegangenen Beträgen Provision zu fordern, und nur dann, wenn die Ausführung des Geschäfts ohne wichtige Gründe in der Person des Kunden unterblieben ist, hat der Agent ohne Rücksicht auf die Ausführung Provision zu fordern. Die Abrechnung erfolgt am Schlusse eines jeden Kalenderhalbjahres. Der für einen bestimmten Bezirk bestellte Handlungsagent hat im Zweifel auch für direkte Geschäfte Provision zu fordern (§ 89).

   Alle diese Vorschriften schließen sich im wesentlichen an das an, was nach unserer Ansicht auch bisher Rechtens war (vergl. Komm. § 7 und 8—8f zu diesem Zusatz).

   Daß der Agent für Kosten und Auslagen nichts beanspruchen kann (vergl. Komm. § 7), ist jetzt ausdrücklich ausgesprochen (§ 90).

   Zur Durchführung seiner Ansprüche ist ihm aber jetzt nur die Ertheilung eines Buchauszugs (§ 91 des neuen H.G.B.), nicht mehr wie früher zur Prüfung desselben die Vorlegung der Bücher gewährt (Komm. § 9 zu diesem Zusatz). Wie hiernach der Agent einem ungetreuen Prinzipal gegenüber zu seinem Rechte kommen soll, wird in vielen Fällen nicht zu sagen sein.
5. Hinsichtlich der Dauer ist die Mißlichkeit beseitigt, daß der Agent jeden Tag entlassen werden kann (Komm. § 10). Vielmehr ist jetzt eine 6wöchentliche Kündigungsfrist eingeführt (§ 92).

Artikel 85.

Eine offene Handelsgesellschaft ist vorhanden, wenn zwei oder mehrere Personen ein Handelsgewerbe unter gemeinschaftlicher Firma betreiben und bei keinem der Gesellschafter die Betheiligung auf Vermögenseinlagen beschränkt ist.

Zur Gültigkeit des Gesellschaftsvertrages bedarf es der schriftlichen Abfassung oder anderer Förmlichkeiten nicht.

Vorbemerkung. Die Handelsgesellschaften und die stillen Gesellschaften werden im neuen H.G.B. in einem und demselben Buche behandelt. Die Gelegenheitsgesellschaft ist aus dem H.G.B. gestrichen.

1. (Abs. 1.) **Die Definition der offenen Handelsgesellschaft** ist im neuen H.G.B. klarer und schärfer gegeben (§ 105). Es ist einmal in zutreffender Weise statt der Betheiligung auf Vermögenseinlagen die Haftung gegenüber den Gesellschaftsgläubigern als dasjenige Moment hingestellt, welches nicht beschränkt werden darf (vergl. Komm. § 6 zu Art. 85). Ferner aber ist hervorgehoben, daß die offene Handelsgesellschaft eine Gesellschaft ist, womit zum Ausdruck gebracht werden sollte, daß nicht, wie dies von „einzelnen Seiten angenommen wird" (vergl. Komm. § 6g) „die o. H.G. als ein Verhältniß betrachtet werden kann, durch das ohne Rücksicht auf die zu Grunde liegenden inneren Beziehungen der Betheiligten lediglich die Haftung für die Schulden eines unter gemeinschaftlicher Firma betriebenen Handelsgewerbes geregelt wird" (Denkschr. S. 86). Gleichzeitig ist damit der Gedanke, daß die o. H.G. eine juristische Person sei, endgiltig beseitigt (Komm. § 2).
2. (Abs. 2.) **Die Formfreiheitsvorschrift** ist weggefallen, weil schon nach dem B.G.B. Formfreiheit herrscht. Damit sind allerdings auch die ausnahmsweisen Formvorschriften des Bürgerlichen Gesetzbuchs für das H.G.B. anwendbar, wie z. B. die Vorschrift des § 313, wonach zur Uebertragung des Eigenthums an Grundstücken gerichtliche oder notarielle Form gehört, was dazu führt, daß die Begründung einer offenen Handelsgesellschaft nur gerichtlich oder notariell vereinbart werden kann, wenn ein Grundstück dabei eingebracht wird. Auch die Frage wird aufgeworfen werden müssen, ob, wenn die o. H.G. ihr ganzes Gesellschaftsvermögen veräußert, die Formvorschrift des § 311 B.G.B. Platz greift.
3. Hinzugefügt ist im § 105 des neuen H.G.B. die Vorschrift, daß subsidiär die Bestimmungen des B.G.B. über die Gesellschaft Platz greifen. Das wird jetzt größere Bedeutung haben, weil eine Reihe wichtiger Rechtssätze aus dem Gesellschaftsrechte des H.G.B. in das Bürgerliche Gesetzbuch hinübergenommen ist, wie im Folgenden noch gezeigt werden wird.

Artikel 86.

Die Errichtung einer offenen Handelsgesellschaft ist von den Gesellschaftern bei dem Handelsgerichte, in dessen Bezirk die Gesellschaft ihren Sitz hat, und bei jedem Handelsgerichte, in dessen Bezirk sie eine Zweigniederlassung hat, behufs der Eintragung in das Handelsregister anzumelden.

Die Anmeldung muss enthalten:

1. den Namen, Vornamen, Stand und Wohnort jedes Gesellschafters;
2. die Firma der Gesellschaft und den Ort, wo sie ihren Sitz hat;
3. den Zeitpunkt, mit welchem die Gesellschaft begonnen hat;
4. im Falle vereinbart ist, dass nur einer oder einige der Gesellschafter die Gesellschaft vertreten sollen, die Angabe, welcher oder welche dazu bestimmt sind, ingleichen, ob das Recht nur in Gemeinschaft ausgeübt werden soll.

Die Vorschrift ist wiedergegeben im § 106 des neuen H.G.B., jedoch mit Rücksicht auf die allgemeinen Vorschriften der §§ 12—14 des neuen H.G.B. in vereinfachter Form. Die Anmeldungen wegen der Vertretung der Gesellschaft sind in anderem Zusammenhange angeordnet (§ 125 des neuen H.G.B.).

Artikel 87.

Wenn die Firma einer bestehenden Gesellschaft geändert oder der Sitz der Gesellschaft an einen anderen Ort verlegt wird, oder wenn neue Gesellschafter in dieselbe eintreten, oder wenn einem Gesellschafter die Befugniss, die Gesellschaft zu vertreten (Art. 86 Ziff. 4), nachträglich ertheilt, oder wenn eine solche Befugniss aufgehoben wird, so sind diese Thatsachen bei dem Handelsgerichte behufs der Eintragung in das Handelsregister anzumelden.

Bei der Aenderung der Firma, bei der Verlegung des Sitzes der Gesellschaft und bei der Aufhebung der Vertretungsbefugniss richtet sich die Wirkung gegen Dritte in den Fällen der geschehenen oder der nicht geschehenen Eintragung und Bekanntmachung nach den Bestimmungen des Artikels 25.

Das neue H.G.B. giebt die Vorschrift im § 107, jedoch in vereinfachter Form. (Vergl. unsere Anmerkung zu Art. 86 u. § 15 des neuen H.G.B.)

Artikel 88.

Die Anmeldungen (Art. 86, 87) müssen von allen Gesellschaftern persönlich vor dem Handelsgerichte unterzeichnet oder in beglaubigter Form eingereicht werden. Sie sind ihrem ganzen Inhalte nach in das Handelsregister einzutragen.

Die Gesellschafter, welche die Gesellschaft vertreten sollen, haben die Firma nebst ihrer Namensunterschrift persönlich vor dem Handelsgerichte zu zeichnen oder die Zeichnung derselben in beglaubigter Form einzureichen.

Die Vorschrift korrespondirt mit § 108 des neuen H.G.B. (vergl. unsere Anm. zu Art 86).

Wie der Gesellschafter die Firma zu zeichnen hat, besonders bei Kollektivvertretungen (vergl. Komm. § 3 zu Art. 88), ist auch im neuen H.G.B. nicht gesagt.

Artikel 89.

Das Handelsgericht hat die Betheiligten zur Befolgung der vorstehenden Anordnungen (Art. 86—88) von Amtswegen durch Ordnungsstrafen anzuhalten.

Diese Vorschrift ist mit Rücksicht auf die allgemeine Vorschrift des § 14 im neuen H.G.B. gestrichen.

Artikel 90.

Das Rechtsverhältniss der Gesellschafter unter einander richtet sich zunächst nach dem Gesellschaftsvertrage.

Soweit über die in den nachfolgenden Artikeln dieses Abschnitts berührten Punkte keine Vereinbarung getroffen ist, kommen die Bestimmungen dieser Artikel zur Anwendung.

Die Vorschrift ist im § 109 des neuen H.G.B. wiederholt.

Artikel 91.

Wenn Geld oder andere verbrauchbare oder vertretbare Sachen oder wenn unverbrauchbare oder unvertretbare Sachen nach einer Schätzung, die nicht blos zum Zweck der Gewinnvertheilung geschieht, in die Gesellschaft eingebracht werden, so werden diese Gegenstände Eigenthum der Gesellschaft.

Im Zweifel wird angenommen, dass die in das Inventar der Gesellschaft mit der Unterschrift sämmtlicher Gesellschafter eingetragenen, bis dahin einem Gesellschafter gehörigen, beweglichen oder unbeweglichen Sachen Eigenthum der Gesellschaft geworden sind.

Die Vorschrift dieses Artikels ist gestrichen. Absatz 1 ist in das B.G.B. § 706 Abs. 2 übernommen, und zwar in verbesserter Form. Denn während das H.G.B. scheinbar an die Thatsache des Einbringens den Eigenthumsübergang knüpft (vergl. Komm. § 1 zu Art. 91), beschränkt sich das B.G.B. auf eine Auslegungsregel über die Bedeutung des Versprechens, einen Gegenstand einzubringen. Dadurch tritt klarer hervor, daß es zum Eigenthumsübergang noch eines besonderen Rechtsaktes bedarf. Absatz 2 ist in das B.G.B. nicht übernommen, weil er angesichts der freien Ueberzeugungstheorie, welche den modernen Civilprozeß beherrscht, entbehrlich erschien (Denkschr. S. 88).

Die in unserem Exkurse (Komm. § 6 zu Art. 91) entwickelte Theorie vom Eigenthum zur gesammten Hand gilt auch für das neue Gesellschaftsrecht. Denn durch die §§ 718 und 719 B.G.B. sind die Rechte der Gesellschafter am Gesellschaftsvermögen als Eigenthum zur gesammten Hand konstruirt, wie dies ausgesprochenermaßen die Absicht des Gesetzbuchs war (Denkschr. S. 97).

Artikel 92.

Ein Gesellschafter ist nicht verpflichtet, die Einlage über den vertragsmässigen Betrag zu erhöhen, oder die durch Verlust verminderte Einlage zu ergänzen.

Die Vorschrift ist gestrichen, weil sie der Sache nach mit § 707 B.G.B. übereinstimmt.

Artikel 93.

Für die Auslagen, welche ein Gesellschafter in Gesellschaftsangelegenheiten macht, für die Verbindlichkeiten, welche er wegen derselben übernimmt, und für die Verluste, welche er unmittelbar durch seine Geschäftsführung oder aus Gefahren, welche von derselben unzertrennlich sind, erleidet, ist ihm die Gesellschaft verhaftet.

Von den vorgeschossenen Geldern kann er Zinsen fordern, vom Tage des geleisteten Verschusses an gerechnet.

Für die Bemühungen bei dem Betriebe der Gesellschaftsgeschäfte steht dem Gesellschafter ein Anspruch auf Vergütung nicht zu.

Die Absätze 1 und 2 sind im § 110 des neuen H.G.B. wiederholt. Dabei ist sachgemäß nicht von Auslagen, die ein Gesellschafter „macht", sondern von solchen gesprochen, die er den Umständen nach für erforderlich halten darf. Das ist die richtige Grenze. Absatz 3 ist nicht wiedergegeben. Dem Gesetzgeber erschien die Vorschrift zu hart: soweit es sich um Dienste handelt, zu denen der Gesellschafter kraft eines besonderen Berufs befähigt ist, erscheint ein allgemeiner Ausschluß jedes Vergütungsanspruchs nicht gerechtfertigt (Denkschr. S. 90). Das weicht von unseren Ausführungen im Komm. § 2 zu Art. 93 ab.

Artikel 94.

Jeder Gesellschafter ist verpflichtet, in den Angelegenheiten der Gesellschaft den Fleiss und die Sorgfalt anzuwenden, welche er in seinen eigenen Angelegenheiten anzuwenden pflegt.

Er haftet der Gesellschaft für den Schaden, welcher ihr durch sein Verschulden entstanden ist. Er kann gegen diesen Schaden nicht die Vortheile aufrechnen, welche er der Gesellschaft in anderen Fällen durch seinen Fleiss verschafft hat.

Die Vorschrift des Absatzes 1 ist durch § 708 B.G.B. ersetzt, die des Absatzes 2 ist als selbstverständlich gestrichen.

Artikel 95.

Ein Gesellschafter, welcher seine Geldeinlage nicht zur rechten Zeit einzahlt, oder eingenommene Gesellschaftsgelder nicht zur rechten Zeit an die Gesellschaftskasse abliefert, oder unbefugt Gelder aus der Gesellschaftskasse für sich entnimmt, ist von Rechtswegen zur Entrichtung von Zinsen seit dem Tage verpflichtet, an welchem die Zahlung oder die Ablieferung hätte geschehen sollen oder die Herausnahme des Geldes erfolgt ist.

Die Verpflichtung zum Ersatze des etwa entstandenen grösseren Schadens und die übrigen rechtlichen Folgen der Handlung werden hierdurch nicht ausgeschlossen.

Die Vorschrift ist im § 111 des neuen H.G.B. wiederholt, mit Weglassung der letzten Worte, wonach die übrigen rechtlichen Folgen der Handlung nicht ausgeschlossen werden, weil dies selbstverständlich ist (Denkschr. S. 90).

Artikel 96.

Ein Gesellschafter darf ohne Genehmigung der anderen Gesellschafter weder in dem Handelszweige der Gesellschaft für eigene Rechnung oder für Rechnung eines Dritten Geschäfte machen, noch an einer anderen gleichartigen Handelsgesellschaft als offener Gesellschafter Theil nehmen.

Eine Genehmigung der Theilnahme an einer anderen gleichartigen Handelsgesellschaft ist schon dann anzunehmen, wenn den übrigen Gesellschaftern bei Eingehung der Gesellschaft bekannt war, dass der Gesellschafter an jener Handelsgesellschaft als offener Gesellschafter Theil nehme, und gleichwohl das Aufgeben der Theilnahme nicht ausdrücklich bedungen worden ist.

Die Vorschrift ist im § 112 des neuen H.G.B. sachlich unverändert wiedergegeben.

Die im Zusatz von uns kurz erwähnten Konkurrenzverbote nach Beendigung der Sozietät sind auch im neuen H.G.B. nicht erwähnt. Nach unserer Erläuterung des früheren Rechts sollten hierauf die Konkurrenzverbote bei Handlungsgehilfen analoge Anwendung finden. Diese analoge Anwendung muß jetzt bezweifelt, mindestens aber mit großer Vorsicht aufgenommen werden. Denn die neuen Konkurrenzbestimmungen dieser Art beruhen wesentlich auf dem Gedanken, daß der Handlungsgehilfe als der wirthschaftlich Schwache in seinem Fortkommen geschützt werden müsse. Dieser Gedanke trifft auf den selbstständigen Kaufmann nicht zu, der einem wirthschaftlich gleich starken Sozius gegenübersteht. Es werden daher die positiven Schutzvorschriften (Beschränkung auf 3 Jahre, Nichtigkeit entgegenstehender Vereinbarungen) fortfallen, und aus der Natur des vorliegenden Verhältnisses wird zu erwägen sein, was als so exorbitante Beschränkung der freien Gewerbewahl im Einzelfalle zu gelten hat, daß die Rechtsordnung sie nicht dulden kann.

Artikel 97.

Ein Gesellschafter, welcher den vorstehenden Bestimmungen zuwiderhandelt, muss sich auf Verlangen der Gesellschaft gefallen lassen, dass die für seine Rechnung gemachten Geschäfte als für Rechnung der Gesellschaft geschlossen angesehen werden; auch kann die Gesellschaft statt dessen den Ersatz des entstandenen Schadens erfordern; alles dieses unbeschadet des Rechts, die Auflösung des Gesellschaftsvertrags in den geeigneten Fällen herbeizuführen.

Das Recht der Gesellschaft, in ein von dem Gesellschafter für eigene Rechnung gemachtes Geschäft einzutreten oder Schadensersatz zu fordern, erlischt nach drei Monaten, von dem Zeitpunkt an gerechnet, in welchem die Gesellschaft von dem Abschlusse des Geschäfts Kenntniss erhalten hat.

Die Vorschrift ist im § 113 des neuen H.G.B. wiedergegeben, jedoch mit Klarstellungen und Abweichungen:

1. Der Absatz 1 ist sachlich unverändert. Er stellt nur, ähnlich wie § 61 des neuen H.G.B., den Umfang des Eintrittsrechts klar.

   Hinzugefügt ist, gleichfalls zum Zwecke der Klarstellung, daß über die Geltendmachung der Ansprüche die übrigen Gesellschafter zu beschließen haben, wie wir dies auch für das frühere Recht angenommen hatten (Komm. § 1 zu Art. 97).
2. Der Absatz 2 ist verändert: alle Ansprüche sollen jetzt verjähren, und zwar in 3 Monaten seit Kenntniß und ohne Rücksicht auf diese in 5 Jahren. Die Frist ist jetzt eine Verjährung, nicht, wie früher, eine Präklusivfrist (Komm. § 4 zu Art. 97). Die Kenntniß müssen jetzt alle Gesellschafter erlangt haben. Im früheren Recht war dies streitig (Komm. § 4).
3. Ob die Gesellschafter eine Klage auf Unterlassung pro futuro und ob sie einen Anspruch auf Rechnungslegung haben (Komm. § 5 zu Art. 97), ist auch im neuen H.G.B. nicht gesagt. Es dürfte Beides zu bejahen sein.

Auch die Rechtsgiltigkeit des Geschäfts ist nach wie vor nicht in Frage gestellt. Das ist jetzt durch die Worte „darf nicht" ausgedrückt. Hätte die Rechtsgiltigkeit ausgeschlossen werden sollen, so hätte das Gesetzbuch „kann nicht" gesagt (vergl. Planck B.G.B. S. 25).

Artikel 98.

Ein Gesellschafter kann ohne die Einwilligung der übrigen Gesellschafter keinen Dritten in die Gesellschaft aufnehmen.

Wenn ein Gesellschafter einseitig einen Dritten an seinem Antheile betheiligt oder seinen Antheil an denselben abtritt, so erlangt dieser gegen die Gesellschaft unmittelbar keine Rechte; er ist insbesondere zur Einsicht der Handelsbücher und Papiere der Gesellschaft nicht berechtigt.

Die Vorschrift ist in das neue H.G.B. nicht aufgenommen, die Materie ist im § 717 B.G.B. geregelt, und zwar in zweckentsprechenderer Weise, indem gleichzeitig (vergl. Komm. § 6) klargestellt ist, daß die Ansprüche auf Gewinnzahlung und auf das, was dem Gesellschafter bei der Auseinandersetzung zukommt, cedirbar sind.

Artikel 99.

Wenn die Geschäftsführung in dem Gesellschaftsvertrage einem oder mehreren der Gesellschafter übertragen ist, so schliessen diese die übrigen Gesellschafter von der Geschäftsführung aus: sie sind berechtigt, ungeachtet des Widerspruchs der übrigen Gesellschafter, alle Handlungen vorzunehmen, welche der gewöhnliche Betrieb des Handelsgewerbes der Gesellschaft mit sich bringt.

Die Vorschrift ist in den §§ 115 und 114 des neuen H.G.B. enthalten. Die Vorschriften des neuen H.G.B. über die Geschäftsführung sind insofern systematischer, als § 114 an die Spitze stellt den Satz, daß alle Gesellschafter das Recht und die Pflicht zur Geschäftsführung haben (Art. 102 Abs. 1 des alten H.G.B.), und daran die Vorschrift knüpft, daß die übrigen Gesellschafter von der Geschäftsführung ausgeschlossen sind, wenn diese in dem Gesellschaftsvertrage einem oder mehreren Gesellschaftern übertragen ist (Art. 99 Abs. 1).

Artikel 100.

Wenn die Geschäftsführung mehreren Gesellschaftern mit der ausdrücklichen Beschränkung übertragen ist, dass einer nicht ohne den andern handeln könne, so darf keiner allein Geschäfte vornehmen, es sei denn, dass Gefahr im Verzuge ist.

Ist hingegen mehreren Gesellschaftern die Geschäftsführung ohne diese ausdrückliche Beschränkung übertragen, so darf jeder derselben allein alle zur Geschäftsführung gehörenden Handlungen vornehmen. Jedoch muss, wenn einer unter ihnen gegen die Vornahme einer Handlung Widerspruch erhebt, dieselbe unterbleiben.

Die Vorschrift ist im § 115 des neuen H.G.B. enthalten.

Artikel 101.

Die im Gesellschaftsvertrage einem oder mehreren Gesellschaftern geschehene Uebertragung der Geschäftsführung kann, solange die Gesellschaft dauert, nicht ohne rechtmässige Ursache widerrufen werden.

Die Beurtheilung, ob eine rechtmässige Ursache vorliege, bleibt dem Ermessen des Richters überlassen.

Der Widerruf kann insbesondere in den im Art. 125 Ziff. 2—5 bezeichneten Fällen für begründet erklärt werden.

Die Vorschrift ist im § 117 des neuen H.G.B. enthalten. Nur ist statt der rechtmäßigen Ursache des Widerrufs „ein wichtiger Grund" zur Voraussetzung gemacht, was sachlich auf dasselbe hinausgeht, und ferner ist klargestellt, daß erst die richterliche Entscheidung der Akt der Entziehung ist.

Der wesentlichste Unterschied vom früheren Recht ist aber der, daß die Entziehung nicht blos, wie bisher, bei der durch Vertrag geschehenen Uebertragung Platz greift, sondern auch dann, wenn den einzelnen Gesellschaftern die Geschäftsführung zusteht gemäß § 114 des neuen H.G.B.

Was endlich die von uns im Zusatz (Komm. § 6 zu Art. 101) erwähnte Befugniß des Gesellschafters, auch seinerseits die Geschäftsführung niederzulegen, betrifft, so wird dieselbe auch vom neuen H.G.B. nicht erwähnt. Allein infolgedessen greift die Vorschrift des § 712 Abs. 2 H.G.B. Platz, wonach sie aus wichtigen Gründen besteht. Hier tritt also eine Abweichung vom früheren Handelsrecht ein.

Artikel 102.

Wenn im Gesellschaftsvertrage die Geschäftsführung nicht einem oder mehreren Gesellschaftern übertragen ist, so sind alle Gesellschafter zum Betriebe der Geschäfte der Gesellschaft gleichmässig berechtigt und verpflichtet.

Erhebt ein Gesellschafter gegen die Vornahme einer Handlung Widerspruch, so muss dieselbe unterbleiben.

Die Vorschrift ist im § 114 des neuen H.G.B. wiedergegeben, und zwar an die Spitze gestellt (vergl. oben zu Art. 99).

Artikel 103.

Ein Beschluss der sämmtlichen Gesellschafter muss vor der Vornahme von Geschäften eingeholt werden, welche über den gewöhnlichen Betrieb des Handelsgewerbes der Gesellschaft hinausgehen, oder welche dem Zweck derselben fremd sind.

Dies ist auch dann erforderlich, wenn die Geschäftsführung einem oder mehreren Gesellschaftern übertragen ist.

Zur Fassung des Beschlusses ist Stimmeneinhelligkeit erforderlich. Ist diese nicht zu erlangen, so muss die Handlung, in Ansehung deren Beschluss gefasst werden soll, unterbleiben.

Die Vorschrift ist im § 116 des neuen H.G.B. wiederholt.

Artikel 104.

Zur Bestellung eines Prokuristen ist, sofern nicht Gefahr im Verzuge ist, die Einwilligung aller geschäftsführenden Gesellschafter, und wenn keine solche ernannt sind, die Einwilligung aller Gesellschafter erforderlich.

Der Widerruf der Prokura kann von jedem der zur Ertheilung derselben befugten Gesellschafter geschehen.

Die Vorschrift ist in § 116 Abs. 3 des neuen H.G.B. wiedergegeben und dabei im Gegensatz zu unserer Auslegung im Komm. § 2 bestimmt, daß der Widerruf von jedem Gesellschafter erfolgen kann, der bei der Ertheilung der Prokura mitzuwirken hat.

Exkurs zu Art. 104.

Das neue H.G.B. fügt in § 119 eine Vorschrift hinzu, daß zwar die Beschlüsse der Gesellschafter regelmäßig Einstimmigkeit erfordern, daß aber durch den Gesellschaftsvertrag auch Majoritätsbeschlüsse zugelassen werden können. Wir haben uns für das frühere Recht im Komm. § 5 zu Art. 103 hiermit beschäftigt und ebenfalls die Majoritätsbeschlüsse als zulässig angesehen. Was aber Gegenstand eines Majoritätsbeschlusses sein kann, wird im künftigen Recht ebenso zweifelhaft sein, wie das im früheren war.

Artikel 105.

Jeder Gesellschafter, auch wenn er nicht in dem Geschäftsbetriebe der Gesellschaft thätig ist, kann sich persönlich von dem Gange der Gesellschaftsangelegenheiten unterrichten; er kann jederzeit in das Geschäftslokal kommen, die Handelsbücher und Papiere der Gesellschaft einsehen und auf ihrer Grundlage eine Bilanz zu seiner Uebersicht anfertigen.

Ist im Gesellschaftsvertrage ein Anderes bestimmt, so verliert diese Bestimmung ihre Wirkung, wenn eine Unredlichkeit in der Geschäftsführung nachgewiesen wird.

Die Vorschrift ist im § 118 des neuen H.G.B. wiedergegeben, nur daß die Ausnahmevorschrift des Absatzes 2 zutreffend dahin geändert ist, daß die entgegenstehende Bestimmung des Gesellschaftsvertrages schon dann wirkungslos wird, wenn Grund zu der Annahme unredlicher Geschäftsführung besteht, nicht erst dann, wenn eine Unredlichkeit nachgewiesen wird.

Artikel 106.

Jedem Gesellschafter werden am Schlusse eines jeden Geschäftsjahres von seiner Einlage, oder, wenn sich dieselbe beim Schlusse des vorigen Jahres durch Hinzurechnen seines Antheils am Gewinne vermehrt oder durch Abrechnung seines Antheils am Verluste vermindert hat, von seinem Antheile am Gesellschaftsvermögen Zinsen zu vier vom Hundert gutgeschrieben und von den während des Geschäftsjahres auf den Antheil entnommenen Geldern Zinsen in demselben Massstabe zur Last geschrieben.

Die dem Gesellschafter hiernach zukommenden Zinsen vermehren seinen Antheil am Gesellschaftsvermögen.

Vor Deckung dieser Zinsen ist kein Gewinn vorhanden, und der Verlust der Gesellschaft wird durch dieselben vermehrt oder gebildet.

1. Die Vorschrift des vorliegenden Artikels ist in § 121 des neuen H.G.B. in wesentlich veränderter Weise wiedergegeben. Denn nunmehr findet keine feste Verzinsung der Einlagen mehr statt, vielmehr nur eine Vorwegberechnung des Gewinnes. Demnach wird nur soweit dieser reicht, ein gewisser Prozentsatz nach dem Verhältnisse der Kapitalantheile auf diese vertheilt.
2. Es ist selbstverständlich, daß der Gesellschaftsvertrag dies anders regeln kann, und es ist zu erwarten, daß dies in der Regel im Sinne des früheren Rechts geschehen wird, da die Vorwegverzinsung der Einlage von dem die Bedingungen der Sozietät diktirenden Kapitalisten meist gefordert werden wird, wie sie auch bisher stets gefordert wurde.
3. Die in unserem Zusatze (Komm. § 5 zu Art. 106) mit Ausführlichkeit verfochtene Konstruktion des juristischen Wesens der Kapitalkonten (des Aktiv- und des Passivsaldos) oder vielmehr die Darlegung ihrer juristischen Wesenlosigkeit wird, nachdem ihr bereits Theorie und Praxis gefolgt waren, nunmehr auch von neuem H.G.B. ohne Weiteres acceptirt. In diesem Sinne ist die Bezeichung Antheil am Gesellschaftsvermögen ersetzt durch die Bezeichnung Kapitalantheile (Denkschr. S. 94).

Artikel 107.

Am Schlusse eines jeden Geschäftsjahres wird, auf Grund des Inventars und der Bilanz, der Gewinn oder der Verlust dieses Jahres ermittelt und für jeden Gesellschafter sein Antheil daran berechnet.

Der Gewinn jedes Gesellschafters wird seinem Antheile am Gesellschaftsvermögen zugeschrieben, der Verlust von demselben abgeschrieben.

Die Vorschrift ist im § 120 des neuen H.G.B. wiedergegeben, nur daß der Ausdruck Antheil am Gesellschaftsvermögen ersetzt ist durch das Wort Kapitalantheil (vergl. unsere Anm. zu Art. 106).

Artikel 108.

Ein Gesellschafter darf ohne Einwilligung der übrigen Gesellschafter seine Einlage oder seinen Antheil am Gesellschaftsvermögen nicht vermindern.

Er darf jedoch, auch ohne diese Einwilligung, auf seinen Antheil am Gesellschaftsvermögen die Zinsen desselben für das letztverflossene Jahr, und soweit es nicht zum offenbaren Nachtheil der Gesellschaft gereicht, Gelder bis zu einem Betrage entnehmen, welcher seinen Antheil am Gewinne des letztverflossenen Jahres nicht übersteigt.

Die Vorschrift stimmt überein mit § 122 des neuen H.G.B. Allein da nach § 121 (vgl. oben zu Art. 106) eine Gutschrift zu 4% auf die Kapitalkonten nur insoweit stattfindet, als der Jahresgewinn reicht, so wird nach dem neuen H.G.B., wenn ein Jahresgewinn nicht oder nicht in Höhe von 4% erzielt ist, durch eine solche Entnahme nur das eigene Kapitalkonto des entnehmenden Gesellschafters gemindert, es erfolgt die Entnahme in solchem Falle nicht auf Kosten der Mitgesellschafter, wie dies früher der Fall war.

Artikel 109.

Der Gewinn oder Verlust wird, in Ermangelung einer anderen Vereinbarung, unter die Gesellschafter nach Köpfen vertheilt.

Die Vorschrift ist in § 121 Abs. 3 des neuen H.G.B. enthalten. Ist im Gesellschaftsvertrage nur der Antheil am Gewinn oder Verlust bestimmt, so gilt die Bestimmung im Zweifel für Gewinn und Verlust. Das ordnet § 722 Abs. 2 B.G.B. an, der auch hier gilt.

Artikel 110.

Die rechtliche Wirksamkeit einer offenen Handelsgesellschaft tritt im Verhältniss zu dritten Personen mit dem Zeitpunkte ein, in welchem die Errichtung der Gesellschaft in das Handelsregister eingetragen ist, oder die Gesellschaft auch nur ihre Geschäfte begonnen hat.

Die Beschränkung, dass die Gesellschaft erst mit einem späteren Zeitpunkte, als dem der Eintragung, ihren Anfang nehmen soll, hat gegen dritte Personen keine rechtliche Wirkung.

Die Vorschrift ist in § 123 des neuen H.G.B. wiedergegeben. Nur treten zwei durch das System des neuen H.G.B. gebotene Abweichungen ein.

Zunächst werden diejenigen offenen Handelsgesellschaften, deren Gewerbebetrieb nur unter den Voraussetzungen des § 2 des neuen H.G.B. ein Handelsgewerbe ist, nur durch Eintragung offene Handelsgesellschaften. Das ist im Absatz 2 des § 123 zum Ausdruck gebracht.

Sodann aber hat nach der allgemeinen Vorschrift des § 5 die Eintragung der Firma eines Kaufmanns, wenn sie einmal erfolgt ist, so lange konstitutive Bedeutung, wie sie besteht. Diese Vorschrift greift gemäß § 6 des neuen H.G.B. auch auf offene Handelsgesellschaften Platz und bewirkt hier, daß jede Personenvereinigung, welche als offene Handelsgesellschaft eingetragen wird, für die Dauer der Eintragung als solche gilt, auch wenn sie es in Wahrheit nicht ist. Es kann infolgedessen jetzt der mißliche Umstand nicht mehr eintreten (vergl. Komm. § 6 zu Art. 85), daß, wenn die Vereinigung zweier Personen als offene Handelsgesellschaft eingetragen ist, während dieselben in Wahrheit kein Handelsgewerbe betreiben, schließlich geltend gemacht werden kann, daß die von ihnen bestellten Hypotheken ungiltig sind, die gegen sie ergangenen Urtheile nichtig sind.

Zu Abs. 2 ist zu bemerken, daß nach dem neuen H.G.B auch eine Abrede dahin, daß die Gesellschaft erst nach dem Beginne ihrer Geschäfte beginnen soll, ungiltig ist.

Artikel 111.

Die Handelsgesellschaft kann unter ihrer Firma Rechte erwerben und Verbindlichkeiten eingehen, Eigenthum und andere dingliche Rechte an Grundstücken erwerben, vor Gericht klagen und verklagt werden.

Ihr ordentlicher Gerichtsstand ist bei dem Gericht, in dessen Bezirke sie ihren Sitz hat.

Diese Vorschrift, welche bis zu einem gewissen Grade die Selbstständigkeit der offenen Handelsgesellschaft herstellen soll, ist im § 124 des neuen H.G.B. wiederholt. Dabei ist auch die Vorschrift, daß sie unter ihrer Firma klagen und verklagt werden kann, wiederholt, obgleich dies schon aus § 17 Abs. 2 und § 6 des neuen H.G.B. folgt. Doch hat diese Vorschrift hier eine andere Bedeutung. Hier handelt es sich um die Frage, ob die offene Handelsgesellschaft überhaupt die Fähigkeit hat, zu klagen und verklagt zu werden, und dies sollte hier bejaht werden (Denkschr. S. 97).

In Absatz 2 des § 124 ist hinzugefügt, daß es zur Zwangsvollstreckung in das Gesellschaftsvermögen eines gegen die Gesellschaft gerichteten Schuldtitels bedarf. Das galt schon nach früherem Recht (Komm. § 7 zu Art. 111; § 2 Note 1 zu Art. 119), ist aber hier hervorgehoben, weil für die Gesellschaften bürgerlichen Rechts abweichende Vorschriften für die Reform der C.P.O. in Aussicht genommen sind (Denkschr. S. 97).

Der Absatz 2 des Art. 111 ist durch § 19 C.P.O. ersetzt und überflüssig geworden.

Artikel 112.

Die Gesellschafter haften für alle Verbindlichkeiten der Gesellschaft solidarisch und mit ihrem ganzen Vermögen.

Eine entgegenstehende Verabredung hat gegen Dritte keine rechtliche Wirkung.

Der Grundsatz des vorliegenden Artikels ist im § 128 des neuen H.G.B. wiederholt.

Inwieweit die Solidarhaft auch gegenüber den Forderungen eines Gesellschafters besteht, ist im neuen H.G.B. nicht entschieden, weil man, wie die Denkschrift sagt, der neueren Rechtsprechung des Reichsgerichts in diesem Punkte nicht entgegentreten wollte (vergl. Komm. § 10 zu Art. 112). Aber wenn man sie für richtig hielt, so hätte man sie durch gesetzliche Fixirung befestigen sollen. Wer weiß, ob sie die Herrschaft über Theorie und Praxis gewinnen wird?

Im § 129 des neuen H.G.B. ist zur Klarstellung hinzugefügt, daß der auf Grund der Solidarhaft belangte Gesellschafter Einwendungen, die in seiner Person begründet sind, vorbringen kann, und ebenso solche, die von der Gesellschaft erhoben werden dürfen, insbesondere daß er Forderungen, die der Gesellschaft zustehen, compensando entgegenhalten kann.

Es ist ferner hinzugefügt, daß aus einem Schuldtitel gegen die Gesellschaft Zwangsvollstreckung gegen den einzelnen Gesellschafter nicht stattfinden kann, was auch im bisherigen Recht galt (Komm. § 7 zu Art. 111).

Artikel 113.

Wer in eine bestehende Handelsgesellschaft eintritt, haftet gleich den anderen Gesellschaftern für alle von der Gesellschaft vor seinem Eintritte eingegangenen Verbindlichkeiten, es mag die Firma eine Aenderung erleiden oder nicht.

Ein entgegenstehender Vertrag ist gegen Dritte ohne rechtliche Wirkung.

Die Vorschrift ist im § 130 wiedergegeben. — Die Haftungsübernahme beim Eintritt in das Geschäft eines Einzelkaufmanns (Komm. § 6) ist im § 28, diejenige bei Uebernahme des Geschäfts einer offenen Handelsgesellschaft im § 25 des neuen H.G.B. geregelt.

Artikel 114.

Jeder zur Vertretung der Gesellschaft befugte Gesellschafter ist ermächtigt, alle Arten von Geschäften und Rechtshandlungen im Namen der Gesellschaft vorzunehmen, insbesondere auch die der Gesellschaft gehörenden Grundstücke zu veräussern und zu belasten.

Die Gesellschaft wird durch die Rechtsgeschäfte, welche ein zur Vertretung der Gesellschaft befugter Gesellschafter in ihrem Namen schliesst, berechtigt und verpflichtet; es ist gleichgültig, ob das Geschäft ausdrücklich im Namen der Gesellschaft geschlossen worden ist, oder ob die Umstände ergeben, dass es nach dem Willen der Kontrahenten für die Gesellschaft geschlossen werden sollte.

1. Die Vorschrift des Absatzes 1 ist im § 126 des neuen H.G.B. wiedergegeben, die des Absatzes 2 ist gestrichen im Hinblick auf den allgemeinen § 164 B.G.B.

2. Die Vertretungsbefugniß ist hiernach auch nach dem neuen H.G.B. schrankenlos und bezieht sich auf alle Geschäfte, welche der offene Handelsgesellschafter im Namen der Gesellschaft schließt, nicht blos auf solche, die in den Kreis des betreffenden Handelsgewerbes fallen (Komm. § 1 zu Art. 114). Der Fall der Kollusion wird, obwohl er auch im neuen H.G.B. nicht hervorgehoben ist, auch hier eine scheinbare Ausnahme machen (Komm. § 3). Ueber das Kontrahiren mit sich selbst s. oben unsere Bemerkungen zu Art. 52.
3. Die Frage der Haftung der Gesellschaft für außerkontraktlichen Schaden, insbesondere für Delikte des vertretungsbefugten Gesellschafters, hat durch die Rechtsprechung eine dem praktischen Bedürfnisse entsprechende Lösung gefunden und ist deshalb im neuen H.G.B. nicht weiter behandelt worden (Denkschr. S. 100). Es gilt daher das im Komm. § 5 zu Art. 114 von uns Gesagte.

Artikel 115.

Die Gesellschaft wird durch Rechtsgeschäfte eines Gesellschafters nicht verpflichtet, wenn derselbe von der Befugniss, die Gesellschaft zu vertreten, ausgeschlossen (Art. 86, Ziff. 4), oder seine Befugniss, die Gesellschaft zu vertreten, aufgehoben ist (Art. 87), sofern hinsichtlich dieser Ausschliessung oder Aufhebung die Voraussetzungen vorhanden sind, unter welchen nach Artikel 46 hinsichtlich des Erlöschens der Prokura die Wirkung gegen Dritte eintritt.

Die Lehre von der Kollektivvertretung (jetzt Gesammtvertretung) ist im § 125 des neuen H.G.B. ausführlicher behandelt. Nicht Abweichungen vom früheren Recht sind angeordnet, wohl aber Klarstellungen. Zunächst ist aus dem Absatz 1 des § 125 nunmehr wohl zu entnehmen, daß auch alle Gesellschafter von der Vertretung ausgeschlossen werden können, was nach unserer Ansicht früher nicht zulässig war (vergl. Komm. § 2 zu Art. 86). Sodann ist die Zulässigkeit der Uebertragung von Einzelmandaten an einzelne Kollektivvertreter ausgesprochen, was das Reichsgericht (24 S. 28) allerdings auch schon früher angenommen hatte. Ferner ist bestimmt, daß, wenn der Gesellschaft eine Erklärung abzugeben ist, die Abgabe gegenüber einem von mehreren Gesammtvertretern genügt. Endlich aber ist es, was früher außerordentlich zweifelhaft war (Komm. § 2 zu Art. 86), für zulässig erklärt, daß ein Gesellschafter nur zusammen mit einem Prokuristen die Gesellschaft vertreten darf.

In einem schließlichen Absatze regelt § 125 die Anmeldung der Gesammtvertretung.

Artikel 116.

Eine Beschränkung des Umfanges der Befugniss eines Gesellschafters, die Gesellschaft zu vertreten, hat dritten Personen gegenüber keine rechtliche Wirkung; insbesondere ist die Beschränkung nicht zulässig, dass die Vertretung sich nur auf gewisse Geschäfte oder Arten von Geschäften erstrecken, oder dass sie nur unter gewissen Umständen oder für eine gewisse Zeit oder an einzelnen Orten stattfinden solle.

Die Vorschrift ist im § 126 des neuen H.G.B. wiederholt, wo zugleich klargestellt wird, was schon früher angenommen wurde, daß ausnahmsweise eine Beschränkung dahin stattfinden kann, daß ein Gesellschafter nur eine von mehreren Niederlassungen vertreten darf (vergl. Komm. § 1 zu Art. 116).

Artikel 117.

Die Gesellschaft wird vor Gericht von jedem Gesellschafter gültig vertreten, welcher von der Befugniss, die Gesellschaft zu vertreten, nicht ausgeschlossen ist.

Zur Behändigung von Vorladungen und anderen Zustellungen an die Gesellschaft genügt es, wenn dieselbe an einen der zur Vertretung befugten Gesellschafter geschieht.

Der Inhalt der Vorschrift ist in den §§ 125 u. 126 des neuen H.G.B. mit enthalten.

Artikel 118.

Die Ertheilung, sowie die Aufhebung einer Prokura geschieht mit rechtlicher Wirkung gegen Dritte durch einen der zur Vertretung der Gesellschaft befugten Gesellschafter.

Der Inhalt der Vorschrift ist im § 126 Abs. 1 mitenthalten.

Artikel 119.

Die Privatgläubiger eines Gesellschafters sind nicht befugt, die zum Gesellschaftsvermögen gehörigen Sachen, Forderungen oder Rechte oder einen Antheil an denselben zum Behuf ihrer Befriedigung oder Sicherstellung in Anspruch zu nehmen. Gegenstand der Exekution, des Arestes oder der Beschlagnahme kann für sie nur dasjenige sein, was der Gesellschafter selbst an Zinsen und an Gewinnantheilen zu fordern berechtigt ist, und was ihm bei der Auseinandersetzung zukommt.

In den Artikeln 119—121 enthält das alte H.G.B. Vorschriften, nach welchen eine Verfügung der einzelnen Gesellschafter über ihren Antheil an den zum Gesellschaftsvermögen gehörigen Gegenständen, sowie der Zugriff der Privatgläubiger eines Gesellschafters auf solche Gegenstände ausgeschlossen ist. Diese Vorschriften werden jetzt entbehrlich, da das B.G.B. durch die Einführung des Grundsatzes des Eigenthums zur gesammten Hand die Unzulässigkeit solcher Verfügungen bei allen Gesellschaften anerkennt (§ 719 B.G.B.).

Die Bestimmung des Art. 119 insbesondere ist in § 719 Abs. 1 B.G.B. kurz und präzis wiedergegeben.

Artikel 120.

Die Bestimmung des vorigen Artikels gilt auch in Betreff der Privatgläubiger, zu deren Gunsten eine Hypothek oder ein Pfandrecht an dem Vermögen eines Gesellschafters kraft des Gesetzes oder aus einem andern Rechtsgrunde besteht. Ihre Hypothek oder ihr Pfandrecht erstreckt sich nicht auf die zum Gesellschaftsvermögen gehörigen Sachen, Forderungen und Rechte, oder auf einen Antheil an denselben, sondern nur auf dasjenige, was in dem letzten Satze des vorigen Artikels bezeichnet ist.

Jedoch werden die Rechte, welche an den von einem Gesellschafter in das Vermögen der Gesellschaft eingebrachten Gegenständen bereits zur Zeit des Einbringens bestanden, durch die vorstehenden Bestimmungen nicht berührt.

Die Vorschrift des vorliegenden Artikels ist überflüssig geworden. Sie ist lediglich ein Ausfluß aus dem in § 719 Abs. 1 B.G.B. ausgesprochenen Prinzip (vgl. unsere Bemerkungen zu Art. 119).

Artikel 121.

Eine Kompensation zwischen Forderungen der Gesellschaft und Privatforderungen des Gesellschaftsschuldners gegen einen einzelnen Gesellschafter findet während der Dauer der Gesellschaft weder ganz noch theilweise statt; nach Auflösung der Gesellschaft ist sie zulässig, wenn und insoweit die Gesellschaftsforderung dem Gesellschafter bei der Auseinandersetzung überwiesen ist.

Auch diese Vorschrift hielt man aus dem zu Art. 119 angegebenen Grunde für überflüssig.

Macht die Gesellschaft eine ihr zustehende Forderung geltend, so kann nach § 719 Abs. 2 B.G.B. der Schuldner eine ihm gegen einen einzelnen Gesellschafter zustehende Forderung nicht aufrechnen. Verlangt dagegen der Schuldner der Gesellschaft von einem der Gesellschafter Befriedigung für eine ihm gegen diesen zustehende Privatforderung, so kann der Gesellschafter die Forderung der Gesellschaft deshalb nicht aufrechnen, weil er über das Gesellschaftsvermögen oder seinen Antheil nach § 719 Abs. 1 B.G.B. nicht in eigenem Namen verfügen kann. Daß die Aufrechnung nach Auflösung der Gesellschaft zulässig ist, soweit die Gesellschaftsforderung dem Gesellschafter bei der Auseinandersetzung überwiesen ist (Art. 121 Satz 2), ist selbstverständlich, da sie dann nicht mehr Gesellschaftsforderung ist.

So ergiebt sich überall das gleiche Resultat, wie nach bisherigem Recht.

Artikel 122.

Im Falle des Konkurses der Gesellschaft werden die Gläubiger derselben aus dem Gesellschaftsvermögen abgesondert befriedigt und können aus dem Privatvermögen der Gesellschafter nur wegen des Ausfalls ihre Befriedigung suchen; den Landesgesetzen bleibt vorbehalten, zu bestimmen, ob und wie weit den Privatgläubigern der Gesellschafter ein Absonderungsrecht in Bezug auf das Privatvermögen derselben zusteht.

Nachdem das Reichsgericht (vgl. Komm. § 2) die Vorschrift dieses Artikels dahin ausgelegt hat, daß die Haftung der einzelnen Gesellschafter im Falle des Konkurses über die offene Handelsgesellschaft auch dann subsidiär wird, wenn über das Vermögen der einzelnen Gesellschafter kein Konkurs eröffnet ist, bezeichnet die Denkschrift (S. 103) diesen Rechtszustand als nicht befriedigend. Denn die Haftung versagt infolge dieser Einschränkung gerade da, wo sie die größte praktische Bedeutung hätte (vgl. unsere Ausführungen im Komm. § 2). Die Denkschrift stellt in Aussicht, daß die Frage in unserem Sinne gelöst werden wird, und zwar durch eine Aenderung der Konkursordnung.

Exkurs zu Art. 122.

Außer diesen Vorschriften enthält das neue H.G.B. noch in § 127 eine Vorschrift, welche einem großen praktischen Bedürfnisse abhilft. Die von uns im Komm. § 2 zu Art. 115 behandelte Frage, inwieweit die Vertretungsbefugniß einem Gesellschafter entzogen werden kann, wird vom neuen H.G.B. dahin beantwortet, das sie aus wichtigen Gründen einem Gesellschafter auf Antrag der übrigen entzogen werden kann, und zwar durch richterliche Entscheidung. Danach müssen also alle übrigen Gesellschafter den Antrag stellen, aber die gerichtliche Entscheidung kann wohl auch eine einstweilige Verfügung sein?

Artikel 123.

Die Gesellschaft wird aufgelöst:

1. Durch die Eröffnung des Konkurses über die Gesellschaft;
2. durch den Tod eines der Gesellschafter, wenn nicht der Vertrag bestimmt, dass die Gesellschaft mit den Erben des Verstorbenen fortbestehen soll;
3. durch die Eröffnung des Konkurses über das Vermögen eines der Gesellschafter oder durch die eingetretene rechtliche Unfähigkeit eines der Gesellschafter zur selbstständigen Vermögensverwaltung;
4. durch gegenseitige Uebereinkunft;
5. durch Ablauf der Zeit, auf deren Dauer die Gesellschaft eingegangen ist, sofern nicht die Gesellschafter dieselbe stillschweigend fortsetzen; in diesem Falle gilt sie von da an als auf unbestimmte Dauer eingegangen;
6. durch die von Seiten eines Gesellschafters geschehene Aufkündigung, wenn die Gesellschaft auf unbestimmte Dauer eingegangen ist.

   Eine auf Lebenszeit eingegangene Gesellschaft ist als eine Gesellschaft von unbestimmter Dauer zu betrachten.

1. Die in diesem Artikel enthaltene Aufzählung derjenigen Thatsachen, durch welche die offene Handelsgesellschaft aufgelöst wird, ist im § 131 des neuen H.G.B. übernommen. Dabei ist neben der Auflösung durch Kündigung auch die gerichtliche Entscheidung besonders hervorgehoben (§ 133). Die Unfähigkeit zur selbständigen Vermögensverwaltung (Art. 123 Nr. 3) ist als besonderer Auflösungsgrund nicht mehr anerkannt. Andrerseits endigt nach § 726 B.G.B. die Gesellschaft von Rechtswegen, wenn der erstrebte Zweck erreicht oder dessen Erreichung unmöglich geworden ist, wogegen dem H.G.B. dies als von Rechtswegen wirkende Auflösungsgründe unbekannt sind. Vielmehr überläßt es auch das neue H.G.B. hier den Gesellschaftern, die Auflösung gemeinsam oder im Wege der gerichtlichen Entscheidung herbeizuführen.
2. Der Begriff der Auflösung und ihre Folgen (Komm. §§ 1 und 2 zu Art. 123) sind im neuen H.G.B. im wesentlichen die gleichen.

3. Für den Todesfall eines Gesellschafters giebt § 137 Spezialbestimmungen. Ueber die Fortsetzung der Gesellschaft im Falle des Todes eines Gesellschafters disponirt speziell § 139 des neuen H.G.B. Derselbe beseitigt das Dilemma des bestehenden Rechts (Komm. § 5c,) wonach der Erbe entweder die Gesellschaft fortsetzen und damit alle Gefahren der offenen Sozietät mitübernehmen oder aber die ganze Erbschaft ausschlagen muß, die vielleicht sonst werthvoll ist. Wie dieses Dilemma beseitigt ist, darüber giebt § 139 klare Auskunft. Das Wesentliche dabei ist, daß der Erbe die Befugniß erhält, sein Verbleiben in der Gesellschaft davon abhängig zu machen, daß ihm die Stellung eines Kommanditisten eingeräumt werde. Dadurch wird vermieden, daß er beim Verbleiben in der Gesellschaft unbeschränkt für die Gesellschaftsschulden haftet.
4. Die Kündigung (Komm. § 9) bezieht sich auf Gesellschaften mit unbestimmter Dauer. Das ordnet im neuen H.G.B. § 132 an. Daß eine auf Lebenszeit eingegangene Gesellschaft ebenso behandelt wird wie eine auf unbestimmte Dauer eingegangene (Art. 123 letzter Absatz), geht aus § 134 des neuen H.G.B hervor.

Artikel 124.

Die Aufkündigung einer Gesellschaft von unbestimmter Dauer seitens eines Gesellschafters muss, wenn nicht ein Anderes vereinbart ist, mindestens sechs Monate vor Ablauf des Geschäftsjahres der Gesellschaft erfolgen.

Die Vorschrift ist im § 132 des neuen H.G.B. sachlich unverändert wiedergegeben. Für die Form der Kündigung (Komm. § 3) ist auch hier nichts vorgeschrieben. Ueber die Wirkung der Kündigung gilt das Gleiche wie früher (Komm. § 4). Daß der Verzicht auf Kündigung nichtig ist (Komm. § 5), schreibt jetzt § 723 Abs. 3 B.G.B. vor, der auch hier gilt. Derselbe Absatz des B.G.B. schreibt auch die Nichtigkeit einer Kündigungsbeschränkung gegen die Kündigungsvorschriften des B.G.B. vor. Ob auch diese Nichtigkeit hier gilt, kann zweifelhaft werden. Wir möchten es verneinen, weil die Beschränkung dort, wo sie für nichtig erklärt werden soll, für nichtig erklärt ist (§ 133 Abs. 3 des neuen H.G.B.).

Artikel 125.

Ein Gesellschafter kann die Auflösung der Gesellschaft vor Ablauf der für ihre Dauer bestimmten Zeit oder bei Gesellschaften von unbestimmter Dauer ohne vorgängige Aufkündigung verlangen, sofern hierzu wichtige Gründe vorhanden sind.

Die Beurtheilung, ob solche Gründe anzunehmen sind, bleibt im Falle des Widerspruchs dem Ermessen des Richters überlassen.

Die Auflösung kann insbesondere ausgesprochen werden:

1. **wenn durch äussere Umstände die Erreichung des gesellschaftlichen Zwecks unmöglich wird;**
2. **wenn ein Gesellschafter bei der Geschäftsführung oder bei der Rechnungslegung unredlich verfährt;**
3. **wenn ein Gesellschafter die Erfüllung der ihm obliegenden wesentlichen Verpflichtungen unterlässt;**
4. **wenn ein Gesellschafter die Firma oder das Vermögen der Gesellschaft für seine Privatzwecke missbraucht;**
5. **wenn ein Gesellschafter durch anhaltende Krankheit oder aus anderen Ursachen zu den ihm obliegenden Geschäften der Gesellschaft unfähig wird.**

Die Vorschrift ist durch § 133 des neuen H.G.B. in wesentlich veränderter Weise wiedergegeben.

1. Das Prinzip an sich, die Möglichkeit die Gesellschaft aus wichtigen Gründen vorzeitig zur Auflösung zu bringen, ist anerkannt. Indessen sind die in das Einzelne gehenden Beispiele als für die Rechtsprechung ohne wesentlichen Nutzen und entbehrlich betrachtet und deshalb weggelassen worden. Diese Entbehrlichkeit kann unsererseits nicht anerkannt

werden. Die Beispiele des alten H.G.B. waren willkommene Anhaltspunkte für Anwälte und Richter.

2. Klargestellt ist im Interesse der Verkehrssicherheit, daß erst der Richterspruch die Auflösung herbeiführt, nicht schon das an die Gesellschafter gestellte Verlangen auf Auflösung. Damit ist der Standpunkt, den wir gegenüber der herrschenden Meinung für das bisherige Recht vertreten hatten, adoptirt worden (Komm. § 3 zu Art. 125).

3. Hinzugefügt ist die Nichtigkeit der Vereinbarung, durch welche das Recht auf vorzeitige Auflösung ausgeschlossen oder beschränkt wird.

4. Geltendgemacht wird das Verlangen auf Auflösung nun nicht mehr, wie früher (Komm. § 2 zu Art. 125), durch das an die Mitgesellschafter gestellte Begehren auf Auflösung, sondern durch Erhebung der Klage. Das Verlangen auf Auflösung kommt jetzt nur insoweit in Betracht, als eine ohne vorangegangenes Verlangen erhobene Klage als eine solche betrachtet werden wird, zu welcher die anderen Gesellschafter keine Veranlassung gegeben haben, was auf die Kosten von Einfluß sein wird.

Artikel 126.

Hat ein Privatgläubiger eines Gesellschafters nach fruchtlos vollstreckter Exekution in dessen Privatvermögen die Exekution in das dem Gesellschafter bei dereinstiger Auflösung der Gesellschaft zukommende Guthaben erwirkt, so ist er berechtigt, es mag die Gesellschaft auf bestimmte Dauer oder auf unbestimmte Dauer eingegangen sein, behufs seiner Befriedigung nach vorher von ihm geschehener Aufkündigung die Auflösung der Gesellschaft zu verlangen.

Die Aufkündigung muss mindestens sechs Monate vor Ablauf des Geschäftsjahres der Gesellschaft geschehen.

Die Vorschrift ist im wesentlichen im § 135 des neuen H.G.B. enthalten, jedoch mit einigen Abänderungen: die fruchtlose Exekution braucht nun nicht mehr gerade von dem pfändenden Gläubiger versucht worden zu sein; es soll auch genügen, wenn in das bewegliche Vermögen vollstreckt wird: dagegen muß die Vollstreckung spätestens 6 Monate vorher erfolgt sein. Auch darf der Schuldtitel nicht blos vorläufig vollstreckbar sein.

Artikel 127.

Wenn die Gesellschafter vor der Auflösung der Gesellschaft übereingekommen sind, dass, ungeachtet des Ausscheidens eines oder mehrerer Gesellschafter, die Gesellschaft unter den übrigen fortgesetzt werden soll, so endigt die Gesellschaft nur in Beziehung auf den Ausscheidenden; im Uebrigen besteht sie mit allen ihren bisherigen Rechten und Verbindlichkeiten fort.

Die Vorschrift ist im § 138 des neuen H.G.B. wiederholt.

Artikel 128.

Wenn die Auflösung der Gesellschaft aus Gründen gefordert werden darf, welche in der Person eines Gesellschafters liegen (Artikel 125), so kann anstatt derselben auf Ausschliessung dieses Gesellschafters erkannt werden, sofern die sämmtlichen übrigen Gesellschafter hierauf antragen.

Die Vorschrift ist im § 140 des neuen H.G.B. wiederholt.

Artikel 129.

Die Auflösung der Gesellschaft muss, wenn sie nicht in Folge der Eröffnung des Konkurses über die Gesellschaft geschieht, in das Handelsregister eingetragen werden.

Diese Entragung muss selbst dann geschehen, wenn die Gesellschaft durch Ablauf der Zeit, für welche sie eingegangen war, beendigt wird.

Gleich der Auflösung der Gesellschaft muss auch das Ausscheiden oder die

Ausschliessung eines Gesellschafters aus der Gesellschaft in das Handelsregister eingetragen werden.

Das Handelsgericht hat die Betheiligten zur Anmeldung dieser Thatsachen von Amtswegen durch Ordnungsstrafen anzuhalten.

Dritten Personen kann die Auflösung der Gesellschaft oder das Ausscheiden oder die Ausschliessung eines Gesellschafters aus derselben nur insofern entgegengesetzt werden, als hinsichtlich einer solchen Thatsache die Voraussetzungen vorhanden sind, unter welchen nach Artikel 25 hinsichtlich des Erlöschens der Firma oder der Aenderung ihrer Inhaber die Wirkung gegen Dritte eintritt.

Mit dieser Vorschrift korrespondirt § 143 des neuen H.G.B. Die Eröffnung des Gesellschaftskonkurses wird jetzt von Amtswegen eingetragen (§§ 6 u. 32 des neuen H.G.B.) Für die Verhängung von Ordnungsstrafen und für die Wirkung der Eintragung und Nichteintragung gelten die allgemeinen Vorschriften der §§ 14 u. 15. Der Absatz 2 des Art. 129 ist nicht wiederholt, weil dieser Fall keiner besonderen Hervorhebung bedarf. Für den Todesfall ist die Streitfrage, ob sämmtliche Erben bei der Anmeldung mitwirken müssen (Komm. § 3 zu Art. 129), dahin gelöst, daß von ihrer Mitwirkung abgesehen werden kann, soweit einem derselben besondere Hindernisse entgegenstehen. Diese Lösung erscheint angemessen.

Artikel 130.

Wenn ein Gesellschafter ausscheidet oder ausgeschlossen wird, so erfolgt die Auseinandersetzung der Gesellschaft mit demselben auf Grund der Vermögenslage, in welcher sich die Gesellschaft zur Zeit des Ausscheidens oder zur Zeit der Behändigung der Klage auf Ausschliessung befindet.

An den späteren Geschäften, Rechten und Verbindlichkeiten nimmt der Ausgeschiedene oder Ausgeschlossene nur insofern Antheil, als dieselben eine unmittelbare Folge dessen sind, was vor jenem Zeitpunkte bereits geschehen war.

Der Ausgeschiedene oder Ausgeschlossene muss sich die Beendigung der laufenden Gsschäfte in der Weise gefallen lassen, wie sie nach dem Ermessen der verbleibenden Gesellschafter am vortheilhaftesten ist.

Jedoch ist er, wenn eine frühere vollständige Auseinandersetzung nicht möglich ist, berechtigt, am Schlusse eines jeden Geschäftsjahres Rechnungsablage über die inzwischen erledigten Geschäfte, sowie die Auszahlung der ihm hiernach gebührenden Beträge zu fordern; auch kann er am Schlusse eines jeden Geschäftsjahres den Nachweis über den Stand der noch laufenden Geschäfte fordern.

Die Vorschrift des Absatzes 1 ist im § 140 Abs. 2 des neuen H.G.B. wiederholt. Die übrigen Absätze sind in das neue H.G.B. nicht aufgenommen, weil sie durch die §§ 738—740 B.G.B. ersetzt werden. Dabei ist mit Rücksicht auf Komm. § 2 zu Art. 130 zu erwähnen, daß § 738 B.G.B. dem Ausscheidenden den Anspruch auf Befreiung giebt.

Artikel 131.

Ein ausgeschiedener oder ausgeschlossener Gesellschafter muss sich die Auslieferung seines Antheils am Gesellschaftsvermögen in einer den Werth desselben darstellenden Geldsumme gefallen lassen, er hat kein Recht auf einen verhältnissmässigen Antheil an den einzelnen Forderungen, Waaren oder anderen Vermögensstücken der Gesellschaft.

Die Vorschrift ist im § 738 B.G.B. enthalten. Zwar ist es hier nicht wörtlich gesagt, daß der ausgeschiedene Sozius nur Geldsummen verlangen kann. Indessen liegt das doch darin, daß ihm die verbleibenden Gesellschafter das zu „zahlen" haben, was er bei der Auseinandersetzung erhalten würde.

Artikel 132.

Macht ein Privatgläubiger eines Gesellschafters von dem nach Art. 126 ihm zustehenden Rechte Gebrauch, so können die übrigen Gesellschafter auf Grund eines einstimmigen Beschlusses statt der Auflösung der Gesellschaft die Auseinandersetzung und die Auslieferung des Antheils des Schuldners nach den Bestimmungen der vorhergehenden Artikel vornehmen; der letztere ist dann als aus der Gesellschaft ausgeschieden zu betrachten.

Die Vorschrift ist im § 141 des neuen H.G.B. wiederholt. Das Erforderniß des einstimmigen Beschlusses liegt für das neue H.G.B. schon im § 119. Hinzugefügt sind im Absatz 2 besondere Bestimmungen für den Fall, daß die Auflösung durch den Konkurs eines Gesellschafters erfolgt.

Exkurs zu Art. 132.

In dem Titel über die Auflösung der offenen Handelsgesellschaft enthält das H.G.B. zwei neue wichtige Vorschriften:

1. § 142: Wenn nur zwei Gesellschafter vorhanden sind und der eine dem andern Grund zur Auflösung giebt, so ist nach gegenwärtigem Recht der unschuldige Theil so gut wie schutzlos. Denn er kann nichts weiter als die Liquidation verlangen, die aber das Geschäft zerstört. Das Unrecht, das hierdurch dem unschuldigen Theil zugefügt wird, wird fortan beseitigt durch die Vorschrift des § 142, welche ihm ein der Ausschließung analoges Recht auf Geschäftsübernahme giebt.

   Das Gleiche gilt für den Fall, daß ein Privatgläubiger eines Gesellschafters durch Kündigung die Gesellschaft zur Auflösung bringt oder daß die Gesellschaft durch den Konkurs eines Gesellschafters aufgelöst wird.
2. § 144 des neuen H.G.B. schreibt ausdrücklich vor, daß eine durch Konkurs aufgelöste offene Handelsgesellschaft wieder fortgesetzt werden kann. Auch für das geltende Recht ist dies angenommen worden (Komm. § 1 zu Art. 123), und zwar für alle Auflösungsfälle, nicht blos für den Konkursfall. Es sollte mit dieser Spezialvorschrift nicht gesagt werden, daß die Fortsetzung nur möglich sei im Falle des Konkurses (Denkschr. S. 110).

Artikel 133.

Nach Auflösung der Gesellschaft ausser dem Fall des Konkurses derselben erfolgt die Liquidation, sofern diese nicht durch einstimmigen Beschluss der Gesellschafter oder durch den Gesellschaftsvertrag einzelnen Gesellschaftern oder anderen Personen übertragen ist, durch die sämmtlichen bisherigen Gesellschafter oder deren Vertreter als Liquidatoren. Ist einer der Gesellschafter gestorben, so haben dessen Rechtsnachfolger einen gemeinschaftlichen Vertreter zu bestellen.

Auf den Antrag eines Gesellschafters kann aus wichtigen Gründen die Ernennung von Liquidatoren durch den Richter erfolgen. Der Richter kann in einem solchen Falle Personen zu Liquidatoren ernennen, oder als solche beiordnen, welche nicht zu den Gesellschaftern gehören.

Die Vorschrift des Art. 133 ist im § 146 des neuen H.G.B. wiederholt. Es ist jedoch im § 145 eine Vorschrift vorangestellt, welche klarstellt, daß die Liquidation die gesetzliche, aber dispositive Folge der Auflösung ist (vergl. Komm. § 1 zu Art. 133). Dabei ist aber hinzugefügt, daß, wenn die Gesellschaft durch Kündigung des Gläubigers eines Gesellschafters oder durch den Konkurs eines Gesellschafters aufgelöst ist, die Liquidation nur mit Zustimmung des Gläubigers oder Konkursverwalters unterbleiben kann, insoweit ist sie also nicht dispositiv.

Der dem Art. 133 entsprechende § 146 hebt hervor, daß zu den Betheiligten, auf deren Antrag Liquidatoren vom Gericht ernannt werden können, auch der Gläubiger eines Gesellschafters gehört, durch den die Kündigung erfolgt ist, und der Konkursverwalter. Das war zwar auch früher angenommen (Komm. § 5 zu Art. 133). Immerhin konnte dies nach früherem Recht zweifelhaft sein, weil im Art. 133 und von dem Antrag „eines Gesellschafters" gesprochen ist.

Ueber den Weg, auf welchem die Ernennung zu beantragen ist (Komm. § 6), sagt das neue H.G.B. nichts. Hierüber wird sich jedenfalls das zu erwartende Reichsgesetz betr. die freiwillige Gerichtsbarkeit verbreiten.

Artikel 134.

Die Abberufung von Liquidatoren geschieht durch einstimmigen Beschluss aller Gesellschafter; sie kann auch auf den Antrag eines Gesellschafters aus wichtigen Gründen durch den Richter erfolgen.

Der Vorschrift entspricht § 147 des neuen H.G.B.

Artikel 135.

Die Liquidatoren sind von den Gesellschaftern beim Handelsgerichte zur Eintragung in das Handelsregister anzumelden; sie haben ihre Unterschrift persönlich vor dem Handelsgerichte zu zeichnen oder die Zeichnung in beglaubigter Form einzureichen.

Das Austreten eines Liquidators oder das Erlöschen der Vollmacht eines solchen ist gleichfalls zur Eintragung in das Handelsregister anzumelden.

Die Gesellschafter sind zur Befolgung dieser Vorschrift von Amtswegen durch Ordnungsstrafen anzuhalten.

Dritten Personen kann die Ernennung von Liquidatoren, sowie das Austreten eines Liquidators oder das Erlöschen der Vollmacht eines solchen nur insofern entgegengesetzt werden, als hinsichtlich dieser Thatsachen die Voraussetzungen vorhanden sind, unter welchen nach Artikel 25 und 46 hinsichtlich einer Aenderung der Inhaber einer Firma oder des Erlöschens einer Prokura die Wirkung gegen Dritte eintritt.

Die Anmeldung und Eintragung der Liquidatoren regelt § 148 des neuen H.G.B. Dabei ist, im Falle daß ein Gesellschafter gestorben ist, dieselbe Erleichterung geschaffen wie im § 143 des neuen H.G.B., und es ist ferner sachgemäß angeordnet, daß die gerichtliche Bestellung und Abberufung von Liquidatoren von Amtswegen einzutragen ist.

In Bezug auf die Form der Zeichnung und Anmeldung, die Wirkung der Eintragung und Nichteintragung und die Verhängung von Ordnungsstrafen gelten die allgemeinen Vorschriften der §§ 12, 14 und 15.

Artikel 136.

Sind mehrere Liquidatoren vorhanden, so können sie die zur Liquidation gehörenden Handlungen mit rechtlicher Wirkung nur in Gemeinschaft vornehmen, sofern nicht ausdrücklich bestimmt ist, dass sie einzeln handeln können.

Die Vorschrift ist im § 150 des neuen H.G.B. wiederholt, jedoch ist hinzugefügt, daß die kollektivberechtigten Liquidatoren einzelne von ihnen zu bestimmten Geschäften oder zu bestimmten Arten von Geschäften ermächtigen können, und daß eine der Gesellschaft abzugebende Erklärung als abgegeben gilt, wenn sie einem von mehreren kollektivberechtigten Liquidatoren abgegeben ist.

Artikel 137.

Die Liquidatoren haben die laufenden Geschäfte zu beendigen, die Verpflichtungen der aufgelösten Gesellschaft zu erfüllen, die Forderungen derselben einzuziehen und das Vermögen der Gesellschaft zu versilbern; sie haben die Gesellschaft gerichtlich und aussergerichtlich zu vertreten; sie können für dieselbe Vergleiche schliessen und Kompromisse eingehen. Zur Beendigung schwebender Geschäfte können die Liquidatoren auch neue Geschäfte eingehen.

Die Veräusserung von unbeweglichen Sachen kann durch die Liquidatoren ohne Zustimmung der sämmtlichen Gesellschafter nicht anders, als durch öffentliche Versteigerung bewirkt werden.

Die Vorschrift über den Umfang des Wirkungskreises der Liquidatoren ist in § 149 des neuen H.G.B. wiedergegeben, doch mit Weglassung des Absatzes 2, da die hier vorgesehene Beschränkuug mit Rücksicht auf die heutigen Verkehrsverhältnisse nicht mehr gerechtfertigt erschien. Auch die Befugniß der Liquidatoren, „Vergleiche zu schließen nnd Kompromisse einzugehen", bedarf keiner gesetzlichen Anerkennung mehr. Diese Hervorhebung hatte nur Bedeutung gegenüber den Landesrechten, welche in diesen Beziehungen Spezialvollmachten erfordern.

Artikel 138.

Eine Beschränkung des Umfanges der Geschäftsbefugnisse der Liquidatoren (Art. 137) hat gegen dritte Personen keine rechtliche Wirkung.

Die Vorschrift ist in § 151 des neuen H.G.B. wiederholt. Doch ist durch die veränderte Fassung der neuen Vorschriften klargestellt, daß auch der eingewiesene Privatgläubiger eines Gesellschafters bezw. der Konkursverwalter bei der Ertheilung von Anweisungen mitzuwirken hat.

Artikel 139.

Die Liquidatoren haben ihre Unterschrift in der Weise abzugeben, dass sie der bisherigen, nun als Liquidationsfirma zu bezeichnenden Firma ihren Namen beifügen.

Die Vorschrift ist in § 153 des neuen H.G.B. wiederholt.

Artikel 140.

Die Liquidatoren haben, selbst wenn sie vom Richter bestellt sind, den Gesellschaftern gegenüber bei der Geschäftsführung den von diesen einstimmig getroffenen Anordnungen Folge zu geben.

Die Vorschrift ist durch § 152 des neuen H.G.B. wiederholt.

Artikel 141.

Die während der Liquidation entbehrlichen Gelder werden vorläufig unter die Gesellschafter vertheilt.

Zur Deckung von Schulden der Gesellschaft, welche erst später fällig werden, sowie zur Deckung der Ansprüche, welche den einzelnen Gesellschaftern bei der Auseinandersetzung zustehen, sind die erforderlichen Gelder zurückzubehalten.

Die Vorschriften des vorliegenden Artikels sind im § 155 Abs. 2 des neuen H.G.B. wiedergegeben. Dabei ist noch ausdrücklich hervorgehoben, daß die Befugniß jedes Gesellschafters, den Betrag von 4% der Gesellschaftskasse zu entnehmen, während der Liquidation wegfällt.

Daß die Liquidatoren nicht Zuschüsse von den Gesellschaftern verlangen können (Komm. § 6), ist auch jetzt nicht erwähnt, gilt aber auch für das neue Handelsrecht.

Artikel 142.

Die Liquidatoren haben die schliessliche Auseinandersetzung unter den Gesellschaftern herbeizuführen.

Streitigkeiten, welche über die Auseinandersetzung entstehen, fallen der richterlichen Entscheidung anheim.

Die Vorschrift des Absatzes 1 ist im neuen H.G.B. wiederholt, jedoch nicht in derjenigen abstrakten Weise, wie im alten H.G.B. Statt der Worte: „sie haben die schließliche Auseinandersetzung herbeizuführen" ist

1. im § 154 gesagt: daß die Liquidatoren bei Beendigung der Liquidation eine Bilanz aufzustellen haben,

2. in § 155: daß sie das nach Berichtigung der Schulden verbleibende Vermögen der Gesellschaft nach dem Verhältnisse der Kapitalantheile, wie sie sich auf Grund der Schlußbilanz ergeben, unter die Gesellschafter zu vertheilen haben.

Damit ist die Pflicht der Liquidatoren, die schließliche Auseinandersetzung herbeizuführen, in derselben Weise, nur präziser, fixirt, wie wir dies nach früherem Recht angenommen haben (Komm. §§ 2, 3 und 4 zu Art. 142).

Die weitere Ausgleichung unter den Sozien, der Regreß der Aktivsaldeninhaber gegen die Inhaber der Passivsalden (Komm. § 4) ist auch nach dem neuen Handelsrecht nicht Sache der Liquidatoren.

Bei dieser Gelegenheit mag auch erwähnt sein, daß die von uns im § 4 besprochene Zweifelsfrage: ob ein Ausfall, den ein Aktivsaldeninhaber durch die Insolvenz eines Passivsaldeninhabers erleidet, von ihm selbst oder von allen Aktivsaldeninhabern antheilig zu tragen ist, im § 735 Satz 2 B.G.B. gelöst ist, und zwar im gegentheiligen Sinne, als wir uns für das bisherige Recht entschieden hatten: also im Sinne der antheiligen Tragung des Verlustes durch alle Gesellschafter.

Absatz 2 des vorliegenden Artikels ist nicht wiedergegeben. Es bedarf keiner Hervorhebung, daß die Entscheidung von Streitigkeiten dem Richter anheimfällt. Dagegen erschien es zweckmäßig, anzuordnen, daß die Liquidatoren, falls über die Vermögensvertheilung unter den Gesellschaftern Streit entsteht, die Vertheilung bis zur Entscheidung des Streits auszusetzen haben (§ 155 Abs. 3 des neuen H.G.B.).

Zusatz. Das neue H.G.B. hat im § 154 die Neuerung, daß die Liquidatoren auch bei Beginn der Liquidation eine Bilanz aufzustellen haben. Die Aufstellung von Jahresbilanzen während der Liquidationszeit dagegen ist nicht gefordert und sollte nicht gefordert werden (Denkschr. S. 114). Es bleibt den Gesellschaftern überlassen, dies anzuordnen.

Artikel 143.

Wenn ein Gesellschafter Sachen in die Gesellschaft eingebracht hat, welche Eigenthum derselben geworden sind, so fallen dieselben bei der Auseinandersetzung nicht an ihn zurück, sondern er erhält den Werth aus dem Gesellschaftsvermögen erstattet, für welchen sie gemäss Uebereinkunft übernommen wurden.

Fehlt es an dieser Werthbestimmung, so geschieht die Erstattung nach dem Werthe, welchen die Sachen zur Zeit der Einbringung hatten.

Die Vorschrift des vorliegenden Artikels war unrichtig und ungenau und ist gestrichen. Neben dem § 155 des neuen H.G.B. (vgl. unsere Bemerkungen zu Art. 142) erschien eine weitere Vorschrift über die Art der Vertheilung entbehrlich.

Artikel 144.

Ungeachtet der Auflösung der Gesellschaft kommen bis zur Beendigung der Liquidation in Bezug auf das Rechtsverhältniss der bisherigen Gesellschafter unter einander, sowie der Gesellschaft zu dritten Personen die Vorschriften des zweiten und dritten Abschnitts zur Anwendung, soweit sich aus den Bestimmungen des gegenwärtigen Abschnitts und aus dem Wesen der Liquidation nicht ein Anderes ergiebt.

Der Gerichtsstand, welchen die Gesellschaft zur Zeit ihrer Auflösung hatte, bleibt bis zur Beendigung der Liquidation für die aufgelöste Gesellschaft bestehen.

Zustellungen an die Gesellschaft geschehen mit rechtlicher Wirkung an einen der Liquidatoren.

Die Vorschrift des Absatzes 1 ist im § 156 des neuen H.G.B. wiederholt.

Die Denkschrift S. 116 meint, daß schon aus dieser Vorschrift folgt, daß der Gerichtsstand, den die Gesellschaft zur Zeit ihrer Auflösung hatte, durch den Eintritt der Liquidation sich nicht verändert. Art. 144 Abs. 2 soll deshalb entbehrlich sein. Indessen trifft das doch nicht zu.

Die Vorschrift bedeutete vielmehr, daß der Gerichtsstand auch **während der Liquidation** nicht verändert werden kann, und diese Vorschrift ist infolge der Streichung des Absatzes 2 nunmehr weggefallen.

Absatz 3 aber ist durch § 157 Abs. 3 C.P.O. ersetzt.

Artikel 145.

Nach Beendigung der Liquidation werden die Bücher und Schriften der aufgelösten Gesellschaft einem der gewesenen Gesellschafter oder einem Dritten in Verwahrung gegeben. Der Gesellschafter oder der Dritte wird in Ermangelung einer gütlichen Uebereinkunft durch das Handelsgericht bestimmt.

Die Gesellschafter und deren Rechtsnachfolger behalten das Recht auf Einsicht und Benutzung der Bücher und Papiere.

Die Vorschrift ist im § 157 Abs. 2 u. 3 des neuen H.G.B. wiederholt. Dabei ist das Recht der Einsicht nicht allen Rechtsnachfolgern, sondern nur den Erben gewahrt.

Ob die Firma nach Beendigung der Liquidation zu löschen ist, darüber war im alten H.G.B. nichts gesagt. Wir hatten es angenommen (Komm. § 10 zu Art. 129), und so bestimmt es auch das neue H.G.B. (§ 157 Abs. 1).

Ueber den Fall, daß sich nachträglich noch Vermögensstücke der Gesellschaft vorfinden, wird auch nach dem neuen Handelsrecht das gleiche gelten müssen, wie wir im Komm. § 5 zu Art. 145 angenommen haben.

Artikel 146.

Die Klagen gegen einen Gesellschafter aus Ansprüchen gegen die Gesellschaft verjähren in fünf Jahren nach Auflösung der Gesellschaft oder nach seinem Ausscheiden oder seiner Ausschliessung aus derselben, sofern nicht nach Beschaffenheit der Forderung eine kürzere Verjährungsfrist gesetzlich eintritt.

Die Verjährung beginnt mit dem Tage, an welchem die Auflösung der Gesellschaft oder das Ausscheiden oder die Ausschliessung des Gesellschafters aus derselben in das Handelsregister eingetragen ist.

Wird die Forderung erst nach der Eintragung fällig, so beginnt die Verjährung mit dem Zeitpunkte der Fälligkeit.

Die Vorschrift ist im § 159 des neuen H.G.B. wiedergegeben. Dabei fällt aber nunmehr auch die Auflösung durch Konkurs darunter, was früher nicht der Fall war (Komm. § 5 zu Art. 146). Diese Aenderung tritt dadurch ein, daß nach § 32 des neuen H.G.B. auch der Konkurs von Reichswegen in das Handelsregister einzutragen ist.

Die weiteren Modalitäten der Verjährung (Komm. 9 §§ ff. zu Art. 146) ergänzen sich nunmehr aus dem B.G.B.

Artikel 147.

Ist noch ungetheiltes Gesellschaftsvermögen vorhanden, so kann dem Gläubiger die fünfjährige Verjährung nicht entgegengesetzt werden, sofern er seine Befriedigung nur aus dem Gesellschaftsvermögen sucht.

Diese Vorschrift ist als überflüssig gestrichen worden, weil die fünfjährige Verjährung sich überhaupt nur auf die Befriedigung aus dem Privatvermögen der Gesellschafter bezieht (Denkschr. S. 118).

Artikel 148.

Die Verjährung zu Gunsten eines ausgeschiedenen oder ausgeschlossenen Gesellschafters wird durch Rechtshandlungen nicht unterbrochen, welche gegen die fortbestehende Gesellschaft oder einen anderen Gesellschafter vorgenommen werden.

Die Verjährung zu Gunsten eines bei der Auflösung einer Gesellschaft zu

derselben gehörigen Gesellschafters wird nicht durch Rechtshandlungen gegen einen anderen Gesellschafter, wohl aber durch Rechtshandlungen gegen die Liquidatoren unterbrochen.

Diese Vorschrift ist insoweit im § 160 des neuen H.G.B. wiedergegeben, als sie nicht als selbstverständlich erachtet wurde, es ist angeordnet, daß die Unterbrechung der Verjährung gegenüber der aufgelösten Gesellschaft auch gegenüber den einzelnen Gesellschaftern wirkt, welche ihr zur Zeit der Auflösung angehört haben. Dagegen bedarf es keiner Hervorhebung, daß die Rechtshandlungen gegen die Gesellschaft nicht wirken gegen den ausgeschiedenen Gesellschafter, und daß die Rechtshandlungen gegen einen Gesellschafter nicht wirken gegen den andern Gesellschafter. Denn nach § 425 B.G.B. wirkt die Unterbrechung einer Verjährung in der Person eines Gesammtschuldners nicht gegen die anderen Gesammtschuldner.

Artikel 149.

Die Verjährung läuft auch gegen Minderjährige und bevormundete Personen, sowie gegen juristische Personen, denen gesetzlich die Rechte der Minderjährigen zustehen, ohne Zulassung der Wiedereinsetzung in den vorigen Stand, jedoch mit Vorbehalt des Regresses gegen die Vormünder und Verwalter,

Hier läßt es das neue H.G.B. bei den Vorschriften des B.G.B. bewenden und giebt daher eine besondere handelsrechtliche Vorschrift nicht. Das B.G.B. kennt eine allgemeine Hemmung der Verjährung zu gunsten der hier bezeichneten Personen nicht, läßt vielmehr nur unter besonderen Voraussetzungen eine Hemmung oder Verlängerung der Verjährung bei Ansprüchen gegen Geschäftsunfähige oder in der Geschäftsfähigkeit beschränkte Personen eintreten (§§ 204, 206, 207).

Artikel 150.

Eine Kommanditgesellschaft ist vorhanden, wenn bei einem unter einer gemeinschaftlichen Firma betriebenen Handelsgewerbe ein oder mehrere Gesellschafter sich nur mit Vermögenseinlagen betheiligen (Kommanditisten), während bei einem oder mehreren anderen Gesellschaftern die Betheiligung nicht in dieser Weise beschränkt ist (persönlich haftende Gesellschafter).

Sind mehrere persönlich haftende Gesellschafter vorhanden, so ist in Ansehung ihrer die Gesellschaft zugleich eine offene Handelsgesellschaft.

Zur Gültigkeit des Gesellschaftsvertrages bedarf es der schriftlichen Abfassung nicht.

1. Die Vorschrift des vorliegenden Artikels ist im § 161 des neuen H.G.B. enthalten. Die dort gegebene Begriffsbestimmung lehnt sich aber mehr an die Fassung der die offene Handelsgesellschaft betreffenden Definition an und betont daher von vornherein, daß es sich um eine Gesellschaft handelt. Es muß also hier ebenso, wie bei der offenen Handelsgesellschaft, ein wirkliches Gesellschaftsverhältniß vorliegen (anders nach unserer Ansicht im früheren Recht Komm. § 9 Abs. 2 zu Art. 150). Im übrigen ist zur Abschneidung bestehender Kontroversen (vergl. Komm. § 2 zu Art. 165) schärfer hervorgehoben, daß es sich auch bei der Haftung des Kommanditisten um eine solche gegenüber den Gesellschaftsgläubigern handelt (vergl. auch § 171 des neuen H.G.B.).
2. Der unklare Absatz 2 des Art. 150 (vergl. Komm. § 8) ist ersetzt durch die angemessenere Vorschrift, daß auf die Kommanditgesellschaft subsidiär die Vorschriften über die offene Handelsgesellschaft Anwendung finden.
3. Absatz 3 des Art. 150 ist gestrichen. Hierüber s. Suppl. zu Art. 85 Anm. 2.

Artikel 151.

Die Errichtung einer Kommanditgesellschaft ist von sämmtlichen Gesellschaftern bei dem Handelsgerichte, in dessen Bezirk die Gesellschaft ihren Sitz hat, behufs Eintragung in das Handelsregister anzumelden.

Die Anmeldung muss enthalten:

1) den Namen, Vornamen, Stand und Wohnort jedes persönlich haftenden Gesellschafters:
2) den Namen, Vornamen, Stand und Wohnort jedes Kommanditisten mit der Bezeichnung desselben als solchen:
3) die Firma der Gesellschaft und den Ort, wo sie ihren Sitz hat:
4) den Betrag der Vermögenseinlage jedes Kommanditisten.

Die Anmeldung muss von allen Gesellschaftern persönlich vor dem Handelsgerichte unterzeichnet, oder in beglaubigter Form eingereicht werden; sie ist nach ihrem ganzen Inhalt in das Handelsregister einzutragen. Bei der Bekanntmachung der Kommanditgesellschaft in den öffentlichen Blättern (Artikel 13) unterbleibt die Angabe der Namen, des Standes und des Wohnorts der Kommanditisten, sowie die Angabe des Betrages ihrer Vermögenseinlagen.

Die Bestimmungen der Art. 151—156 über die Anmeldung zum Handelsregister konnten mit Rücksicht auf die allgemeinen Vorschriften der §§ 12—15 des neuen H.G.B. großentheils wegfallen. Die besonderen Bestimmungen, welche noch erforderlich blieben, sind in § 162 des neuen H.G.B. zusammengefaßt.

Im wesentlichen stehen diese Vorschriften auf dem Boden des geltenden Rechts. Insbesondere unterbleibt in Uebereinstimmung mit demselben die Bekanntmachung der Kommanditisten und ihrer Einlagen, es wird nur die Zahl der Kommanditisten publizirt.

Zu den Art. 152—155 ist deshalb auch nichts besonderes zu bemerken und der Raumersparniß wegen wird der Text derselben hier nicht abgedruckt. Nur bei Art. 156 ist ein wesentlicher Unterschied zu verzeichnen.

Artikel 156.

Wenn in eine bestehende Kommanditgesellschaft ein neuer Kommanditist eintritt, so muss dies von sämmtlichen Gesellschaftern zur Eintragung in das Handelsregister und zur Bekanntmachung nach den Bestimmungen des Artikels 151 angemeldet werden.

Hier ist abweichend vom bisherigen Recht angeordnet, daß die vorangehenden Registervorschriften auch dann Anwendung finden, wenn es sich um den Eintritt eines Kommanditisten in eine bestehende „Handelsgesellschaft" handelt, nicht blos, wie früher, wenn es sich um den Eintritt eines Kommanditisten in eine bestehende Kommanditgesellschaft handelt. Hierdurch ist zugleich anerkannt, daß sich eine offene Handelsgesellschaft in eine Kommanditgesellschaft umwandeln kann, ohne rechtlich als eine neu errichtete Gesellschaft zu gelten. Nach dem bisherigen Recht ist das Gegentheil angenommen worden (Komm. § 1 zu Art. 166), und der rechtlichen Konsequenz entspricht auch nur das Gegentheil. Indessen aus praktischen Gründen mag sich die neue Regelung empfehlen.

Artikel 157.

Das Rechtsverhältniss der Gesellschafter unter einander richtet sich zunächst nach dem Gesellschaftsvertrage. Soweit keine Vereinbarung getroffen ist, kommen die gesetzlichen Bestimmungen über das Rechtsverhältniss der offenen Gesellschafter unter einander auch hier zur Anwendung, jedoch mit den Abweichungen, welche die nachfolgenden Artikel (158 bis 162) ergeben.

Die Vorschrift ist im § 163 des neuen H.G.B. in entsprechender Weise wiederholt.

Artikel 158.

Die Geschäftsführung der Gesellschaft wird durch den oder die persönlich haftenden Gesellschafter besorgt.

Ein Kommanditist ist zur Führung der Geschäfte der Gesellschaft weder berechtigt noch verpflichtet

Er kann gegen die Vornahme einer Handlung der Geschäftsführung durch die persönlich haftenden Gesellschafter (Artikel 99—102) Widerspruch nicht erheben.

Die Vorschrift ist im § 164 wiederholt. Indessen ist als überflüssig weggelassen die Bestimmung, daß die Geschäftsführung von den Komplementaren besorgt wird, und es ist ferner klarer hervorgehoben, daß die mangelnde Befugniß des Kommanditisten, der Geschäftsführung zu widersprechen, nicht Platz greift bei ungewöhnlichen Geschäften, (was hier auch nach früherem Recht angenommen worden war, Komm. § 4 zu Art. 158).

Artikel 159.

Ein Kommanditist darf ohne Genehmigung der anderen Gesellschafter in dem Handelszweig der Gesellschaft für eigene oder fremde Rechte Geschäfte machen und an einer anderen gleichartigen Handelsgesellschaft als offener Gesellschafter theilnehmen.

Die Vorschrift ist im § 165 des neuen H.G.B. wiedergegeben.

Artikel 160.

Jeder Kommanditist ist berechtigt, die abschriftliche Mittheilung der jährlichen Bilanz zu verlangen und die Richtigkeit derselben unter Einsicht der Bücher und Papiere zu prüfen.

Die im Artikel 105 bezeichneten weiteren Rechte eines offenen Gesellschafters stehen einem Kommanditisten nicht zu.

Jedoch kann das Handelsgericht auf den Antrag eines Kommanditisten, wenn wichtige Gründe dazu vorliegen, die Mittheilung einer Bilanz oder sonstiger Aufklärungen nebst Vorlegung der Bücher und Papiere zu jeder Zeit anordnen.

Die Vorschrift ist im § 166 des neuen H.G.B. wiedergegeben. Dabei ist in Aussicht genommen, statt des ordentlichen Prozeßweges (Komm. § 3b) das Beschlußverfahren vorzuschreiben. Doch bleibt dies dem zu erwartenden Gesetze über die freiwillige Gerichtsbarkeit vorbehalten.

Artikel 161.

Die Bestimmungen der Artikel 106 bis 108 über die Verzinsung der Einlage, über die jährliche Berechnung des Gewinnes oder Verlustes und über die Befugniss, Zinsen und Gewinn zu erheben, gelten auch in Betreff des Kommanditisten.

Jedoch nimmt ein Kommanditist an dem Verluste nur bis zum Betrage seiner eingezahlten oder rückständigen Einlage Antheil.

Er ist nicht verpflichtet, die Zinsen und den Gewinn, welche er bezogen hat, wegen späterer Verluste zurückzuzahlen; jedoch wird, so lange seine ursprüngliche Einlage durch Verlust vermindert ist, der jährliche Gewinn zur Deckung des Verlustes verwendet.

Die in Absatz 1 in Bezug genommenen Vorschriften haben in einzelnen Beziehungen eine Aenderung erfahren, und dadurch verändert sich auch die Vorschrift des vorliegenden Artikels.

1. Zunächst bestimmt § 168 des neuen H.G.B., daß § 121 des neuen H.G.B. auch für die Kommanditisten Anwendung findet. Das bedeutet, daß die neue Regel, wonach eine Verzinsung der Kapitalantheile mit 4% nur erfolgt, soweit der Jahresgewinn reicht, auch in Ansehung der Kapitalantheile der Kommanditisten Anwendung findet.
2. Der Satz, daß die dem Kommanditisten nach der Jahresbilanz zukommenden Beträge, falls sie von ihm nicht erhoben werden, seinem Kapitalanteile unbedingt gutzuschreiben sind, der sich aus Art. 161 in Verbindung mit Art. 107 ergiebt, steht mit der thatsächlichen Uebung der Handelskreise nicht im Einklang. Mit Rücksicht hierauf bestimmt § 167

Abs. 2 des neuen H.G.B., daß der auf den Kommanditisten entfallende Gewinn seinem Kapitalantheile nur so lange zugeschrieben werden soll, als der letztere den Betrag der bedungenen Einlage nicht erreicht. Weitere Gewinnantheile, soweit sie nicht erhoben werden, sind daher gewöhnliche Buchforderungen, die bei der Berechnung des Gewinnes und Verlustes späterhin außer Betracht bleiben (Denkschr. S. 122).

3. Der Absatz 2 des vorliegenden Artikels ist im § 167 Abs. 3 des neuen H.G.B. wiederholt, Absatz 3 in § 169. Der letztere enthält noch einen Passus, welcher die im Komm. § 7 behandelte Kontroverse beseitigen soll, und zwar in unserem Sinne.

4. Das Recht zur Entnahme von 4% Zinsen, welches nach früherem Recht dem Kommanditisten nach dem Wortlaut des Art. 161 Abs. 3 zustand, ist ihm durch § 169 Abs. 1 genommen.

Artikel 162.

Ist über die Höhe der Betheiligung an Gewinn und Verlust nichts vereinbart, so wird dieselbe nach richterlichem Ermessen, nöthigenfalls unter Zuziehung von Sachverständigen, festgestellt.

Dieser Artikel ist insofern geändert, als § 168 zunächst die Gutschreibung von 4% in derselben Weise anordnet, wie beim offenen Gesellschafter (s. unsere Bemerkungen zu Art. 161), womit aber nicht die Auszahlung von 4% gemeint ist (vergl. daselbst Anm. 4). Im übrigen ist die Vorschrift der angemessenen Vertheilung von Gewinn und Verlust in § 168 Abs. 2 wiedergegeben.

Artikel 163.

Im Verhältniss zu dritten Personen tritt die rechtliche Wirksamkeit einer Kommanditgesellschaft mit dem Zeitpunkt ein, in welchem die Errichtung der Gesellschaft bei dem Handelsgericht, in dessen Bezirk die Gesellschaft ihren Sitz hat, in das Handelsregister eingetragen ist, oder die Gesellschaft auch nur ihre Geschäfte begonnen hat.

Die Beschränkung, dass die Gesellschaft erst mit einem späteren Zeitpunkt als dem der Eintragung ihren Anfang nehmen soll, hat gegen dritte Personen keine rechtliche Wirkung.

Hat die Gesellschaft vor der Eintragung ihre Geschäfte begonnen, so haftet jeder Kommanditist dritten Personen für die bis zur Eintragung entstandenen Verbindlichkeiten der Gesellschaft gleich einem persönlich haftenden Gesellschafter, wenn er nicht beweist, das denselben seine beschränkte Betheiligung bei der Gesellschaft bekannt war.

Die Absätze 1 und 2 über den Beginn der Wirksamkeit der Gesellschaft nach außen werden durch die allgemeine Verweisung auf die Grundsätze der offenen Handelsgesellschaft entbehrlich (§§ 161 Abs. 2, 123).

Der Abs. 3 ist im § 176 des neuen H.G.B. beibehalten, wobei ausdrücklich hervorgehoben wurde, was schon früher angenommen wurde (Komm. § 3 zu Art. 163), daß jene strenge Haftung nur eintritt, wenn der Kommanditist dem Geschäftsbeginn zugestimmt hat.

Schon früher erachtete man den Absatz analog anwendbar in den Fällen, wo ein Kommanditist einer bestehenden Kommanditgesellschaft beitrat (Komm. § 6 zu Art. 163). Das acceptirt das neue H.G.B. und dehnt es auf alle Fälle aus, in denen ein Kommanditist einer bestehenden Handelsgesellschaft beitritt (§ 176 Abs. 2).

Artikel 164.

Die Kommanditgesellschaft kann unter ihrer Firma Rechte erwerben und Verbindlichkeiten eingehen, Eigenthum und andere dingliche Rechte an Grundstücken erwerben, vor Gericht klagen und verklagt werden.

Ihr ordentlicher Gerichtsstand ist bei dem Gericht, in dessen Bezirk sie ihren Sitz hat.

Diese Vorschrift ist überflüssig geworden durch die Verweisung auf die allgemeinen Grundsätze der offenen Handelsgesellschaft (§§ 161 Abs. 2, 124 des neuen H.G.B..

Artikel 165.

Für die Verbindlichkeiten der Gesellschaft haftet der Kommanditist nur mit der Einlage und, soweit diese nicht eingezahlt ist, mit dem versprochenen Betrage.

Die Einlage des Kommanditisten kann während des Bestehens der Gesellschaft weder ganz noch theilweise zurückbezahlt oder erlassen werden.

Zinsen können ihm von der Gesellschaft nur insoweit bezahlt werden, als dadurch die ursprüngliche Einlage nicht vermindert wird.

Er kann bis zur Wiederergänzung der durch Verlust verminderten Einlage weder Zinsen noch Gewinn beziehen.

Er haftet für die Verbindlichkeiten der Gesellschaft, wenn und insoweit er diesen Bestimmungen entgegen Zahlungen von der Gesellschaft empfangen hat.

Er ist jedoch nicht verpflichtet, die Zinsen und den Gewinn zurückzuzahlen, welche er auf Grund einer in gutem Glauben errichteten Bilanz in gutem Glauben bezogen hat.

1. Zunächst ist die Vorschrift des Abs. 1 in § 171 des neuen H.G.B. scharf wiederholt. Es ist deutlich hervorgehoben, daß der Kommanditist den Gläubigern direkt haftet, wie dies richtiger Ansicht nach auch früher der Fall war (Komm. § 2), und daß seine Haftung gegenstandslos wird, solange die Einlage dem Gesellschaftsfonds einverleibt ist (wie früher, Komm. § 1).

   Zur weiteren Verdeutlichung ist die Kontroverse, von wem die Ansprüche der Gläubiger aus der Haftung nach dem Ausbruch des Konkurses über die Kommanditgesellschaft geltend zu machen sind, dahin gelöst, daß der Konkursverwalter sie geltend zu machen hat. Das entspricht praktischen Bedürfnissen. Das Reichsgericht nahm dies auch früher an, wir vertraten den gegentheiligen Standpunkt (vgl. Komm. § 5 zu Art. 169).

   Sodann ist klargestellt, das im Verhältniß zu den Gläubigern der Gesellschaft nach der Eintragung in das Handelsregister die Einlage eines Kommanditisten sich durch den in der Eintragung angegebenen Betrag bestimmt (§ 172 Abs. 1 des neuen H.G.B.). Das weicht insofern vom geltenden Recht (Komm. § 3) ab, als der Kommanditist nunmehr die Eintragung auch für sich geltend machen kann, was ihm in dem Falle zugutekommt, wenn er durch den Gesellschaftsvertrag einen höheren Geldbetrag zugesagt hat, dies aber noch nicht eingetragen war. In diesem Falle bedarf es besonderer Voraussetzungen für den Gläubiger, wenn derselbe sich zur Begründung einer höheren Haftung auf diese Vereinbarung inter partes berufen will (§ 172 Abs. 2 des neuen H.G.B. — S. hierüber noch unsere Bemerkungen zu Art. 171).

2. Im übrigen sind die Bestimmungen des Art. 165 im § 172 des neuen H.G.B. wiederholt, nur überall mit scharfer Betonung, daß es sich hier nur um das Verhältniß zu den Gesellschaftsgläubigern handelt, was auch früher angenommen (Komm. §§ 6 u. 7), aber im Gesetz nicht so klar ausgesprochen war.

Artikel 166.

Wer in eine bestehende Handelsgesellschaft als Kommanditist eintritt, haftet nach Massgabe des vorhergehenden Artikels für alle von der Gesellschaft vor seinem Eintritt eingegangenen Verbindlichkeiten, es mag die Firma eine Aenderung erleiden, oder nicht.

Ein entgegenstehender Vertrag ist gegen Dritte ohne rechtliche Wirkung.

Die Bestimmung ist im § 173 des neuen H.G.B. wiedergegeben. Dabei soll die im Komm. § 1 ausgesprochene Ansicht, daß der Eintritt eines Kommanditisten in eine bestehende offene Handelsgesellschaft eine Neugründung ist, nach dem neuen H.G.B. infolge der Vorschrift des § 162 Abs. 3 nicht mehr gelten. Ob dieser Zweck erreicht ist, kann hier nicht untersucht werden.

Artikel 167.

Die Kommanditgesellschaft wird durch die persönlich haftenden Gesellschafter berechtigt und verpflichtet; sie wird durch dieselben vor Gericht vertreten.

Zur Behändigung von Vorladungen und anderen Zustellungen an die Gesellschaft genügt es, wenn dieselbe an einen der zur Vertretung befugten Gesellschafter geschieht.

Ein Kommanditist, welcher für die Gesellschaft Geschäfte schliesst, ohne ausdrücklich zu erklären, dass er nur als Prokurist oder als Bevollmächtigter handle, ist aus diesen Geschäften gleich einem persönlich haftenden Gesellschafter verpflichtet.

Die Vorschriften der Absätze 1 und 2 sind durch die allgemeine Verweisung des § 161 Abs. 2 überflüssig geworden. Es ist aber hervorgehoben, daß der Kommanditist zur Vertretung nicht berechtigt ist (§ 170 des neuen H.G.B.).

Die Vorschrift des Absatzes 3 ist im neuen H.G.B. gestrichen, weil sie „nicht für erforderlich gehalten wurde, um einer Verdunkelung der Verhältnisse vorzubeugen" (Denkschr. S. 126). Dieser nicht ganz klare Satz der Begründung bedeutet, daß die persönliche Haftung des Kommanditisten dadurch nicht ohne weiteres eintritt, daß er nicht ausdrücklich als Prokurist oder als Bevollmächtigter aufgetreten ist. Vielmehr sind die einschlägigen Verhältnisse nach allgemeinen Rechtsgrundsätzen zu beurtheilen. Danach kommt es darauf, ob der Kommanditist ausdrücklich oder stillschweigend für die Gesellschaft gehandelt hat, garnicht an. Hat er sich vielmehr irgendwie, ausdrücklich oder konkludenterweise, als Vertreter der Gesellschafter gerirt, so verpflichtet er, wenn er Vertretungsmacht hatte, die Gesellschaft, sonst sich selbst als falsus procurator (§§ 164, 179 B.G.B.).

Artikel 168.

Der Name eines Kommanditisten darf in der Firma der Gesellschaft nicht enthalten sein; im entgegengesetzten Falle haftet er den Gläubigern der Gesellschaft gleich einem offenen Gesellschafter.

Die Vorschrift ist gestrichen. Es ist daher bei Uebergang eines Geschäfts mit Firma nunmehr zulässig, daß der Name des Kommanditisten in der Firma verbleibt, ohne daß dieser für die Schulden haftet. Eine Neubildung der Art, daß der Name des Kommanditisten in der Firma steht, ist allerdings nach § 19 des neuen H.G.B. nicht zulässig.

Artikel 169.

Die Bestimmungen der Art. 119, 120, 121 und 122 finden auch bei der Kommanditgesellschaft Anwendung.

Diese Vorschrift mußte wegfallen. Die Vorschriften, auf welche der Artikel verweist, werden theils durch die Bestimmungen des B.G.B., theils durch andere Vorschriften ersetzt.

Artikel 170.

Wenn ein Kommanditist stirbt oder zur Verwaltung seines Vermögens rechtlich unfähig wird, so hat dies die Auflösung der Gesellschaft nicht zur Folge.

Im Uebrigen gelten die in den Artikeln 123—128 für die offene Gesellschaft gegebenen Bestimmungen auch für die Kommanditgesellschaft.

Die in den Art. 170—172 enthaltenen Vorschriften über die Auflösung der Gesellschaft und das Ausscheiden von Gesellschaftern, über die Liquidation und die Verjährung sind, abgesehen von dem Satze, daß der Tod des Kommanditisten die Gesellschaft nicht auflöst (§ 177 des neuen H.G.B.), neben der allgemeinen Vorschrift des § 161 Abs. 2 des neuen H.G.B. nicht mehr erforderlich.

Die eintretende Geschäftsunfähigkeit des Kommanditisten hat die Auflösung schon deshalb nicht mehr zur Folge, weil auch die Geschäftsunfähigkeit eines offenen Handelsgesellschafters die

Gesellschaft nicht auflöst. Der Konkurs eines Kommanditisten ist nach dem neuen H.G.B. wie früher ein Auflösungsgrund; doch kann nicht nur der Gesellschaftsvertrag bestimmen, daß die Gesellschaft unter den übrigen Gesellschaftern fortbestehen soll (§§ 131 Nr. 5, 138, 161 Abs. 2), sondern auch die übrigen Gesellschafter sind zufolge der neuen Vorschriften des § 141 Abs. 2 auch nachträglich in der Lage, die Fortsetzung zu beschließen (Denkschr. S. 127).

Artikel 171.

Wenn eine Kommanditgesellschaft aufgelöst wird, oder wenn ein Kommanditist mit seiner ganzen Einlage oder mit einem Theile derselben ausscheidet, so müssen diese Thatsachen in das Handelsregister eingetragen werden.

Bei der Bekanntmachung unterbleibt die Bezeichnung des Kommanditisten und die Angabe des Betrages der Einlage.

Die Bestimmungen des Artikels 129 kommen auch hier zur Anwendung.

Hierüber s. zunächst unsere Anmerkung zu Art. 170.

Jedoch sind noch zwei wichtige Bemerkungen anzuknüpfen:

1. über die Höhe der Kommanditisteneinlage gegenüber den Gläubigern.

Die Einlage, zu deren Leistung sich der Kommanditist seinen Mitgesellschaftern gegenüber verpflichtet, braucht nicht unbedingt mit dem Betrage übereinzustimmen, der den Gläubigern gegenüber als Einlage und Grenze der Haftung dienen soll. Es bedarf daher einer für jedermann kenntlichen Festsetzung, aus der die Höhe der Einlage in der letztgedachten Bedeutung zu entnehmen ist (Denkschr. S. 124).

Das neue H.G.B. enthält hierüber, sowie über eine Erhöhung und eine Herabsetzung der Einlage besondere Vorschriften.

a) Zunächst entscheidet der eingetragene Betrag für das Verhältniß zu Dritten (§ 171 Abs. 1). S. oben zu Art. 165.

b) Eine Erhöhung oder Herabsetzung kann angesichts einer solchen Eintragung nicht mehr durch bloße Aenderung des Gesellschaftsvertrages Wirksamkeit gegenüber den Gläubigern erlangen. Andrerseits genügen auch nicht die allgemeinen Grundsätze über die Rechtsfolge der Eintragung oder Nichteintragung, auf welche der Art. 171 für den Fall des Ausscheidens des Kommanditisten mit einem Theile seiner Einlage verwies. Denn hiernach ist schon die bloße Kenntniß von einer nicht eingetragenen Vereinbarung über die Erhöhung der Einlage zur Wirksamkeit gegenüber den Gläubigern ausreichend (vgl. Komm. § 2 zu Art. 171). Das neue H.G.B. hat eine unzweideutige Bekundung solcher Veränderungen für erforderlich erklärt, und zwar wie folgt:

Handelt es sich um eine Erhöhung, so braucht die Bekundung nicht nothwendig in der Eintragung in das Handelsregister zu bestehen. Es genügt Bekanntmachung in handelsüblicher Weise oder sonstige Mittheilung an die Gläubiger, damit sich diese darauf berufen können (§ 171 Abs. 2 des neuen H.G.B.). Bei der Herabsetzung dagegen ist die Eintragung unbedingte Voraussetzung der Wirksamkeit.

Diese Regelung der Materie ist geeignet, Ordnung in diese Materie zu bringen.

2. Der Anmeldung und Eintragung der Erhöhung und Herabsetzung der Einlage ist ein besonderer Paragraph im neuen H.G.B. gewidmet (§ 175). Die Anmeldung ist durch sämmtliche Gesellschafter zu bewirken.

Die allgemeinen Vorschriften über Anmeldung und Eintragung finden nur mit Modifikationen Anwendung:

a) Ordnungsstrafe fällt weg, § 14 findet also keine Anwendung, weil es den Gesellschaftern überlassen bleiben muß, ob sie eine Vereinbarung über Veränderung der Höhe der Einlage als eine solche ansehen, welche nach außen wirken soll oder nicht.

b) Die Bekanntmachung enthält blos die Thatsache der Erhöhung oder Herabsetzung der Einlage, nicht die Ziffern und den Namen des Kommanditisten.

c) Die allgemeinen Vorschriften des § 15 über die Wirkung der Eintragung und Nichteintragung sind in § 174 modifizirt. S. zu 1.

Artikel 172.

Was bei der offenen Gesellschaft über die Art der Auseinandersetzung (Art. 130, 131 und 132), über die Liquidation und über die Verjährung der Klagen gegen die Gesellschafter bestimmt ist, gilt auch bei der Kommanditgesellschaft in Betreff aller Gesellschafter.

Die Vorschrift ist überflüssig geworden. Vergl. unsere Bemerkungen zu Art. 170.

Artikel 173.

Das Gesammtkapital der Kommanditisten kann in Aktien zerlegt werden.

Die Aktien sind untheilbar.

Dieselben können auf Inhaber oder auf Namen lauten.

Antheilscheine, in welchen der Bezug der Aktien zugesichert wird oder welche sonst über das Antheilsrecht der Kommanditisten vor Ausgabe der Aktien ausgestellt werden (Interimsscheine), dürfen nicht auf Inhaber lauten.

Einem längst empfundenen Bedürfnisse entsprechend (vergl. Komm. Art. 173 Note 1) ist die Aktienkommanditgesellschaft im neuen H.G.B. nicht vor, sondern nach der Aktiengesellschaft behandelt. Es wird das Verständniß erleichtern, wenn auch wir in dieser vergleichenden Darstellung die Aktienkommanditgesellschaft hinter der Aktiengesellschaft behandeln. Vergl. daher den Exkurs zu Art. 249 g.

Artikel 207.

Eine Gesellschaft ist eine Aktiengesellschaft, wenn sich die sämmtlichen Gesellschafter nur mit Einlagen betheiligen, ohne persönlich für die Verbindlichkeiten der Gesellschaft zu haften.

Das Einlagekapital (Grundkapital) wird in Aktien zerlegt.

Die Aktien sind untheilbar.

Dieselben können auf Inhaber oder auf Namen lauten.

Antheilscheine, in welchen der Bezug der Aktien zugesichert wird oder welche sonst über das Antheilsrecht des Aktionärs vor Ausgabe der Aktien ausgestellt werden (Interimsscheine), dürfen nicht auf Inhaber lauten.

1. Vorbemerkung zu den Vorschriften über das Aktienrecht. Eine Reform an Haupt und Gliedern ist hier mit Recht unterblieben. Die Reformen der Aktiennovelle von 1884 hatten sich im Großen und Ganzen bewährt. Die gleichwohl noch vorhandenen Mißstände sucht das Börsengesetz zu beseitigen.

   Im einzelnen sind allerdings mannigfache Aenderungen vorgenommen worden (so bei der Revision der Gründung, bei der Erhöhung und Herabsetzung des Aktienkapitals, bei den Bestimmungen über die Vergütung des Aufsichtsraths, bei der Veräußerung des Vermögens der Gesellschaft im ganzen, bei der Nichtigkeitserklärung von Aktiengesellschaften u. s. w.)

   Auch die Eintheilung des Rechtsstoffs ist eine andere geworden als im geltenden Handelsgesetzbuch.

   Subsidiär werden hier die Vorschriften des Bürgerlichen Gesetzbuchs über Vereine mit juristischer Persönlichkeit zur Anwendung zu bringen sein (§§ 21 ff. B.G.B.). Dies folgt aus Art. 2 des Einführungsgesetzes zum H.G.B. in Verbindung damit, daß die allgemeinen Vorschriften des B.G.B. über Vereine mit juristischer Persönlichkeit sich auf alle Arten von Vereinen beziehen, auch auf solche, deren Verhältnisse im Uebrigen durch andere Reichsgesetze geregelt sind (vergl. § 22 B.G.B).
2. Absatz 1 des Art. 207 ist in § 178 des neuen H.G.B. wiederholt, doch so, daß die Form der Definition vermieden wird. Diese Form hat zu der Deutung geführt, als enthalte das Gesetz in diesem Absatze eine erschöpfende Begriffsbestimmung und als seien deshalb Rechtsgebilde, welche diese Merkmale enthalten und von der Landesregierung Korporationsrechte erhalten, ungiltig. Das war bei der Gründung der ersten deutschen

Kolonialgesellschaften der Fall, deren Rechtsgiltigkeit von Simon angezweifelt wurde (vergl. Makower und Simons Beiträge zur Beurtheilung des Entwurfs eines H.G.B. S. 30).

Die Aufstellung der Definition wird auch künftighin Aufgabe der Wissenschaft sein.

Eine Aenderung der bisherigen Begriffsbestimmung wird sich übrigens weniger aus § 178, als aus einer andern Bestimmung des neuen H.G.B. ergeben. Nach § 212 können nämlich auch Leistungen über den Aktienbetrag hinaus den Mitgliedern auferlegt werden. Dieses Moment muß daher künftig aus unserer Definition (Komm. § 1 zu Art. 207) ausscheiden.

3. Abs. 2 des Art. 207 ist in § 178 des neuen H.G.B. verflochten, Abs. 3 u. 4 im § 179 enthalten.

4. Abs. 4 des Art. 207 ist im § 179 des neuen H.G.B. sachlich geändert worden. Nach gegenwärtigem Recht (Art. 215c Abs. 3 H.G.B.) soll keinesfalls die Aktienurkunde vor der vollen Einzahlung ausgegeben werden. Bis dahin ist nur die Ausgabe von Interimsscheinen gestattet. Allein es fehlt an einem ausreichenden Grunde, die Ausgabe von Namensaktien vor der Vollzahlung zu verbieten, und insbesondere ergiebt sich dadurch ein Mißstand bei den Versicherungsgesellschaften, die dadurch oft in die Lage kommen, überhaupt keine Aktien, sondern nur Interimsscheine auszugeben. Mit Rücksicht hierauf ist im neuen H.G.B. die Vorschrift, daß die Aktie nicht vor der vollen Einzahlung ausgegeben werden darf, auf Inhaberaktien beschränkt. Dementsprechend ist § 179 Abs. 3 anders gefaßt als Art. 207 Abs. 5 und es ist hinzugefügt, daß in jeder vor der Vollzahlung ausgegebenen Namensaktie der Betrag der geleisteten Einzahlung ersichtlich zu machen ist.

Zusatz. Der obligatorische Inhalt der Urkunden (Komm. § 6) ist auch jetzt nicht vorgeschrieben. Aber über die Unterzeichnung ist im § 181 des neuen H.G.B. die Vorschrift gegeben, wonach zur Unterzeichnung von Aktien und Interimsscheinen eine im Wege der mechanischen Vervielfältigung hergestellte Namensunterschrift genügt. Zwar bestimmt das Gleiche § 793 Abs. 2 B.G.B. für die Schuldverschreibung auf den Inhaber; allein diese Vorschrift wäre auf die Aktienurkunden nicht ohne weiteres anwendbar gewesen, weil die Aktie ja keine Schuldverschreibung ist. Es hätte vielmehr die allgemeine Vorschrift des § 126 B.G.B. (eigenhändige Namensunterschrift) Platz gegriffen, welche dem Verkehrsbedürfnisse nicht genügt hätte. Deshalb hatte ich in meinen „Kritischen Betrachtungen zum Entwurf eines H.G.B." S. 25 eine Vorschrift dieser Art angeregt, und dieser Anregung ist Folge gegeben.

Artikel 207 a.

Die Aktien müssen auf einen Betrag von mindestens eintausend Mark gestellt werden.

Für ein gemeinnütziges Unternehmen kann im Falle eines besonderen örtlichen Bedürfnisses der Bundesrath die Ausgabe von Aktien, welche auf Namen lauten, zu einem geringeren, jedoch mindestens zweihundert Mark erreichenden Betrage zulassen. Die gleiche Genehmigung kann in dem Falle ertheilt werden, dass für ein Unternehmen das Reich oder ein Bundesstaat oder ein Provinzial-, Kreis- oder Amtsverband oder eine sonstige öffentliche Korporation auf die Aktien einen bestimmten Ertrag bedingungslos und ohne Zeitbeschränkung gewährleistet hat.

Auf Namen lautende Aktien, deren Uebertragung an die Einwilligung der Gesellschaft gebunden ist, dürfen auf einen Betrag von weniger als eintausend, jedoch nicht von weniger als zweihundert Mark gestellt werden.

Die vorstehenden Bestimmungen gelten auch von Interimsscheinen.

Absatz 1, der den Mindestbetrag der Aktien der Regel nach auf 1000 M. festsetzt, ist beibehalten, obwohl von verschiedenen Seiten versucht wurde, eine Erhöhung, von anderen Seiten wieder, eine Herabminderung durchzusetzen. Der § 180 des neuen H.G.B. giebt demnach die Vorschrift unverändert wieder. Auch die beiden anderen Absätze des vorliegenden Artikels sind im § 180 des neuen H.G.B. wiedergegeben.

Der letztere enthält außerdem die früher in Art. 215c Abs. 4 enthaltene, aber besser hierher gehörige Bestimmung, daß bei vinkulirten Namensaktien die Beschränkung aus der Urkunde hervorgehen soll.

Artikel 208.

Eine Aktiengesellschaft gilt als Handelsgesellschaft, auch wenn der Gegenstand des Unternehmens nicht in Handelsgeschäften besteht.

Die Vorschrift ist wiedergegeben im § 210 Abs. 2 des neuen H.G.B. Sie ist nur aus den Gründungsvorschriften entfernt und in die Reihe der materiellen Vorschriften über die Rechtsverhältnisse der Gesellschaft und der Gesellschafter gestellt. Dort ist ihr Platz systematisch richtiger. Zugleich folgt hieraus, daß Aktiengesellschaften, die einen Kleingewerbebetrieb haben, Handelsgesellschaften sind. Daß sie als Vollkaufleute zu betrachten sind, bestimmt § 6 Abs. 2. Angenommen wurde es auch früher (Komm. § 2 zu Art. 208).

Aber ferner ergiebt sich nunmehr aus diesem § 210 Abs. 2 in Verbindung mit dem veränderten System des H.G.B., daß alle vermögensrechtlichen Geschäfte der Aktiengesellschaft ausnahmslos Handelsgeschäfte sind. Denn Art. 275 ist weggefallen, nunmehr giebt es keine absoluten Nichthandelsgeschäfte mehr, und a l l e Geschäfte eines Kaufmanns, die zu seinem Handelsbetriebe gehören, sind nunmehr Handelsgeschäfte (§ 343 des neuen H.G.B.). Anders früher, vergl. Komm. § 3 zu Art. 208.

Artikel 209.

Der Inhalt des Gesellschaftsvertrages (Statut) muss durch mindestens fünf Personen, welche Aktien übernehmen, in gerichtlicher oder notarieller Verhandlung festgestellt werden. In derselben ist zugleich der Betrag der von jedem Einzelnen übernommenen Aktien anzugeben.

Der Gesellschaftsvertrag muss bestimmen:

1. **die Firma und den Sitz der Gesellschaft;**
2. **den Gegenstand des Unternehmens;**
3. **die Höhe des Grundkapitals und der einzelnen Aktien;**
4. **die Art der Aktien, ob sie auf Inhaber oder auf Namen lauten, und im Falle der Ausgabe beider Arten die Zahl der Aktien einer jeden Art;**
5. **die Art der Bestellung und Zusammensetzung des Vorstandes;**
6. **die Form, in welcher die Zusammenberufung der Generalversammlung der Aktionäre geschieht;**
7. **die Form, in welcher die von der Gesellschaft ausgehenden Bekanntmachungen erfolgen.**

Bekanntmachungen, welche durch öffentliche Blätter erfolgen sollen, sind in den Deutschen Reichsanzeiger einzurücken. Andere Blätter ausser diesem hat der Gesellschaftsvertrag zu bestimmen.

Die Vorschriften dieses Artikels sind im § 182 des neuen H.G.B. der Hauptsache nach unverändert wiedergegeben. Weggefallen ist die bisherige Nr. 4, wonach der Gesellschaftsvertrag auch die Art der Aktien, ob sie auf Inhaber oder auf Namen lauten, und im Falle der Ausgabe von Aktien beider Arten die Zahl einer jeden Art bestimmen muß. An die Stelle dieser Vorschrift tritt der § 183 Abs. 1, welcher verordnet, daß die Aktien, wenn der Gesellschaftsvertrag nichts darüber bestimmt, ob Namens- oder Inhaberaktien ausgegeben werden sollen, auf den Namen zu stellen sind. Es erschien angemessen, die betreffende Bestimmung aus der Reihe der essentialia des Gesellschaftsvertrags zu entfernen.

Das Verhältniß der Gründer unter sich (Komm. § 16 zu Art. 209) wird sich jetzt nach den Vorschriften des B.G.B. über Gesellschaften richten. Die Gelegenheitsgesellschaft ist als spezifische Unterart der Gesellschaft beseitigt und findet keine Regelung mehr im H.G.B. (vergl. unsere Bemerkungen zu Art. 266).

Artikel 209 a.

Der Aufnahme in den Gesellschaftsvertrag bedürfen Bestimmungen, nach welchen

1. das Unternehmen auf eine gewisse Zeit beschränkt wird;
2. Aktien für einen höheren als den Nominalbetrag ausgegeben werden;
3. eine Umwandlung der Aktien rücksichtlich ihrer Art statthaft ist;
4. für einzelne Gattungen von Aktien verschiedene Rechte, insbesondere betreffs der Zinsen oder Dividenden oder des Antheils am Gesellschaftsvermögen, gewährt werden;
5. über gewisse Gegenstände die Generalversammlung der Aktionäre nicht schon durch einfache Stimmenmehrheit, sondern nur durch eine grössere Stimmenmehrheit oder nach anderen Erfordernissen Beschluss fassen kann.

Für einen geringeren als den Nominalbetrag darf die Ausgabe der Aktien nicht festgesetzt werden.

Dieser Artikel führt eine Reihe von Bestimmungen auf, die nicht zum Wesen des Gesellschaftsvertrags gehören, die der Gesellschaftsvertrag treffen kann, die aber giltigerweise nur der Gesellschaftsvertrag treffen kann. Die Aufzählung ist indessen nicht vollständig und in dieser Form vom neuen H.G.B. überhaupt beseitigt worden. Die Nr. 1 ist als entbehrlich gestrichen, zumal angesichts § 198 Abs. 2 und § 292 Nr. 1. Die Nr. 5 des Art. 209 a bezieht sich auf statutarische Anordnungen über Beschlußfassungen in der Generalversammlung und ist daher den Vorschriften über die Generalversammlung eingereiht worden (§ 251). Der übrige Inhalt des Art. 209 a wird durch den § 183 Abs. 2 und die §§ 184 und 185 des neuen H.G.B. ersetzt.

Anlangend die Umwandlung von Namens- in Inhaberaktien oder der Inhaberaktien in Namensaktien (Art. 209 a Nr. 3), so wird durch die oben erwähnte Streichung der Nr. 4 des Art. 209 der Zweifel beseitigt, ob es zu einer solchen Umwandlung jedesmal der Aenderung des Gesellschaftsvertrages bedürfe (Komm. § 4 zu Art. 209 a). Diejenige Umwandlung, welche in § 183 Abs. 2 des neuen H.G.B. auf Grund einer Statutenbestimmung als Recht jedes Aktionärs vorgesehen ist, ist eine reine Verwaltungshandlung; sonst aber wird eine solche Umwandlung nach der Meinung der Denkschrift grundsätzlich nur auf Grund einer vor der Entstehung der betreffenden Antheilsrechte zu Stande gekommenen Bestimmung des Gesellschaftsvertrags zulässig sein (Denkschr. S. 131). Das wird doch wieder zweifelhaft werden!

Ueber Herausgabe von Prioritätsaktien sind nähere Vorschriften auch jetzt nicht gegeben (vergl. § 185 des neuen H.G.B.). Die Streitfrage des gegenwärtigen Rechts, ob bei einer bestehenden Gesellschaft auch außer dem Fall der Erhöhung des Grundkapitals Prioritätsrechte begründet werden können (Komm. § 6 zu Art. 209 a), ist nach der Meinung der Denkschrift (S. 131) durch die auf den Reservefonds bezügliche Vorschrift des § 262 Nr. 3 entschieden. Das ist doch nicht unzweifelhaft. Diese neue Gesetzesbestimmung ordnet lediglich an, daß Zuzahlungen, die ohne Erhöhung des Grundkapitals von Aktionären gegen Gewährung von Vorzugsrechten geleistet werden, dem Reservefonds zufließen. Damit sind allerdings derartige Transaktionen für möglich erklärt. Aber möglich waren sie auch früher, nämlich durch einstimmige Beschlüsse. Nur das war bestritten, ob Majoritätsbeschlüsse nach dieser Richtung möglich sind. Nach dieser Richtung trifft aber § 262 Nr. 3 keine Entscheidung. Die Frage wird also entweder zweifelhaft bleiben oder aus sonstigen Bestimmungen des neuen H.G.B. zu entscheiden sein. Doch kann dies hier nicht näher erörtert werden.

Artikel 209 b.

Jeder zu Gunsten einzelner Aktionäre bedungene besondere Vortheil muss in dem Gesellschaftsvertrage unter Bezeichnung des Berechtigten festgesetzt werden.

Werden auf das Grundkapital von Aktionären Einlagen, welche nicht durch Baarzahlung zu leisten sind, gemacht oder seitens der zu errichtenden Gesellschaft vorhandene oder herzustellende Anlagen oder sonstige Vermögensstücke

übernommen, so müssen die Person des Aktionärs oder des Kontrahenten, der Gegenstand der Einlage oder der Uebernahme und der Betrag der für die Einlage zu gewährenden Aktien oder die für den übernommenen Gegenstand zu gewährende Vergütung in dem Gesellschaftsvertrage festgesetzt werden.

Von diesen Festsetzungen gesondert ist der Gesammtaufwand, welcher zu Lasten der Gesellschaft an Aktionäre oder Andere als Entschädigung oder Belohnung für die Gründung oder deren Vorbereitung gewährt wird, in dem Gesellschaftsvertrage festzusetzen.

Jedes Abkommen über die vorbezeichneten Gegenstände, welches nicht die vorgeschriebene Festsetzung in dem Gesellschaftsvertrage gefunden hat, ist der Gesellschaft gegenüber unwirksam.

Die Vorschrift ist wiederholt im § 186 des neuen H.G.B. Sie ist eine derjenigen des Aktiengesetzes vom 18. Juli 1884, die sich am besten bewährt haben.

Artikel 209 c.

Die Aktionäre, welche das Statut estgestellt haben, oder welche andere als durch Baarzahlung zu leistende Einlagen machen, gelten als die Gründer der Gesellschaft.

Die Vorschrift ist in § 187 des neuen H.G.B. ohne sachliche Aenderung wiedergegeben.

Artikel 209 d.

In dem Falle, dass sämmtliche Aktien durch die Gründer übernommen werden, gilt mit der Uebernahme die Gesellschaft als errichtet.

Soweit die Uebernahme nicht schon bei Feststellung des Statuts erfolgt ist, kann sie in einer besonderen gerichtlichen oder notariellen Verhandlung unter Angabe der Beträge, welche die einzelnen Gründer noch übernehmen, bewirkt werden.

Die Vorschrift ist in § 188 des neuen H.G.B. wiedergegeben. Es ist nicht versucht worden, die konstruktive Schwierigkeit zu beseitigen, welche darin liegt, daß nach dieser Vorschrift die Gesellschaft mit der Uebernahme der Aktien „errichtet" ist, während sie nach Art. 211 (jetzt § 200) vor der Eintragung „nicht besteht" (Komm. § 2). Nach dem neuen B.G.B. wird die errichtete aber noch nicht als Aktiengesellschaft bestehende Gesellschaft als Gesellschaft bürgerlichen Rechts zu betrachten und zu behandeln sein (§ 54 B.G.B.).

Artikel 209 e.

Werden nicht sämmtliche Aktien durch die Gründer übernommen, so muss der Errichtung der Gesellschaft die Zeichnung der übrigen Aktien vorhergehen. Die Zeichnung erfolgt durch schriftliche Erklärung, aus welcher die Betheiligung nach Anzahl und, im Falle einer Verschiedenheit der Aktien, nach Betrag, Art oder Gattung derselben hervorgehen muss.

Die Erklärung (Zeichnungsschein), welche in zwei Exemplaren unterzeichnet werden soll, hat zu enthalten:

1. das Datum des Statuts, die im Artikel 209 Absatz 2, 209 b vorgesehenen Festsetzungen und im Falle verschiedener Gattungen von Aktien den Gesammtbetrag einer jeden;
2. den Namen, Stand und Wohnort der Gründer;
3. den Betrag, für welchen die Ausgabe der Aktie stattfindet, und den Betrag der festgesetzten Einzahlungen;
4. den Zeitpunkt, mit dessen Eintritt die Zeichnung unverbindlich wird, sofern nicht bis dahin die Errichtung der Gesellschaft beschlossen ist.

Zeichnungsscheine, welche diesen Inhalt nicht vollständig haben oder ausser

dem unter Ziffer 4 bezeichneten Vorbehalte Beschränkungen in der Verpflichtung des Zeichners enthalten, sind ungiltig. Ist ungeachtet eines hiernach ungiltigen Zeichnungsscheines die Eintragung des Gesellschaftsvertrages in das Handelsregister erfolgt, so ist der Zeichner, wenn er auf Grund einer dem ersten Absatze entsprechenden Erklärung in der zur Beschlussfassung über die Errichtung der Gesellschaft berufenen Generalversammlung gestimmt oder später als Aktionär Rechte ausgeübt oder Verpflichtungen erfüllt hat, der Gesellschaft wie aus einem giltigen Zeichnungsscheine verpflichtet.

Jede nicht in dem Zeichnungsscheine enthaltene Beschränkung ist der Gesellschaft gegenüber unwirksam.

Die Vorschrift stimmt überein mit § 189 des neuen H.G.B. Die Erfordernisse der schriftlichen Erklärung bestimmen sich aber nunmehr nach § 126 B.G.B. Danach muß die Urkunde von dem Aussteller eigenhändig durch Namensunterschrift oder mittelst gerichtlich oder notariell beglaubigten Handzeichens unterzeichnet werden. Auch wird die schriftliche Form durch die gerichtliche oder notarielle Beurkundung ersetzt. Die Zulässigkeit der Vertretung (die früher angenommen wurde, Komm. § 2 zu Art. 209e) wird man trotz des strengen Wortlauts des § 126 B.G.B. auch ferner annehmen müssen (§ 164 B.G.B.), auch nachträgliche Genehmigung (§ 177 B.G.B.), weil diese beiden Institute sich auf das ganze Rechtssystem erstrecken, wo nicht besondere Ausnahmen gemacht sind. Z. B. §§ 1317, 1750 B.G.B. (vergl. Neumann bei Gruchot 41 S. 456).

Die Aktienzeichnung ist auch nach dem neuen Handelsrecht ein accessorisches Handelsgeschäft (vergl. Komm. § 14 zu Art. 209e). Ein absolutes Nichthandelsgeschäft kann sie nunmehr nicht sein, weil es solche nicht mehr giebt. Aus dem gleichen Grunde kann sie kein absolutes Handelsgeschäft sein. Aber sie kann auch nicht ein Grundhandelsgeschäft nach § 1 Nr. 1 des neuen H.G.B. sein, weil sie kein Anschaffungsgeschäft ist. Die hierauf bezügliche Judikatur gilt unverändert fort. Ein Grundhandelsgeschäft kann sie aber dann sein, wenn sie von einem Bankier gethätigt wird (§ 1 Nr. 4 des neuen H.G.B.).

Artikel 209 f.

Jede Aktiengesellschaft muss ausser dem Vorstande einen Aufsichtsrath haben.

Mit der Vorschrift des vorliegenden Artikels korrespondirt § 190 des neuen H.G.B. Indessen ist der Letztere anders und weiter gefaßt. Er schreibt vor, daß und wie die Gründer den Aufsichtsrath und den Vorstand zu wählen haben, und beseitigt damit Zweifel, welche unter dem früheren Recht darüber entstanden waren, in welcher Weise die Gründer den Aufsichtsrath zu wählen haben (Komm. § 1).

Unter der Herrschaft des älteren Rechts war es zweifelhaft geworden, ob auch bestehende Aktiengesellschaften nachträglich einen Aufsichtsrath wählen müssen (Komm. § 3). Die Denkschrift (S. 132) meint, nach dem neuen H.G.B. könne es keinem Zweifel unterliegen, daß alle Aktiengesellschaften ohne Ausnahme einen Aufsichtsrath haben müssen. Dieser Ansicht kann nicht beigetreten werden. Vielmehr entstehen neue erhebliche Zweifel dadurch, daß die Vorschrift nicht blos ihre Stelle unter den Gründungsvorschriften beibehalten hat, was bei der Sorgfalt, die auf die Systematik der aktienrechtlichen Vorschriften gelegt ist, doppelt ins Gewicht fällt, sondern auch als reine Gründungsvorschrift gefaßt ist. Die neuen Gründungsvorschriften brauchen aber die nach bisherigem Recht rite begründeten Vorschriften nicht noch nachträglich zu erfüllen (vergl. Art. 23 des Einführungsgesetzes zum H.G.B.). Die alte Vorschrift des Art. 209f war in dieser Hinsicht glücklicher gefaßt: „Die Aktiengesellschaft muß außer dem Vorstande einen Aufsichtsrath haben". Das konnte und mußte nach unserer Ansicht dahin verstanden werden, daß jede Aktiengesellschaft ausnahmslos einen Aufsichtsrath haben muß. Zweifel erregte damals nur die Stellung, welche die Stelle mitten unter den Gründungsvorschriften fand, und der § 2 des Aktiengesetzes vom 18. Juli 1884, der sie gleichfalls als Gründungsvorschrift zu behandeln schien. Nunmehr ist dieser § 2 zwar gefallen, aber den Charakter als Gründungsvorschrift hat sie in weit höherem Grade als bisher erhalten, so daß die Zweifel sich mehren, nicht mindern (vergl. auch die Zweifel bei Marcus in Perl und Wreschners Blättern für Rechtspflege 1897 S. 69).

Artikel 209 g.

Die Gründer haben in dem Falle des Artikels 209 b Abs. 2 in einer von ihnen zu unterzeichnenden Erklärung die Umstände darzulegen, mit Rücksicht auf welche ihnen die Höhe der für die eingelegten oder übernommenen Gegenstände gewährten Beträge gerechtfertigt erscheint. Hierbei haben sie insbesondere die dem Erwerbe der Gesellschaft vorausgegangenen Rechtsgeschäfte, welche auf denselben hingezielt haben, sowie die früheren Erwerbs- und Herstellungspreise aus den letzten zwei Jahren anzugeben.

Die Vorschrift ist im § 191 wiedergegeben, aber in erweiterter Gestalt. Während die Gründer früher die Umstände darzulegen hatten, mit Rücksicht auf welche „ihnen" die Höhe der gewährten Beträge gerechtfertigt erschien, ist jetzt eine mehr objektive Fassung gewählt: sie haben die wesentlichen Umstände darzulegen, von welchen die Beschaffenheit des für die eingelegten oder übernommenen Gegenstände gewährten Beträge abhängt. In dieser objektiven Fassung würde die Vorschrift unerträglich sein, wenn sie nicht wesentlich gemildert und auf das gerechte Maß zurückgeführt würde durch die Bemerkung der Denkschrift (S. 132). „Selbstverständlich bezieht sich aber auch hiernach die Darlegungspflicht immer nur auf diejenigen Umstände, welche die Gründer bei pflichtgemäßer Sorgfalt nach Maßgabe der in dem fraglichen Zeitpunkte bestehenden Verhältnisse als wesentlich für die Werthsbemessung ansehen müssen (vergl. § 202 Abs. 2)".

Ferner ist im § 191 Abs. 2 sachgemäß bestimmt, daß im Falle der Umwandlung von industriellen Unternehmungen in Aktiengesellschaften auch die Betriebserträgnisse aus den beiden letzten Geschäftsjahren unter die Angaben der Gründererklärung aufzunehmen sind.

Artikel 209 h.

Die Mitglieder des Vorstandes und des Aufsichtsraths haben den Hergang der Gründung zu prüfen. Sind Mitglieder zugleich Gründer oder haben sie der Gesellschaft ein Vermögensstück überlassen oder sich einen besonderen Vortheil ausbedungen (Artikel 209 b), so muss ausserdem eine Prüfung durch besondere Revisoren stattfinden, welche das für die Vertretung des Handelsstandes berufene Organ und in Ermangelung eines solchen der Vorstand und der Aufsichtsrath zu bestellen hat.

Die Prüfung hat sich auf die Richtigkeit und Vollständigkeit der Angaben zu erstrecken, welche rücksichtlich der Zeichnung und Einzahlung des Grundkapitals und der im Artikel 209 b vorgesehenen Festsetzungen von den Gründern, insbesondere in der im Artikel 209 g vorgeschriebenen Erklärung, gemacht sind.

Ueber die Prüfung ist unter Darlegung der im vorstehenden Absatze bezeichneten Umstände schriftlich Bericht zu erstatten.

Die Vorschrift dieses Artikels hat mannigfache Aenderungen erfahren. Keine von den neuen Einrichtungen, welche die Novelle vom 18. Juli 1884 getroffen hatte, hatte zu so vielen Erörterungen Anlaß gegeben.

Die Aenderungen sind folgende:

1. Die Voraussetzung der Ernennung von Revisoren ist nicht blos, wie früher, daß ein Mitglied des Vorstandes oder Aufsichtsrathes Gründer ist oder der Gesellschaft ein Vermögensstück überläßt oder sich einen besonderen Vortheil ausbedungen hat, sondern es genügt schon, daß überhaupt ein Fall der Sacheinlage oder Sachübernahme vorliegt. Denn durch geschickte Rollenvertheilungen wurde früher die Bestellung von Revisoren oft vermieden, wo die Sachlage sie geboten hätte und eine Nachprüfung durch unparteiische Dritte wohl am Platze gewesen wäre.
2. Die Ernennung der Revisoren erfolgt in erster Linie, wie früher, durch das für die Vertretung des Handelsstandes berufene Organ, in Ermangelung eines solchen aber nicht mehr wie früher, durch Vorstand und Aufsichtsrath, sondern durch das Gericht, in dessen Bezirke die Gesellschaft ihren Sitz hat (soll heißen haben soll). — § 192 Abs. 2 des neuen H.G.B.

3. Der Inhalt des Revisionsberichts ist dahin erweitert, daß sie die Gründererklärung auch in der Richtung zu prüfen haben, ob bezüglich der Angemessenheit der für die inferirten oder übernommenen Gegenstände angesetzten Preise Bedenken obwalten. — § 193 des neuen H.G.B. — Früher konnte richtiger Ansicht nach nicht angenommen werden, daß sich die Prüfung auch hierauf erstrecken muß (Komm. § 3 zu Art. 213c).
4. Hinzugefügt ist die Bestimmung, daß, wenn die Revisoren durch das für die Vertretung des Handelsstandes berufene Organ bestellt sind, sie diesem ein Exemplar des Berichts einzureichen haben, welches dann jedermann zur Einsicht offen steht (§ 193 Abs. 3 des neuen H.G.B.). Dem Gericht wird es natürlich auch eingereicht (§ 195 Nr. 5).
5. Hinzugefügt ist aber ferner die Bestimmung des § 194, wonach:
   a) bei Streitigkeiten zwischen den Revisoren und den Gründern über die von den Ersteren erforderten Aufklärungen und Nachweise diejenige Stelle entscheidet, welche die Revisoren ernannt hat. Weigern sich die Gründer, der Entscheidung nachzukommen, so unterbleibt der Revisionsbericht (und damit wohl die Eintragung der Gesellschaft, §§ 193 Abs. 2, 194, 195 Nr. 5). Früher war dieser Punkt nicht geregelt und seine Handhabung daher zweifelhaft (Komm. § 4 zu Art. 209h).
   b) Die Entschädigung der Revisoren ist dahin geregelt, daß dieselben Anspruch auf Ersatz angemessener baarer Auslagen und auf Vergütung haben. Beides wird durch die Stelle festgesetzt, welche sie ernannt hat (§ 194 Abs. 2). Nach der Tendenz, welche dieser Vorschrift zu Grunde liegt, ist sowohl eine vorherige, als eine nachträgliche Vereinbarung oder freiwillig geleistete Zahlung nichtig. Nur das kann gültig gezahlt werden, was die Ernennungsstelle festgesetzt hat. Die Festsetzung ist also Anspruchsbedingung. Die Revisoren sollen eben nicht beeinflußt werden weder durch vorherige Vereinbarungen über unangemessen hohe Vergütungen, noch auch durch die Hoffnung, daß ihnen ohne Vereinbarung eine hohe Vergütung gezahlt wird.

Artikel 210.

Der Gesellschaftsvertrag muss bei dem Handelsgerichte, in dessen Bezirke die Gesellschaft ihren Sitz hat, in das Handelsregister eingetragen werden.

Der Anmeldung behufs der Eintragung in das Handelsregister müssen beigefügt sein:

1. in dem Falle des Artikels 209 b die den bezeichneten Festsetzungen zum Grunde liegenden oder zu ihrer Ausführung geschlossenen Verträge, die Artikel 209 g vorgesehene Erklärung und eine Berechnung des Gründungsaufwandes, in welcher die Vergütungen nach Art und Höhe und die Empfänger einzeln aufzuführen sind;
2. in dem Falle, dass nicht alle Aktien von den Gründern übernommen sind, zum Nachweise der Zeichnung des Grundkapitals die Duplikate der Zeichnungsscheine und ein von den Gründern in beglaubigter Form unterschriebenes Verzeichniss der sämmtlichen Aktionäre, welche die auf jeden entfallenen Aktien sowie die auf letztere geschehenen Einzahlungen angiebt;
3. die Urkunden über die Bestellung des Vorstandes und des Aufsichtsraths, die in Gemässheit des Artikels 209 h erstatteten Berichte nebst deren urkundlichen Grundlagen;
4. in dem Falle, dass der Gegenstand des Unternehmens der staatlichen Genehmigung bedarf, sowie in den Fällen des Artikels 207 a Absatz 2 die Genehmigungsurkunde.

In der Anmeldung ist die Erklärung abzugeben, dass auf jede Aktie, soweit nicht andere als durch Baarzahlung zu leistende Einlagen gemacht sind, der eingeforderte Betrag baar eingezahlt und im Besitze des Vorstandes sei. Die Einforderung muss mindestens ein Viertheil des Nominalbetrages und im Falle einer Ausgabe der Aktien für einen höheren als den Nominalbetrag auch den Mehrbetrag umfassen. Als Baarzahlung gilt die Zahlung in deutschem Gelde, in Reichskassenscheinen, sowie in gesetzlich zugelassenen Noten deutscher Banken.

Die Anmeldung muss von sämmtlichen Gründern und Mitgliedern des Vorstandes und Aufsichtsraths vor dem Handelsgerichte unterzeichnet oder in beglaubigter Form eingereicht werden.

Die der Anmeldung beigefügten Schriftstücke werden bei dem Handelsgerichte in Urschrift oder in beglaubigter Abschrift aufbewahrt.

Die Vorschrift ist im § 195 des neuen H.G.B. wiedergegeben. Nur wird angeordnet, daß nicht der Gesellschaftsvertrag, sondern die Gesellschaft einzutragen ist. Es ist schon bisher nicht trotz des Wortlauts des Gesetzes der ganze Gesellschaftsvertrag eingetragen worden. Doch war das bisher bedenklich (Komm. § 2). Der Inhalt der Eintragung wird jetzt näher bestimmt in § 198 des neuen H.G.B

Artikel 210 a.

In dem Falle, dass die Gründer nicht alle Aktien übernommen haben, beruft das Handelsgericht ohne Verzug eine Generalversammlung der in dem Verzeichnisse aufgeführten Aktionäre zur Beschlussfassung über die Errichtung der Gesellschaft.

Die Versammlung findet unter der Leitung des Gerichts statt.

Vorstand und Aufsichtsrath haben sich über die Ergebnisse der ihnen rücksichtlich der Gründung obliegenden Prüfung auf Grund der Berichte (Artikel 209 h) und deren urkundlichen Grundlagen zu erklären. Jedes Mitglied des Vorstandes und des Aufsichtsraths kann bis zur Beschlussfassung die Unterzeichnung der Anmeldung zurückziehen.

Die der Errichtung der Gesellschaft zustimmende Mehrheit muss mindestens ein Viertheil sämmtlicher in dem Verzeichnisse aufgeführten oder als Rechtsnachfolger derselben in der Generalversammlung zugelassenen Aktionäre begreifen und der Betrag ihrer Antheile muss mindestens ein Viertheil des gesammten Grundkapitals darstellen. Die Zustimmung aller erschienenen Aktionäre ist erforderlich, wenn die im Artikel 209 Ziffer 1—5 und 209 a bezeichneten Bestimmungen des Gesellschaftsvertrages abgeändert oder die im Artikel 209 b vorgesehenen Festsetzungen zu Lasten der Gesellschaft erweitert werden sollen.

Die Beschlussfassung ist zu vertagen, wenn es von den Aktionären mit einfacher Stimmenmehrheit verlangt wird.

Die richterliche Generalversammlung bei der Successivgründung ist beibehalten worden. Die Vorschrift ist im § 196 des neuen H.G.B. wiedergegeben, jedoch mit zwei sachlichen Aenderungen.

1. Nach bisherigem Recht können in dieser Generalversammlung auch Rechtsnachfolger von Zeichnern mitwirken, zweifelhaft, ob auch Rechtsnachfolger von Gründern. Diese ganze Bestimmung war sehr kontrovers (Komm. § 9). Schon deshalb empfahl es sich, sie zu streichen. Abgesehen davon mußte sie deshalb gestrichen werden, weil nach § 200 Abs. 2 des neuen H.G.B. eine solche Rechtsnachfolge überhaupt unstatthaft ist, indem Antheilsrechte vor der Eintragung der Gesellschaft mit Wirksamkeit gegenüber der Gesellschaft nicht übertragen werden können. Damit sollen allerdings die Erben als Rechtsnachfolger von der Theilnahme an der Generalversammlung nicht ausgeschlossen sein (Denkschrift S. 136).
2. Die Streitfrage über das Stimmrecht der Sacheinleger und derjenigen, von welchen die Gegenstände übernommen werden (Komm. § 6), ist in Absatz 4 dahin entschieden worden, daß den Betreffenden zwar das Stimmrecht nicht entzogen ist, daß die Errichtung der Gesellschaft aber als abgelehnt gilt, wenn die Mehrheit der Stimmen der übrigen bei der Beschlußfassung mitwirkenden Aktionäre sich dagegen ausgesprochen hat (Denkschr. S. 137). Diejenigen Personen, von welchen Gegenstände übernommen werden, sind übrigens trotzdem vom Stimmen ausgeschlossen, weil mit ihnen ein Rechtsgeschäft abgeschlossen werden soll (§§ 197, 252 Abs. 3 des neuen H.G.B.).

Artikel 210 b.

Auf die Berufung und Beschlussfassung der vor der Eintragung des Gesellschaftsvertrages stattfindenden Generalversammlungen kommen, soweit nicht im Artikel 210 a ein Anderes bestimmt ist, die Regeln zur entsprechenden Anwendung, welche für die Gesellschaft nach der Eintragung massgebend sind.

Die Vorschrift ist im § 197 wiedergegeben. Die wichtige Streitfrage, ob auch die Regeln der Anfechtung auf diese Beschlüsse Anwendung finden (Komm. § 3), ist nicht gelöst.

Artikel 210 c.

Der eingetragene Gesellschaftsvertrag ist im Auszuge von dem Handelsgerichte zu veröffentlichen.

Die Veröffentlichung muss enthalten

1) **das Datum des Gesellschaftsvertrages und die im Artikel 209 Absatz 2 und 3, 209 a Ziffer 1 und 4 und 209 b bezeichneten Festsetzungen;**
2) **den Namen, Stand und Wohnort der Gründer und die Angabe, ob sie die sämmtlichen Aktien übernommen haben;**
3) **den Namen, Stand und Wohnort der Mitglieder des Vorstandes und des Aufsichtsraths sowie der in Gemässheit des Artikels 209 h bestellten Revisoren.**

Ist im Gesellschaftsvertrage eine Form bestimmt, in welcher der Vorstand seine Willenserklärungen kundgiebt und für die Gesellschaft zeichnet, so ist auch diese Bestimmung zu veröffentlichen.

Der Inhalt der öffentlichen Bekanntmachung, welche von dem Registergericht zu erlassen ist, ist im § 199 des neuen H.G.B. in einigen Punkten anders bestimmt, als im Artikel 210 c. Neu ist die Vorschrift unter Nr. 2, wonach auch der Betrag, zu welchem die Aktien für Rechnung der Gesellschaft ausgegeben werden, in der Bekanntmachung anzugeben ist. Es ist das von wesentlicher Bedeutung immer dann, wenn die Aktien kurz nach der Ausgabe durch die Gesellschaft zu weit höherem Kurse im Publikum plazirt werden. Das Publikum sieht dann den Abstand zwischen dem Erwerbspreise und dem Verkaufspreise des Emittenten. Die Angabe ist dem Gerichte nach § 195 des neuen H.G.B. zu machen.

Neu ist ferner die Vorschrift des § 199 Abs. 2, wonach bekannt zu machen ist, daß von den mit der Anmeldung eingereichten Schriftstücken, insbesondere von dem Prüfungsbericht bei Gericht Einsicht genommen werden kann, vom Revisionsbericht auch bei dem zur Vertretung des Handelsstandes berufenen Organ.

Artikel 211.

Vor erfolgter Eintragung in das Handelsregister besteht die Aktiengesellschaft als solche nicht.

Ist vor der Eintragung im Namen der Gesellschaft gehandelt worden, so haften die Handelnden persönlich und solidarisch.

Die Vorschrift ist in § 200 wiedergegeben. Ueber die rechtliche Bedeutung der errichteten, aber noch nicht als Aktiengesellschaft bestehenden Gesellschaft s. unsere Bemerkungen zu Art. 209 d.

Die Rechtsfolgen der Eintragung einer Aktiengesellschaft mit wesentlichen Mängeln, für welche das frühere H.G.B. keine Vorschriften gegeben hat (Komm. §§ 3 ff.), sind jetzt ausführlich und sachgemäß in den §§ 309 ff. des neuen H.G.B. geregelt, deren Inhalt kurz folgender ist:

1. Mängel in den wesentlichen Erfordernissen begründen die Nichtigkeitsklage jedes Aktionärs und jedes Mitgliedes des Vorstandes und des Aufsichtsraths. Die Klage ist gegen die Gesellschaft zu richten (§ 309).
2. Gewisse wesentliche Mängel sind durch nachträglichen Statutenänderungsbeschluß heilbar (§ 310).

3. Mit der Eintragung des Nichtigkeitsurtheils gilt die Gesellschaft als aufgelöst und tritt daher in Liquidation. Ihre bisherigen Rechtsgeschäfte sind nicht unwirksam. Die Gesellschafter haben die versprochenen Einzahlungen zu leisten, soweit dieses zur Erfüllung der eingegangenen Verbindlichkeiten erforderlich ist (§ 311).

Artikel 212.

Jede Zweigniederlassung muss bei dem Handelsgerichte, in dessen Bezirke sie sich befindet, behufs der Eintragung in das Handelsregister angemeldet werden.

Die Anmeldung ist von sämmtlichen Mitgliedern des Vorstandes vor dem Handelsgerichte zu unterzeichnen oder in beglaubigter Form einzureichen.

Dieselbe hat im Artikel 210 c Absatz 1 und 2 bezeichneten Angaben zu enthalten. Im Uebrigen finden die Vorschriften im Artikel 179 Absatz 2 und 3 Anwendung.

Im wesentlichen stimmt die Regelung des neuen H.G.B. mit den bisherigen Vorschriften überein (§ 201 des neuen H.G.B). Eine Aenderung liegt darin, daß die ausschließlich für die Beurtheilung der Gründung bedeutsamen Umstände (Namen der Gründer, der Mitglieder des Aufsichtsraths, die Einlagen und Uebernahmen) nur dann in die Publikation des Gerichts der Zweigniederlassung aufzunehmen sind, wenn die Eintragung zwei Jahre nach der Gründung stattfindet.

Auf die Eintragung der inländischen Zweigniederlassung einer ausländischen Aktiengesellschaft finden diese Vorschriften schon nach der allgemeinen Vorschrift des § 13 Abs. 3 des neuen H.G.B. insoweit Anwendung, als nicht das am Sitze der Gesellschaft geltende Recht eine Abweichung nöthig macht. Außerdem enthält § 201 Abs. 5 einige besondere Vorschriften, die der Hauptsache nach dem bisherigen Art. 179 Abs. 3 entnommen sind, wozu insbesondere die Vorschrift gehört, daß das Bestehen der Aktiengesellschaft als solcher nachzuweisen ist. Auch daß die vom Registerrichter bekannt zu machenden Daten in der Anmeldung enthalten sein müssen, ist für diesen Fall beibehalten, damit das Registergericht nicht nöthig hat, sich diese Daten aus den überreichten Schriftstücken zusammenzusuchen.

Was späterhin nach Eintragung der Zweigniederlassung in das Zweigregister einzutragen ist (vergl. Komm. § 9 zu Art. 212), folgt jetzt aus der allgemeinen Vorschrift des § 13. — Hinsichtlich der Firma der Zweigniederlassung entsteht, da § 30 Abs. 3 eine dem Artikel 21 Abs. 2 analoge Vorschrift hat, der gleiche Zweifel wie früher: wie es zu halten ist, wenn eine der Firma der Aktiengesellschaft gleiche Firma am Orte der Zweigniederlassung bereits besteht; ob auch nach neuem Recht nichts übrig bleibt, als die Firma der Aktiengesellschaft überhaupt zu ändern (vergl. Komm. § 10 zu Art. 212).

Artikel 213.

Die Aktiengesellschaft als solche hat selbstständig ihre Rechte und Pflichten; sie kann Eigenthum und andere dingliche Rechte an Grundstücken erwerben, sie kann vor Gericht klagen und verklagt werden.

Ihr ordentlicher Gerichtsstand ist bei dem Gerichte, in dessen Bezirke sie ihren Sitz hat.

Absatz 1 des vorliegenden Artikels ist im § 210 des neuen H.G.B. wiederholt. Daraus folgt, daß auch nach dem neuen H.G.B. die Aktiengesellschaft juristische Person ist (Komm. § 1). Aus der Vorschrift, daß die Aktiengesellschaft Eigenthum und dingliche Rechte erwerben kann, folgt auch nach neuem Recht nicht, daß die landesrechtlichen Beschränkungen für den Eigenthumserwerb juristischer Personen für die deutschen Aktiengesellschaften beseitigt sind (vergl. außer den Citaten im Komm. § 3 noch Kammergericht bei Johow 16 S. 74). Auch das B.G.B. wird daran nichts ändern (Einführungsgesetz zum B.G.B. Art. 86 und 88). Abs. 2 ist im Hinblick auf § 19 C.P.O. gestrichen.

Artikel 213 a.

Der Gesellschaft sind die Gründer für die Richtigkeit und Vollständigkeit der Angaben, welche sie rücksichtlich der Zeichnung und Einzahlung des Grundkapitals sowie rücksichtlich der im Artikel 209 b vorgesehenen Festsetzungen behufs Eintragung des Gesellschaftsvertrages in das Handelsregister machen, solidarisch verhaftet; sie haben unbeschadet der Verpflichtung zum Ersatze des sonst etwa entstandenen Schadens insbesondere einen an der Zeichnung des Grundkapitals fehlenden Betrag zu übernehmen, fehlende Einzahlungen zu leisten und eine Vergütung, welche nicht unter den zu bezeichnenden Gründungsaufwand aufgenommen ist, zu ersetzen. Imgleichen sind der Gesellschaft in dem Falle, dass sie von Gründern durch Einlagen oder Uebernahmen der im Artikel 209 b bezeichneten Art böslicherweise geschädigt ist, die sämmtlichen Gründer für den Ersatz des entstandenen Schadens solidarisch verpflichtet.

Von dieser Verbindlichkeit ist ein Gründer befreit, wenn er beweist, dass er die Unrichtigkeit oder Unvollständigkeit der Angabe oder die bösliche Schädigung weder gekannt habe, noch bei Anwendung der Sorgfalt eines ordentlichen **Geschäftsmannes habe kennen müssen.**

Entsteht durch Zahlungsunfähigkeit eines Aktionärs der Gesellschaft ein Ausfall, so sind ihr die Gründer, welche bei der Anmeldung des Gesellschaftsvertrages die Zahlungsunfähigkeit kannten, zum Ersatze solidarisch verpflichtet.

Ausser den Gründern sind der Gesellschaft zum Schadensersatze solidarisch verpflichtet:

1) in dem Falle, dass eine Vergütung nicht unter den zu bezeichnenden Gründungsaufwand aufgenommen ist, der Empfänger, wenn er zur Zeit des Empfanges wusste oder nach den Umständen annehmen musste, dass die Verheimlichung beabsichtigt oder erfolgt war, und jeder Dritte, welcher zur Verheimlichung wissentlich mitgewirkt hat;
2) in dem Falle einer böslichen Schädigung durch Einlagen oder Uebernahmen jeder Dritte, welcher zu derselben wissentlich mitgewirkt hat.

Die Vorschrift ist im § 202 des neuen H.G.B. wiedergegeben. Die Vorschrift des Absatz 3 ist allerdings geändert. Die Gründer sind nach bisherigem Recht haftbar, wenn sie die Zahlungsunfähigkeit des Zeichners bei der Anmeldung des Gesellschaftsvertrags gekannt haben. Die Vorschrift paßt deshalb nicht, weil „die Gründer in dem Zeitpunkte der Anmeldung der Gesellschaft regelmäßig nicht mehr in der Lage sind, einen Betheiligten zurückzuweisen. Im neuen H.G.B. ist statt dessen der Zeitpunkt für maßgebend erklärt, in welchem die Gründer die Betheiligung des Zahlungsunfähigen angenommen haben, also im Falle der Simultangründung der Zeitpunkt der gerichtlichen oder notariellen Verhandlung, bei welcher der Betreffende die Aktien übernommen hat, im Falle der Successivgründung der Zeitpunkt der Zutheilung der Aktien." So die Denkschrift S. 139. Diese Theorie von dem Zeitpunkt der Acceptation der Betheiligungserklärungen ist allerdings nicht einwandsfrei. Bei der Simultangründung ist sie richtig, dagegen ist bei der Successivgründung gerade die Anmeldung der Akt der Acceptation (vergl. hierüber Komm. § 13 zu Art. 209 e).

Artikel 213 b.

Wer vor der **Eintragung** des Gesellschaftsvertrages in das Handelsregister oder in den ersten zwei Jahren nach der Eintragung, um Aktien in den Verkehr einzuführen, eine öffentliche Ankündigung derselben erlässt, ist der Gesellschaft im Falle der Unrichtigkeit oder Unvollständigkeit von Angaben, welche die Gründer rücksichtlich der Zeichnung oder Einzahlung des Grundkapitals oder der im Artikel 209 b vorgesehenen Festsetzungen behufs Eintragung des Gesellschaftsvertrages in das Handelsregister gemacht haben, sowie in dem Falle einer böslichen Schädigung der Gesellschaft durch Einlagen oder Uebernahmen für den Ersatz des ihr daraus entstandenen Schadens neben den im Artikel 213 a bezeichneten Personen solidarisch verhaftet, sofern ihm nachgewiesen wird, dass er die Unrichtigkeit oder Unvollständigkeit der Angaben oder die bösliche Schädigung gekannt hat oder bei Anwendung der Sorgfalt eines ordentlichen Geschäftsmannes hat kennen müssen.

Die Vorschrift ist im § 203 des neuen H.G.B. wiederholt. Dabei macht die Denkschrift darauf aufmerksam, daß diese Vorschrift sich nicht befaßt mit Unrichtigkeiten in den Ankündigungen des Emittenten selbst, sondern nur mit Unrichtigkeiten der von den Gründern gemachten Angaben. Auch handelt es sich, wie hinzugefügt werden muß, nur um Haftung der Gesellschaft gegenüber. Dagegen bestimmt sich die unmittelbare Haftung für den Inhalt der Ankündigung nach dem bürgerlichen Recht, jetzt nach dem Börsengesetz (§§ 43—47). Ueber Kollisionen zwischen diesen Paragraphen des Börsengesetzes uud dem Art. 213 b s. die interessanten Ausführungen von Baer bei Holdheim 6 S. 101.

Artikel 213 c.

Mitglieder des Vorstandes und des Aufsichtsraths, welchen nachgewiesen wird, dass sie bei der ihnen durch Artikel 209 h auferlegten Prüfung die Sorgfalt eines ordentlichen Geschäftsmannes verletzt haben, haften der Gesellschaft solidarisch für den ihr daraus entstandenen Schaden, soweit der Ersatz desselben von den in Gemässheit des Artikels 213 a und 213 b verpflichteten Personen nicht zu erlangen ist.

Die Vorschrift ist im § 204 des neuen H.G.B. wiederholt. Die Fassung läßt jetzt nicht mehr deutlich erkennen, ob den Mitgliedern des Vorstandes und Aufsichtsraths zu beweisen ist, daß sie die erforderliche Sorgfalt verletzt haben. Die Beweislast bleibt vielmehr durch die Fassung dahingestellt und soll sich wohl aus allgemeinen Grundsätzen ergeben (vergl. Marcus bei Perl und Wreschner 1897 S. 71).

Artikel 213 d.

Vergleiche und Verzichtleistungen, welche die der Gesellschaft aus der Gründung zustehende Ansprüche gegen die in Gemässheit der Artikel 213 a bis 213 c verpflichteten Personen betreffen, sind erst nach Ablauf von drei Jahren seit Eintragung des Gesellschaftsvertrages in das Handelsregister und nur mit Zustimmung der Generalversammlung zulässig; sie sind unzulässig, soweit in der Versammlung eine Minderheit, deren Antheile den fünften Theil des Grundkapitals darstellen, Widerspruch erhebt. Die Zeitbeschränkung findet nicht Anwendung, sofern der Verpflichtete im Falle der Zahlungsunfähigkeit zur Abwendung und Beseitigung des Konkursverfahrens mit seinen Gläubigern sich vergleicht.

Die Vorschrift ist in § 205 des neuen H.G.B. unverändert wiederholt.

Artikel 213 e.

Die Ansprüche der Gesellschaft gegen die in Gemässheit der Artikel 213 a bis 213 c verpflichteten Personen verjähren in fünf Jahren seit Eintragung des Gesellschaftsvertrages in das Handelsregister.

Die Vorschrift ist in § 206 des neuen H.G.B. wiedergegeben.

Artikel 213 f.

Werden vor Ablauf von zwei Jahren seit Eintragung des Gesellschaftsvertrages in das Handelsregister seitens der Gesellschaft Verträge geschlossen, durch welche sie vorhandene oder herzustellende Anlagen oder unbewegliche Gegenstände für eine den zehnten Theil des Grundkapitals übersteigende Vergütung erwerben soll, so bedürfen dieselben zu ihrer Gültigkeit der Zustimmung der Generalversammlung.

Vor der Beschlussfassung hat der Aufsichtsrath den Vertrag zu prüfen und über die Ergebnisse seiner Prüfung schriftlich Bericht zu erstatten.

Die Antheile der zustimmenden Mehrheit müssen in dem Falle, dass der Vertrag im ersten Jahre geschlossen wird, mindestens ein Viertheil des Grundkapitals, anderenfalls mindestens drei Viertheile des in der Generalversammlung vertretenen Grundkapitals darstellen.

Des genehmigte Vertrag ist in Urschrift oder in beglaubigter Abschrift mit dem Berichte des Aufsichtsraths nebst dessen urkundlichen Grundlagen und mit dem Nachweise über die Beschlussfassung zum Handelsregister einzureichen.

Hat der Erwerb in Ausführung einer vor der Errichtung der Gesellschaft von den Gründern getroffenen Vereinbarung stattgefunden, so kommen in Betreff der Rechte der Gesellschaft auf Entschädigung und in Betreff der ersatzpflichtigen Personen die Vorschriften der Artikel 213 a und 213 d zur Anwendung.

Die vorstehenden Bestimmungen finden auf den Erwerb unbeweglicher Gegenstände nicht Anwendung, sofern auf ihn der Gegenstand des Unternehmens gerichtet ist oder der Erwerb im Wege der Zwangsvollstreckung geschieht.

Die Vorschrift ist in den §§ 207 und 208 wiedergegeben, jedoch mit einigen Aenderungen, die sich als wünschenswerth herausgestellt hatten:

1. Der Begriff der Anlagen ist dahin angegeben: Anlagen, die dauernd zum Geschäftsbetriebe bestimmt sind (so auch früher nach herrschender Ansicht; vergl. Komm. § 1).
2. Der Absatz 5 ist in einem besonderen Paragraph wiedergegeben, sodaß er sich nunmehr auch auf den Fall bezieht, wo eine Anlage oder ein Grundstück für mehr als $^1/_{10}$ des Grundkapitals erworben wird, und bei Grundstücken auf den Fall, wo eine Grundstückserwerbsgesellschaft den Erwerb vornimmt.

Artikel 214.

Jeder Beschluss der Generalversammlung, welcher die Fortsetzung der Gesellschaft oder die Abänderung des Inhalts des Gesellschaftsvertrages zum Gegenstande hat, muss in das Handelsregister eingetragen und in gleicher Weise, wie der ursprüngliche Vertrag, veröffentlicht werden (Art. 212 c, 210).

Der Beschluss hat keine rechtliche Wirkung, bevor derselbe bei dem Handelsgerichte, in dessen Bezirke die Gesellschaft ihren Sitz hat, in das Handelsregister eingetragen ist.

Die Vorschriften des vorliegenden Artikels sind in das neue H.G.B. mit mannigfachen Aenderungen übergegangen:

Zunächst bestimmt zwar § 274 des neuen H.G.B. in Uebereinstimmung mit dem geltenden Recht (Art. 215), daß eine Statutenänderung nur durch die Generalversammlung beschlossen werden kann. Allein man hat früher diese gesetzliche Vorschrift so streng aufgefaßt, daß das neue H.G.B. sich veranlaßt gesehen hat, eine mildere Deklaration zu geben. Die Vornahme von Aenderungen der Fassung kann nämlich, während auch dies früher lediglich der Generalversammlung vorbehalten war (Komm. § 2), jetzt von der Generalversammlung dem Aufsichtsrath übertragen werden (§ 274).

Die Vorschrift der Eintragung in das Handelsregister ist in § 277, ebenda die Vorschrift der Publikation wiedergegeben. Desgleichen enthält § 277, Abs. 3 die Vorschrift des Absatzes 2 des vorliegenden Artikels, daß der Beschluß keine rechtliche Wirkung hat, ehe er am Gesellschaftssitze eingetragen ist.

Der Beschluß über die Fortsetzung der Gesellschaft ist nicht besonders hervorgehoben, da er, wie die Denkschrift S. 166 richtig sagt, nur eine Art der Statutenänderung ist. Dies war auch früher unsere Ansicht (Komm. § 1).

Hinzugefügt ist im § 274 Abs. 2, daß die Ankündigung der Tagesordnung die beabsichtigte Aenderung des Gesellschaftsvertrages nach ihrem wesentlichen Inhalt erkennbar machen soll, die bloße Ankündigung des abzuändernden Statutenparagraphen soll nicht mehr genügen (Denkschr. S. 166).

Zusätzlich ist zu bemerken, daß das neue H.G.B. in den §§ 274 ff. sämmtliche Abänderungen des Gesellschaftsvertrages zusammenfassend behandelt, insbesondere auch die Erhöhung und die Herabsetzung des Grundkapitals.

Artikel 215.

Die Abänderung des Inhalts des Gesellschaftsvertrages kann nicht anders als durch Beschluss der Generalversammlung erfolgen.

Sofern der Gesellschaftsvertrag für eine Abänderung derjenigen Bestimmung, welche den Gegenstand der Beschlussfassung bildet, nicht andere Erfordernisse aufstellt, erfolgt der Beschluss durch eine Mehrheit von drei Viertheilen des in der Generalversammlung vertretenen Grundkapitals.

Für eine Abänderung des Gegenstandes des Unternehmens muss diese Mehrheit erreicht sein; der Gesellschaftsvertrag kann ausser derselben noch andere Erfordernisse aufstellen.

Dasselbe gilt von dem Falle, wenn die Gesellschaft durch Uebertragung ihres Vermögens und ihrer Schulden an eine andere Aktiengesellschaft gegen Gewährung von Aktien der letzteren aufgelöst werden soll.

Die vorstehenden Bestimmungen gelten auch dann, wenn mehrere Gattungen von Aktien mit verschiedener Berechtigung ausgegeben sind.

Soll durch die Beschlussfassung das bisherige Rechtsverhältniss unter den verschiedenen Gattungen zum Nachtheile einer derselben abgeändert werden, so bedarf es zu dem von der gemeinschaftlichen Generalversammlung gefassten Beschlusse der Zustimmung einer besonderen Generalversammlung der benachtheiligten Aktionäre, deren Beschlussfassuug gleichfalls nach der Vorschrift des zweiten Absatzes sich richtet.

Die Bestimmung des Gesellschaftsvertrages, Inhalts deren die Uebertragung von Aktien, welche in Gemässheit des Artikels 207 a Absatz 3 auf einen geringeren Betrag als eintausend Mark gestellt sind, an die Einwilligung der Gesellschaft gebunden ist, kann nicht abgeändert werden.

Absatz 1 des vorl. Art. ist im § 274 Abs. 1 des neuen H.G.B.; Abs. 2 u. 3 des vorl. Art. in § 275 des neuen H.G.B. wiedergegeben. Absatz 4 (Beschlußfassung bei der Fusion) ist im neuen H.G.B. an anderer Stelle, unter den Auflösungs- und Liquidationsvorschriften behandelt (§ 306). Die Vorschrift, daß, wenn Aktien verschiedener Berechtigung ausgegeben sind, die benachtheiligte Gattung besonders zustimmen muß, ist zwar im § 275 wiedergegeben; indessen ist — auf meine Anregung — das Erforderniß besonderer Generalversammlungen fallen gelassen, statt dessen ist angeordnet, daß die Beschlußfassung der benachtheiligten Aktionäre besonders angekündigt werden und daß sie gesondert erfolgen muß.

Hervorzuheben ist, daß der im Art. 215 Abs. 3 gebrauchte Ausdruck „Das in der Generalversammlung vertretene Grundkapital" geändert ist in „das bei der Beschlußfassung vertretene Grundkapital". Die im Komm. § 4 erwähnte Zweifelsfrage ist damit gelöst.

Absatz 7 des vorliegenden Artikels ist als selbstverständlich weggefallen.

Artikel 215 a.

Eine Erhöhung des Grundkapitals der Gesellschaft darf nicht vor der vollen Einzahlung desselben erfolgen. Für Versicherungsgesellschaften kann der Gesellschaftsvertrag ein Anderes bestimmen.

Ueber die Erhöhung hat die Generalversammlung zu beschliessen. Für die neu auszugebenden Aktien kann die Leistung eines höheren als des Nominalbetrages festgesetzt werden; der Beschluss hat den Mindestbetrag zu bezeichnen, für welchen die Aktien auszugeben sind. Ein geringerer als der Nominalbetrag darf nicht festgesetzt werden. Die Beschlussfassung unterliegt den Vorschriften im Artikel 215 Absatz 2 und 5.

Der Beschluss ist in das Handelsregister einzutragen. Die Anmeldung hat die Angabe zu enthalten, dass das bisherige Grundkapital eingezahlt sei, für Versicherungsgesellschaften, inwieweit die Einzahlung desselben stattgefunden habe. Auf die Eintragung finden die Vorschriften im Artikel 214 Anwendung.

Eine Zusicherung von Rechten auf den Bezug neu auszugebender Aktien, welche vor dem Beschlusse auf Erhöhung des Grundkapitals erfolgt, ist der Gesellschaft gegenüber unwirksam.

1. Absatz 1 ist in § 278 des neuen H.G.B. wiedergegeben, aber mit zwei Milderungen:
   a) Aus der bisherigen Fassung ist gefolgert worden, daß die vor der vollen Einzahlung des bisherigen Grundkapitals ausgegebenen Aktien nichtig sind (Komm. § 1). Das ging zu weit und ist beseitigt.
   b) Sodann aber ist zwar nach wie vor vorgeschrieben, daß das bisherige Grundkapital „voll“ eingezahlt sein muß, aber es ist hinzugefügt, „daß durch Rückstände die au einen verhältnißmäßig unerheblichen Theil der eingeforderten Einzahlung verblieben sind, die Erhöhung des Grundkapitals nicht gehindert wird.“ Es ist also für das künftige Recht die Meinung derer acceptirt, welche den Ausdruck „voll“ nicht streng genommen hatten (Komm. § 1a).
2. Die Vorschrift des Absatzes 2, daß über die Erhöhung des Grundkapitals die Generalversammlung zu beschließen hat, ist in § 274 enthalten. Daß unter pari nicht, wohl aber über pari emittirt werden kann, ist in § 184 bestimmt. Die Vorschrift, daß der Mindestkurs der Ausgabe in dem Kapitalserhöhungsbeschluß anzugeben ist, ist im § 278 Abs. 3 wiedergegeben. Die Vorschrift über die Abstimmung, wenn mehrere Gattungen von Aktien vorhanden sind, ist im § 278 Abs. 2 dahin präzisirt, daß alle Aktiengattungen besonders zustimmen müssen. Früher war dies sehr kontrovers (Komm. § 6).
3. Absatz 3 ist in § 280 des neuen H.G.B. wiedergegeben.
4. Absatz 4 ist im § 283 wiedergegeben.

   Dabei ist bestimmt, daß eine solche Zusicherung nur unter dem Vorbehalt des im § 282 bezeichneten Rechts der Aktionäre erfolgen kann. Dieses letztere Recht ist ein novum. Es muß nämlich jedem Aktionär auf sein Verlangen ein seinem Antheil entsprechender Theil der neuen Aktien zugetheilt werden, sofern nicht der Beschluß der Generalversammlung über die Erhöhung ein Anderes bestimmt.

Zusatz 1. Die Frage nach der Giltigkeit früherer Gründerrechte (Zusicherungen auf den Bezug von Aktien) — Komm. § 10 — ist jetzt durch Art. 28 des Einführungsgesetzes zwar nicht direkt gelöst, da sich derselbe nur auf § 283 Abs. 1, nicht auf Abs. 2 bezieht. Aber die dieser Vorschrift zugrundeliegende Tendenz (vergl. auch Denkschr. S. 329: „Der Grundsatz würde zu einem Eingriff in erworbene Rechte führen“ ist ein neues durchschlagendes Moment für die Auffassung des Reichsgerichts.

Zusatz 2. Für den Fall, daß auf das erhöhte Grundkapital Einlagen gemacht werden, hat das alte H.G.B. nichts besonderes bestimmt (Komm. § 4). Das neue widmet diesem Falle eine besondere Vorschrift. Die Einlagen (und Uebernahmen) müssen der Person des Inferenten und dem Betrage nach genau festgesetzt sein; Abkommen, welche dem zuwiderlaufen, sind der Gesellschaft gegenüber unwirksam (§ 279 des neuen H.G.B.).

Artikel 215 b.

Die Zeichnung der neu auszugebenden Aktien erfolgt durch schriftliche Erklärung, welche in zwei Exemplaren unterzeichnet werden soll.

Die stattgefundene Erhöhung des Grundkapitals ist behufs der Eintragung in das Handelsregister anzumelden. Die Vorschriften im Artikel 210 und 212 finden entsprechende Anwendung.

Die Vorschriften dieses Artikels sind in den §§ 281 u. 284 des neuen H.G.B. wiedergegeben. Allein die neuen Vorschriften sind genauer, indem einmal im § 281 der Inhalt des Zeichnungsscheins genau vorgeschrieben ist, wodurch ein Mangel des bisherigen Rechts beseitigt wird (Komm. § 2 zu Art. 215b), und ferner, indem § 284 die Beilagen der Anmeldung genau

bezeichnet, was ebenfalls einen empfindlichen Mangel des bisherigen Rechts abstellt (Komm. §§ 3 ff.).
Hinzugefügt ist im § 285 die sachgemäße Vorschrift, daß die Anmeldung und Eintragung der erfolgten Erhöhung mit der Anmeldung und Eintragung des Beschlusses über die Erhöhung verbunden werden können.

Die vor der Eintragung der erfolgten Erhöhung ausgegebenen Aktien sind nach der klaren Vorschrift des neuen H.G.B. (§ 287: können nicht ausgegeben werden) nichtig. Für das frühere Recht nahm die herrschende Ansicht gegen uns (Komm. § 6) an, daß sie giltig sind.

Artikel 215 c.

Interimsscheine, welche auf Inhaber lauten, sind nichtig; die Ausgeber haften den Besitzern solidarisch für allen durch die Ausgabe verursachten Schaden.

Das Gleiche gilt, wenn Aktien oder Interimsscheine auf einen geringeren als den nach Artikel 207 a zugelassenen Betrag bestellt sind, oder wenn sie ausgegeben werden, bevor der Gesellschaftsvertrag bei dem Handelsgerichte, in dessen Bezirke die Gesellschaft ihren Sitz hat, in das Handelsregister eingetragen ist.

Vor der vollen Leistung des Nominalbetrages oder des in den Fällen der Artikel 209 a Ziffer 2, 215 a Absatz 2 festgestellten Betrages soll die Aktie nicht ausgegeben werden. Imgleichen sollen im Falle einer stattgefundenen Erhöhung des Grundkapitals vor Eintragung derselben in das Handelsregister des im vorigen Absatze bezeichneten Gerichts Aktien oder Interimsscheine nicht ausgegeben werden.

Aus Aktien und Interimsscheinen, welche in Gemässheit des Artikels 207 a auf einen Betrag von weniger als eintausend Mark gestellt sind, sollen im Falle des zweiten Absatzes des bezeichneten Artikels die ertheilte Genehmigung, im Falle des dritten Absatzes die Beschränkungen hervorgehen, welchen die Aktionäre in Bezug auf die Form einer Uebertragung ihrer Rechte und die Einwilligung der Gesellschaft in dieselbe unterworfen sind.

Die Vorschrift über die Ausgabe von Interimsscheinen auf den Inhaber (Absatz 1) ist im § 209 Abs. 2 des neuen H.G.B. wiederholt, die über die Ausgabe von Aktien oder Interimsscheinen vor Eintragung der Gesellschaft (Absatz 2) ebenda, die über die Ausgabe von Aktien oder Interimsscheinen unter dem gesetzlichen Minimalbetrage (Absatz 2) im § 209 Abs. 1. Die Vorschrift des Absatzes 3, nach welcher vor der Eintragung der Erhöhung des Grundkapitals Aktien oder Interimsscheine nicht auszugeben sind, ist im § 287 enthalten, und zwar mit der Fassung „können nicht", sodaß die gleichwohl erfolgte Ausgabe Nichtigkeit bewirkt (vergl. unsere Anmerkung zu Art. 215 b).

Die Vorschrift, daß vor der Leistung des Ausgabekurses Aktien nicht ausgegeben werden sollen, ist dahin modifizirt, daß Inhaberaktien vor dieser Vollleistung nicht ausgegeben werden sollen, wohl aber dürfen Namensaktien ausgegeben werden (§ 179 Abs. 3 u. 4).

Die Vorschrift des Absatzes 4 ist im § 180 Abs. 4 wiedergegeben.

Artikel 215 d.

Die Aktiengesellschaft soll eigene Aktien im geschäftlichen Betriebe, sofern nicht eine Kommission zum Einkauf ausgeführt wird, weder erwerben, noch zum Pfande nehmen. Sie darf eigene Interimsscheine im geschäftlichen Betriebe auch in Ausführung einer Einkaufskommission weder erwerben noch zum Pfande nehmen.

Eine Amortisation der Aktien ist zulässig, sofern sie unter Beobachtung der für die Zurückzahlung oder Herabsetzung des Grundkapitals massgebenden Vorschriften erfolgt. Ohne Beobachtung derselben darf die Gesellschaft ihre Aktien nur aus dem nach der jährlichen Bilanz sich ergebenden Gewinne und nur in dem Falle amortisiren, dass dies durch den ursprünglichen Gesellschaftsvertrag oder durch einen, den letzteren vor Ausgabe der Aktien abändernden Beschluss zugelassen ist.

1. Die Vorschrift des Absatzes 1 ist im § 226 ohne wesentliche Aenderung wiedergegeben. An Stelle der Worte: „im geschäftlichen Betriebe" sind die Worte „im regelmäßigen Geschäftsbetrieb" gewählt, was schon der bisherigen Gesetzesauslegung entspricht (Komm. § 2). Auch sind im Absatz 2 des § 226 mit Rücksicht auf die neuen Vorschriften des § 179 Abs. 3 u. 4 Namensaktien, die vor der vollen Leistung der Einzahlung ausgegeben sind, den Interimsscheinen gleichgestellt.
2. Die Vorschrift des Absatzes 2 ist im § 227 wiedergegeben, jedoch mit einzelnen Abweichungen:
   a) Soweit die Grundkapitalsherabsetzungsvorschriften beobachtet werden, hat es das bisherige Recht für nicht nothwendig erachtet, daß die Amortisation durch den Gesellschaftsvertrag gestattet ist. Das ist jetzt geändert. Die Amortisation darf stets nur erfolgen, wenn der Gesellschaftsvertrag sie gestattet.
   b) Aber diese Statutenbestimmung braucht nicht, wie bisher, bei jeder Art von Amortisaton, welche ohne die Beobachtung der Grundkapitalsherabsetzungsvorschriften erfolgt, vor der Ausgabe der Aktien getroffen zu sein, vielmehr genügt bei der Amortisation durch Ankauf, die ja ohne Zustimmung des Aktionärs nicht erfolgen kann, auch eine nachträgliche Statutenänderung.

Zusatz. Das Aufgebot und die Kraftloserklärung abhanden gekommener oder vernichteter Aktienurkunden war bisher reichsgesetzlich nicht geregelt. Der § 228 des neuen H.G.B. trifft die erforderlichen Bestimmungen.

Angeknüpft sind hieran im § 229 Bestimmungen über Ausgabe von neuen Urkunden an Stelle beschädigter.

Artikel 216.

Jeder Aktionär hat einen verhältnissmässigen Antheil an dem Vermögen der Gesellschaft.

Er kann den eingezahlten Betrag nicht zurückfordern und hat, solange die Gesellschaft besteht, nur einen Anspruch auf den reinen Gewinn, soweit dieser nach dem Gesellschaftsvertrage zur Vertheilung unter die Aktionäre bestimmt ist.

1. Absatz 1 ist in das neue H.G.B. nicht aufgenommen. Er ist, wenn man ihn auf die einzelnen das Gesellschaftsvermögen bildenden Gegenstände beziehen will, nach der Meinung der Denkschrift (S. 143) unrichtig, im übrigen unerheblich. Das deckt sich mit unserer Auffassung dieses Absatzes (Komm. §§ 1—3).
2. Absatz 2 ist im § 213 wiedergegeben.
3. Im § 214 sind die Antheile am Gewinne bestimmter präzisirt, besonders für den Fall, daß die Einzahlungen nicht auf alle Aktien in demselben Verhältnisse geleistet sind.

Artikel 217.

Zinsen von bestimmter Höhe dürfen für die Aktionäre nicht bedungen noch ausbezahlt werden; es darf nur dasjenige unter sie vertheilt werden, was sich nach der jährlichen Bilanz als reiner Gewinn ergiebt.

Jedoch können für den in dem Gesellschaftsvertrage angegebenen Zeitraum, welchen die Vorbereitung des Unternehmens bis zum Anfange des vollen Betriebes erfordert, den Aktionären Zinsen von bestimmter Höhe bedungen werden.

Die Vorschrift ist im § 215 wiedergegeben.

Artikel 218.

Der Aktionär ist in keinem Falle verpflichtet, die in gutem Glauben empfangenen Zinsen und Dividenden zurückzugeben.

Die Vorschrift ist im § 217 wiedergegeben. Dabei ist aber ausdrücklich eine direkte Verbindlichkeit der Aktionäre gegenüber den Gläubigern auf Ersatz derjenigen Zahlungen statuirt, welche sie den Vorschriften des H.G.B. entgegen empfangen haben. Die Tragweite dieser Vorschrift kann im Augenblicke noch nicht übersehen werden. Hat insbesondere ein Aktionär eine Zahlung entgegen der Vorschrift des Gesetzbuchs empfangen, wenn die Bilanz, die auch nach seiner Ansicht unrichtig war, von keiner Seite angefochten und dadurch giltig wurde? Wenn man das verneint, so hat sich der Rechtszustand trotz dieser neuen Bestimmung nicht wesentlich geändert.

Artikel 219.

Die Verpflichtung des Aktionärs, zu den Zwecken der Gesellschaft und zur Erfüllung ihrer Verbindlichkeiten beizutragen, wird durch den Nominalbetrag der Aktie, in den Fällen der Artikel 209 a Ziffer 2, 215 a Absatz 2 durch den Betrag, für welchen die Aktie ausgegeben ist, begrenzt.

Rücksichtlich der Einzahlung der auf die Aktie zu leistenden Beträge, sowie rücksichtlich einer zu leistenden Einlage finden die Bestimmungen der Artikel 184 bis 184 c auf den Aktionär und die Rechtsvorgänger desselben Anwendung.

1. Die Vorschrift des Absatzes 1 des vorliegenden Artikels ist im § 211 des neuen H.G.B. allerdings wiedergegeben. Allein während nach bisherigem Recht anzunehmen war, daß es zum Wesen der Aktiengesellschaft gehörte, daß die Verpflichtung des Aktionärs sich in seiner Einlage erschöpfe (Komm. § 1), ist dieser Standpunkt jetzt aufgegeben. Mit Rücksicht auf die Schwierigkeiten, mit denen die Zuckerrübenfabriken zu kämpfen hatten, um sich mit dieser Bestimmung abzufinden (vergl. Komm. § 3), ist im § 212 des neuen H.G.B. angeordnet, daß neben den Kapitaleinlagen im Gesellschaftsvertrage den Aktionären die Verpflichtung zu wiederkehrenden, nicht in Geld bestehenden Leistungen auferlegt werden kann, sofern die Uebertragung der Antheilsrechte an die Zustimmung der Gesellschaft gebunden ist. Im Anschluß hieran bestimmt nun § 216, daß Vergütungen für solche Leistungen, soweit sie den Werth derselben nicht übersteigen, gezahlt werden dürfen ohne Rücksicht darauf, ob die jährliche Bilanz einen Reingewinn ergiebt, und ferner bestimmt § 276, daß eine solche Verpflichtung zu wiederkehrenden Leistungen entweder im ursprünglichen Gesellschaftsvertrage oder aber nur mit Zustimmung sämmtlicher Belasteten auferlegt werden darf.

   Der Grundsatz von der Begrenzung der Aktionärverpflichtungen durch den Betrag der Einlagen ist nach dieser Regelung kein Wesensbestandtheil der Aktionärrechte mehr. Immerhin ist er die Regel, von welcher nur ausdrückliche Ausnahmen zuzulassen sind.
2. Die Vorschrift des Absatzes 2 ist weggelassen, weil ja nach dem neuen H.G.B. der Titel über die Aktiengesellschaften nicht auf den Titel über die Kommanditgesellschaften auf Aktien Bezug nimmt, sondern umgekehrt verfahren ist.

Artikel 184.

Ein Gesellschafter, welcher den auf die Aktie eingeforderten Betrag nicht zur rechten Zeit einzahlt, ist zur Zahlung von Verzugszinsen von Rechtswegen verpflichtet.

Im Gesellschaftsvertrage können für den Fall der verzögerten Einzahlung Konventionalstrafen ohne Rücksicht auf die sonst stattfindenden gesetzlichen Einschränkungen festgesetzt werden.

Ist im Gesellschaftsvertrage keine besondere Form, wie die Aufforderung zur Einzahlung geschehen soll, bestimmt, so geschieht dieselbe in der Form, in welcher die Bekanntmachungen der Gesellschaft nach dem Gesellschaftsvertrage überhaupt erfolgen müssen.

Die Vorschrift ist im § 218 des neuen H.G.B. wiedergegeben. Das Wort Verzugszinsen ist dabei vermieden. Die Bestimmung des Absatzes 2, daß die Vertragsstrafe ohne Rücksicht auf die sonst stattfindenden gesetzlichen Einschränkungen im Gesellschaftsvertrage festgesetzt werden dürfe, ist gestrichen, weil sie, wie die Denkschrift S. 145 sagt, infolge der Vorschriften des B.G.B. nicht mehr nöthig sei. Allein das B.G.B. enthält doch gerade umgekehrt die Einschränkung, daß der Richter das Ermäßigungsrecht hat. Wollte man also, wie es den Anschein hat, die Vorschrift des alten H.G.B. aufrecht erhalten und bestimmen, daß diese gesetzliche Einschränkung hier nicht Platz greift, so durfte dieser Passus nicht gestrichen werden. Da dies doch geschehen ist, so greift § 343 B.G.B. Platz, wonach eine unverhältnißmäßig hohe Strafe durch den Richter herabgesetzt werden kann; es fällt aber dieses Ermäßigungsrecht weg, wenn ein Kaufmann die Vertragsstrafe versprochen hat (§ 348 des neuen H.G.B.).

Artikel 184 a.

Im Falle verzögerter Einzahlung kann an die säumigen Gesellschafter eine erneute Aufforderung zur Zahlung unter Androhung ihres Ausschlusses mit dem Antheilsrechte erlassen werden. Die Aufforderung hat mindestens dreimal durch Bekanntmachung in den hierzu bestimmten öffentlichen Blättern, die erste Bekanntmachung mindestens drei Monate und die letzte Bekanntmachung mindestens vier Wochen vor Ablauf der für die Einzahlung gesetzten Nachfrist zu erfolgen. Statt der Bekanntmachungen in den öffentlichen Blättern genügt, falls das Antheilsrecht nicht ohne Einwilligung der Gesellschaft übertragbar ist, die Bekanntmachung der Aufforderung mit einer vier Wochen übersteigenden Nachfrist durch besonderen Erlass an die säumigen Gesellschafter.

Ein Gesellschafter, welcher den auf die Aktie zu leistenden Betrag nicht einzahlt, obwohl die im vorstehenden Absatze bezeichnete Aufforderung stattgefunden hat, ist seiner Anrechte aus der Zeichnung der Aktie und der geleisteten Theilzahlungen zu Gunsten der Gesellschaft verlustig zu erklären. Die den Ausschluss bewirkende Erklärung erfolgt mittels Bekanntmachung durch die hierzu bestimmten öffentlichen Blätter. An Stelle der bisherigen Urkunde ist eine neue auszugeben, welche ausser den früher geleisteten Theilzahlungen den eingeforderten Betrag zu umfassen hat. Wegen des Ausfalls, welchen die Gesellschaft an diesem Betrage oder den später eingeforderten Beträgen erleidet, bleibt ihr der ausgeschlossene Gesellschafter verhaftet.

Von den vorstehenden Rechtsfolgen kann der Gesellschafter nicht befreit werden.

Die Vorschrift ist im § 219 des neuen H.G.B. sachlich unverändert wiedergegeben. Der letzte Absatz ist wohl im § 221 mit enthalten, obgleich derselbe auf § 219 nicht Bezug nimmt. Jedenfalls ist nach der Tendenz der Vorschrift eine entgegenstehende Vereinbarung ausgeschlossen (vergl. auch Denkschrift S. 145).

Artikel 184 b.

Soweit der ausgeschlossene Gesellschafter den eingeforderten Betrag nicht gezahlt hat, ist für denselben der Gesellschaft der letzte und jeder frühere, in dem Aktienbuche verzeichnete Rechtsvorgänger verhaftet, ein früherer Rechtsvorgänger, soweit die Zahlung von dessen Rechtsnachfolger nicht zu erlangen ist. Dies ist bis zum Nachweise des Gegentheils anzunehmen, soweit von letzterem die Zahlung nicht bis zum Ablauf von vier Wochen geleistet wird, nachdem an ihn die Zahlungsaufforderung und an den Rechtsvorgänger die Benachrichtigung von derselben erfolgt ist. Der Rechtsvorgänger erhält gegen Zahlung des rückständigen Betrages die neu auszugebende Urkunde.

Die Haftpflicht des Rechtsvorgängers ist auf die innerhalb der Frist von zwei Jahren auf die Aktien eingeforderten Beträge beschränkt. Die Frist beginnt mit dem Tage, an welchem die Uebertragung des Antheilsrechts zum Aktienbuche der Gesellschaft angemeldet ist.

Von der vorstehenden Verbindlichkeit können die Rechtsvorgänger nicht befreit werden.

Ist die Zahlung des rückständigen Betrages von Rechtsoargängern nicht zu erlangen, so kann die Gesellschaft das Antheilsrecht zum Börsenpreise und in Ermangelung eines solchen durch öffentliche Versteigerung verkaufen.

Die Vorschrift ist im § 220 des neuen H.G.B. wiedergegeben, Absatz 3 in § 221.

Artikel 184 c.

Die Gesellschafter können gegen die ihnen in Gemässheit der Artikel 184 bis 184 b obliegenden Zahlungen eine Aufrechnung nicht geltend machen. Ebensowenig findet an dem Gegenstande einer zu leistenden Einlage wegen Forderungen, welche sich nicht auf dieselbe beziehen, ein Zurückbehaltungsrecht statt.

Die Vorschrift dieses Artikels ist im neuen H.G.B. gestrichen. Der Ausschluß der Aufrechnungsbefugniß fällt damit fort. Der Ausschluß des Zurückbehaltungsrechts ist gestrichen, weil eine solche Vorschrift ohne Bedeutung wäre, indem § 273 B.G.B. ein Zurückbehaltungsrecht überhaupt nur für Ansprüche anerkennt, die auf demselben rechtlichen Verhältnisse wie die Verbindlichkeit des Schuldners beruhen. „Das weitergehende kaufmännische Zurückbehaltungsrecht kommt hier nicht in Frage", sagt die Denkschrift (S. 146). Ob diese letzte Bemerkung zutrifft, erscheint doch zweifelhaft.

Artikel 220.

Für die Eintragung der Interimsscheine und der auf Namen gestellten Aktie in das Aktienbuch, sowie für die Uebertragung derselben auf andere Personen sind die Vorschriften der Artikel 182 und 183 massgebend.

Artikel 182.

Aktien, welche auf Namen lauten, müssen mit genauer Bezeichnung des Inhabers nach Namen, Wohnort und Stand in das Aktienbuch der Gesellschaft eingetragen werden.

Sie können, soweit nicht der Artikel 181 oder der Gesellschaftsvertrag ein anderes bestimmt, ohne Einwilligung der Gesellschaft auf andere Personen übertragen werden. Zu der im Gesellschaftsvertrage vorbehaltenen Einwilligung der Gesellschaft in die Uebertragung von Aktien, welche auf einen Betrag von weniger als eintausend Mark gestellt sind, ist die Zustimmung des Aufsichtsraths und der Generalversammlung erforderlich. Die Uebertragung dieser Aktien bedarf zu ihrer Gültigkeit einer die Person des Erwerbers bezeichnenden gerichtlich oder notariell beglaubigten Erklärung.

Die Uebertragung anderer Aktien, welche auf Namen lauten, kann durch Indossament geschehen. In Betreff der Form desselben kommen die Bestimmungen der Artikel 11 bis 13 der Deutschen Wechselordnung zur Anwendung.

Artikel 183.

Wenn das Eigenthum der auf Namen lautenden Aktie auf einen Anderen übergeht, so ist dies, unter Vorlegung der Aktie und des Nachweises des Ueberganges, bei der Gesellschaft anzumelden und im Aktienbuche zu bemerken.

Im Verhältnisse zu der Gesellschaft werden nur diejenigen als die Eigenthümer angesehen, welche als solche im Aktienbuche verzeichnet sind.

Zur Prüfung der Legitimation ist die Gesellschaft berechtigt aber nicht verpflichtet.

Ueber die Materie, welche durch diese Vorschriften geregelt ist, verhalten sich jetzt die §§ 222—224 des neuen H.G.B., jedoch mit folgenden Aenderungen:

1. Im § 222 des neuen H.G.B. sind nicht blos, wie bisher im Art. 182, die Art. 11—13 der Wechselordnung, sondern auch die Art. 36 u. 74 für anwendbar erklärt. Der gutgläubige Erwerber einer dem Veräußerer nicht gehörigen Namensaktie war daher früher nicht ohne weiteres geschützt (vergl. Komm. § 3 Note 1 zu Art. 182). Diese Lücke ist dadurch ergänzt.
2. Absatz 3 des Art. 183, welcher der Auslegung große Schwierigkeiten bereitet hat (vergl. Komm. § 4 d), ist im § 223 Abs. 2 dahin geändert, daß die Gesellschaft die Echtheit der

auf der Aktie befindlichen Indossamente oder der Abtretungserklärungen zu prüfen nicht verpflichtet ist.

Zusatz. Ueber Inhaberaktien enthält auch das neue H.G.B. keine besonderen Vorschriften (vergl. Komm. § 5 zu Art. 183). Die Denkschrift (S. 147) sagt hierüber: Die Bestimmungen der §§ 793—808 B.G.B. haben allerdings nur die Schuldverschreibungen auf den Inhaber zum Gegenstande. Soweit sie indessen Fragen regeln, welche die Natur der Inhaberpapiere überhaupt betreffen, werden sie für alle Inhaberpapiere Anerkennung zu finden haben.

Exkurs zu Art. 220.

Die Vorschrift, daß die Aktien untheilbar sind (Art. 207 Abs. 3 des alten, § 179 des neuen H.G.B.) hat Zweifel darüber hervorgerufen, ob ein Miteigenthum Mehrerer an einer Aktie überhaupt möglich sei und wie in solchen Fällen die Aktionärrechte auszuüben sind. Diese Materie wird jetzt durch § 225 des neuen H.G.B. im Anschluß an § 18 des Gesetzes betreffend die Gesellschaften mit beschränkter Haftung dahin geregelt: es ist zulässig, daß eine Aktie mehreren Mitberechtigten zusteht; dieselben haben ihre Rechte durch einen gemeinschaftlichen Vertreter auszuüben haften für die Leistungen an die Gesellschaft als Gesammtschuldner, und wenn ihnen gegenüber eine Erklärung abzugeben ist, so ist sie dem Vertreter abzugeben; wenn keiner bestellt ist, so genügt die Abgabe an einen der Berechtigten.

Artikel 221.

Die Rechte, welche den Aktionären in den Angelegenheiten der Gesellschaft, insbesondere in Beziehung auf die Führung der Geschäfte, die Prüfung der Bilanz und die Bestimmung der Gewinnvertheilung zustehen, werden in der Generalversammlung durch Beschlussfassung der erschienenen Aktionäre ausgeübt.

Rücksichtlich der Bedingungen und der Ausübung des Stimmrechts kommen die Vorschriften im Artikel 190 zur Anwendung.

Die Vorschrift des Absatzes 1 findet sich sachlich unverändert im § 250 des neuen H.G.B. Ueber Sonderrechte hat auch das neue H.G.B. nichts bestimmt. Die Denkschrift S. 154 bemerkt nur, daß der im § 35 B.G.B. ausgesprochene Grundsatz, daß Sonderrechte der Mitglieder ohne ihre Zustimmung durch Beschlüsse der Mitglieder nicht beeinträchtigt werden können, auch für Aktiengesellschaften gilt. Das Problem, was unter Sonderrecht zu verstehen ist (Komm. § 2), ist damit natürlich nicht gelöst. Der § 35 B.G.B. ist wohl nicht mehr als ein idem per idem.

Absatz 2 und der in diesem angezogene Art. 190 sind ersetzt durch die §§ 251 u. 252 des neuen H.G.B. Vergl. das Folgende.

Artikel 190.

Jede Aktie gewährt das Stimmrecht. Dasselbe wird nach den Aktienbeträgen ausgeübt. Der Gesellschaftsvertrag kann für den Fall, dass ein Kommanditist mehrere Aktien bezitzt, die Ausübung des Stimmrechts für dieselben durch einen Höchstbetrag oder in Abstufungen oder nach Gattungen beschränken.

Vollmachten erfordern zu ihrer Gültigkeit die schriftliche Form, sie bleiben in der Verwahrung der Gesellschaft.

Wer durch die Beschlussfassung entlastet oder von einer Verpflichtung befreit werden soll, hat hierbei kein Stimmrecht und darf ein solches auch nicht für Andere ausüben. Dasselbe gilt von einer Beschlussfassung, welche die Eingehung eines Rechtsgeschäfts mit ihm betrifft.

Persönlich haftende Gesellschafter, welchen in Gemässheit der Artikel 174 a, 180 h Absatz 3 Antheile am Gesammtkapital der Kommanditisten zustehen oder welche sonst Aktien erwerben, haben kein Stimmrecht.

Im Uebrigen ist für die Bedingungen des Stimmrechts und die Form, in welcher dasselbe auszuüben ist, der Gesellschaftsvertrag massgebend.

1. Dieser Artikel ist ersetzt durch §§ 251 u. 252 des neuen H.G.B. Der § 251 insbesondere enthält eine Bestimmung, wonach die Beschlüsse der Generalversammlung in der Regel durch einfache Stimmenmehrheit erfolgen. Unter einfacher Stimmenmehrheit versteht das neue H.G.B. die Mehrheit der abgegebenen Stimmen (anders nach unserer Meinung das alte H.G.B.; vergl. Komm. § 10 zu Art. 209a).

2. Art. 190 ist sachlich unverändert im § 252 des neuen H.G.B. wiedergegeben. Im Absatz 1 ist zwar statt der kurzen Worte „nach Gattung" ausdrücklich gesagt: „Werden mehrere Gattungen von Aktien ausgegeben, so kann der Gesellschaftsvertrag den Aktien der einen Gattung ein höheres Stimmrecht beilegen als den Aktien einer anderen Gattung." Doch ist auch früher das Gesetz so ausgelegt worden (Komm. § 3). Das Gleiche gilt von der Hinzufügung in Absatz 3, daß auch derjenige Aktionär nicht mitstimmen darf, hinsichtlich dessen es sich um die Einleitung oder Erledigung eines Rechtsstreits zwischen ihm und der Gesellschaft handelt. Auch das lag nach richtiger Auslegung schon im früheren Gesetz (Komm. § 7).

Geändert aber ist Absatz 2, da nunmehr die Vollmacht schriftlich nicht blos sein muß, sondern auch in dieser Form ausreichend ist. Soll damit ausgeschlossen sein, daß das Statut höhere Erfordernisse aufstellt? (Vergl. Komm. § 4.)

Artikel 222.

Die Vorschriften im Artikel 190a, 191b über die Anfechtung eines Beschlusses der Generalversammlung finden mit der Massgabe Anwendung, dass an die Stelle der persönlich haftenden Gesellschafter der Vorstand tritt.

Die Vorschrift des vorliegenden Artikels und der in ihm angezogenen Art. 190a und 190b wird im neuen H.G.B. ersetzt durch die §§ 271, 272 und 273. Vergl. das Folgende.

Artikel 190a.

Ein Beschluss der Generalversammlung kann wegen Verletzung des Gesetzes oder des Gesellschaftsvertrages als ungültig im Wege der Klage angefochten werden. Dieselbe findet nur binnen der Frist von einem Monate statt. Zur Anfechtung befugt ist ausser persönlich haftenden Gesellschaftern jeder in der Generalversammlung erschienene Kommanditist, sofern er gegen den Beschluss Widerspruch zum Protokoll erklärt hat, und jeder nicht erschienene Kommanditist, sofern er die Anfechtung darauf gründet, dass die Berufung der Generalversammlung oder die Ankündigung des Gegenstandes der Beschlussfassung nicht gehörig erfolgt war.

Die Klage ist gegen die persönlich haftenden Gesellschafter, soweit sie nicht selbst klagen, und gegen den Aufsichtsrath zu richten. Zuständig für die Klage ist ausschliesslich das Landgericht, in dessen Bezirke die Gesellschaft ihren Sitz hat. Die mündliche Verhandlung erfolgt nicht vor Ablauf der im ersten Absatze bezeichneten Frist. Mehrere Anfechtungsprozesse sind zur gleichzeitigen Verhandlung und Entscheidung zu verbinden.

Ein klagender Kommanditist hat seine Aktien gerichtlich zu hinterlegen und auf Verlangen der Gesellschaft wegen der ihr drohenden Nachtheile eine nach freiem Ermessen des Gerichts zu bestimmende Sicherheit zu leisten. Das Verlangen ist als prozesshindernde Einrede geltend zu machen. Wird die Sicherheit binnen der vom Gerichte gestellten Frist nicht geleistet, so ist die Klage auf Antrag für zurückgenommen zu erklären.

Die persönlich haftenden Gesellschafter haben die Erhebung einer jeden Klage sowie den Termin zur mündlichen Verhandlung ohne Verzug in den für die Bekanntmachungen der Gesellschaft bestimmten Blättern zu veröffentlichen.

Soweit durch ein Urtheil rechtskräftig der Beschluss für ungültig erklärt ist, wirkt es auch gegenüber den Kommanditisten, welche nicht Partei sind. Dasselbe ist von den persönlich haftenden Gesellschaftern ohne Verzug zu dem Handelsregister einzureichen. War der Beschluss in dasselbe eingetragen, so ist auch das Urtheil einzutragen und in gleicher Weise wie der Beschluss zu veröffentlichen. (Artikel 177, 179.)

Die Vorschrift ist in den §§ 271—273 des neuen H.G.B. mit folgenden Klarstellungen und sachlichen Aenderungen wiedergegeben.

1. Die anfechtungsberechtigten Personen.
   a) Der nicht erschienene Aktionär ist auch dann zur Anfechtung berechtigt, wenn er zur Generalversammlung nicht zugelassen worden ist (§ 271). Das dient zur Klarstellung des bisherigen Rechts (Komm. § 2).
   b) Nicht blos der Vorstand als Organ ist anfechtungsberechtigt, sondern, unter einer bestimmten Voraussetzung, auch jedes Mitglied des Vorstandes und des Aufsichtsraths, nämlich wenn der Beschluß eine Maßregel betraf, durch deren Ausführung sich die Mitglieder des Vorstandes und des Aufsichtsraths strafbar oder den Gläubigern der Gesellschaft haftbar machen würden (§ 271).
2. Die Anfechtungsbedingungen sind für einen Fall erschwert. Wenn nämlich der Aktionär seine Anfechtung darauf stützt, daß zuviel abgeschrieben oder in die Reservefonds gelegt ist, so bedarf es zu dieser Anfechtung des 20. Theils des Grundkapitals (§ 271). Die Vorschrift verdankt ihre Entstehung einem Beschlusse der Reichstagskommission, und dieser wieder ist zurückzuführen auf einen praktischen Fall, der sich bei der Berliner Packetfahrtaktiengesellschaft ereignet hatte, wo ein Aktionär mit einer Aktie von 400 M. klagte und die Erhöhung der Dividende auf Kosten von Abschreibungen verlangte, welche die übrigen Aktionäre gebilligt hatten.

   Andrerseits sind die Anfechtungsbedingungen in jedem Falle dadurch erleichtert, daß nicht mehr vorgeschrieben ist, der Aktionär müsse seine Aktien hinterlegen. Die Denkschrift meint, er müsse aber selbstverständlich seine Aktionäreigenschaft auf andere Weise nachweisen.
3. Die Passivlegitimation ist klargestellt im Sinne derjenigen Auslegung, welche auch früher angenommen wurde: die Klage ist gegen die Gesellschaft zu richten, welche durch den Vorstand und den Aufsichtsrath vertreten wird (§ 272; vergl. Komm. § 17 zu Art. 190 a).

Zusatz. Die Folgen der unterlassenen Anfechtung sind auch im neuen H.G.B. nicht besonders geregelt. Insbesondere st auch die bisherige Streitfrage nicht entschieden, ob ein Generalversammlungsbeschluß, der nicht zwingende Bestimmungen (des Gesetzes oder Statuts) verletzt, vom Registerrichter eingetragen werden muß, wenn er nicht oder vergeblich angefochten worden ist (vergl. Komm. § 18 b zu Art. 190 a). Wir haben die Frage nach bisherigem Rechte verneint. Die Denkschrift meint, diese Frage sei von der Praxis meistens bejaht worden und könne auch künftig der Rechtsprechung zur Entscheidung überlassen werden. Wir meinen aber, daß sich eine gesetzliche Entscheidung dieser wichtigen Frage, da man an sie gedacht hat, doch sehr empfohlen hätte. Wir glauben, daß wir unsere frühere der Rechtsprechung entgegengesetzte Ansicht werden aufrechthalten müssen, jetzt wohl noch mehr, wo die Stellung des Registerrichters, als Wächters über die Beobachtung der Statuten, noch mehr zur Geltung kommt, nachdem es gestattet ist, daß die Generalversammlung redaktionelle Aenderungen der Statuten dem Aufsichtsrath überträgt. Denn ob die Beschlüsse des Aufsichtsraths wirklich nur redaktionelle Aenderungen sind, sollte doch wohl nicht dem Ermessen des Aufsichtsraths überlassen werden. Hier soll doch wohl der Registerrichter entscheiden und die Eintragung ablehnen, wenn nach seiner Ansicht nicht blos Fassungsänderungen vorliegen.

Artikel 190 b.

Für einen durch unbegründete Anfechtung des Beschlusses (Artikel 190 a) der Gesellschaft entstandenen Schaden haften ihr solidarisch die Kläger, welchen bei Erhebung der Klage eine bösliche Handlungsweise zur Last fällt.

Die Vorschrift ist im § 273 Abs. 2 des neuen H.G.B. wiedergegeben.

Artikel 222 a.

Auf Antrag von Aktionären, deren Antheile zusammen den zehnten Theil des Grundkapitals darstellen, kann das Landgericht, in dessen Bezirk die Gesellschaft ihren Sitz hat, zur Prüfung eines Herganges bei der Gründung oder eines nicht mehr als zwei Jahre zurückliegenden Herganges bei der Geschäftsführung oder Liquidation der Gesellschaft Revisoren ernennen, sofern ein in der Generalversammlung gestellter Antrag auf Prüfung abgelehnt ist und dem Gerichte glaubhaft gemacht wird, dass bei dem Hergange Unredlichkeiten oder grobe Verletzungen des Gesetzes oder des Gesellschaftsvertrages stattgefunden haben. Die Antragsteller haben zugleich die Aktien bis zur Entscheidung über den Antrag gerichtlich zu hinterlegen und glaubhaft zu machen, dass sie dieselben seit mindestens sechs Monaten, von der Generalversammlung zurückgerechnet, besitzen.

Vor der Anordnung sind der Vorstand oder die Liquidatoren, sowie der Aufsichtsrath zu hören. Die Anordnung ist von einer nach freiem Ermessen zu bestimmenden Sicherheitsleistung abhängig zu machen.

Der Vorstand hat den Revisoren die Einsicht der Bücher und Schriften der Gesellschaft und die Untersuchung des Bestandes der Gesellschaftskasse, wie der Bestände an Effekten, Handelspapieren und Waaren zu gestatten.

Der Bericht über das Ergebniss der Prüfung ist von den Revisoren zu dem Handelsregister einzureichen und von dem Vorstande bei der Berufung der nächsten Generalversammlung als Gegenstand der Beschlussfassung anzukündigen.

Ist der Antrag auf Ernennung von Revisoren zurückgewiesen oder erweist er sich nach dem Ergebnisse der Prüfung als unbegründet, so sind die Aktionäre, welchen eine bösliche Handlungsweise bei Stellung des Antrages zur Last fällt, solidarisch verpflichtet, einen durch die Stellung desselben der Gesellschaft entstandenen Schaden zu ersetzen.

1. Die Revisoren können nach dem alten H.G.B. sowohl zur Prüfung der Bilanz (Art. 239a Abs. 1), als auch zur Prüfung von Vorgängen bei der Gründung oder Geschäftsführung von der Generalversammlung bestellt werden. Zu letzterem Zwecke ist nur unter gewissen Voraussetzungen auch eine gerichtliche Ernennung von Revisoren vorgesehen. Diese beiden Fälle behandelt das neue H.G.B. im Zusammenhang in den §§ 266 u. 267. Dadurch wird erreicht, daß sich die Vorschriften über das Verhalten des Vorstandes gegenüber den Revisoren und über die Behandlung des Revisionsberichts auf beide Arten von Revisoren beziehen (§ 267).
2. Zur Entscheidung zuständig ist nach dem alten H.G.B. das Landgericht, das neue H.G.B. bestimmt das „Gericht" dazu. Die Zuständigkeit bleibt, wie in zahlreichen anderen Fällen, dem zu erwartenden Reichsgesetze betreffend die freiwillige Gerichtsbarkeit vorbehalten.
3. Ueber die Kosten einer mit Hilfe des Gerichts veranlaßten Revision beschließt fortan die Generalversammlung (§ 267 Abs. 3).

Artikel 223.

Die Ansprüche der Gesellschaft aus der Gründung gegen die in Gemässheit der Artikel 213a bis 213c verpflichteten Personen oder aus der Geschäftsführung gegen die Mitglieder des Vorstandes und des Aufsichtsraths, sowie aus der Liquidation gegen die Liquidatoren und die Mitglieder des Aufsichtsraths sind zu überheben, wenn in der Generalversammlung dies mit einfacher Stimmenmehrheit beschlossen oder von einer Minderheit, deren Antheile den fünften Theil des Grundkapitals darstellen, verlangt wird.

Die Erhebung des Anspruchs auf Verlangen der Minderheit muss binnen drei Monaten seit der Generalversammlung erfolgen. Die von der Minderheit bezeichneten Personen können durch das Handelsgericht als Bevollmächtigte der Gesellschaft zur Führung des Prozesses ernannt werden. Der Klage ist das

Protokoll der Generalversammlung, soweit dasselbe die Erhebung des Anspruchs betrifft, in beglaubigter Abschrift beizufügen. Die Minderheit hat den fünften Theil des Grundkapitals in Aktien der Gesellschaft für die Dauer des Prozesses gerichtlich zu hinterlegen und dem Gerichte glaubhaft zu machen, dass sie dieselben seit mindestens sechs Monaten, von der Generalversammlung zurückgerechnet, besitzt. Sie hat auf Verlangen der Beklagten wegen der denselben drohenden Nachtheile eine nach freiem Ermessen des Gerichts zu bestimmende Sicherheit zu leisten. Das Verlangen ist als prozesshindernde Einrede geltend zu machen. Wird die Sicherheit binnen der vom Gerichte gestellten Frist nicht geleistet, so ist die Klage auf Antrag für zurückgenommen zu erklären. Die Minderheit ist verpflichtet, die der Gesellschaft auferlegten Prozesskosten ihr zu erstatten. Für den Schaden, welcher durch eine unbegründete Klage den Beklagten entstanden ist, haften ihnen solidarisch die Aktionäre, welchen bei Erhebung des Anspruchs eine bösliche Handlungsweise zur Last fällt.

Im Uebrigen kommen die Bestimmungen der Art. 194 und 195 zur entsprechenden Anwendung.

Die Vorschrift des Artikels ist in den §§ 268, 269 u. 270 des neuen H.G.B. wiederholt: indessen mit Abweichungen:

1. Hinsichtlich der durch Beschluß der Generalversammlung veranlaßten Klage sollte die im Komm. § 2 behandelte Kontroverse entschieden werden. Das Reichsgericht nahm nämlich früher an, daß die Worte des H.G.B. „die Ansprüche sind zu erheben" dahin zu deuten seien, die Ansprüche seien nur dann zu erheben, wenn die Generalversammlung dies beschlossen habe. Um diese Deutung auszuschließen, ist jetzt gesagt worden: die Ansprüche müssen erhoben werden. Allein diese Fassungsänderung ist an sich nicht geeignet, jene Deutung auszuschließen. Die Absicht des neuen H.G.B. wird aber dadurch erreicht werden, daß zu den früheren Argumenten für die betreffende Ansicht nun auch noch die Meinung der Denkschrift über die Absicht des neuen Gesetzes treten wird.
2. Die Antheile der Minderheit, auf deren Verlangen die Ansprüche erhoben werden müssen, müssen den 10. Theil des Grundkapitals (gegen den 5. Theil nach dem alten H.G.B.) betragen.
3. Klarer gestellt sind die Vorschriften über die Bestellung von Vertretern zur Führung der Prozesse.

Artikel 224.

Die für den Aufsichtsrath einer Kommanditgesellschaft auf Aktien in den Artikeln 191 und 192 gegebenen Bestimmungen finden auf den Aufsichtsrath einer Aktiengesellschaft Anwendung.

Artikel 191.

Der Aufsichtsrath besteht, sofern nicht der Gesellschaftsvertrag eine höhere Zahl festsetzt, aus drei von der Generalversammlung der Kommanditisten zu wählenden Mitgliedern. Persönlich haftende Gesellschafter können nicht Mitglieder des Aufsichtsraths sein.

Die Wahl des ersten Aufsichtsraths gilt für die Dauer des ersten Geschäftsjahres und, wenn dasselbe auf einen kürzeren Zeitraum als ein Jahr seit Eintragung des Gesellschaftsvertrages in das Handelsregister bemessen ist, bis zum Ablauf des am Ende dieses Jahres laufenden Geschäftsjahres.

Später kann der Aufsichtsrath nicht auf lärger als fünf Geschäftsjahre gewählt werden. Insoweit die Wahl auf einen längeren Zeitraum geschieht, ist dieselbe ohne rechtliche Wirkung.

Die Bestellung zum Mitgliede des Aufsichtsraths kann auch vor Ablauf des Zeitraums, für welchen dasselbe gewählt ist, durch die Generalversammlung widerrufen werden. Der Beschluss bedarf einer Mehrheit von drei Viertheilen des in der Generalversammlung vertretenen Gesammtkapitals.

Die Vorschrift ist im § 243 des neuen H.G.B. wiedergegeben. Bezüglich der Dauer des ersten Aufsichtsraths und der höchsten Grenze für die Dauer des späteren Aufsichtsraths ist insofern eine Aenderung vorgenommen, als die betreffenden Zeiträume nicht mehr, wie bisher, mit dem Schlusse eines bestimmten Geschäftsjahres, sondern mit der Beendigung derjenigen ordentlichen Generalversammlung, welche die Neuwahlen vorzunehmen hat, ablaufen sollen. Früher bestand der Mißstand, daß die Mitglieder des Aufsichtsraths ausschieden zu einer Zeit, wo die Neuwahl noch nicht stattfinden konnte, sodaß ein Interregnum eintrat (vergl. Komm. § 5). Wahlen auf 2 oder 3 Jahre werden wohl auch in dieser Weise interpretirt werden müssen.

Für den Widerruf der Bestellung zum Aufsichtsrathsmitgliede ist die gleiche Mehrheit, wie nach früherem Recht, erfordert, aber mit der (in der Denkschrift nicht hervorgehobenen) Aenderung, daß diese Majorität nicht zwingend ist, sondern nur Platz greift, wenn der Gesellschaftsvertrag nichts Anderes bestimmt.

Artikel 192.

Den Mitgliedern des ersten Aufsichtsraths darf eine Vergütung für die Ausübung ihrer Thätigkeit nur durch die Generalversammlung nach Ablauf des Zeitraumes, für welchen er gewählt ist, bewilligt werden.

Die Vorschrift des vorliegenden Artikels ist im § 245 Abs. 3 des neuen H.G.B. wiedergegeben. Indessen fügt der § 245 in seinen beiden ersten Absätzen neue Bestimmungen über die Vergütung des Aufsichtsraths hinzu:

1. eine etwaige procentuale Tantième darf nur berechnet werden von dem nach Abzug sämmtlicher Abschreibungen und Reserven und von 4 % für die Aktionäre verbleibenden Reingewinn,
2. es ist eine Erleichterung für Statutenbestimmungen, welche die Herabsetzung der Tantième betreffen, getroffen.

Die Festsetzung fester Vergütungen im Gesellschaftsvertrage ist keiner Beschränkung unterworfen.

Die sonstigen Entschädigungsfragen, die wir zu Art. 192 erörtert haben, werden sich künftig nach der rechtlichen Natur beantworten, welche dem in Frage kommenden Verhältnisse nach dem B.G.B. zukommen wird (Dienstvertrag? § 675 B.G.B.?).

Artikel 225.

Der Aufsichtsrath hat den Vorstand bei seiner Geschäftsführung in allen Zweigen der Verwaltung zu überwachen und zu dem Zwecke sich von dem Gange der Angelegenheiten der Gesellschaft zu unterrichten. Er kann jederzeit über dieselben Berichterstattung von dem Vorstande verlangen und selbst oder durch einzelne von ihm zu bestimmende Mitglieder die Bücher und Schriften der Gesellschaft einsehen, sowie den Bestand der Gesellschaftskasse und die Bestände an Effekten, Handelspapieren und Waaren untersuchen. Er hat die Jahresrechnungen, die Bilanzen und die Vorschläge zur Gewinnvertheilung zu prüfen und darüber der Generalversammlung der Aktionäre Bericht zu erstatten.

Er hat eine Generalversammlung zu berufen, wenn dies im Interesse der Gesellschaft erforderlich ist.

Weitere Obliegenheiten des Aufsichtsraths werden durch den Gesellschaftsvertrag bestimmt.

Die Mitglieder des Aufsichtsraths können die Ausübung ihrer Obliegenheiten nicht anderen Personen übertragen.

Die Vorschrift ist im § 246 des neuen H.G.B. wiederholt.

Artikel 225 a.

Die Mitglieder des Aufsichtsraths dürfen nicht zugleich Mitglieder des Vorstandes oder dauernd Stellvertreter derselben sein, auch nicht als Beamte die

Geschäfte der Gesellschaft führen. Nur für einen im Voraus begrenzten Zeitraum kann der Aufsichtsraths einzelne seiner Mitglieder zu Stellvertretern von behinderten Mitgliedern des Vorstandes bestellen; während dieses Zeitraums und bis zur ertheilten Entlastung des Vertreters darf der letztere eine Thätigkeit als Mitglied des Aufsichtsraths nicht ausüben.

Scheiden aus dem Vorstande Mitglieder aus, so dürfen dieselben nicht vor ertheilter Entlastung in den Aufsichtsrath gewählt werden.

Die Vorschrift ist im wesentlichen im § 248 des neuen H.G.B. wiedergegeben.

Artikel 226.

Die Mitglieder des Aufsichtsraths haben bei Erfüllung der ihnen nach Artikel 225 zugewiesenen Obliegenheiten die Sorgfalt eines ordentlichen Geschäftsmannes anzuwenden.

Dieselben sind der Gesellschaft neben den Mitgliedern des Vorstandes persönlich und solidarisch zum Ersatze verpflichtet, wenn mit ihrem Wissen und ohne ihr Einschreiten entgegen den gesetzlichen Bestimmungen:

1. Einlagen an die Aktionäre zurückgezahlt;
2. Zinsen oder Dividenden gezahlt;
3. eigene Aktien oder Interimsscheine der Gesellschaft erworben, zum Pfande genommen oder amortisirt worden;
4. Aktien vor der vollen Leistung des Nominalbetrages oder des in den Fällen der Artikel 209a Ziffer 2, 215a Absatz 2 festgesetzten Betrages, oder Aktien oder Interimsscheine im Falle einer stattgefundenen Erhöhung des Grundkapitals vor Eintragung derselben in das Handelsregister desjenigen Gerichts, in dessen Bezirke die Gesellschaft ihren Sitz hat, ausgegeben sind;
5. Die Vertheilung des Gesellschaftsvermögens, eine theilweise Zurückzahlung oder eine Herabsetzung des Grundkapitals oder im Falle des Artikels 215 Abs. 4 die Vereinigung der Vermögen der beiden Gesellschaften erfolgt ist.

Der Ersatzanspruch kann in den Fällen des zweiten Absatzes auch von den Gläubigern der Gesellschaft, soweit sie von dieser ihre Befriedigung nicht erlangen können selbstständig geltend gemacht werden. Die Ersatzpflicht wird ihnen gegenüber dadurch nicht aufgehoben, dass die Handlung auf einem Beschlusse der Generalversammlung beruht.

Die Ansprüche auf Grund der vorstehenden Bestimmungen verjähren in fünf Jahren.

Die Vorschrift des vorliegenden Artikels stimmt im wesentlichen mit § 249 des neuen H.G.B. überein, nur daß die einzelnen besonders hervorgehobenen Fälle nicht hier, sondern in dem korrespondirenden § 241 (bei der Haftpflicht des Vorstandes) aufgezählt sind. Die verschärfte Ersatzpflicht, welche auch von den Gläubigern geltend gemacht werden kann, tritt in Folge dieser Bezugnahme auch in dem Falle ein, daß mit Wissen und Willen und ohne Einschreiten des Aufsichtsraths Zahlungen geleistet sind, nachdem die Zahlungsunfähigkeit der Gesellschaft eingetreten ist oder ihre Ueberschuldung sich ergeben hat.

Wer im Falle des Konkurses des Haftpflichtigen den Gläubigeranspruch geltend zu machen hat, ist auch im neuen H.G.B. hier nicht gesagt, obwohl dies in ähnlichen Fällen geschehen ist. Hier bleibt also die betreffende Kontroverse bestehen, die wir im Komm. § 13 erörtert haben.

Exkurs zu Art. 226.

Die Vorschriften über den Aufsichtsrath sind im neuen H.G.B. ergänzt

1. Durch den § 244, Inhalts dessen jede Aenderung in den Personen der Mitglieder des Aufsichtsraths von dem Vorstande unverzüglich in den Gesellschaftsblättern bekannt zu

machen und die Bekanntmachung zum Handelsregister einzureichen ist Die Vorschrift ist bestimmt und geeignet, einem Mangel des früheren Rechts abzuhelfen. Denn nach dem alten H.G.B. war aus dem Handelsregister nicht ersichtlich, wer Aufsichtsrathsmitglied war. Zwar wurden die Generalversammlungsbeschlüsse, durch welche die Mitglieder gewählt wurden, eingereicht; aber ob der Gewählte die Wahl angenommen und ob er, wenn er sie angenommen, nicht später sein Amt niedergelegt hatte, alles das wurde weder publizirt, noch zum Handelsregister angemeldet.

2. Durch § 247, Inhalts dessen der Aufsichtsrath befugt ist, die Gesellschaft bei der Vornahme von Rechtsgeschäften mit den Vorstandsmitgliedern zu vertreten und gegen die Letzteren die von der Generalversammlung beschlossenen Rechtsstreitigkeiten zu führen, und, soweit es sich um die Verantwortlichkeit der Mitglieder des Aufsichtsraths handelt, auch solche Prozesse, die die Generalversammlung nicht genehmigt, auch solche, deren Führung sie abgelehnt hat. Das sind zum Theil sehr bedeutsame Neuerungen, zum Theil höchst wichtige Klarstellungen. So ist es sehr zu begrüßen, daß das Gesetz nunmehr klar und deutlich ausspricht, daß bei der Vornahme von Rechtsgeschäften mit den Vorstandsmitgliedern der Aufsichtsrath die Vertretungsbefugniß hat. Damit ist freilich nicht gesagt, daß der Aufsichtsrath allein sie hat. Auch die Generalversammlung kann mit den Vorstandsmitgliedern kontrahiren, auch Prokuristen oder sonstige Bevollmächtigte. Auch der Vorstand mit sich selbst? Vergl. hierüber unsere Bemerkungen zu Art. 52.

Artikel 227.

Die Aktiengesellschaft wird durch den Vorstand gerichtlich und aussergerichtlich vertreten.

Der Vorstand kann aus einer oder mehreren Personen bestehen, diese können besoldet oder unbesoldet, Aktionäre oder Andere sein.

Ihre Bestellung ist zu jeder Zeit widerruflich, unbeschadet der Entschädigungsansprüche aus bestehenden Verträgen.

Die Vorschrift ist im § 231 des neuen H.G.B. wiederholt. Im Absatz 2 ist die Hervorhebung, daß die Vorstandsmitglieder besoldet oder unbesoldet, Aktionäre oder andere Personen sein können, weggelassen. Das bedeutet aber keinen sachlichen Unterschied.

Die Quelle der Stellung der Vorstandsmitglieder ist der Regel nach ein Dienstvertrag, nämlich wenn das Amt besoldet ist (sonst liegt ein Auftragsverhältniß vor). Das war auch nach früherem Recht der Fall (vergl. Komm. § 1 u. § 7). Es finden daher für die mannigfachen Einzelfragen (ob auch die Vorstandsmitglieder ihr Amt niederlegen können, wie es mit ihrer Entschädigung, mit ihrer Kündigung u. s. w. steht) die betreffenden Vorschriften des B.G.B. Anwendung (§ 675 u. die in ihm angezogenen Paragraphen).

Hinsichtlich der Tantième aber ist die ausdrückliche Vorschrift gegeben, daß dieselbe nur berechnet werden darf von dem nach Vornahme sämmtlicher Abschreibungen und Rücklagen verbleibenden Reingewinne (§ 237).

Artikel 228.

Die jeweiligen Mitglieder des Vorstandes müssen alsbald nach ihrer Bestellung zur Eintragung in das Handelsregister (Art. 210, 212) angemeldet werden. Der Anmeldung ist ihre Legitimation beizufügen.

Sie haben ihre Unterschrift vor dem Handelsgerichte zu zeichnen, oder die Zeichnung derselben in beglaubigter Form einzureichen.

Die Vorschrift ist als überflüssig gestrichen. Sie hat neben Art. 233, jetzt § 234, keine Bedeutung. Denn danach ist jede Aenderung des Vorstandes zum Handelsregister anzumelden, die Anmeldung des ersten Vorstandes aber erfolgt bei der Gründung (§§ 195 198, 199).

Artikel 229.

Der Vorstand hat in der durch den Gesellschaftsvertrag bestimmten Form seine Willenserklärungen kundzugeben und für die Gesellschaft zu zeichnen. Ist nichts darüber bestimmt, so ist die Zeichnung durch sämmtliche Mitglieder des Vorstandes erforderlich.

Die Zeichnung geschieht in der Weise, dass die Zeichnenden zu der Firma der Gesellschaft oder zu der Benennung des Vorstandes ihre Unterschrift hinzufügen.

Die Vorschrift ist in den §§ 232 u. 233 des neuen H.G.B. wiedergegeben, jedoch mit mehreren Hinzufügungen:

1. Es ist bestimmt, daß der Vorstand auch einzelne Mitglieder zur Vornahme bestimmter Geschäfte oder bestimmter Arten von Geschäften ermächtigen kann. Das war auch früher Rechtens (Komm. § 9 zu Art. 229, § 6 zu Art. 41).
2. Es ist bestimmt, daß eine der Gesellschaft gegenüber abzugebende Erklärung als abgegeben gilt, wenn sie einem Mitgliede des Vorstandes gegenüber abgegeben ist, auch wenn dieses nur Kollektivvertretungsbefugniß hat.
3. Es ist bestimmt, daß zulässigerweise bestimmt werden kann: ein Vorstandsmitglied dürfe mit einem Prokuristen gemeinschaftlich die Gesellschaft vertreten, was wir früher für unzulässig hielten (Komm. § 4 zu Art. 43).

Artikel 230.

Die Gesellschaft wird durch die von dem Vorstande in ihrem Namen geschlossenen Rechtsgeschäfte berechtigt und verpflichtet; es ist gleichgültig, ob das Geschäft ausdrücklich im Namen der Gesellschaft geschlossen worden ist, oder ob die Umstände ergeben, dass es nach dem Willen der Kontrahenten für die Gesellschaft geschlossen werden sollte.

Die Vorschrift ist als überflüssig gestrichen. Sie wird ersetzt durch die allgemeine Bestimmung des § 164 B.G.B.

Artikel 231.

Der Vorstand ist der Gesellschaft gegenüber verpflichtet, die Beschränkungen einzuhalten, welche in dem Gesellschaftsvertrage oder durch Beschlüsse der Generalversammlung für den Umfang seiner Befugniss, die Gesellschaft zu vertreten, festgesetzt sind.

Gegen dritte Personen hat jedoch eine Beschränkung der Befugniss des Vorstandes, die Gesellschaft zu vertreten, keine rechtliche Wirkung. Dies gilt insbesondere für den Fall, dass die Vertretung sich nur auf gewisse Geschäfte oder Arten von Geschäften erstrecken, oder nur unter gewissen Umständen oder für eine gewisse Zeit oder an einzelnen Orten stattfinden soll, oder dass für einzelne Geschäfte die Zustimmung der Generalversammlung, des Aufsichtsraths oder eines anderen Organs der Gesellschaft erfordert ist.

Die Vorschrift ist in § 235 des neuen H.G.B. wiedergegeben.

Artikel 232.

Die Bestimmungen des Artikels 196a über den Betrieb von Geschäften in dem Handelszweige der Gesellschaft, sowie über die Theilnahme an einer anderen gleichartigen Gesellschaft finden auf die Mitglieder des Vorstandes entsprechende Anwendung.

Artikel 196 a.

Die Bestimmungen der Artikel 96 und 97 über den Betrieb von Geschäften in dem Handelszweige der Gesellschaft sowie über die Theilnahme an einer anderen gleichartigen Gesellschaft finden auf die persönlich haftenden Gesellschafter mit der Massgabe Anwendung, dass

1. die Genehmigung seitens der Kommanditisten durch die Generalversamm-

lung erfolgt, sofern nicht die Befugniss zur Ertheilung durch den Gesellschaftsvertrag oder durch Beschluss der Generalversammlung dem Aufsichtsrath übertragen worden ist;

2. das Recht der Gesellschaft in ein von einem persönlich haftenden Gesellschafter für eigene Rechnung gemachtes Geschäft einzutreten oder Schadensersatz zu fordern, nach drei Monaten von dem Zeitpunkte an erlischt, in welchem die übrigen persönlich haftenden Gesellschafter und der Aufsichtsrath von dem Abschlusse des Geschäfts Kenntniss erhalten haben.

Diese Artikel, welche das Konkurrenzverbot der Vorstandsmitglieder in unübersichtlicher Weise regelten, sind ersetzt durch den § 236 des neuen H.G.B. Derselbe unterscheidet sich von den vorliegenden Artikeln des alten H.G.B. formell durch eine übersichtliche Anordnung des Stoffs und materiell besonders dadurch, daß er das Konkurrenzverbot nicht mehr analog dem des Handlungsgehilfen regelt. Das Vorstandsmitglied darf daher überhaupt kein Handelsgewerbe betreiben, nicht blos, wie früher, in dem Handelszweige der Aktiengesellschaft.

Hinsichtlich der Einwilligung ist gesagt, daß sie dasjenige Organ zu ertheilen hat, welchem die Bestellung des Vorstandes obliegt, also regelmäßig der Aufsichtsrath.

Neu ist die fünfjährige Verjährung der aus der Verletzung des Verbots entstehenden Ansprüche.

Artikel 232 a.

Die für die Mitglieder des Vorstandes gegebenen Bestimmungen gelten auch für Stellvertreter von Mitgliedern.

Die Vorschrift ist im § 242 des neuen H.G.B. wiederholt.

Artikel 233.

Jede Aenderung in der Zusammensetzung des Vorstandes muss zur Eintragung in das Handelsregister (Art. 210, 212) angemeldet werden.

Dritten Personen kann die Aenderung nur insofern entgegengesetzt werden, als in Betreff dieser Aenderung die im Artikel 46 in Betreff des Erlöschens der Prokura bezeichneten Voraussetzungen vorhanden sind. Entscheidend hierfür ist die Eintragung bei dem Handelsgerichte, in dessen Bezirke die Gesellschaft ihren Sitz hat.

Die Vorschrift des Absatzes 1 ist im § 234 des neuen H.G.B. wiedergegeben, Absatz 2 wurde überflüssig durch die allgemeine Vorschrift des § 15 des neuen H.G.B.

Artikel 234.

Der Vorstand kann, sofern nicht durch den Gesellschaftsvertrag oder durch Beschluss der Generalversammlung ein Anderes bestimmt ist, einen Prokuristen nur mit Zustimmung des Aufsichtsraths bestellen. Diese Beschränkung hat Dritten gegenüber keine rechtliche Wirkung.

Die Vorschrift ist im § 238 des neuen H.G.B. wiedergegeben.

Artikel 235.

Der Betrieb von Geschäften der Gesellschaft, sowie die Vertretung der Gesellschaft in Bezug auf diese Geschäftsführung kann auch sonstigen Bevollmächtigten oder Beamten der Gesellschaft zugewiesen werden. In diesem Falle bestimmt sich die Befugniss derselben nach der ihnen ertheilten Vollmacht; sie erstreckt sich im Zweifel auf alle Rechtshandlungen, welche die Ausführung derartiger Geschäfte gewöhnlich mit sich bringt.

Die Vorschrift des Art. 235 ist als überflüssig gestrichen. Sie ergiebt sich aus den §§ 6 u. 54 des neuen H.G.B.

Artikel 236.

Die Generalversammlung der Aktionäre wird durch den Vorstand berufen, soweit nicht nach dem Gesetze oder dem Gesellschaftsvertrage auch andere Personen dazu befugt sind.

Die Generalversammlung ist, ausser den im Gesetze oder im Gesellschaftsvertrage ausdrücklich bestimmten Fällen, zu berufen, wenn es im Interesse der Gesellschaft erforderlich erscheint.

Die Vorschrift ist im § 253 des neuen H.G.B. wiederholt.

Artikel 237.

Aktionäre, deren Antheile zusammen den zwanzigsten Theil des Grundkapitals darstellen, sind berechtigt, in einer von ihnen unterzeichneten Eingabe unter Angabe des Zwecks und der Gründe die Berufung der Generalversammlung zu verlangen. Ist in dem Gesellschaftsvertrage das Recht, die Berufung der Generalversammlung zu verlangen, an den Besitz eines geringeren Antheils am Grundkapital geknüpft, so hat es hierbei sein Bewenden.

In gleicher Weise haben die Aktionäre das Recht, zu verlangen, dass Gegenstände zur Beschlussfassung einer Generalversammlung angekündigt werden.

Wird dem Verlangen nicht entsprochen, so kann das Handelsgericht die Aktionäre, welche das Verlangen gestellt haben, zur Berufung der Generalversammlung oder zur Ankündigung des Gegenstandes ermächtigen. Mit der Berufung oder Ankündigung ist die gerichtliche Ermächtigung zu veröffentlichen.

Die Vorschrift kehrt im § 254 des neuen H.G.B. wieder mit folgenden Aenderungen:

1. Das Gericht kann auch über den Vorsitz in der Generalversammlung Bestimmung treffen.
2. Die Ermächtigung des Gerichts braucht bei der Berufung oder Ankündigung nur in Bezug genommen zu werden, sie ist nicht mehr wie früher mit zu publiziren, was insbesondere dann schwierig war, wenn die Ermächtigung mit Gründen versehen war.
3. Die Generalversammlung soll jetzt darüber beschließen, ob die entstandenen Kosten von der Generalversammlung getragen werden sollen. Das war früher nicht angängig (Komm. § 12).

Artikel 238.

Die Berufung der Generalversammlung hat in der durch den Gesellschaftsvertrag bestimmten Weise mit einer Frist von mindestens zwei Wochen zu erfolgen. Ist in dem Gesellschaftsvertrage die Ausübung des Stimmrechts davon abhängig gemacht, dass die Aktien bis zu einem bestimmten Zeitpunkte vor der Generalversammlung hinterlegt werden, so ist die Frist derart zu bemessen, dass für die Hinterlegung mindestens zwei Wochen frei bleiben.

Der Zweck der Generalversammlung soll jederzeit bei der Berufung bekannt gemacht werden. Ueber Gegenstände, deren Verhandlung nicht in der durch den Gesellschaftsvertrag oder durch Artikel 237 Absatz 3 vorgesehenen Weise mindestens eine Woche vor dem Tage der Generalversammlung angekündigt ist, können Beschlüsse nicht gefasst werden; hiervon ist jedoch der Beschluss über den in einer Generalversammlung gestellten Antrag auf Berufung einer ausserordentlichen Generalversammlung angenommen.

Zur Stellung von Anträgen und zu Verhandlungen ohne Beschlussfassung bedarf es der Ankündigung nicht.

1. Die Vorschrift des Absatzes 1 ist in § 255 wiedergegeben. Dabei ist eine Erleichterung dahin geschaffen, daß die Hinterlegung stets bei einem Notar giltig erfolgen kann. Bei welchem? Wohl bei jedem deutschen Notar! Und wann ist das der Gesellschaft nachzuweisen? Wohl erst in der Versammlung!

Der Absatz 3 des § 255 enthält ferner eine Bestimmung, die wohl auch eine Erleichterung sein soll, die aber thatsächlich eine Erschwerung ist. Es ist nämlich angeordnet, daß, wenn im Gesellschaftsvertrage keine Bestimmung darüber getroffen ist, daß die Ausübung des Stimmrechts abhängig gemacht ist von einer vorherigen Deposition der Aktien, die Aktionäre zur Theilnahme an der Generalversammlung zugelassen werden müssen, wenn ihre Anmeldung nicht später als am dritten Tage vor der Generalversammlung erfolgt. Nach gegenwärtigem Recht ist aber in solchem Falle jeder Aktionär berechtigt, sich noch in der Generalversammlung selbst zu melden. Zu beachten ist ferner, daß die Vorschrift sich auf jede Art von Theilnahme an der Generalversammlung, nicht blos auf die Ausübung des Stimmrechts bezieht. Es giebt aber noch andere Theilnahmerechte außer dem Stimmrechte (Komm. § 12 zu Art. 190b hinter Art. 221), und es ist nicht ersichtlich, warum künftighin auch die übrigen Theilnahmerechte an eine vorherige Anmeldung von drei Tagen geknüpft sein sollen.

2. Absatz 2 u. 3 sind im § 256 wiedergegeben. Es wird jetzt angeordnet, daß bei qualifizirten Beschlüssen d. h. solchen, die mehr als eine einfache Stimmenmehrheit erfordern, die Ankündigung zwei Wochen vorher erfolgen muß, und ferner, daß, wenn die Ausübung des Stimmrechts von der Aktiendeposition abhängig ist, die einwöchige und die zweiwöchige Ankündigungsfrist vom letzten Tage der Hinterlegungsmöglichkeit, nicht vom Tage der Generalversammlung zurückzurechnen ist.

Welchen Inhalt die Publikation der Tagesordnung haben muß (Komm. § 3), ist auch jetzt nicht gesagt, außer bei Aenderungen des Statuts (§ 274 Abs. 2).

Ueber den Vorsitz in der Generalversammlung und die Regeln, nach welchen die Generalversammlung zu leiten ist (Komm. § 9), ist gleichfalls nichts gesagt. Das neue Gesetz deutet aber an, daß es davon ausgeht, daß die Generalversammlung einen Vorsitzenden haben muß (§§ 258 u. 254 Abs. 3). Und endlich ist nichts gesagt über den Ort der Generalversammlung (Komm. § 10). Hier wird überall das Gleiche zu gelten haben, wie nach früherem Recht. Angeordnet ist nur im § 258, daß in der Generalversammlung ein Aktionärverzeichniß aufzustellen und vor der ersten Abstimmung zur Einsicht auszulegen ist; es ist von dem Vorsitzenden zu unterzeichnen.

Artikel 238 a.

Jeder Beschluss der Generalversammlung bedarf zu seiner Gültigkeit der gerichtlichen oder notariellen Beurkundung. Die Zuziehung von Zeugen ist nicht erforderlich.

Eine beglaubigte Abschrift der Urkunde ist ohne Verzug nach der Generalversammlung von dem Vorstande zu dem Handelsregister einzureichen.

Die Vorschrift ist in § 259 des neuen H.G.B. wiedergegeben. Es ist aber, um den früheren Zweifeln über die Form und den Inhalt der Beurkundung zu begegnen (Komm. §§ 2—7), ferner angeordnet:

1. Das Protokoll hat den Ort und den Tag der Verhandlung, den Namen der beurkundenden Person, sowie die Art und das Ergebniß der Beschlußfassung anzugeben — also nicht die Anträge und die Debatten.
2. Das Aktionärverzeichniß ist beizulegen. Die Beläge und die ordnungsmäßige Berufung sind entweder beizufügen oder in das Protokoll aufzunehmen.
3. Das Protokoll muß von der beurkundenden Person vollzogen werden (also von niemand anderem, nicht von den Aktionären, nicht von den Organen der Gesellschaft).

Artikel 239.

Der Vorstand ist verpflichtet, Sorge zu tragen, dass die erforderlichen Bücher der Gesellschaft geführt werden.

Er muss in der durch den Gesellschaftsvertrag bestimmten Frist, welche über die ersten sechs Monate des Geschäftsjahres nicht erstreckt werden kann,

und in Ermangelung einer solchen Frist in den ersten drei Monaten desselben für das verflossene Geschäftsjahr eine Bilanz, eine Gewinn- und Verlustrechnung, sowie einen den Vermögensstand und die Verhältnisse der Gesellschaft entwickelnden Bericht dem Aufsichtsrath und mit dessen Bemerkungen der Generalversammlung vorlegen. Er hat die Vorlagen mindestens zwei Wochen vor der Versammlung in dem Geschäftslokale der Gesellschaft zur Einsicht der Aktionäre auszulegen. Jeder Aktionär ist berechtigt, auf seine Kosten eine Abschrift der Bilanz, der Gewinn- und Verlustrechnung, sowie des Geschäftsberichts zu verlangen.

Absatz 1 ist in § 239 des neuen H.G.B. wiederholt. Absatz 2 ist ohne sachliche Aenderung im § 260 Absatz 2 aufgenommen, jedoch nur soweit, als er sich auf die Vorlegung der Jahresrechnung an den Aufsichtsrath und die Generalversammlung bezieht, während die in den letzten beiden Sätzen des Absatzes 2 geregelte Materie (Vorlegung und Abschriftertheilung an die Aktionäre) im § 263 behandelt ist. Hierbei ist hinzugefügt, daß der Aktionär auch von den Bemerkungen des Aufsichtsraths eine Abschrift verlangen kann, und daß ihm die Abschriften zu ertheilen sind spätestens 2 Wochen vor dem Tage der Generalversammlung, bezw. vor dem letzten zur Deposition der Aktien freibleibenden Tage. — Im Anschluß hieran sei erwähnt, daß in § 257 des neuen H.G.B. noch ein weiteres Recht auf Mittheilung gegeben wird: gegen Hinterlegung einer Aktie kann jeder Aktionär verlangen, daß ihm die Berufung der Generalversammlung und die Gegenstände der Verhandlung, sobald deren Publikation erfolgt, durch eingeschriebenen Brief besonders mitgetheilt werden; die gleiche Mittheilung kann er über die in der Generalversammlung gefaßten Beschlüsse verlangen.

Artikel 239 a.

Zur Prüfung der Bilanz können durch die Generalversammlung besondere Revisoren bestellt werden.

Die Verhandlung ist zu vertagen, wenn dies mit einfacher Stimmenmehrheit beschlossen oder von einer Minderheit, deren Antheile den zehnten Theil des Grundkapitals darstellen, verlangt wird, auf Verlangen der Minderheit jedoch nur, soweit von ihr bestimmte Ansätze der Bilanz bemängelt werden.

Ist die Verhandlung auf Verlangen der Minderheit vertagt, so gilt bezüglich der nicht bemängelten Ansätze der Bilanz die Entlastung des Vorstandes als erfolgt.

Die von der Prüfung der Bilanz und der Entlastung der Gesellschaftsorgane handelnden Vorschriften sind zunächst ergänzt durch die klare Vorschrift des § 260 des neuen H.G.B.: die Generalversammlung beschließt über die Genehmigung der Jahresbilanz und über die Gewinnvertheilung, sowie über die Entlastung des Vorstands und des Aufsichtsraths. Alle Zweifel darüber, welches Organ über die Entlastung zu beschließen hat und ob dieselbe sich auch auf die Entlastung des Aufsichtsraths erstreckt (Komm. §§ 2 u. 3), sind dadurch beseitigt.

Alsdann wird die Vorschrift des Absatzes 1 des Art. 239a im § 266, der Absatz 2 im § 264 wiederholt. Absatz 3 ist als unpraktisch gestrichen. Dagegen ist im § 264 Abs. 2 eine andere Vorschrift aufgenommen, welche dahin geht, daß, wenn die Verhandlung auf Verlangen der Minderheit vertagt worden ist, von dieser eine erneute Vertagung nur gefordert werden kann, wenn über die in der früheren Verhandlung bemängelten Ansätze der Bilanz die erforderliche Aufklärung nicht ertheilt worden ist. Die Vorschrift soll den im Komm. § 5 erörterten Streit beseitigen. Aber es kann schon jetzt gesagt werden, daß sie in der Praxis zu neuen Reibungen führen wird. Denn was bedeutet es und wer soll darüber entscheiden, ob die „erforderlichen" Aufklärungen gegeben sind?

Ueber die Bedeutung der ertheilten Entlastung (Komm. § 8) ist aus dem H.G.B. nichts und aus dem Bürgerlichen Gesetzbuch wenig zu entnehmen (vergl. § 259 B.G.B.). Das wird auch später ein sehr zweifelhafter Punkt sein.

Artikel 239 b.

Die Vorschriften der Artikel 185 a, 185 b, 185 c über die Bilanz und den Reservefonds finden entsprechende Anwendung.

Die in diesem Artikel angezogenen Vorschriften sind in den §§ 261, 262 u. 265 des neuen H.G.B. wiedergegeben.

Artikel 185 a.

Für die Aufstellung der Bilanz kommen die allgemeinen Vorschriften des Artikels 31 mit folgenden Massgaben zur Anwendung:

1. Werthpapiere und Waaren, welche einen Börsen- oder Marktpreis haben, dürfen höchstens zu dem Börsen- oder Marktpreise zur Zeit der Bilanzaufstellung, sofern dieser jedoch den Anschaffungs- oder Herstellungspreis übersteigt, höchstens zu letzterem angesetzt werden;
2. andere Vermögensgegenstände sind höchstens zu dem Anschaffungs- oder Herstellungspreise anzusetzen;
3. Anlagen und sonstige Gegenstände, welche nicht zur Weiterveräusserung, vielmehr dauernd zum Geschäftsbetriebe der Gesellschaft bestimmt sind, dürfen ohne Rücksicht auf einen geringeren Werth zu dem Anschaffungs- oder Herstellungspreise angesetzt werden, sofern ein der Abnutzung gleichkommender Betrag in Abzug gebracht oder ein derselben entsprechender Erneuerungsfonds in Ansatz gebracht wird;
4. die Kosten der Organisation und Verwaltung dürfen nicht als Aktiva, müssen vielmehr ihren vollen Betrage nach in der Jahresrechnung als Ausgabe erscheinen;
5. der Betrag des Gesammtkapitals der Kommanditisten, der Antheil der persönlich haftenden Gesellschafter am sonstigen Gesellschaftsvermögen und der Betrag eines jeden Reserve- und Erneuerungsfonds sind unter die Passiva aufzunehmen.
6. der aus der Vergleichung sämmtlicher Aktiva und sämmtlicher Passiva sich ergebende Gewinn oder Verlust muss am Schlusse der Bilanz besonders angegeben werden.

Die Vorschriften des vorliegenden Artikels hatten sich in der Praxis bewährt und sind daher sachlich unverändert in den § 261 des neuen H.G.B. aufgenommen. Zur Klarstellung trägt es jedoch bei, daß

1. in Nr. 1 nicht der Zeitpunkt der Bilanzaufstellung, sondern der Zeitpunkt, für welchen die Bilanz aufgestellt wird, als maßgebend hingestellt wird. Das entspricht der Interpretation des früheren Rechts (Komm. § 8);
2. daß in der Nr. 4 von den Kosten der Einrichtung und Verwaltung nur gesagt ist, sie dürften nicht als Aktiva in die Bilanz eingestellt werden, die weitere Vorschrift, daß sie ihrem vollen Betrage nach in der Jahresrechnung als Ausgabe erscheinen müssen, dagegen weggelassen ist. Diese letztere Bestimmung war nicht korrekt, weil die Kosten der Einrichtung und Verwaltung, soweit sie noch nicht bezahlt sind, nicht als Ausgabe, sondern als Passivum figuriren (vergl. Komm. § 16).

Artikel 185 b.

Zur Deckung eines aus der Bilanz sich ergebenden Verlustes ist ein Reservefonds zu bilden; in denselben ist einzustellen:

1. von dem jährlichen Reingewinn mindestens der zwanzigste Theil so lange, als der Reservefonds den zehnten oder den im Gesellschaftsvertrage bestimmten höheren Theil des Gesammtkapitals nicht überschreitet;
2. der Gewinn, welcher bei Errichtung der Gesellschaft oder einer Er-

höhung des Gesammtkapitals durch Ausgabe der Aktien für einen höheren als den Nominalbetrag erzielt wird.

Die Vorschrift ist im § 262 wiedergegeben, mit folgenden Abweichungen:

1. In der Nr. 2 ist das Wort „Gewinn" ersetzt durch Betrag, damit nicht ferner der Schluß gezogen werden kann, daß das H.G.B. das Agioerträgniß als wirklichen Betriebsgewinn auffasse (Denkschr. S. 159). Ob sich die Rechtsprechung des preußischen Oberverwaltungsgerichts, welche das Agio als Gewinn zur Steuer heranzieht, dadurch wird beeinflussen lassen, ist fraglich.

   In der Nr. 2 ist ferner deutlich gesagt, daß derjenige Betrag in den Reservefonds fließt, der erzielt wird über den Nennbetrag und über den Betrag der durch die Ausgabe der Aktien entstehenden Kosten hinaus. Dadurch wird eine Streitfrage, die wir nach früherem Recht im gegentheiligen Sinne beantwortet hatten (Komm. § 6), geregelt: die Gründungs- und Emissionskosten gehen also von dem Agio ab.
2. In Nr. 3 des § 262 ist ein neuer Absatz hinzugefügt, wonach auch bei Bildung von Vorzugsaktien durch freiwillige Zuzahlungen der erzielte Betrag in den Reservefonds fließen muß, soweit er nicht zu außerordentlichen Abschreibungen oder zur Deckung außerordentlicher Verluste verwendet wird. Bekanntlich soll damit implicite die Schaffung solcher Vorzugsaktien als zulässig hingestellt sein (vergl. hierüber unsere Bemerkungen zu Art. 209 a).

Artikel 185 c.

Nach erfolgter Genehmigung durch die Generalversammlung sind die Bilanz, sowie die Gewinn- und Verlustrechnung ohne Verzug von den persönlich haftenden Gesellschaftern in den hierzu bestimmten öffentlichen Blättern bekannt zu machen und zu dem Handelsregister einzureichen.

Im Uebrigen werden die Grundsätze, nach welchen die Bilanz aufzunehmen, Reservefonds zu bilden und anzulegen sind und die Prüfung der Bilanz zu erfolgen hat, durch den Gesellschaftsbetrag bestimmt.

Die Vorschrift des Absatzes 1 ist im § 265 des neuen H.G.B. wiederholt mit der sachgemäßen Erweiterung, daß auch der Geschäftsbericht einzureichen ist (vergl. Komm. § 1). Desgleichen ist die Bekanntmachung selbst einzureichen. Dadurch ist der Zweifel gelöst, der früher über die Frage bestand, ob der Registerrichter den Nachweis der Publikation verlangen kann (Komm. § 1).

Absatz 2 ist gestrichen, weil, wie die Denkschrift S. 160 zutreffend bemerkt, die Vorschrift entbehrlich, übrigens auch insofern nicht zutreffend ist, als die hier bezeichneten Grundsätze keineswegs nur im Gesellschaftsvertrage, sondern unter Umständen auch durch einfache Generalversammlungsbeschlüsse oder durch Anweisungen des Aufsichtsraths aufgestellt werden können.

Artikel 240.

Erreicht der Verlust, welcher aus der Jahresbilanz oder einer im Laufe des Geschäftsjahres aufgestellten Bilanz sich ergiebt, die Hälfte des Grundkapitals, so muss der Vorstand unverzüglich die Generalversammlung berufen und dieser davon Anzeige machen.

Sobald Zahlungsunfähigkeit der Gesellschaft eintritt, muss der Vorstand die Eröffnung des Konkurses beantragen; dasselbe gilt, wenn aus der Jahresbilanz oder einer im Laufe des Geschäftsjahres aufgestellten Bilanz sich ergiebt, dass das Vermögen nicht mehr die Schulden deckt.

Die Vorschrift ist in § 240 des neuen H.G.B. wiederholt. Die Frage, was Ueberschuldung bedeutet, ob die Aktiva hierbei zu ihrem wahren Werthe oder zum Buchwerthe einzustellen sind (Komm. § 10), wird von der Denkschrift S. 151 in unserem Sinne beantwortet. Wenn aber die Denkschrift meint, daß der Paragraph in seiner neuen Fassung diesen Zweifel ausschließen wird, so kann dies als richtig nicht anerkannt werden, zumal eine veränderte Fassung, außer in unerheblichen stilistischen Wendungen, nicht vorliegt.

Die Denkschrift S. 152 meint ferner, daß die neue Fassung auch ergebe, daß es dem Vorstande niemals zur Entschuldigung gereiche, wenn die Bilanz falsch aufgestellt und demzufolge der Verlust des halben Grundkapitals oder die Ueberschuldung aus der Bilanz nicht zu ersehen sei. Darauf ist wiederum zu erwidern, daß eine veränderte Fassung nicht vorliegt, und ferner, daß die Bemerkung auch sachlich nicht zutrifft. Für die Erfüllung der hier statuirten Pflicht haftet der Vorstand, wie immer, mit der Sorgfalt eines ordentlichen Geschäftsmannes. Das ist im Gegentheil durch das neue Gesetzbuch klarer hingestellt, da der dem vorliegenden § 240 unmittelbar folgende § 241 es ist, welcher diesen Haftungsgrundsatz ausspricht. Ist also die Bilanz zwar objektiv falsch, aber mit der Sorgfalt ordentlicher Geschäftsleute aufgestellt, so ist der Vorstand entschuldigt.

Artikel 241.

Die Mitglieder des Vorstandes sind aus den von ihnen im Namen der Gesellschaft vorgenommenen Rechtshandlungen Dritten gegenüber für die Verbindlichkeiten der Gesellschaft persönlich nicht verpflichtet.

Die Mitglieder des Vorstandes haben bei ihrer Geschäftsführung die Sorgfalt eines ordentlichen Geschäftsmannes anzuwenden.

Mitglieder, welche die Obliegenheiten verletzen, haften der Gesellschaft solidarisch für den dadurch entstandenen Schaden. Insbesondere sind sie in den Fällen des Artikels 226 Ziffer 1 bis 5, sowie in dem Falle einer nach der Zahlungsunfähigkeit oder Ueberschuldung der Gesellschaft (Art. 240 Abs. 2) geleisteten Zahlung zum Ersatze verpflichtet.

In den vorbezeichneten Fällen kann der Ersatzanspruch auch von den Gläubigern der Gesellschaft, soweit sie von dieser ihrer Befriedigung nicht erlangen können, selbstständig geltend gemacht werden. Die Ersatzpflicht wird ihnen gegenüber dadurch nicht aufgehoben, dass die Handlung auf einem Beschlusse der Generalversammlung beruht.

Die Ansprüche auf Grund der vorstehenden Bestimmungen verjähren in fünf Jahren.

Der Absatz 1 ist als selbstverständlich gestrichen, die übrigen Vorschriften sind in § 241 des neuen H.G.B. im großen und ganzen unverändert wiederholt, nur daß die einzelnen qualifizirten Fälle hier, nicht bei der Verantwortlichkeit der Aufsichtsrathsmitglieder aufgezählt sind.

Artikel 242.

Die Aktiengesellschaft wird aufgelöst:

1 durch Ablauf der im Gesellschaftsvertrage bestimmten Zeit;
2. durch Beschluss der Generalversammlung; der Beschluss bedarf einer Mehrheit von drei Viertheilen des in der Generalversammlung vertretenen Grundkapitals. Der Gesellschaftsvertrag kann ausser dieser Mehrheit noch andere Erfordernisse aufstellen;
3. durch Eröffnung des Konkurses.

Wenn die Auflösung einer Aktiengesellschaft aus anderen Gründen erfolgt, so finden die Bestimmungen dieses Abschnittes ebenfalls Anwendung.

Die Vorschrift ist im § 292 des neuen H.G.B. unverändert wiedergegeben. Der Begriff und die Folgen der Auflösung (Komm. §§ 1 u. 2) sind hiernach dieselben geblieben, der Auflösungsbeschluß bedarf auch nach dem neuen Recht zu seiner Giltigkeit regelmäßig nicht der Eintragung (Komm. § 4), der Konkurs aber hat, anders als nach früherem Recht (Komm. § 5), nicht mehr die Liquidation zur Folge, sondern nur die Auflösung — §§ 292 und 294 des neuen H.G.B. —. Liquidatoren werden also in diesem Falle nicht ernannt. Ob aber die Organe überhaupt ihre Funktionen verlieren, oder ob der Vorstand, der Aufsichtsrath und die Generalversammlung fortbestehen, ist nicht klar.

Ob zu den anderen Auflösungsgründen auch die Entziehung der Rechtsfähigkeit nach § 43 B.G.B. gehört, erscheint fraglich.

Artikel 243.

Die Auflösung der Gesellschaft muss, wenn sie nicht eine Folge des eröffneten Konkurses ist, durch den Vorstand zur Eintragung in das Handelsregister (Art. 210, 212) angemeldet werden; sie muss zu drei verschiedenen Malen durch die hierzu bestimmten öffentlichen Blätter bekannt gemacht werden.

Durch diese Bekanntmachung müssen zugleich die Gläubiger aufgefordert werden, sich bei der Gesellschaft zu melden.

Die Vorschrift der Anmeldung ist im § 293, die der Publikation in § 297 des neuen H.G.B. gegeben, im letzterem ist hierbei klargestellt, daß die Publikation durch die Liquidatoren zu erfolgen hat.

Artikel 244.

Die Liquidation geschieht durch den **Vorstand**, wenn nicht dieselbe durch den Gesellschaftsvertrag oder einen Beschluss der Generalversammlung an andere Personen übertragen wird.

Auf den Antrag des Aufsichtsraths oder von Aktionären, deren Antheile zusammen den zwanzigsten Theil des Grundkapitals darstellen, kann die Ernennung von Liquidatoren durch den Richter erfolgen. Die Aktionäre haben bei Stellung des Antrages glaubhaft zu machen, dass sie die Aktien seit mindestens sechs Monaten besitzen.

Die Anmeldung der ersten Liquidatoren zur Eintragung in das Handelsregister (Art. 210, 212) ist durch den Vorstand zu machen.

Die Abberufung der Liquidatoren kann durch den Richter unter denselben Voraussetzungen, wie die Bestellung erfolgen, Liquidatoren, welche nicht vom Richter ernannt sind, können auch durch die Generalversammlung vor Ablauf des Zeitraums, für welchen sie bestellt sind, abberufen werden.

Die Vorschrift des vorliegenden Artikels ist im § 295 des neuen H.G.B. wiedergegeben. Dabei ist aber der Absatz 3 hier weggelassen und im § 296 in anderem Zusammenhange behandelt.

Vorangestellt aber ist dieser Vorschrift in § 294 des neuen H.G.B. die Bestimmung, daß nach der Auflösung die Liquidation stattfindet, wodurch klargestellt wird, daß im Gegensatze zu der offenen Handelsgesellschaft die Liquidation bei der Aktiengesellschaft die nothwendige Folge der Gesellschaftsauflösung ist. Angenommen wurde dies auch nach früherem Recht (Komm. § 1), jetzt ist es auch ausgesprochen. Ausnahmen von diesem Grundsatze sind, abgesehen von dem Falle des Konkurses, in den §§ 304 u. 306 anerkannt.

Ueber die rechtliche Stellung der Liquidatoren zur Gesellschaft (vergl. Komm. § 8) sagt auch das neue H.G.B. nichts. Es liegt im Falle der Besoldung ein Dienstvertrag, sonst ein Auftragsverhältniß vor.

Artikel 244 a.

Auf die Liquidation finden, soweit nicht in diesem Abschnitte ein Anderes **bestimmt ist,** die für die Liquidation einer offenen Handelsgesellschaft gegebenen Bestimmungen entsprechende Anwendung.

Die Liquidatoren haben die Rechte und Pflichten des Vorstandes und unterliegen gleich diesem der Ueberwachung des Aufsichtsraths. Die Beschränkungen des Artikels 232 und die im Artikel 234 zugelassene Bestellung von Prokuristen finden nicht statt.

Die Liquidatoren haben bei Beginn der Liquidation eine Bilanz aufzustellen. Dieselbe ist von ihnen ohne Verzug in den hierzu bestimmten öffentlichen Blättern bekannt zu machen und zu dem Handelsregister einzureichen.

Die Veräusserung unbeweglicher Sachen kann durch die Liquidatoren, sofern nicht der Gesellschaftsvertrag oder ein Beschluss der Generalversammlung **anders bestimmt,** nur durch öffentliche Versteigerung bewirkt werden.

1. Die allgemeine Verweisung auf die für die Liquidation der offenen Handelsgesellschaft geltenden Bestimmungen, wie sie sich in Absatz 1 des vorliegenden Artikels findet, ist im neuen H.G.B. weggelassen. Von den fraglichen Bestimmungen sind nur die Vorschriften über den Geschäftskreis der Liquidatoren und die Art ihrer Zeichnung in Bezug genommen (§ 298 Abs. 1 des neuen H.G.B.).
2. Absatz 2 Satz 1 des vorliegenden Artikels ist in § 298 Absatz 2 des neuen H.G.B. wiedergegeben.
3. Absatz 2 Satz 2 ist im § 298 Absatz 4 wiedergegeben.
4. Absatz 3 ist in § 299 des neuen H.G.B. wiedergegeben und noch dahin erweitert, daß nicht blos bei Beginn der Liquidation eine Bilanz aufzustellen ist, sondern auch am Schlusse jedes folgenden Jahres. Auf diese Bilanzaufstellung finden die Vorschriften Anwendung, welche in Bezug auf die Vorlegung an die Generalversammlung und die Beschlußfassung der letzteren, auf die Bestellung der Bilanzrevisoren, sowie auf die Veröffentlichung der genehmigten Bilanz getroffen sind, nicht aber die Sondervorschriften über die Bilanzansätze, weil diese letzteren nur den Zweck haben, zu verhindern, daß das Grundkapital durch Vertheilung eines nicht sicheren Gewinns gemindert werde, während die Liquidationsbilanzen nur den Zweck der Uebersicht über den Vermögensstand der Gesellschaft haben. Es kommen daher für die Liquidationsbilanzen die allgemeinen Bewerthungsvorschriften zur Anwendung. — Die Aufstellung einer jährlichen Gewinn- und Verlustrechnung ist nicht vorgeschrieben, aber die Denkschrift bemerkt, daß „von der Ergänzung der Bilanz durch Aufstellung einer Gewinn- und Verlustrechnung nicht abzusehen ist“. (Denkschr. S. 175.) Bedeutet das, daß sie implicite als vorgeschrieben gilt? Das möchten wir nicht annehmen.
5. Absatz 4 des vorliegenden Artikels ist gestrichen.

Artikel 245.

Das Vermögen einer aufgelösten Aktiengesellschaft wird nach Tilgung ihrer Schulden unter die Aktionäre nach Verhältniss ihrer Aktien vertheilt.

Die Vertheilung darf nicht eher vollzogen werden, als nach Ablauf eines Jahres von dem Tage an gerechnet, an welchem die Bekanntmachung in den öffentlichen Blättern (Art. 243) zum dritten Male erfolgt ist.

In Ansehung der aus den Handelsbüchern ersichtlichen oder in anderer Weise bekannten Gläubiger und in Ansehung der noch schwebenden Verbindlichkeiten und streitigen Forderungen kommen die bei der Kommanditgesellschaft auf Aktien gegebenen Bestimmungen (Art. 202) zur Anwendung.

Nach gelegter Schlussrechnung ist die Beendigung der Liquidation von den Liquidatoren in den hierzu bestimmten öffentlichen Blättern bekannt zu machen.

1. Absatz 1 des vorliegenden Artikels ist im § 300 des neuen H.G.B. wiedergegeben, und zwar mit detaillirten Bestimmungen für den Fall, daß nicht voll eingezahlt ist.
2. Absatz 2 und 3 sind in § 301 ebendaselbst wiedergegeben.
3. Was den Absatz 4 anlangt, so ist die Vorschrift, daß die Liquidatoren die Beendigung der Liquidation zu publiziren haben, in das neue H.G.B. nicht aufgenommen, statt dessen haben sie nach § 302 nach Beendigung der Liquidation das Erlöschen der Gesellschaftsfirma zur Eintragung in das Handelsregister anzumelden. Früher war es zweifelhaft, ob dies geschehen muß. Außerdem ist im § 302 Absatz 4 Vorsorge getroffen für den von uns im Komm. § 8 berührten Fall, daß sich nachträglich noch Gesellschaftsvermögen vorfindet: es hat in diesem Falle auf Antrag eines Betheiligten das Gericht die bisherigen Liquidatoren erneut zu bestellen oder andere Liquidatoren zu berufen.

Artikel 246.

Die Handelsbücher der aufgelösten Gesellschaft sind nach der Bekanntmachung von der Beendigung der Liquidation an einem von dem Handelsgerichte zu bestimmenden sicheren Orte zur Aufbewahrung auf die Dauer von zehn Jahren niederzulegen.

Die Aktionäre und die Gläubiger können zur Einsicht der Handelsbücher vom Handelsgerichte ermächtigt werden.

Die Vorschrift ist im § 302 Absatz 2 und 3 wiedergegeben.

Artikel 247.

Bei der Auflösung einer Aktiengesellschaft durch Vereinigung derselben mit einer anderen Aktiengesellschaft (Art. 215) kommen folgende Bestimmungen zur Anwendung:

1. Das Vermögen der aufzulösenden Gesellschaft ist so lange getrennt zu verwalten, bis die Befriedigung oder Sicherstellung ihrer Gläubiger erfolgt ist.
2. Der bisherige Gerichtsstand der Gesellschaft bleibt für die Dauer der getrennten Vermögensverwaltung bestehen, dagegen wird die Verwaltung von der anderen Gesellschaft geführt.
3. Die Mitglieder des Vorstandes und des Aufsichtsraths der letzteren Gesellschaft sind den Gläubigern der aufgelösten Gesellschaft für die Ausführung der getrennten Verwaltung persönlich und solidarisch verantwortlich, die Mitglieder des Aufsichtsraths, soweit eine Vereinigung der Vermögen beider Gesellschaften mit ihrem Wissen und ohne ihr Einschreiten erfolgt ist.
4. Die Auflösung der Gesellschaft ist zur Eintragung in das Handels register anzumelden.
5. Die öffentliche Aufforderung der Gläubiger der aufgelösten Gesellschaft (Art. 243) kann unterlassen oder auf einem späteren Zeitpunkt verschoben werden. Jedoch ist die Vereinigung der Vermögen der beiden Gesellschaften erst in dem Zeitpunkte zulässig, in welchem eine Vertheilung des Vermögens einer aufgelösten Aktiengesellschaft unter die Aktionäre erfolgen darf (Art. 245).

Während das alte H.G.B. im vorliegenden Artikel die Uebertragung des gesammten Gesellschaftsvermögens nur für einen bestimmten Fall geregelt hat, nämlich für den Fall der Fusion d. h. der Uebertragung des gesammten Gesellschaftsvermögens auf eine andere Aktiengesellschaft gegen Gewährung von Aktien, sind im neuen H.G.B. alle Fälle jener Uebertragung geregelt.

1. Zunächst wird im Allgemeinen die Zulässigkeit der Veräußerung des gesammten Gesellschaftsvermögens hervorgehoben und als Mindesterforderniß ein Beschluß der Generalversammlung, der wenigstens von ³/₄ des vertretenen Grundkapitals gefaßt ist, aufgestellt (§ 303 des neuen H.G.B.). Ein solcher Beschluß hat regelmäßig die Auflösung (und demgemäß die Liquidation) zur Folge, wenn die Auflösung nicht bereits früher erfolgt war (§ 303 Absatz 2).
2. Für den Fall, daß die Veräußerung an das Reich, einen Bundesstaat oder einen inländischen Kommunalverband erfolgt, wird die Vereinbarung zugelassen, daß die Liquidation unterbleiben soll. Für diesen Fall werden Sondervorschriften erlassen (§ 304).
3. Als ein weiterer Spezialfall der Gesammtveräußerung wird der Fall behandelt, daß die Veräußerung an eine Aktiengesellschaft oder an eine Kommanditgesellschaft auf Aktien gegen Gewährung von Aktien erfolgt.

   Die Veräußerung an eine Aktienkommanditgesellschaft ist also der Veräußerung an eine Aktiengesellschaft im neuen H.G.B. gleichgestellt (anders früher, vergl. Komm. § 2).

   Andererseits aber liegt im Falle einer solchen Veräußerung nach dem neuen H.G.B. nicht immer der eigentliche Fall der Fusion vor. Das neue H.G.B. unterscheidet nämlich hierbei den Fall, wo die veräußernde Gesellschaft in Liquidation tritt, und den Fall, wo vereinbart wird, daß die Liquidation unterbleiben soll. Der erstere Fall wird im § 305, der letztere im § 306 des neuen H.G.B. behandelt. Nur der letztere ist der eigentliche Fall der Fusion.

Für beide trifft das neue H.G.B. besondere Vorschriften über die von der aufnehmenden Gesellschaft zu beschließende Kapitalserhöhung. Solche besonderen Vorschriften waren wünschenswerth, weil die allgemeinen Bestimmungen über die Erhöhung des Grundkapitals, insbesondere diejenigen, welche die Zeichnung und Einzahlung des erhöhten Kapitals betreffen, keine Anwendung finden können. Angenommen mußte das auch früher werden (vergl. Komm. § 6), aber es ist gut, daß das jetzt ausgesprochen ist.

Hinzugefügt ist ferner im § 306 Absatz 4 eine Bestimmung, auf Grund deren im Falle der eigentlichen Fusion den Gläubigern der aufgelösten Gesellschaft ein Recht auf vorzugsweise Befriedigung aus dem von der aufnehmenden Gesellschaft getrennt zu verwaltenden Vermögen der veräußernden Gesellschaft zustehen soll, ein Vorrecht, welches früher bezweifelt werden mußte (vergl. Komm. § 9).

Exkurs zu Art. 247.

1. Nach dem neuen H.G.B. kann unter Umständen eine aufgelöste Gesellschaft fortgesetzt werden, und zwar nicht blos in dem Falle, wo der Konkurs eröffnet und der Konkurs durch Zwangsvergleich oder auf Antrag der Gesellschaft eingestellt ist, sondern auch in dem Falle, wo die Gesellschaft ihr Vermögen im Ganzen veräußert hat oder wo sie sich zum Zwecke der Umwandlung in eine andere Gesellschaft aufgelöst hat. Wenn in solchem Falle der beabsichtigte Zweck nicht erreicht ist, so kann die Generalversammlung die Fortsetzung der Gesellschaft beschließen (§ 307).
2. Man konnte früher zweifeln, wer zu verklagen ist, wenn ein Fusionsbeschluß angefochten wurde. Denn die alte Gesellschaft, gegen deren Beschluß sich die Anfechtung richtete, war doch erloschen. Der Zweifel wird jetzt gelöst durch § 308 des neuen H.G.B., wonach die Anfechtung gegen die Rechtsnachfolgerin der aufgelösten Gesellschaft zu richten ist.
3. Das neue H.G.B. enthält Vorschriften über die Geltendmachung der Nichtigkeit von Aktiengesellschaften und die Folge derselben. Hierüber haben wir bereits zu Art. 211 gehandelt.

Artikel 248.

Eine theilweise Zurückzahlung des Grundkapitals an die Aktionäre oder eine Herabsetzung desselben kann nur auf Beschluss der Generalversammlung und nur unter Beobachtung derselben Bestimmungen erfolgen, welche für die Vertheilung des Gesellschaftsvermögens im Falle der Auflösung massgebend sind (Art. 243, 245). Der Beschluss hat zugleich die Art, in welcher die Zurückzahlung oder Herabsetzung erfolgen soll, und die zu ihrer Durchführung erforderlichen Massregeln festzusetzen. Er muss, sofern der Gesellschaftsvertrag für die Beschlussfassung nicht noch andere Erfordernisse aufstellt, durch eine Mehrheit von drei Viertheilen des in der Generalversammlung vertretenen Grundkapitals erfolgen. Sind verschiedene Gattungen von Aktien ausgegeben, so bedarf es zu dem von der gemeinschaftlichen Generalversammlung gefassten Beschlusse der Zustimmung einer besonderen Generalversammlung der benachtheiligten Aktionäre, deren Beschlussfassung derselben Vorschriften unterliegt.

Der Beschluss ist in das Handelsregister einzutragen; auf die Eintragung finden die Vorschriften im Artikel 214 Anwendung.

Der vorliegende Artikel versteht unter der Herabsetzung des Grundkapitals lediglich den Fall, daß das Grundkapital durch Herabsetzung des Nennwerths der Aktien herabgesetzt wird. Daneben wird von der theilweisen Zurückzahlung und an anderer Stelle (Art. 215d) von der Amortisation der Aktien gehandelt. In der Praxis dagegen wurden alle diese Fälle als lediglich verschiedene Arten der Herabsetzung des Aktienkapitals betrachtet, und dieser Anschauung folgt das neue H.G.B. im § 288.

Die Herabsetzung des Grundkapitals umfaßt hier alle jene Fälle. Der Beschluß muß angeben, zu welchem Zwecke sie erfolgt und wie sie ausgeführt werden soll (§ 288).

Die zum Schutze der Gläubiger erforderlichen Vorschriften werden jetzt nicht mehr durch Bezugnahme auf die bei der Auflösung gegebenen Vorschriften, sondern selbständig gegeben (§ 289), und es wird ferner hinzugefügt, daß die Herabsetzung des Grundkapitals auch durch Zusammenlegung von Aktien statthaft ist, was früher zweifelhaft, vom Reichsgericht aber schließlich für statthaft erklärt war (Komm. § 3; vergl. auch Kammergericht bei Johow 16 S. 18).

Endlich ist in § 291 angeordnet, daß die erfolgte Herabsetzung des Grundkapitals zum Handelsregister anzumelden ist. Es dürfte anzunehmen sein, daß hiermit erst die Herabsetzung in Kraft tritt. Denn die Vorschrift läuft parallel mit § 284, wo das Gleiche für die Erhöhung des Grundkapitals angeordnet ist und mit der unzweideutigen Absicht, die rechtliche Giltigkeit der Erhöhung erst an die Eintragung der erfolgten Erhöhung zu knüpfen (vergl. auch § 277 Abs. 3 des neuen H.G.B.).

Artikel 249.

Persönlich haftende Gesellschafter, Mitglieder des Aufsichtsraths und Liquidatoren einer Kommanditgesellschaft auf Aktien, sowie Mitglieder des Vorstandes und des Aufsichtsraths und Liquidatoren einer Aktiengesellschaft werden, wenn sie absichtlich zum Nachtheile der Gesellschaft handeln, mit Gefängniss und zugleich mit Geldstrafe bis zu zwanzigtausend Mark bestraft.

Zugleich kann auf Verlust der bürgerlichen Ehrenrechte erkannt werden.

Die Strafvorschriften des neuen H.G.B. beziehen sich zunächst nur auf die Aktiengesellschaft, ihre Anwendung auf die Aktienkommanditgesellschaft ist durch eine allgemeine Bezugnahme im nächsten Abschnitte geregelt. Die Fassung der Strafvorschriften ist dadurch eine einfachere geworden.

Der vorliegende Artikel ist im § 312 sachlich unverändert wiedergegeben.

Artikel 249 a.

Mit Gefängniss und zugleich mit Geldstrafe bis zu zwanzigtausend Mark werden bestraft.

1. persönlich haftende Gesellschafter oder Mitglieder des Aufsichtsraths einer Kommanditgesellschaft auf Aktien, sowie Gründer Mitglieder des Vorstandes oder des Aufsichtsraths einer Aktiengesellschaft, welche behufs Eintragung des Gesellschaftsvertrages in das Handelsregister rücksichtlich der Zeichnung oder Einzahlung des Gesammtkapitals der Kommanditisten oder des Grundkapitals der Aktiengesellschaft oder der im Artikel 175 b oder 209 b vorgesehenen Festsetzungen wissentlich falsche Angaben machen;
2. diejenigen, welche rücksichtlich der bezeichneten Thatsachen wissentlich falsche Angaben in einer im Artikel 180 a, 213 b vorgesehenen Ankündigung von Aktien machen;
3. persönlich haftende Gesellschafter oder Mitglieder des Aufsichtsraths einer Kommanditgesellschaft auf Aktien, sowie Mitglieder des Vorstandes und des Aufsichtsraths einer Aktiengesellschaft, welche behufs Eintragung einer Erhöhung des Gesammtkapitals der Kommanditisten oder des Grundkapitals der Aktiengesellschaft in das Handelsregister (Art. 180 h und 180 i, 215 a und 215 b) rücksichtlich der Einzahlung des bisherigen oder rücksichtlich der Zeichnung oder Einzahlung des erhöhten Kapitals wissentlich falsche Angaben machen.

Zugleich kann auf Verlust der bürgerlichen Ehrenrechte erkannt werden. Sind mildernde Umstände vorhanden, so tritt ausschliesslich die Geldstrafe ein.

Die Vorschrift ist in § 313 wiedergegeben. Doch mußten jetzt, da die materiellen Grundsätze nach dieser Richtung erweitert sind, unter Nr. 1 und 2 auch falsche Angaben über den Betrag, zu welchem die Aktien ausgegeben werden, sowie unter Nr. 3 falsche Angaben bezüglich der im neuen § 279 für den Fall einer Erhöhung des Grundkapitals vorgesehenen Festsetzungen unter Strafe gestellt werden.

Artikel 249 b.

Persönlich haftende Gesellschafter, Mitglieder des Aufsichtsraths und Liquidatoren einer Kommanditgesellschaft auf Aktien, sowie Mitglieder des Vorstandes und des Aufsichtsraths und Liquidatoren einer Aktiengesellschaft werden mit Gefängniss bis zu einem Jahre und zugleich mit Geldstrafe bis zwanzigtausend Mark bestraft:

1. wenn sie wissentlich in ihren Darstellungen, in ihren Uebersichten über den Vermögensstand der Gesellschaft oder in den in der Generalversammlung gehaltenen Vorträgen den Stand der Verhältnisse der Gesellschaft unwahr darstellen oder verschleiern;
2. wenn sie vor der vollen Leistung des Nominalbetrages der Aktien oder des in den Fällen der Artikel 175a Ziffer 2, 180h Absatz 2, 209a Ziffer 2, 215a Absatz 2 festgesetzten Betrages Aktien ausgeben;
3. wenn sie in dem Falle einer stattgefundenen Erhöhung des Gesammtkapitals oder des Grundkapitals vor Eintragung derselben in das Handelsregister (Art, 180i Absatz 3, 215c Absatz 3) Aktien oder Interimsscheine ausgeben;
4. wenn sie auf einen geringeren Betrag als eintausend Mark gestellte Aktien oder Interimsscheine ausgeben, welche nicht die im Artikel 181a Absatz 3, 215c Absatz 4 vorgeschriebenen Angaben enthalten.

Im Falle der Ziffer 1 kann zugleich auf Verlust der bürgerlichen Ehrenrechte erkannt werden.

Sind mildernde Umstände vorhanden, so tritt ausschliesslich Geldstrafe ein.

Die Nr. 3 des vorliegenden Artikels (jetzt § 314), welche sich bisher nur auf die Ausgabe von Aktien oder Interimsscheinen vor der Eintragung einer Kapitalserhöhung in das Handelsregister bezog, erstreckt sich jetzt auch auf den Fall einer Ausgabe von Urkunden vor der ersten Eintragung der Gesellschaft in das Handelsregister, da ein Grund zu verschiedener Behandlung beider Fälle nach dem neuen H.G.B. nicht mehr vorliegt.

Außerdem ist eine neue Nr. 5 hinzugefügt.

Im Uebrigen ist der Inhalt des vorl. Art. in § 314 des neuen H.G.B. ohne Aenderung wiederholt. Doch ist deutlich zum Ausdruck gebracht, daß in sämmtlichen Fällen dieser Gesetzesvorschrift die Wissentlichkeit zum Thatbestande gehört, was früher, unseres Erachtens zu Unrecht (vergl. Komm. § 6), angezweifelt wurde.

Artikel 249 c.

Mit Gefängniss bis zu drei Monaten und zugleich mit Geldstrafe bis zu fünftausend Mark werden bestraft:

1. die persönlich haftenden Gesellschafter, die Mitglieder des Aufsichtsraths und die Liquidatoren einer Kommanditgesellschaft auf Aktien, sowie die Mitglieder des Vorstandes und des Aufsichtsraths und die Liquidatoren einer Aktiengesellschaft, wenn länger als drei Monate die Gesellschaft ohne Aufsichtsrath geblieben ist oder in dem letzteren die zur Beschlussfähigkeit erforderliche Zahl von Mitgliedern gefehlt hat.
2. die Mitglieder des Vorstandes und die Liquidatoren einer Aktiengesellschaft, wenn sie entgegen der Vorschrift des Artikels 240 Absatz 2 es unterlassen haben, die Eröffnung des Konkurses zu beantragen,

Sind mildernde Umstände vorhanden, so ist auf die Geldstrafe ausschliesslich zu erkennen.

Die Strafe tritt nicht gegen denjenigen ein, welcher nachweist, dass die Bestellung oder Ergänzung des Aufsichtsraths oder der Eröffnungsantrag ohne sein Verschulden unterblieben ist.

Die Vorschrift ist in § 315 des neuen H.G.B. sachlich unverändert wiedergegeben.

Artikel 249 d.

Mit Gefängniss bis zu einem Jahre und zugleich mit Geldstrafe bis zu zehntausend Mark wird bestraft:

1) wer in öffentlichen Bekanntmachungen wissentlich falsche Thatsachen vorspiegelt oder wahre Thatsachen entstellt, um zur Betheiligung an einem Aktienunternehmen zu bestimmen;
2) wer in betrügerischer Absicht auf Täuschung berechnete Mittel anwendet, um auf den Kurs von Aktien einzuwirken;
3) wer über die Hinterlegung von Aktien oder Interimsscheinen Bescheinigungen, welche zum Nachweise des Stimmrechts in einer Generalversammlung dienen sollen, wissentlich falsch ausstellt oder verfälscht oder von einer solchen Bescheinigung, wissend, dass sie falsch oder verfälscht ist, zur Ausübung des Stimmrechts Gebrauch macht.

Zugleich kann auf Verlust der bürgerlichen Ehrenrechte erkannt werden.

Sind mildernde Umstände vorhanden, so tritt ausschliesslich die Geldstrafe ein.

Ist die öffentliche Bekanntmachung ad 1 im Inseratentheil einer periodischen Druckschrift erfolgt und der Verfasser des Inserats nicht nur unter demselben genannt, sondern auch in dem Bereiche der richterlichen Gewalt eines deutschen Bundesstaates, so findet § 20 Alinea 2 des Gesetzes über die Presse vom 7. Mai 1874 (Reichs-Gesetzbl. S. 65) keine Anwendung.

1. Die Nr. 2 des vorliegenden Artikels war bereits durch § 81 des Börsengesetzes aufgehoben worden, weil sie durch § 75 Absatz 1 u. 2 des Börsengesetzes überflüssig geworden war (vergl. hierüber Komm. 5. Auflage Einleitung zu Art. 249 d).
2. Auch die Vorschrift der Nr. 1 war durch das Börsengesetz überflüssig geworden, da § 75 Absatz 3 des Börsengesetzes völlig ausreichte. Wir hatten dies in unserer 5. Auflage (Komm. § 14) hervorgehoben und das neue H.G.B. ist dem gefolgt, indem nunmehr auch die Nr. 1 des vorliegenden Artikels gestrichen ist.
3. Durch den Wegfall der Nr. 1 u. 2 ist auch der mit ihnen zusammenhängende Absatz 4 des Art. 249 d gegenstandslos geworden und demgemäß gestrichen.
4. Es bleibt daher von den Bestimmungen dieses Artikels nur die in § 316 des neuen H.G.B. aufgenommene Strafvorschrift der Nr. 3 übrig.

Artikel 249 e.

Wer sich besondere Vortheile dafür hat gewähren oder versprechen lassen, dass er bei einer Abstimmung in der Generalversammlung von Kommanditisten oder Aktionären in einem gewissen Sinne stimme, wird mit Geldstrafe bis zu dreitausend Mark oder mit Gefängniss bis zu einem Jahre bestraft.

Die Vorschrift des vorliegenden Artikels ist im § 317 des neuen H.G.B. wiedergegeben, jedoch mit zwei von der Reichstagskommission beschlossenen Erweiterungen: einmal wird nun auch die Stimmenthaltung getroffen, andrerseits wird auch derjenige, der die Vortheile gewährt und verspricht, bestraft. Beides widerspricht dem bisherigen Recht (vergl. Komm. §§ 3 u. 7).

Artikel 249 f.

Wer in der Generalversammlung die Aktien eines Anderen, zu dessen Vertretung er nicht befugt ist, ohne dessen Einwilligung zur Ausübung des Stimmrechts benutzt, wird mit einer Geldstrafe von zehn bis dreissig Mark für jede der Aktien, jedoch nicht unter eintausend Mark, bestraft. Die gleiche Strafe trifft denjenigen, welcher Aktien eines Anderen gegen Entgelt leiht und für diese das Stimmrecht ausübt, sowie denjenigen, welcher hierzu durch Verleihung der Aktien wissentlich mitgewirkt hat.

Auch diese Vorschrift erscheint im neuen H.G.B. in erweiterter Gestalt. Es wird nunmehr nicht blos die mißbräuchliche Benutzung bei Ausübung des Stimmrechts, sondern auch die mißbräuchliche Benutzung bei der Ausübung von Minderheitsrechten und bei der Anfechtung von Generalversammlungsbeschlüssen und endlich bei Führung von Nichtigkeitsklagen unter Strafe gestellt (§ 318 des neuen H.G.B.).

Artikel 249 g.

Die persönlich haftenden Gesellschafter und die Liquidatoren einer Kommanditgesellschaft auf Aktien sind zur Befolgung der in den Artikeln 179, 185, 185c, 190a Absatz 4 und 5, 193 Abs. 2 und 205 Absatz 3 enthaltenen Vorschriften von dem Handelsgerichte durch Ordnungsstrafen anzuhalten.

In gleicher Weise sind die Mitglieder des Vorstandes und die Liquidatoren einer Aktiengesellschaft zur Befolgung der in den Artikeln 212, 213f Absatz 4, 222 (Art. 190a Absatz 4, 5), 222a Absatz 3 und 4, 225 Absatz 1, 228, 233 Absatz 1, 238a Absatz 2, 239 Absatz 2, 239b (Art. 185c), 240 Absatz 1, 243 Absatz 1, 244 Absatz 3, 244a Absatz 3 und 247 Ziffer 4 enthaltenen Vorschriften anzuhalten.

Der Inhalt des vorliegenden Artikels ist im § 319 des neuen H.G.B. wiedergegeben. Einige Aenderungen waren insofern nöthig, als die allgemeine Vorschrift des § 14 des neuen H.G.B. die Aufzählung mehrerer Fälle an dieser Stelle unnöthig machte. Das gilt bezüglich aller Vorschriften, welche die Anmeldung, die Zeichnung von Unterschriften und die Einreichung von Schriftstücken bei dem Registergericht betreffen.

Hinzugefügt ist in einem zweiten Absatz die Aufzählung derjenigen Fälle, in welchen Anmeldungen zum Handelsregister vorgesehen sind, ohne daß eine Erzwingung durch Androhung von Ordnungsstrafen stattfinden soll. Es sind dies die Fälle, in welchen, wie bei der Errichtung der Gesellschaft und bei einer Aenderung des Gesellschaftsvertrags, der Rechtserfolg unbedingt von der Eintragung abhängig ist, ein Zwang zur Anmeldung also ausgeschlossen bleiben muß (Denkschr. S. 157).

Exkurs zu Art. 249g.

Die Kommanditgesellschaft auf Aktien.

Die Kommanditgesellschaft auf Aktien ist nicht abgeschafft, aber die Regelung ihrer Rechtsverhältnisse ist im neuen H.G.B. eine erheblich veränderte. Sowohl materiell sind eine Reihe von Verschiedenheiten gegenüber der Aktiengesellschaft beseitigt, als auch formell ist die Aktienkommanditgesellschaft in enge Verbindung mit der Aktiengesellschaft gebracht worden, indem im Allgemeinen auf die Vorschriften über die Aktiengesellschaft Bezug genommen und nur die Verschiedenheiten hervorgehoben sind. *Einleitung.*

Es würde bei dieser Sachlage das Verständniß erschweren, nicht erleichtern, wenn wir auch bei der Aktienkommanditgesellschaft die in dieser vergleichenden Darstellung befolgte Methode, die Verschiedenheiten des alten und des neuen Rechts an der Hand der einzelnen Artikel des alten H.G.B. vorzuführen, anwenden würden. Es empfiehlt sich vielmehr eine mehr zusammenfassende Darstellung dieser Verschiedenheiten unter Hinweis auf die Rechtsverhältnisse der Aktiengesellschaft. Auch die Denkschrift hat eine solche zusammenfassende Darstellung gegeben, an welche wir uns im Wesentlichen anschließen.

1. Das juristische Wesen der Kommanditgesellschaft auf Aktien. Nach unserer Ansicht war sie schon nach früherem Recht eine juristische Person (Komm. § 2 zu Art. 173). Unsere Ansicht dürfte jetzt unzweifelhaft werden, nachdem das neue H.G.B.

durch die allgemeine Bezugnahme im § 320 alle Vorschriften über die Aktiengesellschaft, soweit sich nicht aus den nachfolgenden Vorschriften über die Aktienkommanditgesellschaft oder aus dem Fehlen des Vorstandes ein Anderes ergiebt, für die Aktienkommanditgesellschaft für anwendbar erklärt. Denn in Folge dessen gilt auch der § 210 für die Aktienkommanditgesellschaft, welcher bestimmt, daß die Aktiengesellschaft als solche selbständig ihre Rechte und Pflichten hat, und aus dieser Vorschrift ist für die Aktiengesellschaft von der herrschenden Ansicht hergeleitet worden, daß sie juristische Persönlichkeit hat. Es kann sich jetzt nur noch fragen, ob etwa die Konstruktion der A.K.G., insbesondere das Vorhandensein von persönlich haftenden Gesellschaftern, der juristischen Persönlichkeit absolut entgegensteht, und das ist nach unserer Ansicht nicht der Fall.

2. Die Gründung der A.K.G. weicht vom früheren Recht ab und ist in Einklang gebracht worden mit der Gründung der Aktiengesellschaft. Während es früher bei der A.K.G. nur eine Successivgründung gab (vergl. Komm. Vorbem. zu Art. 175), giebt es jetzt auch hier eine Simultan- und eine Successivgründung (vergl. §§ 321 u. 323 Abs. 3 des neuen H.G.B.). Auch Gründer giebt es jetzt hier (§ 321 Abs. 2), zu ihnen gehören die persönlich haftenden Gesellschafter eo ipso, auch wenn sie keine Aktien übernehmen (§ 321).

3. Der Gesellschaftsvertrag braucht nicht, wie nach früherem Recht (Art. 175 Nr. 1 des alten H.G.B.), als wesentliches Erforderniß die Höhe und Art der Einlage jedes persönlich haftenden Gesellschafters zu enthalten. Denn die Vorschriften über den gesetzlichen Mindestbetrag ihrer Einlagen sind weggefallen. Aktien brauchen sie nicht zu übernehmen: soweit dies dennoch geschieht, findet die Uebernahme in der Verhandlung über die Feststellung des Statuts oder in der Nachtragsverhandlung statt (§ 321); nur soweit sie Vermögenseinlagen machen, die nicht auf das Grundkapital erfolgen, müssen dieselben nach Art und Höhe im Gesellschaftsvertrage festgesetzt werden (§ 322 Abs. 2). Aber sie brauchen solche Einlagen nicht zu machen, und dann braucht der Gesellschaftsvertrag nichts davon zu enthalten.

4. Die persönlich haftenden Gesellschafter haben in einer Reihe von Fällen die Befugnisse des Vorstandes (§ 325), im Uebrigen bestimmt sich ihr Rechtsverhältniß untereinander und gegenüber der Gesammtheit der Kommanditisten, sowie gegenüber Dritten, insbesondere die Befugniß zur Geschäftsführung und zur Vertretung der Gesellschaft nach den für die Kommanditgesellschaft geltenden Vorschriften (§ 320 Abs. 2). Das ihnen im § 326 auferlegte Konkurrenzverbot entspricht sachlich dem bisherigen Art. 196a. Die Verjährung der betreffenden Ansprüche ist im Anschluß an die für die offene Handelsgesellschaft und für die Aktiengesellschaft gegebenen neuen Vorschriften geregelt.

5. Die Generalversammlung ist hier nicht das Organ der Gesellschaft als solcher, sondern nur eines Theiles der Gesellschafter, der Kommanditisten. Im Einklang mit dem geltenden Recht (Art. 190 Abs. 4) ist den persönlich haftenden Gesellschaftern das Stimmrecht in dieser Versammlung versagt, auch wenn sie Aktien besitzen (§ 327). Beschlüsse der Generalversammlung, für welche bei der Kommanditgesellschaft das Einverständniß der persönlich haftenden Gesellschafter erforderlich ist, bedürfen auch hier ihrer Zustimmung und sind erst nach ertheilter Zustimmung zum Handelsregister einzureichen; bei Beschlüssen, welche in das Handelsregister einzutragen sind, ist die Zustimmung der persönlich haftenden Gesellschafter in dem über die Verhandlung aufzunehmenden Protokoll oder in einem Anhang zu dem Protokolle zu beurkunden (§ 327). Das sind Neuerungen, doch nur in der Form, nicht sachlich.

6. Der Aufsichtsrath hat bei der A.K.G. in erster Linie die Interessen der Kommanditisten zu vertreten. Er ist demzufolge das ausführende Organ derselben (Art. 186 Abs. 2 des alten H.G.B., § 328 des neuen H.G.B.). Das gilt namentlich von Prozessen zwischen der Kommanditistengesammtheit und den persönlich haftenden Gesellschaftern.

7. Für die Gewinnantheile der persönlich haftenden Gesellschafter giebt § 329 des neuen H.G.B eine Spezialvorschrift, welche eine Zweifelsfrage des bisherigen Rechts beseitigen und die persönlich haftenden Gesellschafter zur Deckung von Unterbilanzen

in einer ihrer Stellung angemessenen Weise heranziehen soll. (Näheres hierüber Denkschr. S. 192.)

8. Die Auflösung. Die Gründe der Auflösung sind, wie der § 330 des neuen H.G.B. im Einklang mit Art. 200 des alten H.G.B. bestimmt, im Allgemeinen die gleichen wie bei der Kommanditgesellschaft. Aber für die Folgen der Auflösung finden die Vorschriften über die Aktiengesellschaft Anwendung.

Die Entschließungen über die Kündigung und Auflösung werden durch qualifizirte Generalversammlungsbeschlüsse gefaßt (§ 330).

Der eigenthümliche Art. 199 des alten H.G.B. ist durch § 330 Abs. 4 sachgemäß geändert. Danach kann das Ausscheiden von persönlich haftenden Gesellschaftern außer dem Fall der Ausschließung nur stattfinden, wenn es im Gesellschaftsvertrage für zulässig erklärt ist. Wird es also sonst vereinbart, so hat eine solche Vereinbarung nicht, wie bisher, die Auflösung der Gesellschaft, also eine nicht beabsichtigte Wirkung zur Folge, sondern sie ist wirkungslos.

Daß sowohl die Ausschließung, als jedes sonstige Ausscheiden eines persönlich haftenden Gesellschafters nur möglich ist, wenn mindestens noch ein anderer Gesellschafter dieser Art übrig bleibt, ist selbstverständlich und brauchte nicht besonders im Gesetz ausgesprochen zu werden (Denkschr. S. 195).

9. Die Liquidation der aufgelösten A.K.G. vollzieht sich nach dem neuen H.G.B. in derselben Weise wie die Liquidation der Aktiengesellschaft (§ 331 des neuen H.G.B.). Das war auch im früheren Recht so.

10. Vereinigung mit einer anderen Gesellschaft. Die allgemeine Bezugnahme im § 320 Absatz 3 umfaßt auch die Bestimmung über die Vereinigung mit einer anderen Aktiengesellschaft oder Kommanditgesellschaft auf Aktien.

11. Die Vorschriften über die Umwandlung einer Kommanditgesellschaft auf Aktien in eine Aktiengesellschaft (Art. 306a des alten H.G.B.) werden aber dadurch nicht überflüssig, weil es sich hierbei um einen hiervon verschiedenen Vorgang handelt. Diese Vorschriften sind daher mit mehreren untergeordneten Aenderungen in den §§ 322 bis 334 des neuen H.G.B wiederholt. Die Aenderungen betreffen vornehmlich die Bilanzaufstellung.

Artikel 250.

Eine stille Gesellschaft ist vorhanden, wenn sich Jemand an dem Betriebe des Handelsgewerbes eines Anderen mit einer Vermögenseinlage gegen Antheil an Gewinn und Verlust betheiligt.

Zur Gültigkeit des Vertrages bedarf es der schriftlichen Abfassung oder **sonstiger Förmlichkeiten nicht.**

Vorbemerkung. Die stille Gesellschaft ist auch nach dem neuen H.G.B. eine Gesellschaft, eine Unterart der Gesellschaft nach § 705 B.G.B. Aber sie weist eine Reihe von Verschiedenheiten von der gesetzlichen Gestaltung der bürgerlichen Sozietät auf, deren Regelung durch besondere Gesetzesbestimmungen auch fernerhin angezeigt erschien. Insbesondere gilt dies von den Vorschriften über die im Zweifel eintretende Vermögensgemeinschaft bezüglich der Einlagen der Gesellschafter, über die Bindung des Gesellschaftsvermögens nach den Grundsätzen der gesammten Hand, über das Kündigungsrecht der Gesellschafter und dergleichen mehr. Auch die Rechtsstellung des stillen Gesellschafters im Konkurse des Geschäftsinhabers bliebe ohne gesetzliche Regelung unklar, und dazu treten einige andere Besonderheiten, wie das Anfechtungsrecht der Konkursgläubiger im Falle der Rückzahlung der Einlage des stillen Gesellschafters (Denkschr. S. 197).

Die Vorschrift des vorliegenden Artikels enthielt früher eine Definition der stillen Gesellschaft, Inhalts deren die Betheiligung des stillen Gesellschafters am Verluste zum Begriffe der stillen Gesellschaft gehörte. Diese Begriffsbestimmung erwies sich für den Verkehr derart als störend, daß das Reichsgericht sich schließlich darüber hinwegsetzte (Komm. § 6). Der neue § 335 hat von einer Definition Abstand genommen. Der Ausschluß der Verlustbetheiligung ist in einem anderen Paragraphen (§ 336) als statthaft hingestellt. Die Begriffsbestimmung der stillen Gesellschaft ist jetzt zu entnehmen aus dem Gesammtinhalt der §§ 335 u. 336: der stille Gesellschafter betheiligt sich an dem Handelsgewerbe, das ein Anderer betreibt, am Gewinn und regelmäßig auch am Verluste.

Die Vorschrift des bisherigen Art. 250 Abs. 2 über die Formfreiheit des Gesellschaftsvertrags ist gestrichen, weil schon das B.G.B. von der Formfreiheit aller Verträge ausgeht. Freilich gelten demzufolge auch die Ausnahmen des B.G.B., also insbesondere die erhöhte Formvorschrift des § 313 B.G.B., wenn der stille Gesellschafter ein Grundstück einbringt.

Artikel 251.

Der Inhaber des Handelsgewerbes betreibt die Geschäfte unter seiner Firma.

Eine das Verhältniss einer Handelsgesellschaft andeutende Firma darf derselbe wegen der Betheiligung eines stillen Gesellschafters bei Ordnungsstrafe nicht annehmen.

Die Vorschrift des vorliegenden Artikels ist im § 335 des neuen H.G.B. mitenthalten. Es ist dabei allerdings nicht besonders hervorgehoben, daß der Geschäftsinhaber die Geschäfte unter seiner Firma betreibt und daß er eine das Verhältniß einer Handelsgesellschaft andeutende Firma wegen der Betheiligung des stillen Gesellschafters nicht annehmen darf. Beides war überflüssig, Ersteres, weil es sich von selbst versteht, Letzteres, weil es schon im § 18 des neuen H.G.B. gesagt ist.

Artikel 252.

Der Inhaber des Handelsgewerbes wird Eigenthümer der Einlage des stillen Gesellschafters.

Der stille Gesellschafter ist nicht verpflichtet, die Einlage über den vertragsmässigen Betrag zu erhöhen, oder die durch Verlust verminderte Einlage zu ergänzen.

Absatz 1 ist im § 335 in sachgemäßerer Fassung aufgenommen. Absatz 2 ist durch § 707 B.G.B. überflüssig geworden und deshalb gestrichen.

Artikel 253.

Der stille Gesellschafter ist berechtigt, die abschriftliche Mittheilung der jährlichen Bilanz zu verlangen und die Richtigkeit derselben unter Einsicht der Bücher und Papiere zu prüfen.

Das Handelsgericht kann auf den Antrag des stillen Gesellschafters, wenn wichtige Gründe dazu vorliegen, die Mittheilung einer Bilanz oder sonstiger Aufklärungen nebst Vorlegung der Bücher und Papiere zu jeder Zeit anordnen.

Die Vorschrift des vorliegenden Artikels ist im § 338 des neuen H.G.B. sachlich unverändert wiedergegeben. Insbesondere enthält der Abs. 2 des § 338 keine Neuerung (vergl. Komm. Einl. zu Art. 253).

Artikel 254.

Ist über die Höhe der Betheiligung des stillen Gesellschafters an Gewinn und Verlust nichts vereinbart, so wird dieselbe nach richterlichem Ermessen, nöthigenfalls unter Zuziehung von Sachverständigen, festgestellt.

Die Vorschrift kehrt im § 336 Abs. 1 des neuen H.G.B. sachlich unverändert wieder.

Artikel 255.

Am Schlusse eines jeden Geschäftsjahres wird der Gewinn und Verlust berechnet und dem stillen Gesellschafter der ihm zufallende Gewinn ausbezahlt.

Der stille Gesellschafter nimmt an dem Verluste nur bis zum Betrage seiner eingezahlten oder rückständigen Einlage Antheil. Er ist nicht verpflichtet, den bezogenen Gewinn wegen späterer Verluste zurückzuzahlen, jedoch wird, solange seine ursprüngliche Einlage durch Verlust vermindert ist, der jährliche Gewinn zur Deckung des Verlustes verwendet.

Der Gewinn, welcher von dem stillen Gesellschafter nicht erhoben wird, vermehrt dessen Einlage nicht, sofern nicht ein Anderes vereinbart ist.

Die Vorschrift ist im § 337 des neuen H.G.B. wiederholt.

Artikel 256.

Aus den Geschäften des Handelsgewerbes wird der Inhaber desselben dem Dritten gegenüber allein berechtigt und verpflichtet.

Die Vorschrift ist im § 335 Absatz 2 des neuen H.G.B. wiedergegeben.

Artikel 257.

Der Name eines stillen Gesellschafters darf in der Firma des Inhabers des Handelsgewerbes nicht enthalten sein; im entgegengesetzten Falle haftet der stille Gesellschafter den Gläubigern der Gesellschaft persönlich und solidarisch.

Die Vorschrift des vorliegenden Artikels ist aus denselben Gründen, wie der korrespondirende Art. 168 gestrichen worden. Soweit es sich um eine neu gebildete Firma handelt, darf auch nach dem neuen H.G.B. der Name des stillen Gesellschafters in der Firma nicht enthalten sein (§ 18).

Artikel 258.

Wenn der Inhaber des Handelsgewerbes in Konkurs verfällt, so ist der stille Gesellschafter befugt, wegen seiner Einlage, soweit dieselbe den Betrag des auf ihn fallenden Antheils am Verluste übersteigt, seine Forderung als Konkursgläubiger geltend zu machen.

Ist die Einlage rückständig, so hat der stille Gesellschafter dieselbe bis zu dem Betrage, welcher zur Deckung seines Antheils am Verluste erforderlich ist, in die Konkursmasse zu zahlen.

Die Vorschrift kehrt im § 341 des neuen H.G.B. sachlich unverändert wieder.

Artikel 259.

Wenn innerhalb eines Jahres vor Eröffnung des Konkurses über das Vermögen des Inhabers des Handelsgewerbes durch Vereinbarung zwischen ihm und dem stillen Gesellschafter das Gesellschaftsverhältniss aufgelöst worden ist, so können die Konkursgläubiger verlangen, dass der stille Gesellschafter die ihm zurückbezahlte Einlage in die Konkursmasse einzahle, unbeschadet seines Rechts, die in dem Zeitpunkt der Auflösung ihm aus dem Gesellschaftsverhältniss zustehende Forderung als Konkursgläubiger geltend zu machen.

Dasselbe gilt, wenn dem stillen Gesellschafter in dem bezeichneten Zeitraum ohne Auflösung des Gesellschaftsverhältnisses die Einlage zurückbezahlt wurde.

In gleicher Weise ist, wenn der Inhaber des Handelsgewerbes in dem bezeichneten Zeitraum dem stillen Gesellschafter dessen Antheil an dem entstandenen Verluste ganz oder theilweise erlassen hat, der Erlass zu Gunsten der Konkursgläubiger unwirksam.

Die Bestimmungen dieses Artikels treten nicht ein, wenn der stille Gesellschafter beweist, dass der Konkurs in Umständen seinen Grund hat, welche erst nach dem Zeitpunkt der Auflösung, der Zurückzahlung oder des Erlasses eingetreten sind.

Die Vorschrift des vorliegenden Artikels ist im § 342 sachlich unverändert, nur in kürzerer Form wiederholt. Hinzugefügt aber ist, um eine Zweifelsfrage des früheren Rechts zu lösen (Komm. § 29), daß über die Geltendmachung und die Wirkung der Anfechtung die Vorschriften der Konkursordnung entscheiden.

Der Erlaß des Einlageversprechens, der nach unserer Ansicht durch Art. 259 nicht getroffen war (Komm. § 8), sollte auch jetzt nicht getroffen werden (Denkschr. S. 200).

Artikel 260.

Ob und inwieweit eine rechtliche Wirkung zu Gunsten dritter Personen eintritt, wenn durch einen stillen Gesellschafter oder mit dessen Willen das Vorhandensein der stillen Gesellschaft kundgemacht wird, ist nach allgemeinen Rechtsgrundsätzen zu beurtheilen.

Der Artikel ist gestrichen. Die vielumstrittene kundgemachte stille Gesellschaft ist damit gefallen. Das schließt aber, wie die Denkschrift S. 199 sagt, nicht aus, daß unter Umständen durch die Kundmachung des Gesellschaftsverhältnisses eine Haftung des stillen Gesellschafters gegenüber den Geschäftsgläubigern eintreten kann, sofern nach allgemeinen Grundsätzen, insbesondere nach den Vorschriften über den Kreditauftrag, die Voraussetzungen hierfür vorliegen.

Artikel 261.

Die stille Gesellschaft wird aufgelöst:

1. durch den Tod des Inhabers des Handelsgewerbes, wenn nicht der Vertrag bestimmt, dass die Gesellschaft mit den Erben des Verstorbenen fortbestehen soll;
2. durch die eingetretene rechtliche Unfähigkeit des Inhabers des Handelsgewerbes zur selbstständigen Vermögensverwaltung;
3. durch die Eröffnung des Konkurses über das Vermögen des Inhabers des Handelsgewerbes oder des stillen Gesellschafters;
4. durch gegenseitige Uebereinkunft;
5. durch Ablauf der Zeit, auf deren Dauer die stille Gesellschaft eingegangen ist, wenn dieselbe nicht stillschweigend fortgesetzt wird; in diesem Falle gilt der Vertrag von da an als auf unbestimmte Dauer geschlossen;
6. durch die Aufkündigung eines der beiden Theile, wenn der Vertrag auf unbestimmte Dauer geschlossen ist.

Ein auf Lebenszeit geschlossener Vertrag ist als auf unbestimmte Dauer geschlossen zu betrachten.

Die Aufkündigung eines auf unbestimmte Dauer geschlossenen Vertrages muss, wenn nicht ein Anderes vereinbart ist, mindestens sechs Monate vor Ablauf des Geschäftsjahres erfolgen.

Die im vorliegenden Artikel erfolgte Aufzählung der Auflösungsgründe ist im neuen H.G.B. gefallen. Es gelten von jetzt ab die allgemeinen Vorschriften des B.G.B. über die Gesellschaft (§§ 723 ff.), die sich zum Theil mit Art. 261 decken, zum Theil von ihm abweichen. Mit Nr. 1 stimmt § 727 B.G.B. überein — (Ueber den Tod des stillen Gesellschafters s. zu Art. 264). Der Auflösungsgrund der Nr. 2 fällt weg. Die Nr. 3 deckt sich mit § 728 des B.G.B. Die Nr. 4 und 5 gelten fort, obwohl das B.G.B. dies nicht besonders erwähnt (Denkschr. S. 199). Die Nr. 6 würde sich nach § 723 B.G.B. dahin erheblich ändern, daß eine auf unbestimmte Dauer geschlossene Gesellschaft jeder Zeit ohne Grund aufgelöst werden kann. Da dies nicht sachgemäß wäre, so hat § 339 des neuen H.G.B. in dieser Hinsicht die §§ 132, 134 des neuen H.G.B. für anwendbar erklärt.

Gemäß § 726 B.G.B. endigt die stille Gesellschaft fortan auch dann von selbst, wenn der vereinbarte Zweck nicht erreicht ist oder nicht erreicht werden kann.

Artikel 262.

Die Auflösung der stillen Gesellschaft kann vor Ablauf der für ihre Dauer bestimmten Zeit oder bei einem Vertrage von unbestimmter Dauer ohne vorherige Aufkündigung verlangt werden, wenn dazu wichtige Gründe vorhanden sind. Die Beurtheilung, ob solche Gründe anzunehmen sind, bleibt im Falle des Widerspruchs dem Ermessen des Richters überlassen.

Die Vorschrift ist ersetzt durch § 723 B.G.B. Der § 339 des neuen H.G.B. verweist ausdrücklich auf denselben. Der Zusammenhang des § 339 H.G.B. und des § 723 B.G.B. ergiebt nunmehr das gleiche Resultat wie der vorliegende Artikel. Nach dem vorliegenden Artikel besteht für Gesellschaften von bestimmter, wie von unbestimmter Dauer sofortiges Kündigungsrecht aus wichtigen Gründen. Nach § 723 B.G.B. besteht bei Gesellschaften von unbestimmter Dauer ein jederzeitiges freies Kündigungsrecht. Dieses willkürliche Kündigungsrecht wird aber für die stille Gesellschaft durch § 339 des neuen H.G.B. beseitigt (vergl. zu Art. 261). Das im § 723 B.G.B. statuirte sofortige Kündigungsrecht aus wichtigen Gründen gilt hiernach auf dem Rechtsgebiete der stillen Gesellschaft sowohl bei bestimmter, wie bei unbestimmter Dauer.

Gleichzeitig macht die Denkschrift im § 723 B.G.B. den Ausspruch, daß die Kündigung, nicht erst der Richterspruch die Auflösung zur Folge hat (Denkschr. S. 199). Das würde mit der herrschenden Ansicht übereinstimmen, aber der unsrigen widersprechen (vergl. Komm. § 2).

Artikel 263.

Die Bestimmungen des Artikels 126 gelten auch zu Gunsten der Privatgläubiger eines stillen Gesellschafters.

Die Vorschrift ist im § 339 des neuen H.G.B. mit enthalten.

Artikel 264.

Wenn der stille Gesellschafter stirbt, oder zur Verwaltung seines Vermögens rechtlich unfähig wird, so hat dies die Auflösung der stillen Gesellschaft nicht zur Folge.

Der Tod des stillen Gesellschafters würde nach § 727 B.G.B. die Auflösung zur Folge haben; aber § 339 Absatz 2 des neuen H.G.B. bestimmt für die stille Gesellschaft das Gegentheil.

Die Unfähigkeit zur selbstständigen Vermögensverwaltung hat auch nach dem B.G.B. die Auflösung nicht zur Folge, nicht einmal, wenn sie beim Komplementar auftritt (vergl. zu Art. 261), geschweige beim stillen Gesellschafter. Es ist dies im neuen H.G.B. nicht besonders ausgesprochen.

Artikel 265.

Nach Auflösung der stillen Gesellschaft muss der Inhaber des Handelsgewerbes sich mit dem stillen Gesellschafter auseinandersetzen und die Forderung desselben in Gelde berichtigen.

Der Inhaber des Handelsgewerbes besorgt die Liquidation der bei der Auflösung noch schwebenden Geschäfte.

Die Vorschriften dieses Artikels sind im § 340 des neuen H.G.B. wiedergegeben und ergänzt. Insbesondere ist hervorgehoben, daß der stille Gesellschafter theilnimmt an dem Gewinne und Verluste, der sich aus den zur Zeit der Auflösung schwebenden Geschäften ergiebt, und daß er am Schlusse jedes Geschäftsjahres Rechenschaft über die inzwischen beendigten Geschäfte, Auszahlung des ihm gebührenden Betrages und Auskunft über den Stand der noch schwebenden Geschäfte verlangen kann.

Artikel 266.

Die Vereinigung zu einem oder mehreren einzelnen Handelsgeschäften für gemeinschaftliche Rechnung bedarf einer schriftlichen Abfassung nicht und ist sonstigen Förmlichkeiten nicht unterworfen.

Die Gelegenheitsgesellschaft ist aus dem H.G.B. ganz gestrichen. Die Bestimmungen des H.G.B. über die Gelegenheitsgesellschaft werden mit der Einführung des B.G.B. entbehrlich, weil die Vorschriften des letzteren über die Gesellschaft auch für Vereinigungen zu vorübergehenden kaufmännischen Zwecken ausreichend sind und im Allgemeinen zu den gleichen Ergebnissen führen (Denkschr. S. 201).

Die im vorliegenden Artikel vorgeschriebene Formfreiheit bleibt im Wesentlichen auch später bestehen, da auch das B.G.B. die Formfreiheit der Verträge anerkennt. Aller=

dings tritt nunmehr auch in den vom B.G.B. statuirten Ausnahmefällen der Formzwang ein, insbesondere z. B. wenn der Beitrag eines Gesellschafters in einem Grundstück besteht (§§ 718, 313 B.G.B.).

Artikel 267.

Wenn nicht ein Anderes verabredet ist, so sind alle Theilnehmer in gleichem Verhältnisse zu dem gemeinsamen Unternehmen beizutragen verpflichtet.

Die Vorschrift deckt sich mit § 706 B.G.B.

Artikel 268.

Ist über den Antheil der Theilnehmer am Gewinn oder Verlust nichts vereinbart, so werden die Einlagen verzinst, der Gewinn oder Verlust aber nach Köpfen vertheilt.

Eine Verzinsung der Einlagen findet nicht mehr statt, das B.G.B. enthält eine dahingehende Vorschrift nicht. — Die Theilung des Gewinnes und Verlustes nach Köpfen ist auch im § 722 B.G.B. vorgeschrieben.

Artikel 269.

Aus Geschäften, welche ein Theilnehmer mit einem Dritten geschlossen hat, wird ersterer dem Dritten gegenüber allein berechtigt und verpflichtet.

Ist ein Theilnehmer zugleich im Auftrage und Namen der übrigen aufgetreten oder haben alle Theilnehmer gemeinschaftlich oder durch einen gemeinsamen Bevollmächtigten gehandelt, so ist jeder Theilnehmer Dritten gegenüber solidarisch berechtigt und verpflichtet.

1. Die Lücke, welche der vorliegende Artikel gelassen hatte, indem er die Rechte der Geschäftsführung im Verhältniß der Gesellschafter zu einander nicht regelt (vergl. Komm. § 4), füllt das B.G.B. sachgemäß aus in den §§ 709—715.
2. Was im vorliegenden Artikel (Abs. 2) über die Verpflichtung der Gesellschafter aus den für die Gesellschaft geschlossenen Geschäften vorgeschrieben ist, gilt auch nach § 427 B.G.B.
3. Dagegen ist die solidarische Berechtigung aus den gemeinschaftlich geschlossenen Geschäften fortgefallen. Sie enthält, wie die Denkschrift S. 201 richtig bemerkt, eine rechtliche Besonderheit, für die es an einem ausreichenden Grunde fehlt. Die §§ 718, 719 B.G.B. über das Eigenthum zur gesammten Hand hinsichtlich der gemeinsam erworbenen Vermögensstücke führen auch hier zu einem angemessenen Ergebnisse.

Artikel 270.

Nach Beendigung des gemeinschaftlichen Geschäfts muss der Theilnehmer, welcher dasselbe führte, den übrigen Theilnehmern unter Mittheilung der Beläge Rechnung ablegen.

Er besorgt die Liquidation.

Die Pflicht zur Rechnungslegung folgt aus §§ 713, 666 B.G.B.; daß der Theilnehmer, welcher das Geschäft führte, auch die sog. Liquidation bewirkt, ist selbstverständlich.

Zusatz. Vorschriften über die Auflösung der Gesellschaft, welche das alte H.G.B. nicht gegeben hat (vergl. Komm. § 8), sind im B.G.B. enthalten (§§ 723—729), desgleichen Vorschriften über die Auseinandersetzung (§§ 730—735).

So führt die Anwendung der Vorschriften des B.G.B. über die Gesellschaft zu einer erschöpfenden Regelung der bei der Gelegenheitsgesellschaft in Frage kommenden Rechtsbeziehungen, und die Denkschrift (S. 201) hat Recht, wenn sie sagt, daß sich hiernach die völlige Streichung des von der Gelegenheitsgesellschaft handelnden Titels rechtfertigt.

Artikel 271.

Handelsgeschäfte sind:

1. **der Kauf oder die anderweite Anschaffung von Waaren oder anderen beweglichen Sachen, von Staatspapieren, Aktien oder anderen für den**

Handelsverkehr bestimmten Werthpapieren, um dieselben weiter zu veräussern; es macht keinen Unterschied, ob die Waaren oder anderen beweglichen Sachen in Natur oder nach einer Bearbeitung oder Verarbeitung weiter veräussert werden sollen;

2. die Uebernahme einer Lieferung von Gegenständen der unter Ziffer 1 bezeichneten Art, welche der Uebernehmer zu diesem Zwecke anschafft;
3. die Uebernahme einer Versicherung gegen Prämie;
4. die Uebernahme der Beförderung von Gütern oder Reisenden zur See und das Darleihen gegen Verbodmung.

Der vorliegende Artikel zählt die absoluten Handelsgeschäfte auf. Der Begriff der absoluten Handelsgeschäfte wird aber vom neuen H.G.B. abgeschafft. Es giebt jetzt keine Geschäfte mehr, welche, einzeln abgeschlossen, um ihrer selbst willen, Handelsgeschäfte sind. Handelsgeschäfte sind vielmehr nach § 343 des neuen H.G.B. die Geschäfte eines Kaufmanns, die zum Betriebe seines Gewerbes gehören.

Die im vorliegenden Artikel aufgezählten Geschäfte sind (bis auf das Darlehn gegen Verbodmung) nunmehr eingereiht worden in den Kreis derjenigen Geschäfte, deren gewerbsmäßiger Betrieb ein Handelsgewerbe bedeutet und den Gewerbetreibenden zum Kaufmann macht (s. § 1 des neuen H.G.B. und unsere Bemerkungen oben zu Art. 4 des alten H.G.B.), sie sind mit anderen Worten Grundgeschäfte des Handelsgewerbes geworden. Sie werden uns daher bei unseren Bemerkungen zu dem folgenden Art. 272 noch einmal begegnen.

Artikel 272.

Handelsgeschäfte sind ferner die folgenden Geschäfte, wenn sie gewerbsmässig betrieben werden:

1. die Uebernahme der Bearbeitung oder Verarbeitung beweglicher Sachen für Andere, wenn der Gewerbebetrieb des Uebernehmers über den Umfang des Handwerks hinausgeht;
2. die Bankier- oder Geldwechslergeschäfte;
3. die Geschäfte des Kommissionärs (Art. 360), des Spediteurs und des Frachtführers, sowie die Geschäfte der für den Transport von Personen bestimmten Anstalten;
4. die Vermittelung oder Abschliessung von Handelsgeschäften für andere Personen; die amtlichen Geschäfte der Handelsmäkler sind jedoch hierin nicht inbegriffen;
5. die Verlagsgeschäfte, sowie die sonstigen Geschäfte des Buch- oder Kunsthandels; ferner die Geschäfte der Druckereien, sofern nicht ihr Betrieb nur ein handwerksmässiger ist.

Die bezeichneten Geschäfte sind auch alsdann Handelsgeschäfte, wenn sie zwar einzeln, jedoch von einem Kaufmann im Betriebe seines gewöhnlich auf andere Geschäfte gerichteten Handelsgewerbes gemacht werden.

Der vorliegende Artikel zählt diejenigen Geschäfte auf, welche Handelsgeschäfte sind, wenn sie gewerbsmäßig betrieben werden, die sog. relativen Handelsgeschäfte.

Der Begriff der relativen Handelsgeschäfte ist vom neuen H.G.B. nicht beseitigt, nur gelangt man zu ihm auf einem kleinen Umwege. Das Gesetz sagt nämlich jetzt nicht mehr, daß gewisse Geschäfte, wenn sie gewerbsmäßig betrieben werden, Handelsgeschäfte sind, sondern es sagt: gewisse Geschäfte bilden, wenn sie gewerbsmäßig betrieben werden, ein Handelsgewerbe; wer ein Handelsgewerbe betreibt, ist Kaufmann; und alle Geschäfte eines Kaufmanns, welche zu seinem Gewerbe gehören, sind Handelsgeschäfte (§§ 1 u. 343 des neuen H.G.B.). Von jenen Geschäften nun, deren gewerbsmäßiger Betrieb ein Handelsgewerbe bildet, kann man, ohne eine sachliche Unrichtigkeit zu begehen, sehr wohl auch sagen, daß sie, gewerbsmäßig betrieben, Handelsgeschäfte sind, und man gelangt so zu dem gleichen Begriffe, wie er dem alten Art. 272 innewohnte.

Was die Frage der geeigneten Bezeichnung dieser Geschäfte betrifft, so wird man die Bezeichnung relative Handelsgeschäfte fallen lassen müssen, weil, wie zu Art. 271 gezeigt, der Gegensatz, der Begriff der absoluten Handelsgeschäfte, fehlt. Man wird passend von Grundgeschäften des Handelsgewerbes oder auch kurz von Grundhandelsgeschäften sprechen können.

Dabei ist aber darauf hinzuweisen, daß nach dem neuen H.G.B. unter gewissen Voraussetzungen alle vermögensrechtlichen Geschäfte geeignete Grundhandelsgeschäfte sind. Denn nach § 2 des neuen H.G.B. gilt jedes gewerbliche Unternehmen, das nach Art und Umfang einen in kaufmännischer Weise eingerichteten Geschäftsbetrieb erfordert, als Handelsgewerbe, sofern die Firma des Unternehmers eingetragen ist. Unter gewissen Voraussetzungen ist daher jedes vermögensrechtliche Geschäft ein Grundhandelsgeschäft, und es erweitert sich somit der Begriff der Grundhandelsgeschäfte ins Ungemessene.

Angesichts dieser Rechtslage kann man jenen geschlossenen Kreis von Grundhandelsgeschäften, von welchen § 1 des neuen H.G.B. handelt, also diejenigen Geschäfte, deren gewerbsmäßiger Betrieb ohne jede weitere Voraussetzung ein Handelsgewerbe ausmacht, reine Grundhandelsgeschäfte, alle übrigen aber, die nur beim Hinzutreten weiterer Voraussetzungen (kaufmännischer Betrieb, handelsgerichtliche Eintragung) ein Handelsgewerbe bilden, kann man im Gegensatze hierzu wohl passend hypothetische Grundhandelsgeschäfte nennen.[1])

Die reinen Grundgeschäfte des Handelsgewerbes sind jetzt einmal die früheren absoluten Handelsgeschäfte (vergl. unsere Bem. zu Art. 271) und zweitens die früheren relativen Handelsgeschäfte. Sie sind im § 1 aufgezählt, und zwar mit einigen Aenderungen gegen früher:

Unter Nr. 1 (früher Nr. 1 des Art. 271) ist der Kauf als Beispiel der Anschaffung fortgelassen und die Weiterveräußerung hinzufügt. Das ist sehr sachgemäß, weil in der That die Hauptgrundlage des Handelsgewerbes nicht die bloße Anschaffung, sondern die Anschaffung und Weiterveräußerung ist. Die frühere Nr. 2 des Art. 271 konnte dadurch wegfallen. In Nr. 5 sind die Geschäfte der Schleppschifffahrtsunternehmer hinzugefügt, in Nr. 6 die der Lagerhalter.

Eine Aufzählung der hypothetischen Grundhandelsgeschäfte ist nicht erfolgt, weil sie unmöglich ist. Denn, wie gezeigt, ist jedes vermögensrechtliche Geschäft, gewerbsmäßig betrieben, beim Hinzukommen der in § 2 aufgezählten Bedingungen ein geeignetes Grundhandelsgeschäft.

Artikel 273.

Alle einzelnen Geschäfte eines Kaufmanns, welche zum Betriebe seines Handelsgewerbes gehören, sind als Handelsgeschäfte anzusehen.

Dies gilt insbesondere für die gewerbliche Weiterveräusserung der zu diesem Zwecke angeschafften Waaren, beweglichen Sachen und Werthpapiere, sowie für die Anschaffung von Geräthen, Material und anderen beweglichen Sachen, welche bei dem Betriebe des Gewerbes unmittelbar benutzt oder verbraucht werden sollen.

Die Weiterveräusserungen, welche von Handwerkern vorgenommen werden, sind, insoweit dieselben nur in Ausübung ihres Handwerksbetriebes geschehen, als Handelsgeschäfte nicht zu betrachten.

Der vorliegende Artikel enthielt den Begriff der accessorischen Handelsgeschäfte. Die Vorschrift ist den Worten nach fast unverändert in das neue H.G.B. (§ 343) übergegangen, aber durch das veränderte System des H.G.B. hat sich die in diesen Worten liegende Bedeutung total verändert. Denn nunmehr enthält dieser Satz nicht blos den Begriff der accessorischen Handelsgeschäfte, sondern den Begriff der Handelsgeschäfte überhaupt. In den §§ 1 u. 2 ist, wie schon mehrfach bemerkt, nicht der Begriff der Handelsgeschäfte, sondern der des Handelsgewerbes definirt, und es ist ferner gesagt, daß, wer ein Handelsgewerbe betreibt, Kaufmann ist. Im Anschluß hieran sagt nunmehr § 343, daß alle Geschäfte eines Kaufmanns, welche zu seinem Gewerbebetriebe gehören, Handelsgeschäfte sind. Damit sind aber nicht blos diejenigen Geschäfte getroffen, welche nach § 1 des neuen H.G.B. reine Grundgeschäfte des Handelsgewerbes sind, und nicht bloß die hypothetischen Grundhandelsgeschäfte gemäß § 2, sondern auch alle sonstigen Geschäfte, welche der Kaufmann im Betriebe seines Handelsgewerbes vornimmt, d. h. die accessorischen Handelsgeschäfte. Es sind also alle gewerblichen Geschäfte des Kaufmanns, oder mit anderen Worten: es sind alle Handelsgeschäfte gemeint, und dieselben Worte, welche früher den Begriff der accessorischen Handels-

[1]) Dementsprechend würden die im § 1 des neuen H.G.B. verzeichneten Handelsgewerbe reine Handelsgewerbe, die des § 2 hypothetische Handelsgewerbe zu nennen sein.

geschäfte aufgestellt haben, stellen jetzt den Begriff der Handelsgeschäfte überhaupt auf. Der Begriff der accessorischen Handelsgeschäfte aber ist, wie sich aus dem Gesagten ergiebt, geblieben.

Hinzugefügt ist im § 343 Abs. 2 die Vorschrift, welche sich mit Art. 272 Abs. 2 deckt und die dahin geht, daß die früheren relativen Handelsgeschäfte, jetzt reinen Grundhandelsgeschäfte, auch dann Handelsgeschäfte sind, wenn sie von einem Kaufmann im Betriebe seines gewöhnlich auf andere Geschäfte gerichteten Handelsgewerbes geschlossen werden. Dieser an sich überflüssige Satz soll zur Klärung beitragen. Er kann aber leicht eine Unklarheit erzeugen. Denn was hier von den Geschäften des Art. 272, jetzt § 1 gesagt ist, gilt von jedem vermögensrechtlichen Geschäfte des Kaufmanns, und man darf sich daher nicht irreleiten lassen, anzunehmen, daß der im § 343 Abs. 2 ausgesprochene Satz eine Besonderheit der im § 1 aufgezählten Grundgeschäfte ist.

Der Absatz 2 des Art. 273 ist als überflüssig, Abs. 3 als unsachgemäß gestrichen.

Artikel 274.

Die von einem Kaufmann geschlossenen Verträge gelten im Zweifel als zum Betriebe des Handelsgewerbes gehörig.

Die von einem Kaufmann gezeichneten Schuldscheine gelten als im Betriebe des Handelsgewerbes gezeichnet, sofern sich nicht aus denselben das Gegentheil ergiebt.

Die im vorliegenden Artikel aufgestellten Präsumptionen sind im § 344 wiedergegeben, dabei ist im Abs. 1 das Wort Verträge sachgemäß in Rechtsgeschäfte geändert (vergl. Komm. § 2).

Artikel 275.

Verträge über unbewegliche Sachen sind keine Handelsgeschäfte.

Die Vorschrift des vorliegenden Artikels ist gestrichen. Das ist eine der erheblichsten Neuerungen des neuen H.G.B.

Artikel 276.

Die Eigenschaft oder die Gültigkeit eines Handelsgeschäfts wird dadurch nicht ausgeschlossen, dass einer Person wegen ihres Amtes oder Standes, oder aus gewerbepolizeilichen oder anderen ähnlichen Gründen untersagt ist, Handel zu treiben oder Handelsgeschäfte zu schliessen.

Die Vorschrift ist in das neue H.G.B. nicht aufgenommen. Neben § 7 des neuen H.G.B. war sie entbehrlich.

Artikel 277.

Bei jedem Rechtsgeschäft, welches auf der Seite eines der Kontrahenten ein Handelsgeschäft ist, sind die Bestimmungen dieses vierten Buchs in Beziehung auf beide Kontrahenten gleichmässig anzuwenden, sofern nicht aus diesen Bestimmungen selbst sich ergiebt, dass ihre besonderen Festsetzungen sich nur auf denjenigen von beiden Kontrahenten beziehen, auf dessen Seite das Geschäft ein Handelsgeschäft ist.

Die Vorschrift ist im § 345 wiedergegeben. In der Reichstagskommission waren Versuche gemacht worden, dieselbe zu beseitigen (K.B. S. 100 ff.), weil nach der Denkschrift und nach den Erklärungen des Staatssekretärs im Reichstag das neue H.G.B. nur als Recht der Kaufleute zu betrachten sei und der Gegenkontrahent, der nicht Kaufmann sei, nicht durch den Abschluß eines Handelsgeschäfts dem Sonderrecht der Kaufleute unterworfen sein solle.

Artikel 278.

Bei Beurtheilung und Auslegung der Handelsgeschäfte hat der Richter den Willen der Kontrahenten zu erforschen und nicht an dem buchstäblichen Sinne des Ausdrucks zu haften.

Die Vorschrift ist in das B.G.B. aufgenommen (§ 133 B.G.B.).

Artikel 279.

In Beziehung auf die Bedeutung und Wirkung von Handlungen und Unterlassungen ist auf die im Handelsverkehr geltenden Gewohnheiten und Gebräuche Rücksicht zu nehmen.

Die Vorschrift ist im § 346 des neuen H.G.B. wiedergegeben, aber mit der von der Reichstagskommission beschlossenen Einschränkung, daß sie nur unter Kaufleuten gelten solle. Indessen will es uns auf den ersten Blick scheinen, als ob diese Einschränkung in der Praxis bedeutungslos sein werde, da auch nach dem B.G.B. bei der Auslegung auf die Verkehrssitte Rücksicht zu nehmen ist (§§ 157, 242 B.G.B.).

Artikel 280.

Wenn zwei oder mehrere Personen einem Anderen gegenüber in einem Geschäft, welches auf ihrer Seite ein Handelsgeschäft ist, gemeinschaftlich eine Verpflichtung eingegangen sind, so sind sie als Solidarschuldner zu betrachten, sofern sich nicht aus der Uebereinkunft mit dem Gläubiger das Gegentheil ergiebt.

Die Vorschrift wird überflüssig durch § 427 B.G.B.

Artikel 281.

Bei Handelsgeschäften, ingleichen in allen Fällen, in welchen in diesem Gesetzbuche eine solidarische Verpflichtung auferlegt wird, steht einem Solidarschuldner die Einrede der Theilung oder der Vorausklage nicht zu.

Dasselbe gilt von Bürgen, wenn die Schuld aus einem Handelsgeschäft auf Seiten des Hauptschuldners hervorgeht, oder wenn die Bürgschaft selbst ein Handelsgeschäft ist.

Absatz 1 ist fortgefallen, weil schon das B.G.B. die Einrede der Theilung und der Vorausklage dem Solidarschuldner überhaupt nicht gewährt.

Absatz 2 ist dahin geändert, daß die Einrede der Vorausklage dem Bürgen nur dann versagt ist, wenn auf seiner Seite ein Handelsgeschäft vorliegt. Ein Bürge, der nicht selbst dem Handelsstande angehört, soll der ihm nach § 771 B.G.B. zustehenden Rechtswohlthat dadurch nicht verlustig gehen, daß er sich einem Kaufmann oder für einen Kaufmann verbürgt hat (§ 349 des neuen H.G.B.). Hinzufügt ist in diesem Paragraphen, daß das Gleiche von dem Kreditauftrag gilt.

Die sonstigen Grundsätze über die Bürgschaft (Komm. §§ 6—8) richten sich fortan nach dem Bürgerlichen Gesetzbuch.

Ueber Rath und Empfehlung (vergl. Komm. §§ 10 ff.) enthält auch das neue H.G.B. keine Vorschriften. Das B.G.B. aber enthält lediglich im § 676 die Vorschrift, daß man aus Rath und Empfehlung zum Schadensersatz nicht verpflichtet ist, es sei denn, daß sich die Verantwortlichkeit aus einem Vertragsverhältniß oder aus einer unerlaubten Handlung ergiebt. Es liegt daher derselbe Rechtszustand vor, wie bisher im gemeinen Recht (vergl. Komm. §§ 12 u. 14). Ueber den Ausschluß der Haftung (Komm. § 19), wie sie in Form von Klauseln wie „ohne Obligo", „ohne Präjudiz" üblich ist, ist zu bemerken, daß nach dem B.G.B. der vertragsmäßige Ausschluß der Haftung für grobes Versehen zulässig ist und ebenso der Ausschluß der Haftung für den dolus der Gehilfen (§§ 276 Abs. 2 u. 278 B.G.B.).

Artikel 282.

Wer aus einem Geschäft, welches auf seiner Seite ein Handelsgeschäft ist, einem Anderen zur Sorgfalt verpflichtet ist, muss die Sorgfalt eines ordentlichen Kaufmanns anwenden.

Die Vorschrift ist in § 347 des neuen H.G.B. wiedergegeben. Sie ist jetzt rationell. Früher, wo es auch absolute Handelsgeschäfte gab, konnte in Folge dieser Vorschrift auch ein Nichtkaufmann zur Sorgfalt eines ordentlichen Kaufmanns verpflichtet sein (vergl. Komm. § 1). Jetzt aber sind nur die Geschäfte eines Kaufmanns Handelsgeschäfte (§ 343 des neuen H.G.B.). In einem zweiten Absatze sind unberührt gelassen die Vorschriften des B.G.B. über die Haftung für grobes Versehen und für diligentia quam suis. Hinzuzufügen ist, daß auch die Vorschrift des § 277 B.G.B. nicht tangirt ist, wonach derjenige, der nur für diligentia quam suis haftet für grobe Fahrlässigkeit jedenfalls einsteht.

Ueber die Frage des konkurrirenden Verschuldens (Komm. § 7) entscheiden nach dem B.G.B. lediglich die Umstände des Falles (§ 254 B.G.B.).

Artikel 283.

Wer Schadensersatz zu fordern hat, kann die Erstattung des wirklichen Schadens und des entgangenen Gewinnes verlangen.

Die Vorschrift deckt sich mit § 252 B.G.B., welcher letztere überdies eine zutreffende Definition des entgangenen Gewinnes giebt. Sie ist in Folge dessen gestrichen.

Artikel 284.

Die Konventionalstrafe unterliegt keiner Beschränkung in Ansehung des Betrages; sie kann das Doppelte des Interesses übersteigen.

Der Schuldner ist im Zweifel nicht berechtigt, sich durch Erlegung der Konventionalstrafe von der Erfüllung zu befreien.

Die Verabredung einer Konventionalstrafe schliesst im Zweifel den Anspruch auf einen den Betrag derselben übersteigenden Schadensersatz nicht aus.

Die Vorschrift des Absatzes 1 ist wesentlich verändert. Nach dem B.G.B. unterliegt zwar die Konventionalstrafe an sich keiner Beschränkung, allein es besteht nach § 343 B.G.B. das richterliche Ermäßigungsrecht. Dieses mußte hinsichtlich der von einem Kaufmann im Betriebe seines Handelsgewerbes versprochenen Vertragsstrafe ausgeschlossen werden, und das bestimmt § 348 des neuen H.G.B.

Absatz 2 ist gestrichen, er gilt zwar auch nach dem B.G.B., allein es bestimmt § 340 B.G.B., daß, wenn der Gläubiger die an die Nichterfüllung geknüpfte Strafe verlangt, der Anspruch auf Erfüllung ausgeschlossen ist.

Absatz 3 kehrt im § 340 Abs. 2 B.G.B. wieder.

Die sonstigen Grundsätze über die Vertragsstrafe richten sich nunmehr nach dem B.G.B., insbesondere setzt auch dieses Verschulden voraus (§ 339 B.G.B.).

Artikel 285.

Die Daraufgabe (Arrha) gilt nur dann als Reugeld, wenn dies vereinbart oder ortsgebräuchlich ist.

Sie ist, wenn nichts Anderes vereinbart oder ortsgebräuchlich ist, zurückzugeben oder in Anrechnung zu bringen.

Die Vorschriften werden durch die damit übereinstimmenden §§ 336—338 B.G.B. entbehrlich und sind deshalb gestrichen.

Artikel 286.

Wegen übermässiger Verletzung, insbesondere wegen Verletzung über die Hälfte, können Handelsgeschäfte nicht angefochten werden.

Eine Anfechtung von Geschäften wegen Verletzung über die Hälfte findet nach dem B.G.B. überhaupt nicht statt, wodurch der vorliegende Artikel entbehrlich geworden ist.

Artikel 287.

Die Höhe der gesetzlichen Zinsen, insbesondere auch der Verzugszinsen, ist bei Handelsgeschäften sechs vom Hundert jährlich.

In allen Fällen, in welchen in diesem Gesetzbuche die Verpflichtung zur Zahlung von Zinsen ohne Bestimmung der Höhe ausgesprochen wird, sind darunter Zinsen zu sechs vom Hundert jährlich zu verstehen.

Die Vorschrift des vorliegenden Artikels ist im § 352 des neuen H.G.B. wiedergegeben, jedoch mit zwei wesentlichen Aenderungen:

1. die Höhe des Zinsfußes ist auf 5% herabgesetzt,
2. die Vorschrift ist beschränkt auf Forderungen aus beiderseitigen Handelsgeschäften.

Artikel 288.

Wer aus einem Geschäfte, welches auf seiner Seite ein Handelsgeschäft ist, eine fällige Forderung hat, kann wegen derselben vom Tage der Mahnung an

Zinsen fordern, sofern er nicht nach dem bürgerlichen Recht schon von einem früheren Zeitpunkte an Zinsen zu fordern berechtigt ist.

Die Uebersendung der Rechnung gilt für sich allein nicht als Mahnung.

Der Grundsatz des Absatzes 1 folgt schon aus den §§ 284 u. 288 B.G.B.

Absatz 2 ist überflüssig geworden, weil das B.G.B. eine entgegenstehende Vorschrift nicht enthält.

Artikel 289.

Kaufleute unter einander sind berechtigt, in beiderseitigen Handelsgeschäften auch ohne Verabredung oder Mahnung von jeder Forderung seit dem Tage, an welchem sie fällig war, Zinsen zu fordern.

Die Vorschrift ist in § 353 des neuen H.G.B. aufrechterhalten. Es ist aber zur Vermeidung von Zweifeln (vergl. Komm. § 3) hinzugefügt, daß Zinsen von Zinsen auf Grund dieser Vorschrift nicht gefordert werden dürfen.

Artikel 290.

Ein Kaufmann, welcher in Ausübung des Handelsgewerbes einem Kaufmann oder Nichtkaufmann Geschäfte besorgt oder Dienste leistet, kann dafür auch ohne vorherige Verabredung Provision, und wenn es sich um Aufbewahrung handelt, zugleich auch Lagergeld nach den an dem Orte gewöhnlichen Sätzen fordern.

Von seinen Darlehen, Vorschüssen, Auslagen und anderen Verwendungen kann er, vom Tage ihrer Leistung oder Beschaffung an, Zinsen in Ansatz bringen.

Dies gilt insbesondere auch von dem Kommissionär und Spediteur.

Die Vorschrift ist in § 354 des neuen H.G.B. sachlich unverändert wiedergegeben. Absatz 3 ist als entbehrlich gestrichen.

Artikel 291.

Wenn ein Kaufmann mit einem anderen Kaufmann in laufender Rechnung (Kontokurrent) steht, so ist derjenige, welchem beim Rechnungsabschlusse ein Ueberschuss gebührt, von dem ganzen Betrage desselben, wenngleich darunter Zinsen begriffen sind, seit dem Tage des Abschlusses Zinsen zu fordern berechtigt.

Der Rechnungsabschluss geschieht jährlich einmal, sofern nicht von den Parteien ein Anderes bestimmt ist.

Der Lehre vom Kontokurrent sind im neuen H.G.B. drei ausführliche Paragraphen gewidmet: die §§ 355, 356 u. 357.

1. Die Vorschriften des vorliegenden Artikels (Berechtigung der Zinseszinsforderung und Vorschrift jährlichen Rechnungsabschlusses) sind im § 355 wiederholt.

   Indem das neue H.G.B. aber diese Vorschriften giebt, begnügt es sich nicht damit, wie der vorliegende Artikel, von einer laufenden Rechnung oder einem Kontokurrent zu sprechen, sondern es nimmt die Gelegenheit wahr, zu sagen, was es darunter versteht. Die hierbei gegebene Begriffsbestimmung deckt sich mit der von der Wissenschaft gegebenen (vgl. Komm. § 2). Auch ist das Kontokurrentverhältniß, entgegen dem vorliegenden Artikel, auf die Geschäftsverbindung eines Nichtkaufmanns mit einem Kaufmann ausgedehnt (vergl. Komm. § 6).
2. Ferner ist im § 355 jedem Theil das Recht jederzeitiger Kündigung der Kontokurrentverbindung gegeben.
3. Sodann ist im § 356 eine allerdings logische, aber unpraktische Konsequenz der Saldofeststellung beseitigt. Da nämlich durch die Saldofeststellung die aus der Verbindung entstehenden beiderseitigen Ansprüche ausgeglichen, also beseitigt werden, so mußten Theorie und Praxis nach früherem Recht hieraus die Folgerung ziehen, daß damit auch Pfänder und Bürgen und sonstige Sicherungsrechte, welche für die einzelnen Ansprüche bestellt werden, untergehen (Komm. §§ 20 ff.). Diese Konsequenz wird durch § 356 beseitigt.
4. In einem § 357 endlich wird eine Bestimmung zu Gunsten desjenigen Dritten getroffen, der das einem Kontokurrent-Kontrahenten zustehende Guthaben gepfändet hat.

5. Die übrigen, noch sehr zahlreichen Fragen, welche wir im Komm. zu Art. 291 behandelt haben, werden auch fernerhin von der Wissenschaft an der Hand allgemeiner Grundsätze zu beantworten sein, wobei jetzt die Vorschriften und Prinzipien des B.G.B. zu Grunde zu legen sein werden.
6. Die gewöhnliche laufende Rechnung (Komm. §§ 25—28) wird in der Praxis des Lebens und damit auch der Gerichte daneben fortleben.

Artikel 292.

Bei Handelsgeschäften können Zinsen zu sechs vom Hundert jährlich bedungen werden; höhere Zinsen zu bedingen ist nur insofern zulässig, als die Landesgesetze solches gestatten.

Bei Darlehen, welche ein Kaufmann empfängt, und bei Schulden eines Kaufmanns aus seinen Handelsgeschäften können auch höhere Zinsen als sechs vom Hundert jährlich bedungen werden.

Der vorl. Art ist gestrichen.

Die Zulässigkeit der Vereinbarung höherer Zinsen als 6% folgt schon aus § 247 B.G.B. Das dort vorgesehene sechsmonatliche Kündigungsrecht sollte nach den Entwürfen zum H.G.B. (vergl. § 342 des 2. Entwurfs) bei Schulden eines Kaufmanns aus seinen Handelsgeschäften wegfallen. Dieser Vorschlag ist aber von der Reichstagskommission gestrichen worden, und hierbei blieb es.

Artikel 293.

Die Zinsen können bei Handelsgeschäften in ihrem Gesammtbetrage das Kapital übersteigen.

Der Artikel fällt weg, weil schon das B.G.B. ein Verbot von Zinsen, welche in ihrem Gesammtbetrage das Kapital übersteigen, nicht kennt.

Artikel 294.

Die Anerkennung einer Rechnung schliesst den Beweis eines Irrthums oder eines Betruges in der Rechnung nicht aus.

Angesichts der Vorschriften des B.G.B. über Irrthum und Betrug erschien diese Vorschrift überflüssig und ist gestrichen worden.

Artikel 295.

Die Beweiskraft eines Schuldscheins oder einer Quittung ist an den Ablauf einer Zeitfrist nicht gebunden.

Diese Vorschrift war schon durch § 17 des E.G. zur C.P.O. überflüssig geworden. Sie ist gestrichen worden.

Artikel 296.

Der Ueberbringer einer Quittung gilt für ermächtigt, die Zahlung zu empfangen, sofern nicht die dem Zahlenden bekannten Umstände der Annahme einer solchen Ermächtigung entgegenstehen.

Diese Vorschrift ist durch § 370 B.G.B. ersetzt und deshalb gestrichen.

Artikel 297.

Ein Antrag, ein Auftrag oder eine Vollmacht, welche von einem Kaufmann in dem Handelsgewerbe ausgegangen sind, werden durch seinen Tod nicht aufgehoben, sofern nicht eine entgegengesetzte Willensmeinung aus seiner Erklärung oder aus den Umständen hervorgeht.

Die Vorschrift des vorliegenden Artikels ist mit Rücksicht auf die Bestimmungen des B.G.B., welche im Allgemeinen den Grundsätzen des bisherigen H.G.B. entsprechen, in Wegfall gekommen. Soweit sich insbesondere der vorliegende Artikel auf den Antrag oder Auftrag bezieht, erübrigt er sich schon durch die §§ 130 Abs. 2, 153, 672, 675 B.G.B.

Artikel 298.

Bei einer Vollmacht zu Handelsgeschäften kommen in Betreff des Verhältnisses zwischen dem Vollmachtgeber, dem Bevollmächtigten und dem Dritten, mit welchem der Bevollmächtigte Namens des Vollmachtgebers das Geschäft schliesst, dieselben Bestimmungen zur Anwendung, welche im Artikel 52 in Beziehung auf die Prokuristen und Handlungsbevollmächtigten gegeben sind.

Ingleichen gilt die Bestimmung des Artikels 55 in Beziehung auf denjenigen, welcher ein Handelsgeschäft als Bevollmächtigter schliesst, ohne Vollmacht dazu erhalten zu haben, oder welcher bei dem Abschlusse des Handelsgeschäfts seine Vollmacht überschreitet.

Hier gilt das Gleiche wie zu Art. 297.

Artikel 299.

Im Falle der Abtretung einer aus einem Handelsgeschäft hervorgegangenen Forderung kann die Bezahlung ihres vollen Betrages auch dann verlangt werden, wenn dieser Betrag die Summe des für die Abtretung vereinbarten Preises übersteigt.

Die Vorschrift wird überflüssig, weil das B.G.B. beschränkende Vorschriften nach dieser Richtung nicht enthält.

Artikel 300.

Ein Kaufmann, welcher eine auf ihn ausgestellte Anweisung (Assignation) gegenüber demjenigen, zu dessen Gunsten sie ausgestellt ist, angenommen hat, ist demselben zur Erfüllung verpflichtet. Die auf eine schriftliche Anweisung geschriebene und unterschriebene Annahme-Erklärung gilt als ein dem Assignatar geleistetes Zahlungsversprechen.

Die Vorschrift des vorliegenden Artikels ist im neuen H.G.B. gestrichen. Der in demselben behandelte Gegenstand, also die Voraussetzungen, unter denen die Annahme einer Anweisung verbindliche Kraft hat, richtet sich nunmehr nach dem B.G.B. (§§ 783—792). Die Regelung ist nach mehreren Richtungen verschieden von der des vorliegenden Artikels:

1. Nach dem vorliegenden Artikel wird ein Kaufmann, der eine Anweisung annimmt, auch dann verpflichtet, wenn die Anweisung auf einen anderen Gegenstand als Geld, Werthpapiere oder sonstige vertretbare Sachen lautet. Das ist nach dem B.G.B. anders (§§ 783, 784).
2. Ferner wird nach dem vorliegenden Artikel der die Anweisung annehmende Kaufmann auch dann verpflichtet, wenn die Anweisung nur mündlich ertheilt ist (Komm. § 2). Auch das ist nach dem B.G.B. anders (§ 783).
3. Endlich kann nach dem vorliegenden Artikel auch die Acceptation mündlich sein (Komm. § 3). Auch das ist nach dem B.G.B. anders (§ 784 Abs. 2).

Trotz dieser Verschiedenheiten hat die Denkschrift (S. 218) Recht, wenn sie die Streichung des vorliegenden Artikels für unbedenklich hält, weil in den Fällen des vorliegenden Artikels die Acceptation des Kaufmanns schon als Schuldversprechen gemäß § 780 B.G.B. und § 350 des neuen H.G.B. giltig sein wird.

Artikel 301.

Anweisungen und Verpflichtungsscheine, welche von Kaufleuten über Leistungen von Geld oder einer Quantität vertretbarer Sachen oder Werthpapiere ausgestellt sind, ohne dass darin die Verpflichtung zur Leistung von einer Gegenleistung abhängig gemacht ist, können durch Indossament übertragen werden, wenn sie an Order lauten.

Zur Gültigkeit der Urkunde oder des Indossaments ist nicht erforderlich, dass sie die Angabe des Verpflichtungsgrundes oder das Empfangsbekenntniss der Valuta enthalten.

Wer eine solche Anweisung acceptirt hat, ist demjenigen, zu dessen Gunsten sie ausgestellt oder an welchen sie indossirt ist, zur Erfüllung verpflichtet.

Die im vorliegenden Artikel behandelte Materie ist im § 363 des neuen H.G.B. geregelt. Dabei ist aber der Begriff der kaufmännischen Anweisung wesentlich geändert: unter einer kaufmännischen Anweisung ist fortan nicht mehr eine von einem Kaufmann ausgestellte, sondern eine auf einen Kaufmann ausgestellte zu verstehen. Diese Aenderung wird in der Denkschrift S. 218 zutreffend damit begründet, daß es für die strenge Haftung und die Frage der Indossirbarkeit nicht auf die Person des Ausstellers der Anweisung, der ja gar nicht aus der Urkunde haftet, sondern auf die Person dessen, auf den sie ausgestellt ist, der leisten soll, und daß diese ein Kaufmann ist, ankommt. Es ist nicht ersichtlich, warum eine von einem Kaufmann auf einen Nichtkaufmann ausgestellte Anweisung durch leichtere Indossirbarkeit ausgezeichnet sein soll.

Die Absätze 2 und 3 des vorliegenden Artikels sind als selbstverständlich weggelassen.

Artikel 302.

Ingleichen können Konnossemente der Seeschiffer oder Ladescheine der Frachtführer, Auslieferungsscheine (Lagerscheine, Warrants), über Waaren oder andere bewegliche Sachen, welche von einer zur Aufbewahrung solcher Sachen staatlich ermächtigten Anstalt ausgestellt sind, ferner Bodmereibriefe und Seeassekuranzpolizen durch Indossament übertragen werden, wenn sie an Order lauten.

Die Vorschrift des vorliegenden Artikels ist im § 366 Abs. 2 aufgenommen.

Artikel 303.

Durch das Indossament der in den beiden vorhergehenden Artikeln bezeichneten Urkunden gehen alle Rechte aus dem indossirten Papiere auf den Indossatar über.

Der Verpflichtete kann sich nur solcher Einreden bedienen, welche ihm nach Massgabe der Urkunde selbst oder unmittelbar gegen den jedesmaligen Kläger zustehen.

Der Schuldner ist nur gegen Aushändigung des quittirten Papiers zu erfüllen verpflichtet.

Absatz 1 kehrt im § 364 Absatz 1 wieder.

Absatz 2 ist im § 364 Absatz 2 aufgenommen, jedoch mit verändertem Wortlaut, welcher drei Klassen von Einwendungen statt früher zwei umfaßt, in der Absicht, alle Arten von Einwendungen zu erschöpfen (vergl. Komm. § 8 zu Art. 301). Während früher gesagt war, daß sich der Verpflichtete nur solcher Einreden bedienen kann, welche ihm nach Maßgabe der Urkunde selbst oder unmittelbar gegen den jedesmaligen Kläger zustehen, ist jetzt hinzugefügt, daß er auch solche Einreden entgegensetzen kann, welche die Gültigkeit seiner Erklärung in der Urkunde betreffen.

Absatz 3 ist im § 364 Absatz 3 sachlich unverändert wiedergegeben.

Artikel 304.

Ob ausser den in diesem Gesetzbuch bezeichneten noch andere an Order lautende Anweisungen, Verpflichtungsscheine oder sonstige Urkunden mit der in Artikel 302 erwähnten Wirkung durch Indossament übertragen werden können, ist nach den Landesgesetzen zu beurtheilen.

Die Vorschrift ist gestrichen, und durch Art. 21 des Einführungsgesetzes zum H.G.B. nochmals klargestellt, daß die betreffenden landesgesetzlichen Vorschriften wegfallen.

Artikel 305.

Für Papiere, welche an Order lauten und welche durch Indossament übertragen werden können (Art. 301 bis 304), gelten in Betreff der Form des

Indossaments, in Betreff der Legitimation des Inhabers und der Prüfung dieser Legitimation, sowie in Betreff der Verpflichtung des Besitzers zur Herausgabe dieselben Bestimmungen, welche die Artikel 11 bis 13, 36 und 74 der Allgemeinen Deutschen Wechsel-Ordnung in Betreff des Wechsels enthalten.

Sind die im Artikel 301 bezeichneten Papiere abhanden gekommen, so finden in Bezug auf die Amortisation die im Artikel 73 der Allgemeinen Deutschen Wechsel-Ordnung gegebenen Bestimmungen Anwendung. Die Amortisation der im Artikel 302 bezeichneten Papiere richtet sich nach den Landesgesetzen.

Abs. 1 kehrt im § 365 des neuen H.G.B. sachlich unverändert wieder.

Die Vorschrift des Absatzes 2 ist dagegen verändert. Im alten H.G.B. bezieht sich diese Vorschrift nur auf kaufmännische Anweisungen und Verpflichtungsscheine, im neuen dagegen (§ 365 Abs. 2) auf die sämmtlichen im § 363 aufgezählten Orderpapiere. Andrerseits soll künftighin Art. 73 Satz 3 der Wechselordnung nicht mehr Anwendung finden, wonach nach Einleitung des Aufgebotsverfahrens auch ohne Sicherheitsleistung die Hinterlegung der Schuldsumme vom Acceptanten verlangt werden kann.

Artikel 306.

Wenn Waaren oder andere bewegliche Sachen von einem Kaufmann in dessen Handelsbetriebe veräussert und übergeben worden sind, so erlangt der redliche Erwerber das Eigenthum, auch wenn der Veräusserer nicht Eigenthümer war. Das früher begründete Eigenthum erlischt. Jedes früher begründete Pfandrecht oder sonstige dingliche Recht erlischt, wenn dasselbe dem Erwerber bei der Veräusserung unbekannt war.

Sind Waaren oder andere bewegliche Sachen von einem Kaufmann in dessen Handelsbetriebe verpfändet und übergeben worden, so kann ein früher begründetes Eigenthum, Pfandrecht oder sonstiges dingliches Recht an den Gegenständen zum Nachtheil des redlichen Pfandnehmers oder dessen Rechtsnachfolgers nicht geltend gemacht werden.

Das gesetzliche Pfandrecht des Kommissionärs, Spediteurs und Frachtführer steht einem durch Vertrag erworbenen Pfandrechte gleich.

Dieser Artikel findet keine Anwendung, wenn die Gegenstände gestohlen oder verloren waren.

1. Die Wirkungen des redlichen Erwerbes, welche der vorliegende Artikel für den Handelsverkehr statuirte, sind grundsätzlich in das B.G.B. übergegangen. Nach den §§ 932—936, 1207, 1208 erwirbt der redliche Erwerber einer Sache dieselbe zum Eigenthum, wenn er gutgläubig annahm, daß die Sache dem Veräußerer gehöre, und ebenso erwirbt der gutgläubige Pfandnehmer ein gültiges Pfandrecht, welchem entgegenstehende Rechte Dritter weichen. Der Art. 306 konnte daher gestrichen werden.

   Der Grundsatz des B.G.B. geht jedoch insofern nicht ebenso weit, wie der Grundsatz des vorliegenden Artikels, als nach dem letzteren die betreffenden Rechtswirkungen auch dann eintreten, wenn der Erwerber zwar das Eigenthum oder das entgegenstehende Recht des Dritten kannte, aber gutgläubig annahm, daß der Veräußerer berechtigt war, in dieser Weise über die Sache zu verfügen (Komm. § 7). Für den Handelsverkehr ist diese Ausdehnung unerläßlich. Der Kommissionär ist zwar nicht Eigenthümer, aber er ist zur Verfügung berechtigt, und man kann denjenigen Personen, welche mit Kommissionshäusern in geschäftliche Verbindung treten, nicht ansinnen, bei jeder Verfügung über einen Gegenstand Ermittelungen darüber anzustellen, ob der Kommissionär in der That zu der betreffenden Verfügung berechtigt ist.

   Diese Erwägungen haben dazu geführt, im § 366 des neuen H.G.B. den Grundsatz des B.G.B. soweit auszudehnen, wie dies der frühere Art. 306 that: die Vorschriften des B.G.B. über den gutgläubigen Rechtserwerb finden hiernach auch dann Anwendung, wenn der gute Glaube die Befugnis des Veräußerers oder Verpfänders, über die Sache zu verfügen, betrifft.

2. Ferner ist in einem Schlußsatze des § 366 der Schutz des guten Glaubens auf das gesetzliche Pfandrecht des Kommissionärs, des Spediteurs, des Lagerhalters und des Frachtführers ausgedehnt. Auch das geht über die Vorschriften des B.G.B. hinaus, welche sich auf die gesetzlichen Pfandrechte nicht beziehen, und ist dazu bestimmt, den früheren Umfang des Schutzes gutgläubigen Erwerbes aufrecht zu erhalten. Der für den Lagerhalter etablirte Schutz ist neu.

3. Zugleich ist dieser Absatz so gefaßt, daß die Streitfrage des bisherigen Rechts, ob der diesem gesetzlichen Pfandrechte gewährte Schutz auch dann Platz greift, wenn der Schuldner nicht Kaufmann ist, sich in bejahendem Sinne beantwortet (Denkschr. S. 223). Wir hatten früher das Gegentheil angenommen (Komm. § 18).

4. Die für den Eintritt der Rechtswirkungen erforderliche Uebergabe (Komm. § 2) ist nach dem B.G.B. (§§ 932, 933, 934) in erster Linie die körperliche Uebergabe (§ 932). Das constitutum possessorium genügt an sich nicht; vielmehr tritt im Falle solchen Rechtserwerbes die Wirkung erst dann ein, wenn die körperliche Uebergabe hinzutritt, vorausgesetzt, daß bis dahin der gute Glaube vorhanden war (§ 933). Ist endlich ein Dritter im Besitze der Sache, so erfolgt nach § 931 B.G.B. im Allgemeinen die Uebergabe in der Weise, daß der Eigenthümer dem Erwerber den Anspruch auf Herausgabe der Sache abtritt. Diese Abtretung tritt an die Stelle der früheren Uebergabe durch Anweisung. Zum Eintritt der hier in Rede stehenden Rechtswirkungen ist diese Art der Uebergabe aber nur dann geeignet, wenn der Veräußerer mittelbarer Besitzer der Sache ist (§ 934), d. h. wenn der Dritte die Sache als Nießbraucher, Pfandgläubiger, Pächter, Miether, Verwalter oder in einem ähnlichen Verhältnisse besitzt, vermöge dessen er dem Veräußerer gegenüber zum Besitze berechtigt oder verpflichtet ist (§ 868). Liegt auf Seiten des Veräußerers ein solcher mittelbarer Besitz nicht vor, so ist die Abtretung des Anspruchs auf Herausgabe allein nicht geeignet, die hier in Rede stehenden Rechtswirkungen gutgläubigen Erwerbes zu erzeugen, vielmehr muß alsdann gleichfalls die körperliche Uebergabe hinzutreten und bis dahin noch der gute Glaube vorhanden sein (§ 934).

5. Der gute Glaube wird im § 932 Absatz 2 in Uebereinstimmung mit der Auslegung des gegenwärtigen Rechts (Komm. § 5) dahin definirt, daß er sowohl durch Kenntniß als durch grobfahrlässiges Nichtkennen der entgegenstehenden Umstände ausgeschlossen wird.

6. In sachlicher Uebereinstimmung mit dem bisherigen Recht sind im § 935 B.G.B. gestohlene, verlorene oder sonst abhanden gekommene Sachen von dem Schutze ausgenommen.

Artikel 307.

Die Bestimmungen des vorigen Artikels finden bei Papieren auf Inhaber auch dann Anwendung, wenn die Veräusserung oder Verpfändung nicht von einem Kaufmann in dessen Handelsbetriebe geschehen ist, und wenn die Papiere gestohlen oder verloren waren.

Die hier vorgesehene Ausnahme ist auch im B.G.B. gemacht und dort sogar ausgedehnt auf Geld und öffentlich versteigerte Sachen (§ 935 Abs. 2). Der Art. 307 konnte daher gestrichen werden.

Das neue H.G.B. trifft aber außerdem im § 367 eine hier einschlagende Sondervorschrift: wenn ein gestohlenes, verlorenes oder sonst abhanden gekommenes Inhaberpapier an einen Bankier veräußert wird, so gilt dessen guter Glaube als ausgeschlossen, wenn zur Zeit der Veräußerung oder Verpfändung der Verlust des Papiers im Deutschen Reichsanzeiger bekannt gemacht und seit dem Ablauf des Jahres, in welchem die Publikation erfolgt ist, nicht mehr als ein Jahr verstrichen war.

Angeregt wurde diese Vorschrift vom Handelsstande, aber in einem anderen Sinne. Man wies darauf hin, daß die Rechtsprechung den Bankier für bösgläubig hielt, wenn er irgendwelche Bekanntmachung dieser Art unberücksichtigt ließ, wo immer und wann sie auch publizirt war. Die

Bankgeschäfte befanden sich dadurch in übler Lage, da ihre Prüfungspflicht keine Grenze hatte, sowohl in Bezug auf die zu prüfenden Blätter, als hinsichtlich der Zeit ihres Erscheinens.

Die obige Vorschrift zieht aber nun diese vermißte Grenze nicht. Sie sagt nur, daß der gute Glaube ausgeschlossen ist, wenn die Publikationen im Reichsanzeiger aus dem letzten Jahre nicht berücksichtigt sind. Aber sie sagt nicht, daß der gute Glaube vorhanden ist, wenn diese Publikationen berücksichtigt sind. Doch meint die Denkschrift (S. 224), daß die neue Vorschrift von selbst dazu führen wird, dies anzunehmen. Richtiger wäre es gewesen, dies im Gesetze auszusprechen.

Artikel 308.

Durch die beiden vorhergehenden Artikel werden die Landesgesetze nicht berührt, welche für den Besitzer noch günstigere Bestimmungen enthalten.

Der in diesem Artikel enthaltene Vorbehalt für die Landesgesetze wird mit dem einheitlichen bürgerlichen Recht gegenstandslos (Denkschr. S. 223). Art. 308 ist daher gestrichen worden.

Artikel 309.

Die zur Bestellung eines Faustpfandes in dem bürgerlichen Rechte vorgeschriebenen Förmlichkeiten sind nicht erforderlich, wenn unter Kaufleuten für eine Forderung aus beiderseitigen Handelsgeschäften ein Faustpfand an beweglichen Sachen, an Papieren auf Inhaber oder an Papieren, welche durch Indossament übertragen werden können, bestellt wird.

In diesem Falle genügt neben der einfachen Vereinbarung über die Verpfändung:

1. bei beweglichen Sachen und bei Papieren auf Inhaber der Uebertragung des Besitzes auf den Gläubiger, wie solche nach den Bestimmungen des bürgerlichen Rechts für das Faustpfand erfordert wird;
2. bei Papieren, welche durch Indossament übertragen werden können, die Uebergabe des indossirten Papiers.

Die Vorschriften der Art. 309—312 über die kaufmännische Pfandbestellung, sowie über die Befriedigung aus den unter Kaufleuten bestellten Pfändern werden durch das B.G.B. entbehrlich und sind deshalb gestrichen worden.

Was zunächst die Vorschrift des vorliegenden Artikels betrifft, so stimmt diejenige Maximalform der Verpfändung, welche derselbe für eine Pfandbestellung unter Kaufleuten für eine Forderung aus beiderseitigen Handelsgeschäften aufstellt, im Wesentlichen überein mit derjenigen Verpfändungsform, welche das B.G.B. überhaupt für jeden Fall der Verpfändung, also auch unter Nichtkaufleuten, erfordert (§§ 1205, 1292, 1293 B.G.B.).

Es ist aber dabei zu beachten, daß nunmehr diese Form unter allen Umständen die Minimalform ist. Geringere Erfordernisse für die Pfandbestellung stellt das künftige bürgerliche Recht nicht auf. Dagegen war früher nach Art. 309 jene Form die Maximalvorschrift und etwaige geringere Verpfändungsformen der bürgerlichen Rechte blieben in Geltung (Komm. § 5a).

Artikel 310.

Ist die Bestellung eines Faustpfandes unter Kaufleuten für eine Forderung aus beiderseitigen Handelsgeschäften schriftlich erfolgt, so kann der Gläubiger, wenn der Schuldner im Verzuge ist, sich aus dem Pfande sofort bezahlt machen, ohne dass es einer Klage gegen den Schuldner bedarf.

Der Gläubiger hat die Bewilligung hierzu unter Vorlegung der erforderlichen Bescheinigungsmittel bei dem für ihn zuständigen Handelsgerichte nachzusuchen, von welchem hierauf ohne Gehör des Schuldners und auf Gefahr des Gläubigers der Verkauf der verpfändeten Gegenstände oder eines Theiles derselben verordnet wird.

Von der Bewilligung, sowie von der Vollziehung des Verkaufs hat der Gläubiger den Schuldner, soweit es thunlich, sofort zu benachrichtigen; unterlässt er die Anzeige, so ist er zum Schadenersatze verpflichtet. Um den Verkauf zu bewirken, ist der Nachweis der Anzeige nicht erforderlich.

Die Vorschriften der Art. 310 und 311 sind deshalb entbehrlich, weil diejenige Art der Pfandrealisirung, welche das H.G.B. unter ganz bestimmten Voraussetzungen als ganz besondere Vergünstigung eingeführt hat, nämlich die außergerichtliche öffentliche Versteigerung bezw. der Verkauf durch einen Handelsmakler, vom B.G.B. als die normale Art der Realisirung in allen Fällen der Verpfändung eingeführt ist (§ 1235 B.G.B.). Es wird hiernach künftig in allen Fällen der Verpfändung kraft Gesetzes gelten, was im Art. 311 nur unter bestimmten Voraussetzungen und insbesondere nur auf Grund einer besonderen schriftlichen Vereinbarung vorgesehen war.

Die Vorschriften der Art. 310 und 311 konnten hiernach wegfallen, denn der durch Art. 310 angeordneten gerichtlichen Bewilligung und der im Art. 311 angeordneten schriftlichen Ermächtigung zum Verkauf bedarf es jetzt nicht mehr, da das Gesetz denselben gestattet. Nur eine Bestimmung war nothwendig: zwischen der Androhung und dem Vollzuge des Pfandverkaufs muß nämlich nach § 1234 Absatz 2 B.G.B. eine Frist von einem Monate liegen. Diese Frist wird in § 368 des neuen H.G.B. auf eine Woche abgekürzt. Diese kürzere Frist soll gelten, wenn die Verpfändung auf beiden Seiten ein Handelsgeschäft ist, ferner für die gesetzlichen Pfandrechte des Kommissionärs und des Lagerhalters unter der gleichen Voraussetzung, und endlich für die gesetzlichen Pfandrechte des Spediteurs und des Frachtführers, wenn nur auf ihrer Seite ein Handelsgeschäft vorliegt.

Artikel 311.

Wenn die Bestellung eines Faustpfandes unter Kaufleuten für eine Forderung aus beiderseitigen Handelsgeschäften erfolgt, und schriftlich vereinbart ist, dass der Gläubiger ohne gerichtliches Verfahren sich aus dem Pfande befriedigen könne, so darf, wenn der Schuldner im Verzuge ist, der Gläubiger das Pfand öffentlich verkaufen lassen; er darf in diesem Falle, wenn die verpfändeten Gegenstände einen Börsenpreis oder Marktpreis haben, den Verkauf auch nicht öffentlich durch einen Handelsmäkler oder in Ermangelung eines solchen durch einen zu Versteigerungen befugten Beamten zum laufenden Preise bewirken. Von der Vollziehung des Verkaufs hat der Gläubiger den Schuldner, soweit es thunlich, sofort zu benachrichtigen; bei Unterlassung der Anzeige ist er zum Schadenersatze verpflichtet.

Diese Vorschrift durfte wegfallen. S. hierüber unsere Bemerkungen zu Art. 310.

Artikel 312.

Durch die vorhergehenden Artikel werden die den öffentlichen Pfandanstalten, Kreditinstituten oder Banken durch Gesetze, Verordnungen oder Statuten verliehenen besonderen Rechte in Betreff der Bestellung oder Veräusserung von Pfändern nicht berührt.

Ingleichen ist durch die vorhergehenden Artikel nicht ausgeschlossen, dass die Bestellung oder Veräusserung von Faustpfändern unter Kaufleuten für Forderungen aus Handelsgeschäften rechtsgültig geschehen kann, wenn dabei die in den einzelnen Staaten für die Bestellung oder Veräusserung von Faustpfändern geltenden Bestimmungen beobachtet werden.

Der vorliegende Artikel mußte als gegenstandslos gestrichen werden.

Artikel 313.

Ein Kaufmann hat wegen der fälligen Forderungen, welche ihm gegen einen anderen Kaufmann aus den zwischen ihnen geschlossenen beiderseitigen Handels-

geschäften zustehen, ein Zurückbehaltungsrecht (Retentionsrecht) an allen beweglichen Sachen und Werthpapieren des Schuldners, welche mit dessen Willen auf Grund von Handelsgeschäften in seinen Besitz gekommen sind, sofern er dieselben noch in seinem Gewahrsam hat oder sonst, insbesondere vermittelst Konossemente, Ladescheine oder Lagerscheine, noch in der Lage ist, darüber zu verfügen.

Dieses Recht tritt jedoch nicht ein, wenn die Zurückbehaltung der Gegenstände der von dem Schuldner vor oder bei der Uebergabe ertheilten Vorschrift oder der von dem Gläubiger übernommenen Verpflichtung, in einer bestimmten Weise mit den Gegenständen zu verfahren, widerstreiten würde.

Das kaufmännische Zurückbehaltungsrecht ist in den §§ 369—372 des neuen H.G.B. geregelt. Die Grundlagen sind die gleichen geblieben. Aber im einzelnen haben Aenderungen stattgefunden.

Zunächst hat § 369 Absatz 1 die Gegenstände, an welchen das Zurückbehaltungsrecht geltend gemacht werden kann, erweitert. Nicht blos Sachen des Schuldners können fortan retinirt werden, sondern auch solche Sachen, deren Eigenthum von dem Schuldner auf den Gläubiger übergegangen, aber auf den Schuldner zurückzuübertragen ist. So konnte z. B. früher nach preußischem Recht der Käufer die gekaufte Sache, wenn er sie zur Disposition gestellt hatte, wegen seiner Schadensansprüche oder seines Lagergeldes nicht retiniren, weil sie sein Eigenthum geworden war (Komm. § 5). Das wird fortan möglich sein.

In einem zweiten Absatz entscheidet § 369 die zur Zeit bestrittene Frage, inwieweit das Zurückbehaltungsrecht Dritten gegenüber geltend gemacht werden kann. Der dingliche Charakter des Zurückbehaltungsrechts wird hierbei verneint (Denkschr. S. 228; anders nach unserer Anschauung Komm. § 14 zu Art. 315). Die Denkschrift meint, es sei nicht erforderlich, dem Zurückbehaltungsrecht den dinglichen Charakter zu verleihen, um den Gläubiger gegen Verfügungen des Schuldners über den Zurückbehaltungsgegenstand zu sichern. Veräußert oder belastet der Schuldner die im Besitze des Gläubigers befindliche Sache, so kann der Gläubiger dem Rechtsnachfolger des Schuldners die ihm gegen den Anspruch des Letzteren auf Herausgabe zustehenden Einwendungen, also auch das Zurückbehaltungsrecht entgegensetzen (§§ 986 Abs. 2, 1227 B.G.B.). Ebenso ist ein Pfandgläubiger, der an der Pfandsache zugleich für eine andere Forderung ein Zurückbehaltungsrecht hat, durch die Vorschriften des § 1249 Satz 2 und § 268 Absatz 3 Satz 2 B.G.B. dagegen geschützt, daß dieses Recht durch Einlösung des Pfandes seitens eines Rechtsnachfolgers des Schuldners beeinträchtigt wird. Gegenüber später entstandenen *gesetzlichen* Pfandrechten oder Zurückbehaltungsrechten hat allerdings ein nur obligatorisches Zurückbehaltungsrecht keine Wirkung, aber gerade das sollte erreicht werden.

Auf diesen Grundgedanken beruht die im § 369 Absatz 2 getroffene Bestimmung. Zugleich ist damit die häufig erörterte Frage über das Rangverhältniß zwischen dem Verfolgungsrechte des Absenders (§ 36 K.O.) und dem Zurückbehaltungsrechte des Spediteurs und des Frachtführers wegen Forderungen an den Empfänger zu Gunsten des Ersteren entschieden (so auch nach früherem Recht; Komm. § 5).

Im Uebrigen entspricht der § 369 dem geltenden Recht. Der letzte Absatz des § 369 über das Recht der Sicherheitsleistung ist aus Art. 315 herübergenommen und durch die Ablehnung der Bürgschaftsbestellung präzisirt.

Artikel 314.

Das in dem vorhergehenden Artikel bezeichnete Zurückbehaltungsrecht besteht unter den dort angegebenen Voraussetzungen selbst wegen der nicht fälligen Forderungen:

1. wenn über das Vermögen des Schuldners der Konkurs eröffnet worden ist, oder der Schuldner auch nur seine Zahlungen eingestellt hat;
2. wenn eine Exekution in das Vermögen des Schuldners fruchtlos vollstreckt oder wider denselben wegen Nichterfüllung einer Zahlungsverbindlichkeit die Vollstreckung des Personalarrestes erwirkt worden ist.

In diesen Fällen steht auch die Vorschrift des Schuldners oder die Uebernahme der Verpflichtung, in einer bestimmten Weise mit den Gegenständen zu verfahren, dem Zurückbehaltungsrecht nicht entgegen, sofern die vorstehend unter 1 und 2 bezeichneten Umstände erst nach Uebergabe der Gegenstände oder nach Uebernahme der Verpflichtung eingetreten oder dem Gläubiger bekannt geworden sind.

Die Vorschrift ist im § 370 des neuen H.G.B. wiedergegeben.

Artikel 315.

Der Gläubiger, welchem das Zurückbehaltungsrecht nach den Artikeln 313 oder 314 zusteht, ist verpflichtet, von der Ausübung desselben den Schuldner ohne Verzug zu benachrichtigen. Er ist befugt, wenn ihn dieser nicht rechtzeitig in anderer Weise sichert, im Wege der Klage bei dem für ihn selbst zuständigen Gerichte gegen den Schuldner den Verkauf der Gegenstände zu beantragen; er kann sich aus dem Erlöse vor den anderen Gläubigern des Schuldners befriedigen. Der Gläubiger hat diese Rechte auch gegenüber der Konkursmasse des Schuldners.

Die wichtigste im Retentionsrecht liegende Befugniß ist nach dem alten H.G.B. die Verkaufsbefugniß, um sich aus dem Erlöse zu befriedigen.

Das neue H.G.B. drückt sich im § 371 allgemeiner aus: es gewährt dem Retinenten das Recht, sich aus dem zurückbehaltenen Gegenstande zu befriedigen, und verweist dabei auf die Befriedigungsarten, welche für das Pfandrecht im B.G.B. gelten. Damit soll gesagt sein, daß nicht immer der Verkauf die Befriedigungsart ist. Es können Gegenstände retinirt werden, aus welchen die Befriedigung nicht wohl im Wege des Verkaufs geschehen kann, so z. B. gewisse Werthpapiere, welche nach § 1282 B.G.B. im Wege der Einziehung zur Realisirung gelangen.

Zum Ueberfluß ist (vergl. unsere Bemerkungen zu Art. 313) hier im § 371 nochmals ausgesprochen, daß der Retinent in Ansehung der Befriedigung den Vorrang vor demjenigen Dritten hat, gegen welchen das Zurückbehaltungsrecht geltend gemacht werden kann.

Die Realisirung erfordert auch nach dem neuen H.G.B. einen vollstreckbaren Schuldtitel. Entweder sie erfolgt im Wege der Zwangsvollstreckung (also auf Grund eines auf Befriedigung lautenden Schuldtitels) oder es muß Klage auf Gestatten der Realisirung erhoben werden (so auch nach früherem Recht, Komm. § 8).

Die Klage war früher gegen den Schuldner zu richten, eine besondere Vorschrift war darüber nicht erforderlich und nicht gegeben, weil sie selbstverständlich war. Jetzt, da das Retentionsrecht unter Umständen auch an Sachen geltend gemacht werden kann, die dem Schuldner nicht gehören, sind besondere Vorschriften erforderlich. Sie sind wie folgt gegeben: die Klage ist zu richten gegen den Eigenthümer der retinirten Sache, also regelmäßig den Schuldner, und wenn der Gegenstand dem Gläubiger selbst gehört, die Retention aber gleichwohl zulässig ist, gegen den Schuldner, der nicht Eigenthümer ist. Als Eigenthümer gilt gegenüber dem gutgläubigen Gläubiger der Schuldner, und ein Dritter muß (nach näherer Bestimmung des § 372) das gegen den Schuldner erwirkte rechtskräftige Urtheil gegen sich gelten lassen.

Die Klage kann zur Erleichterung der Rechtslage des Gläubigers an seinem Gerichtsstand angestellt werden (§ 371 Abs. 4). Früher war dieser Gerichtsstand nach unserer Ansicht ein ausschließlicher (Komm. § 7).

Die Bestimmung über das Vorrecht im Konkurse ist mit Rücksicht auf § 41 Nr. 8 K.O. als überflüssig weggefallen.

Artikel 316.

Die in den Artikeln 313 bis 315 dem Gläubiger gegebenen Rechte treten nicht ein, soweit die Parteien dies besonders vereinbart haben.

Der vorliegende Artikel ist im neuen H.G.B. gestrichen. Die Denkschrift rechtfertigt die Streichung nicht. Sie rechtfertigt sich von selbst. Denn die Vorschrift ist, wie wir im Komm. Anm. 1 zu dem vorliegenden Artikel gesagt haben, überflüssig, da es sich nicht um öffentlich-rechtliche Bestimmungen handelt.

Artikel 317.

Bei Handelsgeschäften ist die Gültigkeit der Verträge durch schriftliche Abfassung oder andere Förmlichkeiten nicht bedingt.

Ausnahmen von dieser Regel finden nur insoweit statt, als sie in diesem Gesetzbuche enthalten sind.

Die Vorschrift des vorliegenden Artikels ist gestrichen. Sie erschien überflüssig infolge der Regel des B.G.B., daß Rechtsgeschäfte ohne Form giltig sind. Diese Regel ist im B.G.B. zwar nicht ausgesprochen, aber nur deshalb, weil es sich von selbst versteht, daß eine Form nur soweit erforderlich ist, als das Gesetz sie vorschreibt (Planck, Komm. zum B.G.B. Anm. 1 zu § 125).

Die Streichung des vorliegenden Artikels hat nun aber zur Folge, daß nicht nur die Regel des B.G.B., sondern auch seine Ausnahmen fortan für das Handelsrecht gelten. In dieser Hinsicht kommen insbesondere in Betracht:

1. § 311 B.G.B.: Vorschrift der gerichtlichen oder notariellen Beurkundung für denjenigen Vertrag, durch welchen jemand sich verpflichtet, sein ganzes Vermögen oder einen Bruchtheil desselben auf einen Andern zu übertragen. Die Vorschrift ist für handelsrechtliche Verhältnisse nicht ohne Bedeutung. Sie wird z. B. bei der Uebertragung des Vermögens einer Aktiengesellschaft (§ 303 des neuen H.G.B.) zur Anwendung kommen. Auch bei der Veräußerung des ganzen Vermögens einer offenen Handelsgesellschaft? Vergl. hierüber unsere Bemerkungen zu Art. 85.
2. § 566 B.G.B. welcher das Erforderniß der Schriftlichkeit für Miethsverträge von mehr als einjähriger Dauer vorschreibt. Für das Miethen von Geschäftslokalen wird diese Vorschrift wichtig werden.
3. § 313 B.G.B., welcher für Verträge, durch welche die Verpflichtung zur Uebertragung des Eigenthums an einem Grundstücke übernommen wird, die gerichtliche oder notarielle Beurkundung vorschreibt. Die Vorschrift wird besonders für Gesellschaftsverträge, bei welchen ein Grundstück eingebracht wird, praktisch wichtig und zu einer erheblichen Aenderung des bisherigen Rechts führen (vergl. unsere Bemerkungen zu Art. 85).
4. In drei Fällen hat das neue H.G.B. die Formvorschriften des B.G.B. beseitigt, weil sie für den Handelsverkehr unangemessen sind. Es sind nämlich im § 350 des neuen H.G.B. die Formvorschriften des B.G.B. über die Bürgschaft, das Schuldversprechen und das Schuldanerkenntniß für den Fall abgeschafft, daß diese Rechtsgeschäfte auf Seiten des Schuldners Handelsgeschäfte sind. Der erste Entwurf des neuen H.G.B. hatte diese Ausnahmen nicht gemacht, in Folge der Anregungen der Kritik wurden sie dem zweiten Entwurf einverleibt, die Reichstagskommission hatte sie wieder gestrichen, das Plenum hat sie wieder hergestellt. Nur für Minderkaufleute gelten diese Ausnahmen nicht (§ 351 des neuen H.G.B.).

Artikel 318.

Ueber einen Antrag unter Gegenwärtigen zur Abschliessung eines Handelsgeschäfts muss die Erklärung sogleich abgegeben werden, widrigenfalls der Antragende an seinen Antrag nicht länger gebunden ist.

Die Vorschrift ist im § 147 Absatz 1 B.G.B. in sachlich übereinstimmender Weise gegeben und deshalb im neuen H.G.B. als entbehrlich gestrichen. Dabei hebt diese Gesetzesstelle in Uebereinstimmung mit der Auslegung des früheren Rechts (Komm. § 2) hervor, daß ein mittelst Fernsprechers gemachter Antrag als Antrag unter Anwesenden behandelt wird.

Ueber den Fall, daß der Antrag eine Frist zur Annahme bestimmt (Komm. § 4), entscheidet § 148 B.G.B., und zwar dahin, daß alsdann die Annahme nur innerhalb der Frist erfolgen kann.

Artikel 319.

Bei einem unter Abwesenden gestellten Antrage bleibt die Antragende bis zu dem Zeitpunkte gebunden, in welchem er bei ordnungsmässiger rechtzeitiger Absendung der Antwort den Eingang der letzteren erwarten darf. Bei der Berechnung dieses Zeitpunktes darf der Antragende von der Voraussetzung ausgehen, dass sein Antrag rechtzeitig angekommen sei.

Trifft die rechtzeitig abgesandte Annahme erst nach diesem Zeitpunkte ein, so besteht der Vertrag nicht, wenn der Antragende in die Zwischenzeit oder ohne Verzug nach dem Eintreffen der Annahme von seinem Rücktritt Nachricht gegeben hat.

1. Dieser Artikel ist im neuen H.G.B. gestrichen.
2. Die Vorschrift des Absatzes 1 ist im § 147 Absatz 2 B.G.B. in kürzerer, präziserer Form, aber ohne sachliche Aenderung wiedergegeben (vergl. Planck, B.G.B. Anm. 2 zu § 147).
3. Absatz 2 ist im § 149 B.G.B. wiedergegeben, aber mit einer wesentlichen Aenderung. Während nämlich nach Art. 319 der Offerent die rechtzeitig abgesandte, aber verspätet eingetroffene Annahme auf alle Fälle zurückweisen mußte, wollte er den Vertrag nicht zur Perfektion gelangen lassen, so ist ihm jetzt diese Pflicht nur für den Fall auferlegt, daß er die rechtzeitige Absendung erkennen mußte. Wenn dieses subjektive Erforderniß nicht vorliegt, so ist trotz der objektiv rechtzeitigen Absendung der Acceptationserklärung der Vertrag nicht zu Stande gekommen, wenn sie zu spät ankommt.
4. Für den Fall, daß der Offerent eine Frist gesetzt hat (Komm. § 10), gilt das Gleiche (vergl. § 148 B.G.B. u. Planck, Anm. 1 zu § 149 B.G.B.).
5. Die im Komm. § 11 behandelten außerordentlich zahlreichen Fälle, in denen der Offerent nicht erwartet, daß der Vertragsgegner ihm eine besondere Annahmeerklärung zugehen läßt, in denen vielmehr der Vertrag auch ohne solches Zugehen zu Stande kommt, sind vom B.G.B. für praktisch und wichtig genug erachtet worden, um ihnen einen besonderen Paragraphen zu widmen. Es ist dies der § 151 B.G.B.

   Der Vertrag kommt, sagt dieser Paragraph, durch die Annahme des Antrags zu Stande, ohne daß die Annahme dem Antragenden gegenüber erklärt zu werden braucht, wenn eine solche Erklärung nach der Verkehrssitte nicht zu erwarten ist oder der Antragende auf sie verzichtet hat. Als Beispiele können die im Komm. § 11 aufgeführten herangezogen werden: Waarenbestellungen, Auftragsertheilungen, Insertionsaufträge, Bestellungen von Loosen beim Lotteriekollekteur.

Artikel 320.

Geht der Widerruf eines Antrages dem anderen Theile früher als der Antrag oder zu gleicher Zeit mit demselben zu, so ist der Antrag für nicht geschehen zu erachten.

Ebenso ist die Annahme für nicht geschehen zu betrachten, wenn der Widerruf noch vor der Erklärung der Annahme oder zu gleicher Zeit mit derselben bei dem Antragsteller eingegangen ist.

Die Vorschrift des vorliegenden Artikels ist gestrichen. Sie ist dadurch überflüssig geworden, daß der § 130 B.G.B. für alle Willenserklärungen, die einem Andern gegenüber abzugeben sind (also auch für Offerte und Annahme), wenn sie in Abwesenheit des Andern abgegeben werden, bestimmt, daß sie nicht wirksam werden, wenn dem Andern vorher oder gleichzeitig ein Widerruf zugeht.

Artikel 321.

Ist ein unter Abwesenden verhandelter Vertrag zu Stande gekommen, so gilt der Zeitpunkt, in welchem die Erklärung der Annahme behufs der Absendung abgegeben ist, als der Zeitpunkt des Abschlusses des Vertrages.

Die Vorschrift ist gefallen. Der Vertrag gilt daher auch im Handelsverkehr als zu Stande gekommen mit dem Eingehen der Annahmeerklärung. Es gilt eben die allgemeine Vorschrift des des § 130 B.G.B. Die im vorliegenden Artikel vorgeschriebene Zurückbeziehung ist nicht für angemessen erachtet worden.

Artikel 322.

Eine Annahme unter Bedingungen oder Einschränkungen gilt als Ablehnung des Antrages, verbunden mit einem neuen Antrage.

Die Vorschrift ist in den § 150 Abs. 2 des B.G.B. übergegangen. Hinzugefügt ist in § 150 Absatz 1 B.G.B., daß auch die verspätete Annahme als neuer Antrag gilt. Unter Umständen konnte das auch früher angenommen werden (Komm. § 7 zu Art. 319), künftig ist es gesetzliche Regel.

Artikel 323.

Wenn zwischen dem Kaufmann, welchem ein Auftrag gegeben wird, und dem Auftraggeber eine Geschäftsverbindung besteht, oder sich derselbe gegen letzteren zur Ausrichtung solcher Aufträge erboten hat, so ist er zu einer Antwort ohne Zögern verpflichtet, widrigenfalls sein Schweigen als Uebernahme des Auftrages gilt.

Auch wenn derselbe den Auftrag ablehnt, ist er schuldig, die mit dem Auftrage etwa übersandten Waaren oder anderen Gegenstände auf Kosten des Auftraggebers, soweit er für diese Kosten gedeckt ist, und soweit es ohne seinen Nachtheil geschehen kann, einstweilen vor Schaden zu bewahren.

Das Handelsgericht kann auf seinen Antrag verordnen, dass das Gut in einem öffentlichen Lagerhause oder bei einem Dritten so lange niedergelegt wird, bis der Eigenthümer anderweitige Vorkehrungen trifft.

Die Vorschrift des vorliegenden Artikels ist im § 362 Absatz 1 des neuen H.G.B. beibehalten, jedoch nicht unverändert.

1. In Absatz 1 ist der zweite Fall zwar der gleiche geblieben, nämlich der Fall, daß sich jemand zur Besorgung von Geschäften einem Anderen gegenüber angeboten hat. Aber der erste Fall hat sich verändert: während nach dem bisherigen Recht zu den Voraussetzungen des ersten Falls nichts weiter gehörte, als daß ein Kaufmann mit dem Auftraggeber in Geschäftsverbindung stand, so gehört fortan zu den Voraussetzungen des Falles einmal, daß der Auftrag gemacht wird einem Kaufmann, dessen Gewerbebetrieb die Besorgung von Geschäften für Andere mit sich bringt, und zweitens, daß es sich um eine Geschäftsbesorgung solcher Art handelt, wie sie in diesen Gewerbebetrieb fällt.
2. Keine sachliche, sondern nur eine sprachliche Veränderung ist es, wenn der Ausdruck Auftrag vermieden und ersetzt ist durch Antrag zur Besorgung von Geschäften. Das geschah deshalb, weil im B.G.B. der Auftrag lediglich auf die unentgeltliche Besorgung von Geschäften bezogen wird (§ 662 B.G.B.). Die Rechtssprache wird aber des allgemeinen Ausdrucks Auftrag (oder Mandat) für den Antrag zur Besorgung von Geschäften nicht entrathen können und wird es, wie auch jetzt in der Rechtssprache des gemeinen Rechts, ignoriren, daß der Gesetzgeber den Auftrag nur auf die unentgeltliche Besorgung bezieht.
3. Absatz 2 des vorliegenden Artikels ist beibehalten.
4. Absatz 3 dagegen ist gestrichen, weil ein gerichtliches Verfahren zur Niederlegung nicht erforderlich ist. Die Vorschrift war auch vollständig unpraktisch geblieben.

Artikel 324.

Die Erfüllung des Handelsgeschäfts muss an dem Orte geschehen, welcher im Vertrage bestimmt oder nach der Natur des Geschäfts oder der Absicht der Kontrahenten als Ort der Erfüllung anzusehen ist.

Fehlt es an diesen Voraussetzungen, so hat der Verpflichtete an dem Orte zu erfüllen, an welchem er zur Zeit des Vertragsabschlusses seine Handelsniederlassung oder in deren Ermangelung seinen Wohnort hatte. Wenn jedoch eine bestimmte Sache übergeben werden soll, welche sich zur Zeit des Vertragsabschlusses mit Wissen der Kontrahenten an einem andern Ort befand, so geschieht die Uebergabe an diesem Orte.

Die Vorschrift des vorliegenden Artikels ist gestrichen, weil bereits das B.G.B. (§ 269) eine im Wesentlichen übereinstimmende Vorschrift enthält. Dabei ist der Fall, daß eine bestimmte bewegliche Sache übergeben werden soll, nicht besonders berücksichtigt. Hier wird die Natur des Geschäfts im Allgemeinen zu dem gleichen Ergebnisse führen, welches im Art. 324 Absatz 2 gesetzlich vorgeschrieben ist.

Artikel 325.

Bei Geldzahlungen, mit Ausnahme der Auszahlung von indossabelen oder auf Inhaber lautenden Papieren, ist der Schuldner verpflichtet, wenn nicht ein Anderes aus dem Vertrage oder aus der Natur des Geschäfts oder der Absicht der Kontrahenten hervorgeht, auf seine Gefahr und Kosten die Zahlung dem Gläubiger an den Ort zu übermachen, an welchem der letztere zur Zeit der Entstehung der Forderung seine Handelsniederlassung oder in deren Ermangelung seinen Wohnort hatte.

Durch diese Bestimmung wird jedoch der gesetzliche Erfüllungsort des Schuldners (Art. 324) in Betreff des Gerichtsstandes oder in sonstiger Beziehung nicht geändert.

Die Vorschriften des vorliegenden Artikels, sowohl die des Absatzes 1, als die des Absatzes 2, sind im Wesentlichen im § 270 B.G.B. wiedergegeben. Daß bei der Uebersendungspflicht die Forderungen aus indossablen und Inhaberpapieren nicht ausgenommen sind, bedeutet nicht etwa, daß die gesetzliche Regel auch bei diesen Platz greift, sondern nur, daß sich die Ausnahme von selbst versteht (Denkschr. S. 207).

Artikel 326.

Wenn die Zeit der Erfüllung einer Verbindlichkeit in dem Vertrage nicht bestimmt ist, so kann die Erfüllung zu jeder Zeit gefordert und geleistet werden, sofern nicht nach den Umständen oder nach dem Handelsgebrauche etwas Anderes anzunehmen ist.

Die Vorschrift des vorliegenden Artikels ist ersetzt durch § 271 Absatz 1 B.G.B. und deshalb im neuen H.G.B. gestrichen.

Artikel 327.

Lautet die Erfüllungszeit auf das Frühjahr oder den Herbst oder auf ähnliche Zeitbestimmungen, so entscheidet der Handelsgebrauch des Ortes der Erfüllung.

Ist die Erfüllung auf die Mitte eines Monats gestellt worden, so gilt der funfzehnte dieses Monats als der Tag der Erfüllung.

Absatz 1 ist im § 359 des neuen H.G.B. wiedergegeben, Absatz 2 als durch § 192 B.G.B. ersetzt gestrichen.

Artikel 328.

Wenn die Erfüllung der Verbindlichkeit mit dem Ablaufe einer bestimmten Frist nach Abschluss des Vertrages erfolgen soll, so fällt der Zeitpunkt der Erfüllung:

1. wenn die Frist nach Tagen bestimmt ist, auf den letzten Tag der Frist; bei Berechnung der Frist wird der Tag, an welchem der Vertrag geschlossen ist, nicht mit gerechnet; ist die Frist auf acht oder vierzehn Tage bestimmt, so werden darunter volle acht oder vierzehn Tage verstanden;
2. wenn die Frist nach Wochen, Monaten, oder einem mehrere Monate umfassenden Zeitraum (Jahr, halbes Jahr, viertes Jahr) bestimmt ist, auf denjenigen Tag der letzten Woche oder des letzten Monats, welcher durch seine Benennung oder Zahl dem Tage des Vertragsschlusses entspricht; fehlt dieser Tag in dem letzten Monate, so fällt die Erfüllung auf den letzten Tag dieses Monats.

   Der Ausdruck „halber Monat" wird einem Zeitraum von fünfzehn Tagen gleich geachtet. Ist die Frist zur Erfüllung auf einen oder mehrere ganze Monate und einen halben Monat gestellt, so sind die fünfzehn Tage zuletzt zu zählen.

Nach den vorstehenden Grundsätzen ist die Frist auch dann zu berechnen, wenn der Anfang derselben nicht nach dem Tage des Vertragsschlusses, sondern nach einem anderen Zeitpunkte oder Ereignisse bestimmt worden ist.

Der vorliegende Artikel ist ersetzt durch § 188 B.G.B., der im Wesentlichen mit ihm übereinstimmt. Nur die Bestimmung, daß eine Frist von acht Tagen 8 volle Tage bedeutet, ist im § 359 Absatz 2 des neuen H.G.B. wiedergegeben.

Artikel 329.

Fällt der Zeitpunkt der Erfüllung auf einen Sonntag oder allgemeinen Feiertag, so gilt der nächste Werktag als Tag der Erfüllung.

Die Vorschrift ist ersetzt durch § 193 B.G.B. Sie ist hier weggefallen.

Artikel 330.

Soll die Erfüllung innerhalb eines gewissen Zeitraums geschehen, so muss sie vor Ablauf desselben erfolgen.

Fällt der letzte Tag des Zeitraums auf einen Sonntag oder allgemeinen Feiertag, so muss spätestens am nächstvorhergehenden Werktage erfüllt werden.

Die Vorschrift ist gestrichen. Es wird im B.G.B. kein Unterschied gemacht zwischen Erfüllungstermin und Erfüllungsfristen; vielmehr ist in allen diesen Fällen am nächstfolgenden Werktage zu erfüllen (§ 193 B.G.B.), und das soll fortan auch für den Handelsverkehr gelten (Denkschr. S. 207).

Artikel 331.

Abänderungen in diesen Zeitberechnungen (Art. 328 bis 330), soweit sie die Liquidationstermine der Börsengeschäfte betreffen, bleiben den Börsenordnungen vorbehalten.

Der hier gemachte Vorbehalt ist mit Rücksicht auf die allgemeine Auslegungsregel des § 157 B.G.B. für überflüssig erachtet und deshalb gestrichen worden.

Artikel 332.

Die Erfüllung muss an dem Erfüllungstage während der gewöhnlichen Geschäftszeit geleistet und angenommen werden.

Die Vorschrift ist im § 358 des neuen H.G.B. wiedergegeben.

Artikel 333.

Ist die vertragsmässige Frist zur Erfüllung einer Verbindlichkeit verlängert worden, so beginnt die neue Frist im Zweifel am ersten Tage nach Ablauf der alten Frist.

Die Vorschrift ist mit Rücksicht auf § 190 B.G.B. gestrichen worden.

Artikel 334.

In allen Fällen, in welchen ein Verfalltag bestimmt worden ist, ist nach der Natur des Geschäfts und der Absicht der Kontrahenten zu beurtheilen, ob derselbe nur zu Gunsten eines der beiden Kontrahenten hinzugefügt worden ist.

Auch wenn der Schuldner hiernach vor dem Verfalltage zu zahlen befugt, ist, ist er doch nicht berechtigt, ohne Einwilligung des Gläubigers den Diskonto abzuziehen, insofern nicht Uebereinkunft oder Handelsgebrauch ihn dazu ermächtigen.

Die Vorschrift des Absatzes 1 ist gefallen. Im § 271 Absatz 2 ist gerade umgekehrt angeordnet, daß, wenn eine Zeit für die Leistung bestimmt ist, im Zweifel anzunehmen ist, der Gläubiger dürfe die Leistung vorher nicht verlangen, aber der Schuldner sie vorher bewirken. Das soll fortan auch im Handelsverkehr gelten.

Absatz 2 ist im § 272 B.G.B. wiederholt und hier gestrichen worden.

Artikel 335.

Ist im Vertrage über die Beschaffenheit und Güte der Waare nichts Näheres bestimmt, so hat der Verpflichtete Handelsgut mittlerer Art und Güte zu gewähren.

Die Vorschrift ist im neuen H.G.B. wiederholt (§ 360).

Artikel 336.

Mass, Gewicht, Münzfuss, Münzsorten, Zeitrechnung und Entfernungen, welche an dem Orte gelten, wo der Vertrag erfüllt werden soll, sind im Zweifel als die vertragsmässigen zu betrachten.

Ist die im Vertrage bestimmte Münzsorte am Zahlungsorte nicht im Umlauf oder nur eine Rechnungswährung, so kann der Betrag nach dem Werthe zur Verfallzeit in der Landesmünze gezahlt werden, sofern nicht durch den Gebrauch des Wortes „effektiv“ oder eines ähnlichen Zusatzes die Zahlung in der im Vertrage benannten Münzsorte ausdrücklich bedungen ist.

Absatz 1 ist im § 361 des neuen H.G.B. wiederholt, Absatz 2 ist durch die §§ 244 und 245 B.G.B. ersetzt und deshalb hier fortgefallen.

Artikel 337.

Das Anerbieten zum Verkauf, welches erkennbar für mehrere Personen, insbesondere durch Mittheilung von Preislisten, Lagerverzeichnissen, Proben oder Mustern geschieht, oder bei welchem die Waare, der Preis oder die Menge nicht bestimmt bezeichnet ist, ist kein verbindlicher Antrag zum Kauf.

I. **Vorbemerkungen zum Titel über den Kauf** (vergl. Komm. § 1). **Gab schon das alte H.G.B. in diesem Titel nur ein Stückwerk einzelner Regeln, welche den Charakter fragmentarischer**

Normen an sich trugen, so ist dies im neuen H.G.B. in weit höherem Grade der Fall. Denn gerade in diesem Abschnitte ist eine größere Reihe von Vorschriften dadurch entbehrlich geworden, daß das B.G.B. sich die Grundsätze des Handelsrechts angeeignet hat.

Eine Definition des Handelskaufs ist auch jetzt nicht gegeben (vergl. Komm. § 2). Zum Begriff desselben gehört auch jetzt:

a) daß ein Kaufvertrag nach bürgerlichem Recht vorliegt,

b) daß ein Handelsgeschäft vorliegt, also (gemäß § 343 des neuen H.G.B.) daß mindestens ein Theil Kaufmann und der Kauf im Betriebe seines Handelsgewerbes geschlossen ist.

c) daß es sich um eine Waare handelt, was jetzt aus § 381 des neuen H.G.B. ersichtlich gemacht ist.

II. **Die Vorschrift des Art. 337** ist gestrichen. Sie stellt keine Besonderheit des Handelsrechts dar, sondern enthält nur eine Anwendung allgemeiner Grundsätze des bürgerlichen Rechts. Ueberdies ist es Sache der Willensauslegung, ob einem Anerbieten der fraglichen Art nach den besonderen Umständen des Falles nicht doch eine weitergehende Bedeutung beizulegen ist (Denkschr. S. 246).

III. Der im Komm. § 19 von uns behandelten Lehre vom Spezifikationskauf sind im neuen H.G.B. besondere Vorschriften gewidmet. Nach § 375 ist der Käufer in solchem Falle verpflichtet, die vorbehaltene Bestimmung zu treffen (und kann darauf verklagt werden). Es kann aber der Verkäufer, wenn der Käufer mit dieser Verpflichtung im Verzuge ist, die Bestimmung statt des Käufers vornehmen und gemäß § 326 B.G.B. Schadensersatz wegen Nichterfüllung fordern oder vom Vertrage zurücktreten.

Wenn er die erste Wahl trifft, so hat er die von ihm getroffene Bestimmung dem Andern mitzutheilen und ihm zugleich zur Vornahme einer anderweiten Bestimmung eine angemessene Frist zu setzen, nach deren fruchtlosem Ablaufe die Bestimmung des Verkäufers gilt.

Artikel 338.

Nach den Bestimmungen über den Kauf ist auch ein Handelsgeschäft zu beurtheilen, dessen Gegenstand in der Lieferung einer Quantität vertretbarer Sachen gegen einen bestimmten Preis besteht.

Der Artikel 338 ist entbehrlich, weil ein Vertrag, durch welchen jemand sich verpflichtet, aus einem von ihm zu beschaffenden Stoffe eine vertretbare Sache herzustellen, schon nach § 651 B.G.B. als Kauf zu beurtheilen ist.

Dabei hat der Begriff vertretbare Sache und dem zu Folge die Abgrenzung der unter diesen Artikel fallenden Verträge hier Schwierigkeiten gemacht (Komm. §§ 5 u. 6). Zur Beseitigung derselben bestimmt § 381 Absatz 2 des neuen H.G.B., daß die Vorschriften über den Handelskauf auch dann Anwendung finden, wenn aus einem von dem Unternehmer zu beschaffenden Stoffe eine nicht vertretbare bewegliche Sache herzustellen ist.

Artikel 339.

Ein Kauf auf Besicht oder auf Probe ist unter der in dem Willen des Käufers stehenden Bedingung geschlossen, dass der Käufer die Waare besehen oder prüfen und genehmigen werde. Diese Bedingung ist im Zweifel eine aufschiebende.

Der Käufer ist vor seiner Genehmigung an den Kauf nicht gebunden. Der Verkäufer hört auf, gebunden zu sein, wenn der Käufer bis zum Ablauf der verabredeten oder ortsgebräuchlichen Frist nicht genehmigt.

In Ermangelung einer verabredeten oder ortsgebräuchlichen Frist kann der Verkäufer nach Ablauf einer den Umständen angemessenen Zeit den Käufer zur Erklärung auffordern; er hört auf, gebunden zu sein, wenn sich der Käufer auf die Aufforderung nicht sofort erklärt.

Ist die auf Besicht der Probe verkaufte Waare zum Zweck der Besichtigung oder Probe bereits übergeben, so gilt das Stillschweigen des Käufers bis nach Ablauf der Frist oder auf die Aufforderung als Genehmigung.

Die Vorschrift ist überflüssig geworden, da der Kauf auf Probe in den § 495 B.G.B. aufgenommen wurde, und zwar mit zwei Aenderungen:

1. Von einer ortsgebräuchlichen Frist spricht der § 495 B.G.B. nicht.
2. Er giebt dem Verkäufer in Ermangelung einer vereinbarten Frist nicht das Recht, den Käufer nach einer angemessenen Frist zur Erklärung aufzufordern, sondern er giebt ihm das Recht, den Käufer zur Erklärung innerhalb einer angemessenen Frist aufzufordern. Der Unterschied ist nicht ohne Erheblichkeit.

Artikel 340.

Ein Kauf nach Probe oder Muster ist unbedingt, jedoch unter der Verpflichtung der Verkäufers geschlossen, dass die Waare der Probe oder dem Muster gemäss sei.

Auch diese Vorschrift ist überflüssig geworden, weil § 494 B.G.B. sachlich dasselbe sagt.

Artikel 341.

Ein Kauf zur Probe ist unbedingter Kauf unter Hinzufügung des Beweggrundes.

Die Begriffsbestimmung des Kaufs zur Probe ist als selbstverständlich weggefallen.

Artikel 342.

Hinsichtlich des Ortes der Erfüllung der Verbindlichkeiten des Verkäufers und des Käufers kommen die Bestimmungen des Artikels 324 Absatz 1 zur Anwendung.

Die Uebergabe der Waare geschieht, wenn aus diesen Bestimmungen sich nicht ein Anderes ergiebt, an dem Orte, wo der Verkäufer zur Zeit des Vertragsabschlusses seine Handelsniederlassung oder in deren Ermangelung seinen Wohnort hatte. **Wenn jedoch eine bestimmte Sache verkauft ist, welche sich zur Zeit des Vertragsabschlusses mit Wissen der Kontrahenten an einem anderen Orte befand, so geschieht die Uebergabe an diesem Orte.**

Der Kaufpreis ist bei der Uebergabe zu entrichten, sofern nicht ein Anderes durch die Natur des Geschäfts bedingt oder durch Vertrag oder Handelsgebrauch bestimmt ist. Im Uebrigen kommt die Bestimmung des Artikels 325 auch in Bezug auf diese Zahlung zur Anwendung.

Die Vorschriften des vorliegenden Artikels werden durch die §§ 269, 270 u. 320 B.G.B. entbehrlich (vergl. unsere Bemerkungen zu Art. 324).

Was insbesondere den Absatz 3 des vorliegenden Artikels anlangt, wonach der Kaufpreis bei der Uebergabe zu entrichten ist, so führt die allgemeine Regel des B.G.B. (§ 320), daß bei einem gegenseitigen Vertrage jeder Theil, falls er nicht vorzuleisten hat, die ihm obliegende Leistung bis zur Bewirkung der Gegenleistung verweigern kann, zu dem gleichen Ergebnisse.

Wie im Komm. § 5 ausgeführt ist, besteht ein Handelsgebrauch, wonach der Käufer beim Distanzkaufe erst dann zu zahlen braucht, wenn ihm am Orte seiner Handelsniederlassung Gelegenheit gegeben wurde, die Waare zu prüfen. Dieser Handelsgebrauch wird auch nach dem neuen H.G.B. gelten. Die Denkschrift (S. 246) verweist hierbei auf § 337 des Entwurfs, wonach wegen der Bedeutung von Handlungen und Unterlassungen auf die im Handelsverkehr geltenden Handelsgebräuche Rücksicht zu nehmen ist. Das Gesetzbuch selbst hat diese Bestimmung allerdings geändert. Denn nunmehr gilt dies nur für den Verkehr zwischen Kaufleuten. (§ 346 des neuen H.G.B.)

Allein hier wird das B.G.B. aushelfen und zu dem gleichen Ergebnisse führen. Denn nach §§ 157, 242 B.G.B. sind Verträge so auszulegen und Leistungen so zu bewirken, wie dies Treu und Glauben mit Rücksicht auf die Verkehrssitte erfordern.

Artikel 343.

Der Verkäufer ist verpflichtet, die Waare, so lange der Verkäufer mit der Empfangnahme nicht im Verzuge ist, mit der Sorgfalt eines ordentlichen Geschäftsmannes aufzubewahren.

Ist der Käufer mit der Empfangnahme der Waare im Verzuge, so kann der Verkäufer die Waare auf Gefahr und Kosten des Käufers in einem öffentlichen Lagerhause oder bei einem Dritten niederlegen. Er ist auch befugt, nach vorgängiger Androhung die Waare öffentlich verkaufen zu lassen; er darf, wenn die Waare einen Börsenpreis oder einen Marktpreis hat, nach vorgängiger Androhung den Verkauf auch nicht öffentlich durch einen Handelsmäkler oder in Ermangelung eines solchen durch einen zu Versteigerungen befugten Beamten zum laufenden Preise bewirken. Ist die Waare dem Verderben ausgesetzt und Gefahr im Verzuge, so bedarf es der vorgängigen Androhung nicht.

Von der Vollziehung des Verkaufs hat der Verkäufer den Käufer, soweit es thunlich, sofort zu benachrichtigen; bei Unterlassung ist er zum Schadensersatze verpflichtet.

Absatz 1 ist gestrichen, weil die Vorschrift sich schon aus allgemeinen Grundsätzen ergiebt (§ 276 B.G.B., § 347 des neuen H.G.B.).

Die Absätze 2 und 3 sind im § 373 des neuen H.G.B. wiedergegeben, wobei zweierlei klargestellt ist:

1. daß der Selbsthilfeverkauf für Rechnung des säumigen Käufers erfolgt (so auch früher Komm. § 19).
2. daß der Verkäufer und der Käufer bei der öffentlichen Versteigerung mitbieten können (so auch Komm. § 13).

Artikel 344.

Soll die Waare dem Käufer von einem anderen Orte übersendet werden, und hat der Käufer über die Art der Uebersendung nichts bestimmt, so gilt der Verkäufer für beauftragt, mit der Sorgfalt eines ordentlichen Kaufmanns die Bestimmung statt des Käufers zu treffen, insbesondere auch die Person zu bestimmen, durch welche der Transport der Waare besorgt oder ausgeführt werden soll.

Die Vorschrift ist gestrichen, weil sie sich aus allgemeinen Grundsätzen von selbst ergiebt (vergl. Motive zum I. Entwurf eines Bürgerlichen Gesetzbuchs, Band II S. 328; B.G.B. § 447 Abs. 2).

Artikel 345.

Nach Uebergabe der Waare an den Spediteur oder Frachtführer oder die sonst zum Transport der Waare bestimmte Person trägt der Käufer die Gefahr, von welcher die Waare betroffen wird. Hat jedoch der Käufer eine besondere Anweisung über die Art der Uebersendung ertheilt, und ist der Verkäufer ohne dringende Veranlassung davon abgewichen, so ist dieser für den daraus entstandenen Schaden verantwortlich.

Der Verkäufer hat die Gefahr, von welcher die Waare auf dem Transport betroffen wird, in dem Falle zu tragen, wenn er gemäss dem Vertrage die Waare an dem Orte, wohin der Transport geschieht, zu liefern hat, so dass dieser Ort für ihn als der Ort der Erfüllung gilt. Daraus, dass der Verkäufer die Zahlung von Kosten oder Auslagen der Versendung übernommen hat, folgt für sich allein noch nicht, dass der Ort, wohin der Transport geschieht, für den Verkäufer als der Ort der Erfüllung gilt.

Durch die Bestimmungen dieses Artikels ist nicht ausgeschlossen, dass die Gefahr schon seit einem früheren Zeitpunkte von dem Käufer getragen wird, sofern dies nach dem bürgerlichen Recht der Fall sein würde.

Auch diese Vorschrift ist gestrichen, weil nach dem B.G.B. das Gleiche gilt (§§ 446, 447, 269 Abs. 3).

Artikel 346.

Der Verkäufer ist verpflichtet, die Waare zu empfangen, sofern sie vertragsmässig beschaffen ist oder in Ermangelung besonderer Verabredung den gesetzlichen Erfordernissen entspricht (Art. 335).

Die Empfangnahme muss sofort geschehen, wenn nicht ein Anderes bedungen oder ortsgebräuchlich oder durch die Umstände geboten ist.

Das im bisherigen Recht trotz des klaren Wortlauts des vorliegenden Artikels von vielen Seiten angezweifelte (vergl. Komm. § 6) klagbare Recht des Verkäufers auf Abnahme ist jetzt durch § 433 Abs. 2 B.G.B. sicher gestellt und dadurch der vorliegende Artikel entbehrlich geworden. Daß die Empfangnahme im Zweifel sofort geschehen muß (Art. 346 Abs. 2), folgt aus § 271 B.G.B.

Die weiteren Folgen des Uebernahmeverzuges bestimmt das bürgerliche Recht. Das wurde früher angenommen (Komm. § 7) und ist jetzt ausdrücklich ausgesprochen (§ 374 des neuen H.G.B.). Diese Folgen sind diejenigen Rechtsfolgen, welche das B.G.B. bei gegenseitigen Verträgen an den Erfüllungsverzug des einen Theils knüpft (§ 440 und die dort angezogenen Paragraphen des B.G.B., insbesondere § 326). Vergl. hierüber auch unsere Bemerkungen zu Art. 354.

Artikel 347.

Ist die Waare von einem anderen Orte übersendet, so hat der Käufer ohne Verzug nach der Ablieferung, soweit dies nach dem ordnungsmässigen Geschäftsgange thunlich ist, die Waare zu untersuchen, und wenn sich dieselbe nicht als vertragsmässig oder gesetzmässig (Art. 335) ergiebt, dem Verkäufer sofort davon Anzeige zu machen.

Versäumt er dies, so gilt die Waare als genehmigt, soweit es sich nicht um Mängel handelt, welche bei der sofortigen Untersuchung nach ordnungsmässigem Geschäftsgange nicht erkennbar waren.

Ergeben sich später solche Mängel, so muss die Anzeige ohne Verzug nach der Entdeckung gemacht werden, widrigenfalls die Waare auch rücksichtlich dieser Mängel als genehmigt gilt.

Die vorstehende Bestimmung findet auch auf den Kauf auf Besicht oder Probe oder nach Probe Anwendung, insoweit es sich um Mängel der übersendeten Waare handelt, welche bei ordnungsmässigem Besicht oder ordnungsmässiger Prüfung nicht erkennbar waren.

1. Die Vorschrift des vorliegenden Artikels ist im § 377 des neuen H.G.B. wiedergegeben, aber mit zwei wesentlichen Aenderungen:
   a) sie ist auf Platzgeschäfte ausgedehnt,
   b) sie ist auf zweiseitige Handelsgeschäfte, also (nach dem System des neuen H.G.B.) auf den Verkehr unter Kaufleuten beschränkt.

   In Folge der Aenderung zu a werden unsere Ausführungen im Komm. § 48 gegenstandslos.

   Die Aenderung zu b hat zur Folge, daß sich die Rügepflichten des Käufers nach dem B.G.B. richten, sobald der eine Theil kein Kaufmann ist, also auch, wenn der Verkäufer kein Kaufmann ist, wohl aber der Käufer. In der Denkschrift S. 241 ist diese letztere Konsequenz nicht begründet. Es ist nur gesagt, daß es unbillig wäre, den Käufer, welcher nicht Kaufmann ist, mit der schrankenlosen Pflicht des Art. 347 zu belasten.

Hinzugefügt ist die klarstellende Bestimmung, daß die Absendung der Anzeige genügt, (so auch früher Komm. § 23).

Absatz 4 des vorliegenden Artikels ist als überflüssig gestrichen.

2. Die Rechtsprechung hat die Vorschriften des Art. 347 nicht angewendet auf den Fall, wo „eine andere Waare", ein „aliud" geliefert wurde. In diesem Falle sollte keine Mangelhaftigkeit der Sache vorliegen und deshalb der vorliegende Artikel nicht platzgreifen. Dieser Grundsatz war aber leichter aufgestellt, als angewendet. Die Anwendung stieß auf unüberwindliche Schwierigkeiten. Die Praxis war sich in jedem einzelnen Falle im Unklaren, ob ein Mangel oder ein aliud vorliegt (vergl. Komm. § 12). Diese Unsicherheit will § 378 des neuen H.G.B. beseitigen, indem er die Vorschriften über die sofortige Rügepflicht im allgemeinen auch auf den Fall der Lieferung eines aliud ausdehnt und die Anwendung nur dann ausschließt, wenn die Lieferung offensichtlich von der Bestellung so erheblich abweicht, daß der Verkäufer die Genehmigung des Käufers als ausgeschlossen betrachten mußte.

3. Die Rechtsfolgen der gehörigen Mangelanzeige sind auch im neuen H.G.B. nicht geregelt. Sie richten sich nach dem B.G.B. (§§ 459 ffg.).

Artikel 348.

Wenn der Käufer die von einem anderen Orte übersendete Waare beanstandet, so ist er verpflichtet, für die einstweilige Aufbewahrung derselben zu sorgen.

Er kann, wenn sich bei der Ablieferung oder später Mängel ergeben, den Zustand der Waare durch Sachverständige feststellen lassen. Der Verkäufer ist in gleicher Weise berechtigt, diese Feststellung zu verlangen, wenn ihm der Käufer die Anzeige gemacht hat, dass er die Waare wegen Mängel beanstande.

Die Sachverständigen ernennt auf Antrag des Betheiligten das Handelsgericht oder in dessen Ermangelung der Richter des Orts.

Die Sachverständigen haben das Gutachten schriftlich oder zu Protokoll zu erstatten.

Ist die Waare dem Verderben ausgesetzt und Gefahr im Verzuge, so kann der Käufer die Waare unter Beobachtung der Bestimmungen des Artikels 343 verkaufen lassen.

Die Absätze 1 und 5 sind in den § 379 des neuen H.G.B. übergegangen. Die Absätze 2 bis 4 sind zwar im neuen H.G.B. gestrichen, eine entsprechende Vorschrift soll jedoch in die C.P.O. aufgenommen werden (vergl. Anlage II der Denkschrift, § 449a).

Artikel 349.

Der Mangel der vertragsmässigen oder gesetzmässigen Beschaffenheit der Waare kann von dem Käufer nicht geltend gemacht werden, wenn derselbe erst nach Ablauf von sechs Monaten seit der Ablieferung an den Käufer entdeckt worden ist.

Die Klagen gegen den Verkäufer wegen Mängel verjähren in sechs Monaten nach der Ablieferung an den Käufer.

Die Einreden sind erloschen, wenn die im Artikel 347 vorgeschriebene sofortige Absendung der Anzeige des Mangels nicht innerhalb sechs Monate nach der Ablieferung an den Käufer geschehen ist. Ist die Anzeige in dieser Weise erfolgt, so bleiben die Einreden bestehen.

An den besonderen Gesetzen oder Handelsgebräuchen, durch welche für einzelne Arten von Gegenständen eine kürzere Frist bestimmt ist, wird hierdurch nichts geändert.

Ist die Haftbarkeit des Verkäufers auf eine kürzere oder längere Frist vertragsmässig festgesetzt, so hat es hierbei sein Bewenden.

Die Vorschriften des vorliegenden Artikels sind sämmtlich gestrichen. Die Absätze 1—3 sind angesichts der §§ 477–479 und 225 Satz 2 B.G.B. entbehrlich geworden. Die Fristen sind hiernach die gleichen, nur daß es jetzt Verjährungsfristen, nicht Ausschlußfristen wie nach dem alten H.G.B. sind.

Demzufolge konnte auch Absatz 5 gestrichen werden. Die Frage nach der Zulässigkeit entgegenstehender Vereinbarungen richtet sich eben nach dem B.G.B.

Absatz 4 ist überflüssig, weil schon nach § 346 des neuen H.G.B. auch Handelsgebräuche zu berücksichtigen sind.

Artikel 350.

Die Bestimmungen der Art. 347 und 349 können von dem Verkäufer im Falle eines Betruges nicht geltend gemacht werden.

Soweit dieser Artikel sich auf die Befristung der Klage und Einrede bezieht, wird er deshalb entbehrlich, weil nach dem B.G.B. die kurze Verjährung des Gewährleistungsanspruchs ausgeschlossen ist, falls der Verkäufer den Mangel arglistig verschwiegen hat (§ 477 Abs. 1, § 478 Abs. 2 B.G.B.). Der Ausschluß der handelsrechtlichen Rügepflicht im Falle arglistigen Verschweigens ist im § 377 Absatz 5 des neuen H.G.B. angeordnet.

Artikel 351.

Sofern nicht durch Ortsgebrauch oder besondere Abrede ein Anderes bestimmt ist, trägt der Verkäufer die Kosten der Uebergabe, insbesondere des Messens und Wägens; der Käufer die Kosten der Abnahme.

Die Vorschrift des vorliegenden Artikels ist ersetzt durch § 448 B.G.B. und deshalb hier gestrichen. Wenn nach diesem Paragraphen der Käufer nicht nur die Kosten der Abnahme, sondern auch die der Versendung zu tragen hat, so liegt darin keine Aenderung des geltenden Handelsrechts (vergl. Art. 342 und 345 H.G.B.).

Artikel 352.

Ist der Kaufpreis nach dem Gewicht der Waare zu bemessen, so kommt das Gewicht der Verpackung (Taragewicht) in Abzug, wenn nicht durch besondere Abrede oder durch den Handelsgebrauch am Orte der Uebergabe ein Anderes bestimmt ist. Ob und in welcher Höhe das Taragewicht nach einem bestimmten Ansatze oder Verhältnisse statt nach genauer Ausmittelung abzuziehen ist, ingleichen ob und wieviel als Gutgewicht zu Gunsten des Käufers zu berechnen ist, oder als Vergütung für schadhafte oder unbrauchbare Theile (Refaktie) gefordert werden kann, ist nach dem Vertrage oder dem Handelsgebrauche am Orte der Uebergabe zu beurtheilen.

Die Vorschrift des vorliegenden Artikels kehrt, sachlich unverändert, im § 380 des neuen H.G.B. wieder.

Artikel 353.

Ist im Vertrage der Marktpreis oder der Börsenpreis als Kaufpreis bestimmt, so ist im Zweifel hierunter der laufende Preis, welcher zur Zeit und an dem Orte der Erfüllung oder an dem für letzteren massgebenden Handelsplatze nach den dafür bestehenden örtlichen Einrichtungen festgestellt ist, in Ermangelung einer solchen Feststellung oder bei nachgewiesener Unrichtigkeit derselben, der mittlere Preis zu verstehen, welcher sich aus der Vergleichung der zur Zeit und am Orte der Erfüllung geschlossenen Kaufverträge ergiebt.

Die Vorschrift des vorliegenden Artikels ist in das neue H.G.B. nicht übernommen. Im § 453 B.G.B. ist aber angeordnet, daß, wenn als Kaufpreis der Marktpreis bestimmt ist, hierunter im Zweifel der Marktpreis am Erfüllungsorte und zur Erfüllungszeit zu verstehen ist. Vom Börsenpreis ist hierbei nicht gesprochen. Doch ist der Börsenpreis ja nur eine Unterart des Marktpreises. Eventuell wird es keinem Bedenken unterliegen, die Vorschrift auf den Börsenpreis analog anzuwenden.

Die Definition des Marktpreises, welche Art. 353 giebt, ist weggelassen. Rechtsprechung und Wissenschaft werden auch ohne diese gesetzliche Definition fertig werden.

Artikel 354.

Wenn der Käufer mit der Zahlung des Kaufpreises im Verzuge und die Waare noch nicht übergeben ist, so hat der Verkäufer die Wahl, ob er die Erfüllung des Vertrages und Schadensersatzes wegen verspäteter Erfüllung verlangen, oder ob er statt der Erfüllung die Waare unter Beobachtung der Bestimmungen des Artikels 343 für Rechnung des Käufers verkaufen und Schadensersatz fordern, oder ob er von dem Vertrage abgehen will, gleich als ob derselbe nicht geschlossen wäre.

1. Die Vorschriften der Art 354, 355 und 356 sind im neuen H.G.B. gestrichen. Das hier aufgestellte dreifache Wahlrecht hatte sich derart bewährt, daß es in das B.G.B. übernommen wurde, und zwar nicht blos für den Kaufvertrag, sondern für alle Verträge. Die betreffende Bestimmung (§ 326 B.G.B.) ist dem allgemeinen Theil des B.G.B. einverleibt.
2. Dieser § 326 B.G.B. schreibt vor, daß, wenn bei gegenseitigen Verträgen der eine Theil im Verzuge ist, der andere Theil das Recht hat, ihm eine angemessene Frist mit der Erklärung zu bestimmen, daß nach Ablauf der Frist die Annahme der Leistung abgelehnt werden würde. Wenn der Säumige diese Frist fruchtlos verstreichen läßt, dann ist der Nichtsäumige berechtigt, Schadensersatz wegen der Nichterfüllung zu verlangen oder von dem Vertrage zurückzutreten. Der Anspruch auf Erfüllung ist alsdann ausgeschlossen. Alle diese Rechte stehen dem Nichtsäumigen auch ohne Fristsetzung ausnahmsweise dann zu, wenn die Erfüllung in Folge des Verzuges kein Interesse für den Gläubiger hat.

   Zur Ergänzung dieser Materie ist heranzuziehen der § 286 B.G.B., welcher bestimmt, daß der Schuldner dem Gläubiger den durch den Verzug entstehenden Schaden zu ersetzen hat.
3. Es fragt sich nun, welche Unterschiede diese allgemeinen Bestimmungen des B.G.B. gegenüber dem Rechtszustande nach Art. 354—356 des alten H.G.B. mit sich bringen. Diese Unterschiede sollen auch hier an der Hand der Artikel des alten H.G.B. beleuchtet werden. Diese Artikel ergeben eine handliche Disposition.

   In den Artikeln 354—356 ist die Materie wie folgt behandelt:
   a) Im Art. 354 ist für den Verzug des Käufers dem Verkäufer ein dreifaches Wahlrecht gegeben.
   b) Im Art. 355 ist für den Verzug des Verkäufers dem Käufer ein dreifaches Wahlrecht gegeben.
   c) Im Art. 356 sind für beide Fälle, den Verzug des Käufers und des Verkäufers, die Modalitäten des Wahlrechts, d. h. die Art und die Wirkungen seiner Ausübung, normirt.
4. Zunächst giebt also Art. 354 beim Verzuge des Käufers dem Verkäufer ein dreifaches Wahlrecht.
   a) Voraussetzung ist also Verzug des Käufers. Fernere Voraussetzung ist aber, daß die Waare noch nicht übergeben ist. Von diesem zweiten Erfordernisse ist in Anwendung des § 326 B.G.B. künftig Abstand zu nehmen (Denkschr. S. 236).
   b) Das dreifache Wahlrecht, welches sich aus § 326 B.G.B. ergiebt, ist inhaltlich verschieden von dem des alten H.G.B. Das Recht auf Erfüllung nebst Schadensersatz wegen verspäteter Erfüllung besteht allerdings fort, und zwar auf Grund des § 286 B.G.B. Ebenso besteht fort das Rücktrittsrecht und zwar auf Grund des § 326 B.G.B. Und endlich besteht an sich auch das Recht auf Schadensersatz wegen Nichterfüllung fort, und zwar auf Grund des § 326 B.G.B. Aber die Anwendung dieses Paragraphen ergiebt, daß der Schadensersatz wegen Nichterfüllung fernerhin nicht nothwendig nur

auf Grund eines Selbsthilfeverkaufs gefordert werden kann, sondern daß die Schadensberechnung des Verkäufers sich fortan auf jede andere geeignete Unterlage wird stützen können (Denkschr. S. 236). Selbstverständlich wird es zulässig sein, einen Selbsthilfeverkauf der Schadensberechnung zu Grunde zu legen, aber auch in diesem Falle wird ein großer Unterschied vom geltenden Recht darin bestehen, daß der Selbsthilfeverkauf nicht mehr für Rechnung des säumigen Käufers erfolgen wird (Denkschr. S. 236).

Artikel 355.

Wenn der Verkäufer mit der Uebergabe der Waare im Verzuge ist, so hat der Käufer die Wahl, ob er die Erfüllung nebst Schadensersatz wegen verspäteter Erfüllung verlangen, oder ob er statt der Erfüllung Schadensersatz wegen Nichterfüllung fordern oder von dem Vertrage abgehen will, gleich als ob derselbe nicht geschlossen wäre.

Dieser Artikel giebt beim Verzuge des Verkäufers dem Käufer ein dreifaches Wahlrecht. Voraussetzung ist also Verzug des Verkäufers mit der Lieferung, wie nach geltendem Recht, und ebenso ist der Inhalt des dreifachen Wahlrechts der gleiche, wie nach dem alten H.G.B. Denn einmal hat der Käufer das Recht auf Erfüllung nebst Schadensersatz wegen verspäteter Erfüllung auf Grund des § 286 B.G.B. Sodann aber hat er auf Grund des § 326 B.G.B. die Rechte auf Rücktritt und Schadensersatz wegen Nichterfüllung, welchen letzteren er mangels einer entgegenstehenden Vorschrift ebenso wie früher in abstrakter und konkreter Weise berechnen kann.

Hier ist also eine prinzipielle Aenderung der Materie nicht eingetreten.

Artikel 356.

Will ein Kontrahent auf Grund der Bestimmungen der vorigen Artikel statt der Erfüllung Schadensersatz wegen Nichterfüllung fordern oder von dem Vertrage abgehen, so muss er dies dem anderen Kontrahenten anzeigen und ihm dabei, wenn die Natur des Geschäfts dies zulässt, noch eine den Umständen angemessene Frist zur Nachholung des Versäumten gewähren.

Die Modalitäten der Ausübung des Wahlrechts sind in Anwendung des § 326 B.G.B. geändert.

1. Das Recht auf Erfüllung und Schadensersatz wegen verspäteter Erfüllung steht auch jetzt dem nichtsäumigen Theil als prinzipales Recht zu. Er kann statt dieses Rechts eines der beiden sekundären Rechte (Rücktritt oder Schadensersatz) wählen. In dieser Hinsicht hat sich also nichts geändert.
2. Die Ausübung dieser Wahl setzte aber früher voraus, daß der nichtsäumige Theil dem andern eine betreffende Anzeige machte und ihm dabei eine angemessene Frist zur Nachholung des Versäumten beließ. Diese Nachfrist besonders zu setzen, war nicht erforderlich, es genügte und war erforderlich, daß man eine angemessene Frist wartete (Komm. § 19).

   Das ist jetzt geändert. Will nunmehr der nichtsäumige Theil eines der beiden sekundären Rechte (Nichterfüllungsschaden oder Rücktritt) wählen, so muß er dem andern Theil eine Frist bestimmen und ihm dabei erklären, daß er nach Ablauf der Frist die Annahme der Leistung ablehne.

   Das galt und gilt für den Regelfall. Der Ausnahmefall war früher der, daß die Natur des Geschäfts die Belassung einer Nachfrist nicht zuließ. In diesem Falle bedurfte es der Belassung der Nachfrist nicht. Der Ausnahmefall ist jetzt der, daß die Erfüllung des Vertrags für den anderen Theil in Folge des Verzuges kein Interesse hat. Es wird sich das im allgemeinen mit dem früheren Erfordernisse decken. Für diesen Ausnahmefall ist fortan der Verkäufer von derjenigen Erklärung befreit, die er im Regelfall dem anderen Theil abzugeben hat (Fristbestimmung und Androhung der Ablehnung der Leistung nach Ablauf der Frist); er braucht also fortan in diesem Falle nichts mehr anzuzeigen, nichts zu erklären und nicht zu warten, er hat vielmehr in diesem Falle nach Eintritt des Verzuges alle drei Rechte ohne weiteres zur freien Auswahl.

Artikel 357.

Ist bedungen, dass die Waare genau zu einer festbestimmten Zeit oder binnen einer festbestimmten Frist geliefert werden soll, so kommt der Artikel 356 nicht zur Anwendung. Der Käufer sowie der Verkäufer kann die Rechte, welche ihm gemäss Artikel 354 oder 355 zustehen, nach seiner Wahl ausüben. Es muss jedoch derjenige, welcher auf der Erfüllung bestehen will, dies unverzüglich nach Ablauf der Zeit oder der Frist dem anderen Kontrahenten anzeigen: unterlässt er dies, so kann er später nicht auf der Erfüllung bestehen.

Will der Verkäufer statt der Erfüllung für Rechnung des säumigen Käufers verkaufen, so muss er, im Falle die Waare einen Markt- oder Börsenpreis hat, den Verkauf unverzüglich nach Ablauf der Zeit oder der Frist vornehmen. Ein späterer Verkauf gilt nicht als für Rechnung des Käufers geschehen. Eine vorgängige Androhung ist nicht erforderlich, dagegen hat der Verkäufer auch in diesem Falle den bewirkten Verkauf dem Käufer ungesäumt anzuzeigen.

Wenn der Käufer statt der Erfüllung Schadensersatz wegen Nichterfüllung fordert, so besteht, im Falle die Waare einen Markt- oder Börsenpreis hat, der Betrag des von dem Verkäufer zu leistenden Schadensersatzes in der Differenz zwischen dem Kaufpreise und dem Markt- und Börsenpreise zur Zeit und am Orte der geschuldeten Lieferung, unbeschadet des Rechts des Käufers, einen erweislich höheren Schaden geltend zu machen.

I. Die Lehre vom Fixgeschäft ist im § 376 des neuen H.G.B. in mehrfacher Hinsicht abweichend geordnet.

1. Als Fixgeschäft gilt fortan nicht blos dasjenige Geschäft, bei welchem fixe Lieferung der Waare vereinbart ist (so nach dem gegenwärtigen H.G.B.), sondern auch dasjenige, bei welchem fixe Zahlung des Kaufpreises vereinbart ist. Das ergiebt der Wortlaut des § 376 und war die Absicht des Gesetzgebers (Denkschr. S. 239). Ja, aus der neuen Fassung geht sogar weiter hervor, daß auch dann ein Fixgeschäft vorliegt, wenn die Abnahme präzis vereinbart ist. Doch wird dies kaum vorkommen.

2. Die beiderseitigen Rechte sind nach dem neuen H.G.B. folgende:

a) Das dreifache Wahlrecht ist an sich geblieben, wie nach Art. 357 des alten H.G.B. Der säumige Theil hat die Wahl zwischen dem Verlangen auf Erfüllung, dem Recht zurückzutreten und dem Anspruch auf Schadensersatz wegen Nichterfüllung. Aber die Voraussetzung des Rücktrittsrechts ist nicht mehr Verzug des Schuldners. Das widerspricht dem früheren Recht (Komm. § 9), steht aber im Einklang mit dem B.G.B. (§ 361) und mit den Bedürfnissen des Handelsverkehrs.

b) Auch in den Modalitäten der Ausübung des Wahlrechts finden sich Abweichungen vom geltenden H.G.B.:

α) Die Erfüllung kann der nichtsäumige Theil allerdings, ebenso wie nach dem alten H.G.B., nur fordern, wenn er dies sofort nach Ablauf der Zeit dem säumigen Theil anzeigt.

β) Aber die Berechnung des Schadensersatzes für Nichterfüllung gestaltet sich abweichend vom gegenwärtigen H.G.B.

D e r V e r k ä u f e r konnte früher beim Verzuge des Käufers Schadensersatz wegen Nichterfüllung nur fordern auf Grund öffentlicher Versteigerung, welche, wenn die Waare einen Marktpreis hatte, sofort erfolgen mußte. Diese Voraussetzung ist hier, wie auch sonst im neuen Recht (vergl. unsere Bemerkungen zu Art. 355), weggefallen. Der Verkäufer kann vielmehr seinen Schaden, ebenso wie der Käufer, einfach durch die Differenz zwischen Vertrags- und Marktpreis zur Zeit der geschuldeten Leistung berechnen. Es ist jetzt nur gesagt, daß, w e n n der Verkäufer einen anderweit vorgenommenen

Verkauf seiner Schadensberechnung zu Grunde legen will, dies ein offizieller und sofort vorzunehmender Verkauf sein muß. Aber es ist nicht angeordnet, daß er der Schadensersatzforderung lediglich einen solchen Verkauf zu Grunde legen darf.

Der Käufer konnte früher einfach die Differenz zwischen dem Vertragspreise und dem Marktpreise zur Zeit der geschuldeten Leistung seiner Schadensberechnung zu Grunde legen, aber auch einen erweislich höheren Schaden geltend machen. Beides ist nicht geändert (§ 376 Abs. 2 und 3 des neuen H.G.B.). Es ist jedoch jetzt hinzugefügt, daß, wenn der Käufer sich nicht auf die glatte Differenzberechnung zwischen Vertrags- und Marktpreis stützt, sondern einen konkreten Schaden unter Zugrundelegung eines Deckungskaufs berechnen will, er ebenfalls, wie der Verkäufer in analogen Fällen, sich nur auf einen offiziellen und sofortigen Kauf stützen kann (§ 376 Abs. 3 H.G.B.).

II. Die Lehre von den reinen Differenzgeschäften wird eine erhebliche Umwälzung nicht erfahren. Im neuen H.G.B. ist sie überhaupt nicht enthalten. Vielmehr werden maßgebend sein:

1. für Börsentermingeschäfte die §§ 66–69 des Börsengesetzes (vergl. die Darstellung dieser Lehre in unserer 5. Auflage, § 22 zu Art. 357).
2. für sonstige Spekulationsgeschäfte der § 764 B.G.B., welcher die Lehre von den Differenzgeschäften in Anlehnung an die reichsgerichtliche Rechtsprechung gestaltet und noch weit darüber hinausgeht, indem er schon dann ein reines Differenzgeschäft annimmt, wenn die Absicht auf bloße Gewinnerzielung gerichtet war, und ferner schon dann, wenn diese Absicht dem andern Theil zwar nicht bekannt, aber aus Fahrlässigkeit nicht bekannt war. Beides geht über die Judikatur des Reichsgerichts hinaus (vergl. § 36 zu Art. 357).
3. Der aufgeworfene Zweifel, ob die Bestimmungen des Börsengesetzes durch die Bestimmung des B.G.B. aufgehoben werden, ist jetzt beseitigt durch Art. 14 Nr. V des Einführungsgesetzes zum H.G.B.

Artikel 358.

In den Fällen des Artikels 357 ist jeder Kontrahent berechtigt, den Verzug des anderen Kontrahenten auf dessen Kosten durch eine öffentliche Urkunde (Protest) feststellen zu lassen.

Die Vorschrift ist nicht wiederholt, weil sie keine praktische Bedeutung gewonnen hatte (vergl. Komm. § 1).

Artikel 359.

Wenn in den Fällen der Art. 354, 355 und 357 sich aus den Umständen, insbesondere aus der Natur des Vertrages, aus der Absicht der Kontrahenten oder aus der Beschaffenheit des zu leistenden Gegenstandes ergiebt, dass die Erfüllung des Vertrages auf beiden Seiten theilbar ist, so kann das Abgehen des einen Kontrahenten von dem Vertrage nur in Betreff des von dem anderen Kontrahenten nicht erfüllten Theiles des Vertrages erfolgen.

Die Vorschrift ist in das neue H.G.B. nicht übernommen. Aber die Anwendung der Vorschriften des B.G.B. führt zu dem gleichen Ergebnisse.

Der Art. 359 behandelt nämlich die Gestaltung des Wahlrechts bei theilbaren Leistungen für den Fall, daß der Vertrag zum Theil schon erfüllt ist, zum andern Theil aber nicht erfüllt wird. Der Artikel will nicht den Grundsatz aufstellen, daß Theilleistungen angenommen werden müssen; wo vielmehr das Landesrecht das Gegentheil ausspricht, da bleibt es dabei (vergl. Komm. § 1). Für den Fall aber, daß eine Theilleistung angenommen ist, bestimmt der vorliegende Artikel, daß die Rechte auf Schadensersatz wegen Nichterfüllung und auf Rücktritt nur den noch nicht erfüllten Theil ergreifen.

Das Gleiche ergiebt sich für das neue Recht.

Zunächst bestimmt § 266 B.G.B., daß der Schuldner zu Theilleistungen nicht berechtigt ist. Der Gläubiger ist also berechtigt, die Theilleistung zurückzuweisen: der Verkäufer braucht sich keine

Theilzahlung, der Käufer keine Theillieferung gefallen zu lassen. Vielmehr können sie sich auf den Standpunkt stellen, daß sie die Theilleistung als Nichtleistung ansehen und hieraus die Konsequenzen ziehen, welche sich aus dem Totalverzuge des andern Theiles ergeben.

Nimmt aber der Gläubiger die Theilzahlung an, ist diese, wie § 326 Absatz 1 Satz 3 B.G.B. sagt, bewirkt — was aber ohne Zustimmung des Gläubigers nicht geschehen kann —, dann ist nach früherem Recht zu unterscheiden, ob die Vertragsleistung theilbar ist oder nicht. Nach neuem Recht ist, was auf dasselbe herauskommt, zu unterscheiden, ob die — sc. bereits bewirkte — theilweise Erfüllung für den Gläubiger Interesse hat oder nicht.

Im ersteren Fall, wenn die Theilleistung von Interesse (nach früherem Recht, wenn die Leistung theilbar) ist, disponirte Art. 359 dahin, daß die Rechte auf Schadensersatz wegen Nichterfüllung und auf Rücktritt nur in Bezug auf den noch ausstehenden Theil der Erfüllung ausgeübt werden dürfen. Der andere Fall, daß die Leistung untheilbar ist, war im Gesetze nicht ausdrücklich entschieden; vielmehr mußte hier e contrario argumentirt werden, daß alsdann jene Rechte in Bezug auf den ganzen Vertrag ausgeübt werden können. Das neue Recht disponirt materiell in gleicher Weise, nur ist das System, in welchem die Vorschriften getroffen sind, das umgekehrte. Es disponirt nämlich das B.G.B. im § 326 für den Fall, daß die Theilleistung ohne Interesse für den Gläubiger ist (nach früherem Recht ist das der Fall der Untheilbarkeit, der im Gesetze nicht ausdrücklich vorgesehen war), und zwar dahin, daß in diesem Falle Schadensersatz wegen Nichterfüllung und Rücktritt in Bezug auf den ganzen Vertrag geltend gemacht werden dürfen. Ueber den andern Fall, daß die Theilleistung Interesse für den Gläubiger hat (das ist der Fall der Theilbarkeit, über welchen Art. 359 disponirte), ist im neuen Gesetze nichts gesagt, sodaß hier e contrario argumentirt werden muß, daß jene Rechte nur in Bezug auf den noch ausstehenden Theil ausgeübt werden können (vergl. auch Cosack, Lehrbuch des bürgerlichen Rechts S. 346).

Es ist also der im früheren Recht ausdrücklich behandelte Fall im neuen Recht nicht ausdrücklich behandelt und der im früheren Recht implicite geregelte Fall ist im neuen Recht ausdrücklich behandelt, doch überall so, daß das Ergebniß materiell das gleiche ist.

Artikel 360.

Kommissionär ist derjenige, welcher gewerbemässig in eigenem Namen für Rechnung eines Auftraggebers (Kommittenten) Handelsgeschäfte schliesst.

Durch die Geschäfte, welche der Kommissionär mit Dritten schliesst, wird er allein berechtigt und verpflichtet. Zwischen dem Kommittenten und den Dritten entstehen daraus keine Rechte und Pflichten.

Ist von dem Auftraggeber ausdrücklich bestimmt, dass das Geschäft auf seinen Namen abgeschlossen werden soll, so ist dies keine kaufmännische Kommission, sondern ein gewöhnlicher Auftrag zu einem Handelsgeschäft.

1. Der Begriff des Kommissionärs (Abs. 1 des vorliegenden Artikels) ist präzisirt und wesentlich verändert. Es war in der That mißlich, daß über diesen Begriff bis zuletzt eine wissenschaftliche Einigung nicht erzielt wurde (vergl. hierüber Komm. § 2, wozu bemerkt werden mag, daß die Denkschrift für das frühere Recht S. 248 der von uns bekämpften Meinung beitritt).

   Der Kommissionär ist nach § 383 des neuen H.G.B. nicht mehr derjenige, der Handelsgeschäfte im eigenen Namen, aber für eigene Rechnung gewerbsmäßig abschließt. Der Begriff Handelsgeschäfte verschwindet vielmehr aus der Begriffsbestimmung. Als Kommissionär gilt nunmehr derjenige, der es gewerbsmäßig übernimmt, Waaren oder Werthpapiere für Rechnung eines andern im eigenen Namen zu kaufen oder zu verkaufen. Es ist also eine ganz bestimmte Kategorie von Geschäften, deren gewerbsmäßiger Betrieb im eigenen Namen und für fremde Rechnung die Kommissionärqualität und damit die Kaufmannsqualität nach § 1 des neuen H.G.B. begründet. Im § 406 Abs. 1 ist in engem Anschluß hieran hinzugefügt, daß, wenn ein Kommissionär ein anderes Geschäft für fremde Rechnung im eigenen Namen zu schließen übernimmt, oder wenn ein sonstiger Kaufmann irgend ein Geschäft in dieser Weise zu schließen übernimmt, die Vorschriften über das Kommissionsgeschäft Anwendung finden.

Eine Erweiterung der Definition des Kommissionärs liegt in der Vorschrift des § 406 Abs. 1 nicht; denn die Geschäfte dieser Art werden nicht zu Kommissionsgeschäften erklärt, es sollen nur, obwohl sie dies nicht sind, die Vorschriften dieses Abschnitts Anwendung finden.

Anders verhält es sich mit § 406 Abs. 2. Das hier bezeichnete Geschäft (Lieferung einer nicht vertretbaren Sache, zu welcher der Uebernehmer den Stoff beschafft) ist als geeigneter Gegenstand eines echten Kommissionsgeschäfts erklärt. Darin liegt eine Erweiterung des im § 383 aufgestellten Begriffs Kommissionsgeschäft bezw. Kommissionär.

2. Die Vorschrift des Absatzes 2 des vorliegenden Artikels ist als selbstverständlich weggefallen. Es wäre aber wohl gut gewesen, sie beizubehalten. Denn es sind erhebliche Zweifel an der Hand dieser Gesetzesworte durch die Rechtsprechung gelöst worden (vergl. Komm. §§ 9 und 10).

3. Abs. 3 war in der That überflüssig und ist gestrichen worden.

4. Ueber die dinglichen Wirkungen des Kommissionsgeschäfts d. h. die Frage des Uebergangs von Eigenthum und Besitz (Komm. § 11) sagt auch das neue H.G.B. nichts. Aber auch das B.G.B. schweigt hierüber. Auch das B.G.B. enthält keine Spezialvorschriften darüber, wer das Eigenthum erwirbt in dem Falle, wo jemand im eigenen Namen, aber für fremde Rechnung einen Gegenstand erwirbt. Hierüber müssen allgemeine Grundsätze entscheiden (vergl. Planck, Komm. z. B.G.B., Vorbem. 3 zum 5. Tit. S. 211). Danach erwirbt der Kommissionär das Eigenthum, weil er im eigenen Namen handelt. Daß er für fremde Rechnung handelt, kommt nicht in Betracht. Denn nach § 164 Abs. 2 B.G.B. kommt selbst der Wille, im fremden Namen zu handeln, nicht in Betracht, wenn er nicht erkennbar hervorgetreten ist. Um wie viel mehr treffen die Wirkungen des Geschäfts lediglich den Mandatar, wenn er nicht einmal den Willen, im fremden Namen zu handeln, hatte, sondern nur den Willen, für fremde Rechnung zu handeln, aber im eigenen Namen (vergl. auch Denkschr. S. 254).

Für Werthpapiere wird auch nach dem 1. Jan. 1900 § 7 des Depotgesetzes in Betracht kommen und zwar in demselben Verhältnisse gegenseitiger Subsidiarität zum B.G.B., in welchem dieses Gesetz zu den gegenwärtigen Landesgesetzen steht (vergl. hierüber Komm. 5. Aufl. § 11 Nr. 1).

5. Das Verhältniß des Kommittenten zum Kommissionär ist nach dem B.G.B. ein Dienstvertrag. Ein Auftragsverhältniß ist es nicht, da der Auftrag nach dem B.G.B. nothwendig unentgeltlich ist. Die Vorschriften über den Dienstvertrag werden jedoch, wenn es sich, wie hier, um eine Geschäftsbesorgung handelt, nach § 675 B.G.B. durch die wesentlichen Bestimmungen über den Auftrag ergänzt.

Was insbesondere die Frage des Widerrufs anlangt, so folgt nach der Denkschrift S. 250 aus § 627 B.G.B. das jederzeitige Recht des Kommissionärs, den Auftrag zu widerrufen.

Artikel 361.

Der Kommissionär hat das Geschäft mit der Sorgfalt eines ordentlichen Kaufmanns im Interesse des Kommittenten gemäss dem Auftrage auszuführen; er hat dem Kommittenten die erforderlichen Nachrichten zu geben, insbesondere sofort nach der Ausführung des Auftrages davon Anzeige zu machen; er ist verpflichtet, dem Kommittenten über das Geschäft Rechenschaft zu geben und ihm dasjenige zu leisten, was er aus dem Geschäft zu fordern hat.

Die Vorschrift des vorliegenden Artikels ist im § 384 Absatz 1 und 2 des neuen H.G.B. im Wesentlichen unverändert wiedergegeben.

Im § 384 Absatz 3 ist eine Bestimmung gegeben, die wir bei Art. 376 erwähnen werden.

Artikel 362.

Handelt der Kommissionär nicht gemäss dem übernommenen Auftrage, so ist er dem Kommittenten zum Ersatze des Schadens verpflichtet; der Kommittent ist nicht gehalten, das Geschäft für seine Rechnung gelten zu lassen.

Die Vorschrift des vorliegenden Artikels ist im § 385 des neuen H.G.B. wiedergegeben. Es sind jedoch die Worte „gemäß dem übernommenen Auftrage" umgeändert in „gemäß den Weisungen des Kommittenten". Eine sachliche Aenderung ist damit wohl nicht beabsichtigt. Es ist offensichtlich nur eine Uebereinstimmung des Wortlauts mit § 665 B.G.B. beabsichtigt worden.

Im Absatz 2 erklärt der § 385, daß der § 665 B.G.B. unberührt bleibt. Hierdurch entsteht ein sachlicher Unterschied gegen das frühere Recht. Denn hiernach ist unter Umständen dem Kommissionär auch eine Abweichung von den Weisungen gestattet, während dies ihm früher unter keinen Umständen gestattet war (vergl. Komm. § 3).

Artikel 363.

Hat der Kommissionär unter dem ihm gesetzten Preise verkauft, so muss er dem Kommittenten den Unterschied im Preise vergüten, sofern er nicht beweist, dass ein Verkauf zu dem gesetzten Preise nicht ausgeführt werden konnte und die Vornahme des Verkaufs von dem Kommittenten Schaden abgewendet hat.

Die Vorschrift des vorliegenden Artikels ist im neuen H.G.B. sachlich geändert. Die Folgen der Ueberschreitung des Auftrages sind nämlich im alten H.G.B. verschieden geregelt, jenachdem es sich um Verkaufskommissionäre oder um Einkaufskommissionäre handelt. Das neue H.G.B. stellt beide Fälle gleich, und zwar in der Weise, daß es die Vorschriften des Art. 364 auf die Verkaufskommission ausdehnt (§ 386 des neuen H.G.B.).

Diese Vorschriften setzen voraus, daß die Ueberschreitung unbefugt geschah. Wann sie befugt geschehen darf, darüber s. § 385 Absatz 2 des neuen H.G.B. (vergl. unsere Bemerkungen zu Art. 362). Durch diese letztere allgemeine Bestimmung war es überflüssig, hier noch besonders, wie dies im alten Art. 363 geschehen war, zu erwähnen, wann der Verkaufskommissionär befugt ist, unter dem gesetzten Preise zu verkaufen.

Artikel 364.

Hat der Kommissionär den für den Einkauf gesetzten Preis überschritten, so kann der Kommittent den Einkauf als nicht für seine Rechnung geschehen zurückweisen, sofern sich der Kommissionär nicht zugleich mit der Einkaufsanzeige zur Deckung des Unterschiedes erbietet.

Die Vorschrift ist im § 386 des neuen H.G.B. mit enthalten. Vergl. unsere Bemerkungen zu Art. 363.

Artikel 365.

Wenn das Gut, welches dem Kommissionär zugesandt wird, bei der Ablieferung sich in einem äusserlich erkennbar beschädigten oder mangelhaften Zustande befindet, so muss der Kommissionär die Rechte gegen den Frachtführer oder Schiffer wahren, für den Beweis jenes Zustandes sorgen und dem Kommittenten ohne Verzug Nachricht geben.

Im Unterlassungsfalle ist er für den daraus entstandenen Schaden verantwortlich.

Er kann den Zustand durch Sachverständige feststellen lassen, und wenn das Gut dem Verderben ausgesetzt und Gefahr im Verzuge ist, unter Beobachtung der Bestimmungen des Artikels 343 den Verkauf des Guts bewirken.

Die Vorschrift ist im § 388 des neuen H.G.B. wiedergegeben.

Artikel 366.

Treten Veränderungen an dem Gute ein, welche dessen Entwerthung befürchten lassen, und ist keine Zeit vorhanden, die Verfügung des Kommittenten einzuholen, oder der Kommittent in der Ertheilung der Verfügung säumig, so kann der Kommissionär unter Beobachtung der Bestimmungen des Artikels 343 den Verkauf des Guts veranlassen.

Ein gleiches Recht hat der Kommissionär in allen anderen Fällen, in welchen der Kommittent, obwohl hierzu nach Lage der Sache verpflichtet, über das Gut zu verfügen unterlässt.

Die Vorschrift des Absatzes 1 ist im § 388 des neuen H.G.B. wiederholt, die Vorschrift des Absatzes 2 im § 389, und zwar noch dahin erweitert, daß dem Kommissionär nicht blos das Recht zum Verkauf, sondern alle Rechte aus § 373 H.G.B. zustehen, also auch das Recht zur Hinterlegung.

Artikel 367.

Für Verlust oder Beschädigung des Guts ist der Kommissionär, während er Aufbewahrer desselben ist, verantwortlich, wenn er nicht beweist, dass der Verlust oder die Beschädigung durch Umstände herbeigeführt ist, welche durch die Sorgfalt eines ordentlichen Kaufmanns nicht abgewendet werden konnten.

Der Kommissionär ist wegen Unterlassung der Versicherung des Guts nur dann verantwortlich, wenn er von dem Kommittenten den Auftrag zur Versicherung erhalten hat.

Die Vorschrift ist im § 390 des neuen H.G.B. wiedergegeben, und zwar ohne sachliche Veränderung. Eine formelle Aenderung liegt nur insofern vor, als jetzt nicht mehr ausdrücklich gesagt ist, der Kommissionär habe im Falle des Absatzes 1 den Entschuldigungsbeweis, sondern daß diese Beweislast durch die Wortstellung angedeutet ist. Das entspricht mehr der modernen Gesetzestechnik.

Artikel 368.

Forderungen aus einem Geschäft, welches der Kommissionär abgeschlossen hat, kann der Kommittent dem Schuldner gegenüber erst nach der Abtretung geltend machen.

Jedoch gelten solche Forderungen, auch wenn sie nicht abgetreten sind, im Verhältniss zwischen dem Kommittenten und dem Kommissionär oder dessen Gläubigern als Forderungen des Kommittenten.

Die Vorschrift kehrt im § 392 des neuen H.G.B. wieder.

Artikel 369.

Der Kommissionär, welcher ohne Einwilligung des Kommittenten einem Dritten Vorschüsse macht oder Kredit giebt, thut dies auf eigene Gefahr.

Insoweit jedoch der Handelsgebrauch am Orte des Geschäfts das Kreditiren des Kaufpreises mit sich bringt, ist in Ermangelung einer anderen Bestimmung des Kommittenten auch der Kommissionär dazu berechtigt.

Hat der Kommissionär unbefugt auf Kredit verkauft, so hat er dem Kommittenten, welcher dies nicht genehmigt, sofort als Schuldner des Kaufpreises die Zahlung zu leisten. Beweist der Kommissionär, dass beim Verkauf gegen baar der Preis ein geringerer gewesen sein würde, so hat er nur diesen Preis und, wenn derselbe geringer ist, als der auftraggemässe Preis, auch den Unterschied gemäss Artikel 363 zu vergüten.

Die Vorschrift ist im § 393 des neuen H.G.B. wiederholt, wiederum ohne sachliche Aenderung, aber wiederum mit einer formellen Aenderung des Absatzes 3 von der Art, wie wir sie zu Art. 367 charakterisirt haben.

Artikel 370.

Der Kommissionär steht für die Zahlung oder für die anderweitige Erfüllung der Verbindlichkeit seines Kontrahenten ein, wenn dies von ihm übernommen oder am Orte seiner Niederlassung Handelsgebrauch ist.

Der Kommissionär, welcher für seinen Kontrahenten einsteht, ist dem Kommittenten für die gehörige Erfüllung im Zeitpunkte des Verfalls unmittelbar und persönlich insoweit verhaftet, als solche aus dem Vertragsverhältnisse überhaupt rechtlich gefordert werden kann.

Der Kommissionär, welcher für seinen Kontrahenten einsteht, ist dafür zu einer Vergütung (del credere-Provision) berechtigt.

Die Vorschrift ist im § 394 des neuen H.G.B. sachlich unverändert wiedergegeben.

Artikel 371.

Der Kommittent ist schuldig, dem Kommissionär zu ersetzen, was dieser an baaren Auslagen oder überhaupt zum Vollzuge des Geschäfts nothwendig oder nützlich aufgewendet hat. Hierzu gehört auch die Vergütung für die Benutzung der Lagerräume und der Transportmittel des Kommissionärs und der Arbeit seiner Leute.

Der Kommissionär hat die Provision zu fordern, wenn das Geschäft zur Ausführung gekommen ist. Für Geschäfte, welche nicht zur Ausführung gekommen sind, kann eine Provision nicht gefordert werden; jedoch hat der Kommissionär das Recht auf die Auslieferungsprovision, sofern eine solche ortsgebräuchlich ist.

Die Vorschrift ist im § 396 des neuen H.G.B. wiedergegeben. Es ist jedoch hinzugefügt, daß der Kommissionär dann die Provision verlangen kann, wenn die Ausführung des von ihm geschlossenen Geschäfts nur aus einem in der Person des Kommittenten liegenden Grunde unterblieben ist.

Artikel 372.

Wenn der Kommissionär zu vortheilhafteren Bedingungen abschliesst, als sie ihm vom Kommittenten gestellt werden, so kommt der Vortheil dem letzteren allein zu Statten.

Dies gilt insbesondere, wenn der Preis, für welchen der Kommissionär verkauft, den von Kommittenten bestimmten niedrigsten Preis übersteigt, oder wenn der Preis, für welchen er einkauft, den vom Kommittenten bestimmten höchsten Preis nicht erreicht.

Die Vorschrift kehrt im § 387 des neuen H.G.B. wieder.

Artikel 373.

Ein Kommissionär, welcher den Ankauf eines Wechsels übernommen hat, ist, wenn er den Wechsel indossirt, verpflichtet, denselben regelmässig und ohne Vorbehalt zu indossiren.

Die Vorschrift ist im § 395 des neuen H.G.B. ohne sachliche Veränderung wiedergegeben.

Artikel 374.

Der Kommissionär hat an dem Kommissionsgut, so fern er dasselbe noch in seinem Gewahrsam hat oder sonst, insbesondere mittelst der Konnossemente, Ladescheine oder Lagerscheine noch in der Lage ist, darüber zu verfügen, ein Pfandrecht wegen der auf das Gut verwendeten Kosten, wegen der Provision, wegen der rücksichtlich des Gutes gegebenen Vorschüsse und Darlehen, wegen

der rücksichtlich desselben gezeichneten Wechsel oder in anderer Weise eingegangenen Verbindlichkeiten, sowie wegen aller Forderungen aus laufender Rechnung in Kommissionsgeschäften.

Der Kommissionär kann sich für die vorstehend erwähnten Ansprüche aus den durch das Kommissionsgeschäft begründeten und noch ausstehenden Forderungen vorzugsweise vor dem Kommittenten und dessen Gläubigern befriedigen.

Absatz 1 ist im § 397, Absatz 2 im § 399 des neuen H.G.B. wiedergegeben.

Artikel 375.

Ist der Kommittent in Erfüllung der in dem vorigen Artikel bezeichneten Verpflichtungen gegen den Kommissionär im Verzuge, so ist der Letztere berechtigt, sich unter Beobachtung der Vorschriften des Artikels 310 aus dem Kommissionsgute bezahlt zu machen; er hat dieses Recht auch gegenüber den übrigen Gläubigern und der Konkursmasse des Kommittenten.

Die Vorschrift des vorliegenden Artikels ist abgeschafft. Ein besonderes Verkaufsrecht neben dem Pfandrecht ist nicht mehr gegeben. Soweit das Verkaufsrecht sich auf die dem Kommissionär haftenden Sachen des Kommittenten bezieht, war dasselbe neben dem Pfandrechte überflüssig. Soweit aber das Verkaufsrecht an denjenigen Sachen zustand, welche dem Kommissionär gehören und dem Kommittenten auszuliefern waren, wird das Bedürfniß befriedigt durch § 398 des neuen H.G.B., wonach sich der Kommissionär, auch wenn er Eigenthümer des Kommissionsguts ist, wegen seiner Kommissionsansprüche nach Maßgabe der für das Pfandrecht geltenden Vorschriften aus dem Gute befriedigen kann.

Artikel 376.

Bei der Kommission zum Einkauf oder zum Verkauf von Waaren, Wechseln und Werthpapieren, welche einen Börsenpreis oder Marktpreis haben, ist der Kommissionär, wenn der Kommittent nicht ein Anderes bestimmt hat, befugt, das Gut, welches er einkaufen soll, selbst als Verkäufer zu liefern, oder das Gut, welches er zu verkaufen beauftragt ist, als Käufer für sich zu behalten.

In diesem Falle ist die Pflicht des Kommissionärs, Rechenschaft über die Abschliessung des Kaufs oder Verkaufs zu geben, auf den Nachweis beschränkt, dass bei dem berechneten Preise der Börsenpreis oder Marktpreis zur Zeit der Ausführung des Auftrags eingehalten ist. Er ist zu der gewöhnlichen Provision berechtigt und kann die bei Kommissionsgeschäften sonst regelmässig vorkommenden Unkosten berechnen.

Macht der Kommissionär nicht zugleich mit der Anzeige über die Ausführung des Auftrages eine andere Person als Käufer oder Verkäufer namhaft, so ist der Kommittent befugt, den Kommissionär selbst als Käufer oder Verkäufer in Anspruch zu nehmen.

1. Der vorliegende Artikel war bereits durch § 70 des Börsengesetzes aufgehoben und durch die §§ 71—74 des Börsengesetzes ersetzt. Da das Börsengesetz am 1. Januar 1897 in Kraft trat, so ist der vorliegende Artikel zur Zeit nicht mehr ein Bestandtheil des alten H.G.B.

   Die §§ 71—74 des Börsengesetzes regeln die Frage des Selbsteintrittsrechts in derselben Allgemeinheit, wie der Art. 376: nicht blos für Börsentermingeschäfte oder für Börsengeschäfte oder für den Handel mit Werthpapieren, sondern ganz allgemein für jedes Kommissionsgeschäft.

   Bei der Neuredaktion des H.G.B. war es geboten, die Materie wieder in das H.G.B. aufzunehmen, und das geschah. Die Vorschriften der §§ 71—74 des Börsengesetzes sind im wesentlichen in den §§ 400, 401, 402, 403, 405, 384 Absatz 3 des neuen H.G.B. aufgenommen. Im Einführungsgesetze zum H.G.B. ist infolgedessen die Aufhebung der §§ 70—74 des Börsengesetzes angeordnet (Art. 14 Nr. VI des Einführungsgesetzes).

2. Was den materiellen Inhalt der Aenderungen betrifft, so sind hiernach die Aenderungen, welche das neue H.G.B. gegen den **gegenwärtigen** Rechtszustand aufweist, nur gering, weil ja eben das bereits in Geltung befindliche Börsengesetz die Materie in nahezu gleicher Weise regelt. Sehr erheblich aber sind die Aenderungen, welche das neue H.G.B. gegen den Rechtszustand, wie er nach dem alten H.G.B. gegolten hat, aufweist.

3. Für die Besitzer der 5. Auflage unseres Kommentars, in welcher die Materie bereits unter Zugrundelegung des Börsengesetzes behandelt ist, sollen hier die Aenderungen des neuen H.G.B. gegen die einschlägigen Bestimmungen des Börsengesetzes hervorgehoben werden.

   a) Die Vorschrift des § 71 des Börsengesetzes ist im § 400 des neuen H.G.B. sachlich unverändert aufgenommen, der letzte Absatz im § 402, und zwar mit der Klarstellung, daß nur Abmachungen zum Nachtheil des Kommittenten verboten sind.

   b) § 72 ist in § 401, der letzte Absatz in § 402 des neuen H.G.B. wiederholt.

   c) § 73 des Börsengesetzes ist im § 403 des neuen H.G.B. aufgenommen.

   d) Die Absätze 1 und 2 des § 74 des Börsengesetzes sind im § 405 des neuen H.G.B. aufgenommen, Absatz 3 des § 74 des Börsengesetzes ist in § 384 Absatz 3 des neuen H.G.B. wiedergegeben. An der bisherigen Stelle war die Vorschrift nur auf den Handel mit marktgängigen Waaren zu beziehen. Sie soll aber fortan allgemein gelten.

4. Für die Besitzer der früheren Auflagen (1—4) mögen hier die Aenderungen des neuen H.G.B. gegen das alte H.G.B. (vor Ersetzung des Art. 376 durch die §§ 71—74 des Börsengesetzes) hervorgehoben werden:

   a) Absatz 1 des Art. 376 ist zwar im § 400 des neuen H.G.B. wiederholt, aber mit der Modifikation, daß das Selbsteintrittsrecht bei Werthpapieren das Bestehen eines amtlichen Kurses voraussetzt.

   b) Was den Absatz 2 des Art. 376 anbelangt, so ist zwar der erste Satz auch im neuen H.G.B. (§ 400 Abs. 2) beibehalten. Aber es sind mehrere Hinzufügungen gemacht, durch welche gerade dieser Rechtssatz total verändert ist.

   An sich ist nunmehr auch nach dem neuen H.G.B. die Rechenschaftspflicht auf den Nachweis beschränkt, daß der Marktpreis zur Zeit der Ausführung der Kommission eingehalten ist.

   Allein zunächst ist der Zeitpunkt der Ausführung präzisirt (Abgabe der Ausführungsanzeige zur Absendung).

   Sodann aber sind für die Rechenschaftspflicht mehrere weitere Vorschriften für Spezialfälle gegeben: Wird die Ausführungsanzeige erst am Schlusse der Börse abgesendet, so muß mindestens der Schlußkurs berechnet und dies nachgewiesen werden; bei einer Kommission zum bestimmten Kurse muß mindestens dieser, bei einem amtlich festgestellten Kurse mindestens dieser berechnet und, daß dies geschehen, nachgewiesen werden.

   Ferner aber ist in einem weiteren Paragraphen (401) ausdrücklich angeordnet, daß hiermit nur die Rechenschaftspflicht begrenzt ist; die materielle Verpflichtung des Kommissionärs in Bezug auf die Ansetzung der Kurse geht weiter: der Kommissionär muß nämlich nach § 401 dem Kommittenten denjenigen Kurs berechnen, den er bei Anwendung pflichtgemäßer Sorgfalt hätte erzielen können, und ferner den Kurs, den er bei einem „aus Anlaß" des Kommissionsauftrags abgeschlossenen Geschäfte erzielt hat, mag auch dieses Geschäft nicht gerade *in Ausführung* des Kommissionsauftrages abgeschlossen sein; es genügt, daß es *zum Zwecke der Ausführung* des Kommissionsauftrags geschlossen ist. Das bisherige Recht wird dadurch in scharfer Weise präzisirt und zum Theil geändert, letzteres insofern, als der Kommissionär früher nur die in Ausführung des Kommissionsauftrages abgeschlossenen Geschäfte dem Kommittenten zugute kommen lassen mußte, nicht auch die aus bloßem Anlaß des Kommissionsauftrags abgeschlossenen.

   Hinzugefügt ist allen diesen Bestimmungen die Vorschrift der Nichtigkeit von Vereinbarungen zum Nachtheil des Kommittenten (§ 402 des neuen H.G.B.).

c) Die Vorschrift des Absatzes 2 Satz 2 des Art. 376 ist in § 403 des neuen H.G.B. wiederholt.

d) Absatz 3 ist wesentlich geändert. Die Anzeige der Ausführung, ohne die Erklärung des Selbsteintritts, gilt nunmehr als Erklärung, daß mit einem Dritten abgeschlossen sei (§ 405 des neuen H.G.B.). Das war früher nicht der Fall. Früher konnte eine allgemeine Anzeige erfolgen und die Selbsteintrittserklärung nachgeholt werden (vergl. Komm. 1.—4. Aufl. § 6 zu Art. 376).

Außerdem ist im § 384 Absatz 3 allgemein, also nicht blos für den Handel mit marktgängigen Waaren und Werthpapieren, sondern für den ganzen Kommissionshandel angeordnet, was Art. 376 Absatz 3 bestimmt, daß, wenn der Dritte nicht namhaft gemacht wird, der Kommissionär selbst für das Geschäft haftet. Das gilt sowohl dann, wenn er überhaupt nicht gesagt hat, in welcher Weise er den Auftrag ausgeführt hat, also im Falle des § 405 Abs. 1, als auch im Falle, wo er angezeigt hat, daß er mit einem Dritten abgeschlossen hat, ohne diesen aber zu nennen.

5. Zur Klarstellung ist im § 404 des neuen H.G.B. hinzugefügt, daß das Pfandrecht und Realisirungsrecht des Kommissionärs nach §§ 397 und 398 des neuen H.G.B. sich auch auf den Fall des Selbsteintritts beziehen, was früher anders war, weil ja nach dem Selbsteintritt die Kontrahenten sich nur noch als Käufer und Verkäufer gegenüberstanden. Wenigstens war dies unsere Ansicht nach früherem Recht (vergl. Komm. 1.—4. Aufl. § 17 zu Art. 376; 5. Aufl. Anm. 19 zu § 71 des Börsengesetzes, kommentirt hinter Art. 376). Soweit hierin eine Aenderung liegt, so ist dies, wie hinzugefügt wird, eine Aenderung nicht blos gegen das alte H.G.B., sondern auch gegen den Rechtszustand nach §§ 71—74 des Börsengesetzes.

Artikel 377.

Wenn der Kommittent den Auftrag widerruft und der Widerruf bei dem Kommissionär eintrifft, bevor die Anzeige von der Ausführung des Auftrages behufs ihrer Absendung abgegeben ist, so kann sich der Kommissionär der Befugniss, selbst als Käufer oder Verkäufer einzutreten, nicht mehr bedienen.

Die Vorschrift ist im § 405 Absatz 3 des neuen H.G.B. wiedergegeben.

Artikel 378.

Die Bestimmungen dieses Titels kommen auch zur Anwendung, wenn ein Kaufmann, dessen gewöhnlicher Handelsbetrieb nicht in Kommissionsgeschäften besteht, ein einzelnes Handelsgeschäft in eigenem Namen für Rechnung eines Auftraggebers schliesst.

Die Vorschrift des Art. 378 ist im § 406 des neuen H.G.B. geändert. Vergl. hierüber unsere Bemerkungen zu Art. 360.

Exkurs zu Art. 378.

In § 391 ist hinzugefügt, daß bei der Einkaufskommission hinsichtlich der Verpflichtung des Kommittenten zur Erstattung der Mängelanzeige, sowie hinsichtlich der Sorge für die Aufbewahrung und hinsichtlich des Verkaufs bei drohendem Verderben die gleichen Vorschriften Platz greifen, wie sie für den Käufer gelten. Wie beim Kauf soll dies aber nur dann der Fall sein, wenn die Kommission auf beiden Seiten ein Handelsgeschäft ist.

Das bisherige Recht ist dadurch geändert. Denn der Einkaufskommittent war früher in dieser Hinsicht dem Käufer nicht gleichgestellt (Komm. § 2 zu Art. 347), es sei denn nach der Eintrittserklärung des Kommissionärs (Komm. 1.—4. Aufl. § 20 zu Art. 376; 5. Aufl. Anm. 22 zu § 71 des Börsengesetzes, kommentirt hinter Art. 376).

Hinsichtlich desjenigen Guts, welches der Verkaufskommittent dem Kommissionär übersendet, galt gleichfalls früher die sofortige Rügepflicht nicht (Komm. § 2 zu Art. 347), und es behält dabei sein Bewenden (Denkschr. S. 253). Tritt der Verkaufskommissionär als Käufer ein, so gilt er als Käufer und dann tritt die Rügepflicht ein, wenn die Voraussetzungen derselben (beiderseitiges Handelsgeschäft) vorliegen (Denkschr. S. 253).

Artikel 379.

Spediteur ist derjenige, welcher gewerbemässig in eigenem Namen für fremde Rechnung Güterversendungen durch Frachtführer oder Schiffer zu besorgen übernimmt.

Die Definition des Spediteurs ist sachlich unverändert im § 407 des neuen H.G.B. wiedergegeben. Auf den ersten Blick könnte der neue Paragraph sachlich verändert erscheinen, da er nur von Frachtführern und Verfrachtern von Seeschiffen spricht, während der Art. 379 von Frachtführern und Schiffern überhaupt sprach. Allein die neue Fassung ist nur korrekter. Denn der Verfrachter von Schiffen auf Binnengewässern gehört zur Kategorie der Frachtführer (vergl. Art. 390 des alten, § 425 des neuen H.G.B.).

Artikel 380.

Der Spediteur haftet für jeden Schaden, welcher aus der Vernachlässigung der Sorgfalt eines ordentlichen Kaufmanns bei der Empfangnahme und Aufbewahrung des Gutes, bei der Wahl der Frachtführer, Schiffer oder Zwischenspediteure und überhaupt bei der Ausführung der von ihm übernommenen Versendung der Güter entsteht.

Der Spediteur hat die Anwendung dieser Sorgfalt zu beweisen.

Der Vorschrift des vorliegenden Artikels entspricht § 408 Absatz 1 des neuen H.G.B. In der Form weist derselbe Veränderungen auf, sachliche sind nicht vorhanden. Der Pflichten des Spediteurs bei Empfangnahme und Aufbewahrung des Gutes ist zwar nicht Erwähnung gethan, allein hier wird die allgemeine Verweisung des § 407 Absatz 2 genügen. Weggelassen ist die Regelung der Beweislast, weil sie sich von selbst versteht (Denkschr. S. 260). Weggelassen ist ferner der Ausspruch, daß der Spediteur für den Schaden haftet, der aus seiner Pflichtverletzung entsteht. Auch das versteht sich von selbst. Aber daneben besteht in geeigneten Fällen das Recht zur Zurückweisung der Ausführung (vergl. Komm. § 5), und deshalb war es besser, die Schadensersatzpflicht nicht besonders hervorzuheben.

Artikel 381.

Der Spediteur hat die Provision und die Erstattung dessen zu fordern, was er an Auslagen und Kosten oder überhaupt zum Zweck der Versendung nothwendig oder nützlich aufgewendet hat (Art. 371).

Er ist nicht befugt, eine höhere als die mit dem Frachtführer oder Schiffer bedungene Fracht zu berechnen.

Absatz 1 ist nicht aufgenommen, weil sich das Recht auf Erstattung der Auslagen schon aus §§ 670 und 675 B.G.B. und den Vorschriften über das Kommissionsgeschäft ergiebt, auf welche § 407 Absatz 2 generell Bezug nimmt. Das Recht auf Provision ergiebt sich aus § 409 des neuen H.G.B., welcher zugleich sagt, wann sie verdient ist, während das alte H.G.B. hierüber eine Vorschrift nicht enthielt. Die Auslegung gelangte früher zu dem gleichen Ergebnisse (Komm. § 3). Absatz 2 ist im § 408 Absatz 2 des neuen H.G.B. wiedergegeben.

Artikel 382.

Der Spediteur hat wegen der Fracht, der Provision, der Auslagen, Kosten und Verwendungen und wegen der dem Versender auf das Gut geleisteten Vorschüsse ein Pfandrecht an dem Gute, sofern er dasselbe noch in seinem Gewahrsam hat oder in der Lage ist, darüber zu verfügen.

Er kann dieses Recht auch gegenüber den übrigen Gläubigern und der Konkursmasse des Eigenthümers geltend machen.

Bedient sich der Spediteur eines Zwischenspediteurs, so hat der letztere zugleich die seirem Vormann zustehenden Rechte, insbesondere dessen Pfandrecht auszuüben.

Soweit der Vormann wegen seiner Forderung durch Nachnahme von dem Nachmann befriedigt ist, geht die Forderung und das Pfandrecht des Vormanns von Rechtswegen auf den Nachmann über. Dasselbe gilt in Bezug auf die Forderung und das Pfandrecht des Frachtführers, wenn und insoweit der letztere von dem Zwischenspediteur befriedigt ist.

Absatz 1 ist in § 410 des neuen H.G.B. wiedergegeben, Absatz 2 als überflüssig gefallen, weil § 41 Nr. 8 der Konkursordnung dasselbe besagt, Absatz 3 und 4 sind im § 411 des neuen H.G.B. wiederholt.

Artikel 383.

Ein Spediteur, welcher die Versendung durch Frachtführer oder Schiffer, jedoch mittelst von ihm für eigene Rechnung gemietheter Transportmittel besorgt, kann die gewöhnliche Fracht nebst der Provision und den sonstigen Kosten berechnen.

Die Vorschrift ist gestrichen. Es wird hier entweder der Fall der Sammelladung (vergl. zu Art. 384) oder der Fall des Art. 385 vorliegen.

Artikel 384.

Wenn ein Spediteur mit dem Absender oder Empfänger über bestimmte Sätze der Transportkosten sich geeinigt hat, so haftet er, in Ermangelung einer entgegenstehenden Vereinbarung, für die von ihm angenommenen Zwischenspediteure und Frachtführer. Er ist in diesem Falle zur Provision nur dann berechtigt, wenn vereinbart ist, dass eine solche neben den bestimmten Sätzen der Transportkosten gefordert werden könne.

Die Vorschrift ist im § 413 Absatz 1 des neuen H.G.B. zwar wiederholt, aber mit der radikalen Aenderung, daß in solchem Falle der Spediteur die Rechte und Pflichten eines Frachtführers hat.

Hinzugefügt ist in einem Absatz 2 des § 413 eine von den Spediteuren begehrte Vorschrift für den Sammelladeverkehr. Im Falle der Sammelladung soll nämlich der Spediteur ebenfalls die Rechte und Pflichten eines Frachtführers haben und Provision nicht berechnen dürfen, aber nicht etwa blos die selbst ausgelegte Fracht pro rata liquidiren dürfen, sondern eine angemessene Fracht, höchstens aber die für die Beförderung des einzelnen Guts gewöhnliche Fracht.

Artikel 385.

Der Spediteur ist, wenn nicht ein Anderes bestimmt ist, befugt, den Transport der Güter selbst auszuführen.

Wenn er sich dieser Befugniss bedient, so hat er zugleich die Rechte und Pflichten eines Frachtführers und kann die gewöhnliche Fracht, die Provision und die bei Speditionsgeschäften sonst regelmässig vorkommenden Unkosten berechnen.

Die Vorschrift ist wiedergegeben im § 412 des neuen H.G.B.

Artikel 386.

Die Klagen gegen den Spediteur wegen gänzlichen Verlustes oder wegen Verminderung, Beschädigung oder verspäteter Ablieferung des Guts verjähren nach einem Jahre.

Die Frist beginnt in Ansehung der Klagen wegen gänzlichen Verlustes mi dem Ablauf des Tages, an welchem die Ablieferung hätte bewirkt sein müssen; in Ansehung der Klagen wegen Verminderung, Beschädigung oder verspäteter Ablieferung mit dem Ablauf des Tages, an welchem die Ablieferung geschehen ist.

In gleicher Art sind die Einreden wegen Verlustes, Verminderung, Beschädigung oder verspäteter Ablieferung des Guts erloschen, wenn nicht die Anzeige von diesen Thatsachen an den Spediteur binnen der einjährigen Frist abgesandt worden.

Die Bestimmungen dieses Artikels finden in Fällen des Betruges oder der Veruntreuung des Spediteurs keine Anwendung.

Die Vorschrift des Absatzes 1 ist im § 414 des neuen H.G.B. wiedergegeben. Der letztere fügt aber hinzu, daß die Verjährungsfrist durch Vertrag verlängert werden kann. Dies ist hinzugefügt mit Rücksicht auf die entgegenstehende Bestimmung des § 225 B.G.B. Der Absatz 2, der von dem Beginn der Verjährung handelt, ist insofern geändert, als die Klage wegen verspäteter Ablieferung nicht mehr mit dem Ablauf des Tages, an welchem die Ablieferung erfolgt ist, sondern mit dem Ablauf des Tages, an welchem sie hätte erfolgt sein müssen, beginnen soll.

Absatz 3 ist im § 414 Absatz 3 des neuen H.G.B. im wesentlichen wiedergegeben.

Absatz 4 ist insofern geändert, als nicht Betrug und Veruntreuung, sondern eine vorsätzliche Handlungsweise des Spediteurs vorausgesetzt ist.

Artikel 387.

Im Uebrigen sind die Rechte und Pflichten des Spediteurs, soweit dieser Titel keine Bestimmungen darüber enthält, nach den Grundsätzen des vorigen Titels zu beurtheilen; insbesondere kommen die Bestimmungen, welche in den Artikeln 365 bis 367 für den Kommissionär gegeben sind, auch für den Spediteur zur Anwendung.

Im § 407 Absatz 2 des neuen H.G.B. findet sich eine analoge allgemeine Bezugnahme, die jetzt um so nothwendiger ist, als in Folge der Einengung des Kommissionärbegriffs die Spedition nicht mehr eine Unterart der Kommission ist (vergl. zu Art. 360).

Artikel 388.

Wenn ein Kaufmann, dessen gewöhnlicher Handelsbetrieb nicht in Speditionsgeschäften besteht, eine Güterversendung durch Frachtführer oder Schiffer für fremde Rechnung in eigenem Namen zu besorgen übernimmt, so gelten in Ansehung eines solchen Geschäfts die Vorschriften dieses Titels.

Eine analoge Vorschrift steht im § 415 des neuen H.G.B.

Artikel 389.

Die Bestimmungen dieses Titels finden keine Anwendung auf Personen, welche nur die Vermittelung von Frachtverträgen zwischen dem Absender und dem Frachtführer oder Schiffer bewirken (Frachtmäkler, Güterbestätter, Schiffsprokureure).

Eine analoge Vorschrift war im Entwurfe (§ 407 Absatz 2) enthalten. Die Reichstagskommission hat sie gestrichen, weil sie überflüssig erschien, zumal angesichts § 93 des neuen H.G.B.

Exkurs zu Art. 389.

Zwischen die Lehre vom Spediteur und die Lehre vom Frachtgeschäft hat das neue H.G.B. **die Lehre vom Lagergeschäft** eingeschoben. Das alte H.G.B. hatte hierüber Bestimmungen nicht, nur daß es an vereinzelten Stellen vom Lagerschein gesprochen hat (vergl. z. B. Art. 302, 313).

Die Lehre ist aber nur kurz behandelt. Das neue H.G.B. hat darauf verzichtet, bei dieser Gelegenheit das Institut der Lagerpapiere (Warrants) durch spezielle Vorschriften auszugestalten. Es begnügt sich in dieser Hinsicht mit der Bestimmung des § 363, wonach der Lagerschein ein

Ordrepapier ist, und mit der Bestimmung des § 424, welcher dem Lagerschein die Funktionen eines Dispositionspapiers ausdrücklich überträgt.

Im übrigen ist Folgendes bestimmt:

1. Im § 416 ist die Definition des Lagerhalters dahin gegeben, daß Lagerhalter derjenige ist, der gewerbsmäßig die Lagerung und Aufbewahrung von Gütern annimmt. Der Lagerhalter ist Kaufmann (§ 1 Nr. 6 des neuen H.G.B.).
2. Alsdann werden die Rechte und Pflichten des Lagerhalters in Ansehung der Empfangnahme, Aufbewahrung und Versicherung des Guts normirt (§ 417). Es wird dem Lagerhalter ferner die Pflicht auferlegt, dem Einlagerer die Besichtigung des Guts, die Entnahme von Proben und die zur Erhaltung des Gutes nothwendigen Handlungen zu gestatten (§ 418), es wird ihm das Recht der Vermischung der verschiedenen Lagergüter ohne ausdrückliche Erlaubniß versagt und auch für den Fall ertheilter Erlaubniß ihm das Eigenthum am Gut abgesprochen (§ 419). Es wird dem Lagerhalter ein Anspruch auf das Lagergeld und auf Erstattung der Auslagen gewährt, letzterer sofort, ersterer nach Ablauf von 3 zu 3 Monaten bezw. bei der Rücknahme zahlbar (§ 420), und zur Sicherung dieser Ansprüche wird ihm ein Pfandrecht am Gute gewährt (§ 421).

Sodann wird dem Lagerhalter die Pflicht der Aufbewahrung bis zum Ablauf der verabredeten Lagerzeit auferlegt, in Ermangelung einer solchen wird ein einmonatliches Kündigungsrecht und beim Vorhandensein wichtiger Gründe das sofortige Rücknahmerecht gewährt (§ 422).

Für die Verjährung seiner Ansprüche gilt das Gleiche, wie beim Spediteur (§ 423).

Artikel 390.

Frachtführer ist derjenige, welcher gewerbemässig den Transport von Gütern zu Lande oder auf Flüssen und Binnengewässern ausführt.

Die Definition, welche der vorliegende Artikel giebt, ist im § 425 des neuen H.G.B. wiedergegeben, nur daß hierbei sachgemäß auf die Uebernahme der Beförderung, nicht auf die Ausführung derselben der Ton gelegt ist.

Artikel 391.

Der Frachtbrief dient als Beweis über den Vertrag zwischen dem Frachtführer und dem Absender.

Der Frachtführer kann die Ausstellung eines Frachtbriefes verlangen.

Absatz 1 ist als überflüssig gestrichen. Absatz 2 ist im § 426 Absatz 1 des neuen H.G.B. wiedergegeben.

Artikel 392.

Der Frachtbrief enthält:

1) die Bezeichnung des Guts nach Beschaffenheit, Menge und Merkzeichen;
2) den Namen und Wohnort des Frachtführers;
3) den Namen des Absenders;
4) den Namen dessen, an welchen das Gut abgeliefert werden soll;
5) den Ort der Ablieferung;
6) die Bestimmung in Ansehung der Fracht;
7) den Ort und Tag der Ausstellung;
8) die besonderen Vereinbarungen, welche die Parteien etwa noch über andere Punkte namentlich über die Zeit, innerhalb welcher der Transport bewirkt werden soll, und über die Entschädigung wegen verspäteter Ablieferung, getroffen haben.

Die Vorschrift des vorliegenden Artikels ist im § 426 Absatz 2 enthalten, und zwar

1. mit einer Klarstellung, indem die kategorische Form (der Frachtbrief enthält) vermieden und nur gesagt ist: der Frachtbrief soll enthalten. Dadurch ist angedeutet, daß nicht alle

hier aufgezählten Bestandtheile wesentliche Erfordernisse des Frachtbriefes sind (vergl. Komm. § 1).

2. Die einzelnen Erfordernisse sind nicht ganz gleich geblieben:

a) Statt des Namens des Absenders (früher Nr. 3) ist jetzt in Nr. 9 die Unterschrift des Absenders gefordert, die jedoch auf mechanischem Wege hergestellt sein kann.

b) Die Nr. 6 ist neu hinzugefügt.

c) Nr. 7 und 8 sind Neuerungen: nach Nr. 7 soll der Frachtbrief auch enthalten einen Vermerk über die etwa vorausbezahlte Fracht, nach Nr. 8 Bestimmungen über die auf dem Gute haftenden Nachnahmen.

In Absatz 3 fügt der § 426 des neuen H.G.B. eine ganz neue Vorschrift hinzu, nach welcher der Absender dem Frachtführer für die Richtigkeit und die Vollständigkeit der in den Frachtbrief aufgenommenen Angaben haftet, also ohne Verschulden. Die Vorschrift soll das Frachtrecht in Einklang bringen mit Art. 7 Abs. 1 des Berner internationalen Uebereinkommens und mit § 53 Absatz 1 der Eisenbahnverkehrsordnung, sie ist eine Ausgestaltung der im Art. 393 (bezw. § 427) dem Absender auferlegten Verpflichtung hinsichtlich der Begleitpapiere.

Artikel 393.

Der Absender ist verpflichtet, bei Gütern, welche vor der Ablieferung an den Empfänger einer zoll- und steueramtlichen Behandlung unterliegen, den Frachtführer in den Besitz der deshalb erforderlichen Begleitpapiere zu setzen. Er haftet dem Frachtführer, sofern nicht diesem selbst ein Verschulden zur Last fällt, für alle Strafen und Schäden, welche denselben wegen Unrichtigkeit oder Unzulänglichkeit der Begleitpapiere treffen.

Die Vorschrift ist im § 427 des neuen H.G.B. übernommen mit der Erweiterung auf die zur Erfüllung der Polizeivorschriften erforderlichen Begleitpapiere (z. B. Leichenscheine).

Artikel 394.

Ist über die Zeit, binnen welcher der Frachtführer den Transport bewirken soll, im Frachtvertrage nichts bedungen, so wird die Frist, innerhalb deren er die Reise antreten muss, durch den Ortsgebrauch bestimmt; besteht ein Ortsgebrauch nicht, so ist die Reise binnen einer den Umständen des Falles angemessenen Frist anzutreten.

Wird der Antritt oder die Fortsetzung der Reise durch Naturereignisse oder sonstige Zufälle zeitweilig verhindert, so braucht der Absender die Aufhebung des Hindernisses nicht abzuwarten, er kann vielmehr von dem Vertrage zurücktreten, muss aber den Frachtführer, sofern demselben kein Verschulden zur Last fällt, wegen der Kosten zur Vorbereitung der Reise, der Kosten der Wiederausladung und der Ansprüche in Beziehung auf die bereits zurückgelegte Reise entschädigen. Ueber die Höhe der Entschädigung entscheidet der Ortsgebrauch und in dessen Ermangelung das richterliche Ermessen.

Absatz 1 ist im § 428 des neuen H.G.B. wiedergegeben und ausgedehnt auf die Vollendung der Reise, also auf die Dauer derselben überhaupt.

Absatz 2 ist im § 428 Absatz 2 wiedergegeben, aber in einer Verfassung, die klarstellt, daß der Absender bei zeitweiliger Behinderung der Reise nicht blos dann zum Rücktritt berechtigt ist, wenn das Hinderniß durch Naturereignisse oder sonstige Zufälle verursacht ist, sondern auch dann, wenn der Frachtführer dasselbe herbeigeführt hat (Denkschr. S. 275).

Der Fall dauernder Behinderung ist auch im neuen H.G.B. nicht geregelt. Für diesen Fall entscheiden wie bisher (vergl. Komm. § 6) die Bestimmungen des bürgerlichen Rechts (vergl. künftig §§ 323 fg.; 645 B.G.B.).

Artikel 395.

Der Frachtführer haftet für den Schaden, welcher durch Verlust oder Beschädigung des Frachtsguts seit der Empfangnahme bis zur Ablieferung entstanden ist, sofern er nicht beweist, dass der Verlust oder die Beschädigung durch höhere Gewalt (vis major) oder durch die natürliche Beschaffenheit des Guts, namentlich durch inneren Verderb, Schwinden, gewöhnliche Leckage u. dergl., oder durch äusserlich nicht erkennbare Mängel der Verpackung entstanden ist.

Für Kostbarkeiten, Gelder und Werthpapiere haftet der Frachtführer nur dann, wenn ihm diese Beschaffenheit oder der Werth des Guts angegeben ist.

Die exceptionell strenge Haftung, welche dieser Artikel dem Frachtführer auferlegt, ist im neuen H.G.B. abgeschafft und ersetzt durch die Haftung, die im ähnlichen Falle auferlegt ist: der Frachtführer haftet für den von ihm angerichteten Schaden, sofern er nicht nachweist, daß die Entstehung des Schadens auf Umständen beruht, die durch die Sorgfalt eines ordentlichen Frachtführers nicht abgewendet werden können (§ 429). Absatz 2 ist im § 429 Abs. 2 wiederholt, der letztere Absatz erwähnt jedoch die Kunstgegenstände besonders und hebt deutlich hervor, daß die Anzeige der Kostbarkeiten bei der Uebergabe zur Beförderung gemacht sein muß. Das weicht vom bisherigen Recht ab. Denn bisher wurde es als genügend angesehen, daß die Anzeige so zeitig gemacht wurde, daß der Frachtführer noch schützende Vorrichtungen treffen konnte (Komm. § 16).

Artikel 396.

Wenn auf Grund des vorhergehenden Artikels von dem Frachtführer für Verlust oder Beschädigung des Guts Ersatz geleistet werden muss, so ist der Berechnung des Schadens nur der gemeine Handelswerth des Guts zu Grunde zu legen.

Im Falle des Verlustes ist der gemeine Handelswerth zu ersetzen, welchen Gut derselben Art und Beschaffenheit am Ort der Ablieferung zu der Zeit hatte, in welcher das Gut abzuliefern war; davon kommt in Abzug, was in Folge des Verlustes an Zöllen und Unkosten erspart ist.

Im Falle der Beschädigung ist der Unterschied zwischen dem Verkaufswerth des Guts im beschädigten Zustande und dem gemeinen Handelswerth zu ersetzen, welchen das Gut ohne diese Beschädigung am Ort und zur Zeit der Ablieferung gehabt haben würde, nach Abzug der Zölle und Unkosten, soweit sie in Folge der Beschädigung erspart sind.

Hat das Gut keinen Handelswerth, so ist der Berechnung des Schadens der gemeine Werth des Guts zu Grunde zu legen.

Wenn dem Frachtführer eine bösliche Handlungsweise nachgewiesen wird, so hat er den vollen Schaden zu ersetzen.

Die Vorschrift über die Berechnung des Schadensersatzes folgt dem bisherigen Recht, insbesondere auch darin, daß der Werth zur Zeit der Ablieferung zu Grunde gelegt wird (§ 430 des neuen H.G.B.).

Für die Eisenbahn ist in Uebereinstimmung mit dem Berner Vertrage im § 457 die Zeit der Absendung für maßgebend erklärt.

Absatz 5 des Art. 396 ist im § 430 Absatz 3 des neuen H.G.B. geändert: nicht blos bei böslicher Handlungsweise, sondern schon bei Vorsatz und grobem Versehen soll die Haftung für vollen Schaden eintreten. Das ist in Uebereinstimmung mit dem Berner Vertrage angeordnet

Artikel 397.

Der Frachtführer haftet für den Schaden, welcher durch Versäumung der bedungenen oder üblichen Lieferungszeit entstanden ist, sofern er nicht beweist, dass er die Verspätung durch Anwendung der Sorgfalt eines ordentlichen Frachtführers nicht habe abwenden können.

Diese Vorschrift ist gestrichen, weil sie durch § 429, der den Fall der Verspätung mit behandelt, überflüssig geworden ist.

Artikel 398.

Ist für den Fall verspäteter Ablieferung ein Abzug an der Fracht oder der Verlust der Fracht oder sonst eine Konventionalstrafe bedungen, so kann im Zweifel ausserdem auch der Ersatz des diesen Betrag übersteigenden Schadens gefordert werden, welcher durch die verspätete Ablieferung entstanden ist.

Die Vorschrift dieses Artikels ist, ebenso wie Art. 399, gestrichen. Die darin enthaltenen Regeln über Vertragsstrafen wegen verspäteter Ablieferung von Frachtgütern werden durch die §§ 340, 341, 285 B.G.B. entbehrlich.

Artikel 399.

Beweist der Frachtführer, dass er die Verspätung durch die Sorgfalt eines ordentlichen Frachtführers nicht habe abwenden können, so kann die bedungene gänzliche oder theilweise Einbehaltung der Fracht, oder die Konventionalstrafe wegen verspäteter Ablieferung nicht in Anspruch genommen werden, es sei denn, dass sich aus dem Vertrage eine entgegenstehende Absicht ergiebt.

Hier gilt das Gleiche wie zu Art. 398.

Artikel 400.

Der Frachtführer haftet für seine Leute und für andere Personen, deren er sich bei Ausführung des von ihm übernommenen Transports bedient.

Die Vorschrift des vorliegenden Artikels mußte, da nach § 429 des neuen H.G.B. der Frachtführer nur noch für Verschulden haftet, dahin geändert werden, daß er das Verschulden seiner Leute im gleichen Umfange zu vertreten hat wie eigenes Verschulden. Dies ist im § 431 des neuen H.G.B. ausgesprochen. Sollte aber die Vorschrift in dieser Fassung nicht durch § 278 B.G.B. ersetzt und überflüssig geworden sein?

Artikel 401.

Wenn der Fachtführer zur gänzlichen oder theilweisen Ausführung des von ihm übernommenen Transports das Gut einem anderen Frachtführer übergiebt, so haftet er für diesen und die etwa folgenden Frachtführer bis zur Ablieferung.

Jeder Frachtführer, welcher auf einen anderen Frachtführer folgt, tritt dadurch, dass er das Gut mit dem ursprünglichen Frachtbrief annimmt, in den Frachtvertrag gemäss dem Frachtbrief ein, übernimmt eine selbstständige Verpflichtung, den Transport nach Inhalt des Frachtbriefes auszuführen, und hat auch in Bezug auf den von den früheren Frachtführern bereits ausgeführten Transport für die Verbindlichkeiten derselben einzustehen.

Die Vorschriften dieses Artikels sind im § 432 des neuen H.G.B. wiedergegeben. In einem Absatz 3 regelt dieser Paragraph die Frage des Regresses desjenigen Frachtführers, welcher Schadensersatz geleistet hat, gegen denjenigen, welcher den Schaden verschuldet hat. Hiermit ist eine Lücke des früheren Rechts ausgefüllt (vergl. Komm. § 8). Die Regelung stimmt überein mit § 47 des Berner Vertrages.

Artikel 402.

Der Frachtführer hat den späteren Anweisungen des Absenders wegen Zurückgabe des Guts oder wegen Auslieferung desselben an einen anderen als den im Frachtbriefe bezeichneten Empfänger so lange Folge zu leisten, als er nicht letzterem nach Ankunft des Guts am Ort der Ablieferung den Frachtbrief übergeben hat.

Ist dies bereits geschehen, so hat er nur die Anweisungen des bezeichneten Empfängers zu beachten, widrigenfalls er demselben für das Gut verhaftet ist.

Diese Vorschrift ist ersetzt durch § 433 des neuen H.G.B., welcher ausführlicher gehalten ist, aber nur nebensächlich abweicht.

Artikel 403.

Der Frachtführer ist verpflichtet, am Ort der Ablieferung dem durch den Frachtbrief bezeichneten Empfänger das Frachtgut auszuhändigen.

Die Vorschrift ist angesichts des § 435 des neuen H.G.B. überflüssig und deshalb gestrichen worden.

Artikel 404.

Der im Frachtbriefe bezeichnete Empfänger ist vor Ankunft des Guts am Ort der Ablieferung dem Frachtführer gegenüber berechtigt, alle zur Sicherstellung des Guts erforderlichen Massregeln zu ergreifen und dem Frachtführer die zu diesem Zwecke nothwendigen Anweisungen zu ertheilen; die Auslieferung des Guts kann er vor dessen Ankunft am Ort der Ablieferung nur dann fordern, wenn der Absender dem Frachtführer zu derselben ermächtigt hat.

Mit dieser Vorschrift stimmt § 434 des neuen H.G.B. überein.

Artikel 405.

Nach Ankunft des Frachtführers am Ort der Ablieferung ist der im Frachtbriefe bezeichnete Empfänger berechtigt, die durch den Frachtvertrag begründeten Rechte gegen Erfüllung der Verpflichtungen, wie sie der Frachtbrief ergiebt, in eigenem Namen gegen den Frachtführer geltend zu machen, sei es, das er hierbei in eigenem oder fremdem Interesse handle: er ist insbesondere berechtigt, den Frachtführer auf Uebergabe des Frachtbriefes und Auslieferung des Guts zu belangen, sofern nicht der Absender demselben vor Anstellung der Klage eine nach Massgabe des Artikels 402 noch zulässige, entgegenstehende Anweisung gegeben hat.

Die Vorschrift ist in § 435 des neuen H.G.B. wiedergegeben. Dabei ist Zweierlei klargestellt:

1. Nicht die Ankunft des Frachtführers entscheidet fortan, sondern die Ankunft des Gutes. Bei Eisenbahnen kann man von einer Ankunft des Frachtführers nicht gut sprechen und deshalb mußte man schon das frühere Recht gegen den Wortlaut des Gesetzes dahin auslegen, daß die Ankunft des Gutes entscheidet (vergl. Komm. § 1).
2. Früher konnte der Empfänger die durch den Frachtvertrag begründeten Rechte geltend machen gegen Erfüllung der Verpflichtungen, wie sie der Frachtbrief ergab. Frachtvertrag und Frachtbrief brauchten sich aber nicht zu decken. Diese Inkongruenz ist jetzt beseitigt. Die neue Fassung lautet dahin, daß der Empfänger die durch den Vertrag begründeten Rechte gegen Erfüllung der sich daraus ergebenden Verpflichtungen geltend machen kann.

Artikel 406.

Durch Annahme des Guts und des Frachtbriefes wird der Empfänger verpflichtet, dem Frachtführer nach Massgabe des Frachtbriefes Zahlung zu leisten.

Die Vorschrift ist im § 436 des neuen H.G.B. wiedergegeben.

Artikel 407.

Wenn der bezeichnete Empfänger des Guts nicht auszumitteln ist oder die Annahme verweigert, oder wenn Streit über die Annahme oder den Zustand des Guts entsteht, so kann der Betheiligte den letzteren durch Sachverständige feststellen lassen.

Die Sachverständigen ernennt auf das Ansuchen des Betheiligten das Handelsgericht oder in dessen Ermangelung der Richter des Orts.

Die Sachverständigen haben ihr Gutachten schriftlich oder zu Protokoll zu erstatten.

Das Gericht kann auf Ansuchen des Betheiligten verordnen, dass das Gut in einem öffentlichen Lagerhause oder bei einem Dritten niedergelegt, und dass es ganz oder zu einem entsprechenden Theile behufs Bezahlung der Fracht und der übrigen Forderungen des Frachtführers öffentlich verkauft wird.

Ueber das Ansuchen um Ernennung von Sachverständigen oder um Verfügung des Gerichts wegen Niederlegung und wegen Verkaufs des Guts wird die Gegenpartei, wenn sie am Ort anwesend ist, gehört.

Die in diesem Artikel geregelte Materie wird im neuen H.G.B. im § 437 behandelt. Dabei ist aber nichts angeordnet über die Ernennung von Sachverständigen mit Hilfe des Gerichts zum Zwecke der Besichtigung des Guts. In dieser Hinsicht soll die C.P.O. neue Vorschriften enthalten. Desgleichen ist über die Mitwirkung des Gerichts bei der Niederlegung oder dem Verkaufe nichts gesagt.

Vielmehr ist dem Frachtführer bei eintretendem Ablieferungshindernisse die Pflicht auferlegt, dem Absender sofortige Anzeige zu machen und dessen Anweisungen einzuholen; wenn dieser Weg aber nicht gangbar ist (Anzeige nicht thunlich, Absender säumig, Anweisung nicht ausführbar), so hat der Frachtführer das Recht, das Gut niederzulegen und bei Gefahr im Verzuge zu verkaufen.

Artikel 408.

Durch Annahme des Guts und Bezahlung der Fracht erlischt jeder Anspruch gegen den Frachtführer.

Nur wegen Verlustes oder Beschädigung, welche bei der Ablieferung äusserlich nicht erkennbar waren, kann der Frachtführer selbst nach der Annahme und nach Bezahlung der Fracht in Anspruch genommen werden, wenn die Feststellung des Verlustes oder der Beschädigung ohne Verzug nach der Entdeckung nachgesucht worden ist, und bewiesen wird, dass der Verlust oder die Beschädigung während der Zeit seit der Empfangnahme bis zur Ablieferung entstanden ist.

Die Bestimmungen über die Verjährung der Klagen und Einreden gegen den Spediteur wegen Verlustes, Beschädigung oder verspäteter Ablieferung des Guts (Art. 386), finden auch auf den Frachtführer Anwendung.

Die Vorschrift des Art. 408 Absatz 1 ist allerdings im § 438 Absatz 1 des neuen H.G.B. wiederholt; aber der Absatz 2 dieses Paragraphen macht die bedeutsame Einschränkung, daß trotz Annahme des Guts und trotz Bezahlung der Fracht die Ansprüche gegen den Frachtführer doch geltend gemacht werden können, wenn die Beschädigung des Guts vor dessen Abnahme durch amtlich bestellte (nicht gerade ad hoc ernannte) Sachverständige festgestellt ist.

Absatz 2 findet sich im § 438 Absatz 3, 4 und 5 mit erheblichen Aenderungen wieder. Insbesondere ist angeordnet, daß die Feststellung des Schadens spätestens eine Woche nach der Annahme des Guts erfolgen muß, während es früher genügte, daß sie unverzüglich nach der Entdeckung, im übrigen ohne Frist erfolgte.

Auf alle diese dem Frachtführer günstigen Vorschriften kann derselbe sich aber nach der Bestimmung des neuen H.G.B. (§ 438 Abs. 5) nicht berufen, wenn er den Schaden durch Vorsatz oder grobe Fahrlässigkeit herbeigeführt hat.

Wie Absatz 3 des vorliegenden Artikels, so schreibt auch § 439 des neuen H.G.B. vor, daß für die Verjährung der Ansprüche die für den Spediteur geltenden Vorschriften Anwendung finden.

Artikel 409.

Der Frachtführer hat wegen aller durch den Frachtvertrag begründeten Forderungen, insbesondere der Fracht- und Liegegelder, sowie wegen der Zollgelder und anderer Auslagen ein Pfandrecht an dem Frachtgut. Dieses Pfandrecht besteht, so lange das Gut zurückbehalten oder niedergelegt ist; es dauert auch nach der Ablieferung noch fort, insofern der Frachtführer es binnen drei

Tagen nach der Ablieferung gerichtlich geltend macht, und das Gut noch bei dem Empfänger oder bei einem Dritten sich befindet, welcher es für den Empfänger besitzt.

Er kann zu seiner Befriedigung den Verkauf des Guts oder eines Theils desselben veranlassen. (Art. 407.)

Er hat dieses Recht auch gegenüber den übrigen Gläubigern und der Konkursmasse des Eigenthümers.

Die Vorschrift des Absatzes 1 ist im § 440 Absatz 1, 2 und 3 des neuen H.G.B. unverändert wiedergegeben.

Absatz 2, der von der Realisirung des Pfandrechts handelt, wird ersetzt durch die Vorschriften des B.G.B., welche nunmehr platzgreifen und sich bei der Einfachheit der in denselben vorgesehenen Pfandrealisirung auch für diese Fälle eignen. Als diejenige Person, welche hierbei als Gegenpartei zu betrachten ist, ist der Einfachheit wegen der Empfänger, und, falls dieser nicht zu ermitteln ist, der Absender bezeichnet. Denn der Eigenthümer, der nach dem B.G.B. die Gegenpartei ist, ist dem Frachtführer meist unbekannt.

Absatz 3 ist überflüssig, weil § 41 Nr. 8 der Konkursordnung das Gleiche besagt. Er ist deshalb gestrichen worden.

Artikel 410.

Geht das Gut durch die Hände mehrerer Frachtführer, so hat der letzte bei der Ablieferung, sofern nicht der Frachtbrief das Gegentheil bestimmt, auch die aus dem Frachtbriefe sich ergebenden Forderungen der vorhergehenden einzuziehen und deren Rechte, insbesondere auch das Pfandrecht auszuüben.

Der vorhergehende Frachtführer, welcher von dem nachfolgenden befriedigt ist, überträgt auf diesen von Rechtswegen seine Forderung und sein Pfandrecht.

In gleicher Art wird die Forderung und das Pfandrecht des Spediteurs auf den nachfolgenden Spediteur und den Frachtführer übertragen.

Das Pfandrecht der Vormänner besteht so lange, als das Pfandrecht des letzten Frachtführers.

Die Vorschrift des vorliegenden Artikels ist im § 441 des neuen H.G.B. ohne sachliche Aenderung wiedergegeben. Nur die Fassung ist klarer geworden.

Artikel 411.

Wenn auf demselben Gute zwei oder mehrere gemäss den Artikeln 374, 382 und 409 begründete Pfandrechte bestehen, so geht unter denjenigen Pfandrechten, welche durch die Versendung oder durch den Transport des Guts entstanden sind, das später entstandene dem früher entstandenen vor; diese Pfandrechte haben sämmtlich den Vorrang vor dem Pfandrecht des Kommissionärs und vor dem Pfandrecht des Spediteurs für Vorschüsse; unter den letzteren Pfandrechten geht das früher entstandene dem später entstandenen vor.

Die Vorschrift des vorliegenden Artikels ist im § 443 des neuen H.G.B. wiedergegeben. Den Pfandrechten des Kommissionärs, des Spediteurs und des Frachtführers ist das Pfandrecht des Lagerhalters hinzugefügt. Gelöst ist die Streitfrage des bisherigen Rechts (Komm. § 3), ob zu den bevorrechtigten Forderungen die aus der Versendung entstandenen Forderungen der Kommissionäre gehören; das neue H.G.B. beantwortet sie in unserem Sinne. Fortgelassen ist der letzte Satz des Art. 411, wonach unter den übrigen Pfandrechten das ältere dem jüngeren vorgeht. Das folgt schon aus §§ 1209 und 1257 B.G.B.

Artikel 412.

Wenn der Frachtführer das Gut ohne Bezahlung abliefert und das Pfandrecht nicht binnen drei Tagen nach der Ablieferung gerichtlich geltend macht,

so wird er, sowie die vorhergehenden Frachtführer und die Spediteure, des Rückgriffs gegen die Vormänner verlustig. Der Anspruch gegen den Empfänger bleibt in Kraft.

Die Vorschrift ist im § 442 des neuen H.G.B. wiedergegeben. Hinzugefügt ist, daß der Frachtführer, welcher das Gut ohne Bezahlung abliefert und das Pfandrecht nicht rechtzeitig geltend macht, den Vormännern verantwortlich ist. Damit ist aber keine Aenderung des gegenwärtigen Rechts beabsichtigt und erreicht, da dies schon jetzt anzunehmen ist (Denkschr. S. 284).

Artikel 413.

Der Absender und der Frachtführer können übereinkommen, dass der letztere **dem ersteren einen Ladeschein ausstellt.**

Der Ladeschein ist eine Urkunde, durch welche der **Frachtführer** sich zur **Aushändigung des Guts verpflichtet.**

Die Vorschriften über den Ladeschein (Art. 413—419) sind in der Hauptsache im neuen H.G.B. lediglich wiederholt.

Die Vorschrift des vorliegenden Artikels ist dahin gefaßt, daß über die Verpflichtung zur Auslieferung des Guts von dem Frachtführer ein Ladeschein ausgestellt werden kann. Darin ist der Absatz 2 des vorliegenden Artikels enthalten, nicht auch der Absatz 1. Der letztere ist jedoch selbstverständlich.

Daß der Ladeschein ein Traditionspapier ist (Komm. § 5), ist jetzt ausdrücklich ausgesprochen (§ 450 des neuen H.G.B.).

Artikel 414.

Der Ladeschein enthält:

1. **die Bezeichnung** der geladenen Güter nach Beschaffenheit, Menge und **Merkzeichen;**
2. **den Namen und Wohnort** des Frachtführers;
3. **den Namen des Absenders;**
4. **den Namen desjenigen, an den oder an dessen Order das Gut abgeliefert werden soll. Als solcher ist der Absender zu verstehen,** wenn der **Ladeschein lediglich an Order gestellt ist;**
5. **den Ort der Ablieferung;**
6. **die Bestimmung in Ansehung** der Fracht;
7. **den Ort und Tag der Ausstellung.**

Der Ladeschein muss von dem Frachtführer unterzeichnet sein.

Der Absender hat dem Frachtführer auf dessen Verlangen eine von ihm **unterzeichnete gleichlautende Kopie des Ladescheins auszuhändigen.**

Die Vorschrift des vorliegenden Artikels ist im § 445 des neuen H.G.B. enthalten. Dabei ist aber der Inhalt des Ladescheins im Anschluß an die Bestimmungen über den Frachtbrief in einigen Beziehungen ergänzt. Auch ist die kategorische Form: „der Ladeschein enthält" vermieden. Statt dessen ist gesagt: „der Ladeschein soll enthalten" (vergl. zu Art. 392).

Artikel 415.

Der Ladeschein **entscheidet** für die **Rechtsverhältnisse** zwischen dem **Frachtführer** und dem **Empfänger** des Guts; die nicht in **denselben aufgenommenen Bestimmungen** des **Frachtvertrages** haben **gegenüber dem Empfänger keine rechtliche** Wirkung, **sofern nicht auf dieselben ausdrücklich Bezug genommen ist.**

Für die **Rechtsverhältnisse zwischen Frachtführer und Absender bleiben** die Bestimmungen des **Frachtvertrages** massgebend.

Die Vorschrift ist wiederholt in § 446 des neuen H.G.B.

Artikel 416.

Wenn der Frachtführer einen Ladeschein ausgestellt hat, darf er späteren Anweisungen des Absenders wegen Zurückgabe oder Auslieferung des Guts an einen anderen als den durch den Ladeschein legitimirten Empfänger nur dann Folge leisten, wenn ihm der Ladeschein zurückgegeben wird. Handelt er dieser Bestimmung entgegen, so ist er dem rechtmässigen Inhaber des Ladescheins für das Gut verpflichtet.

Die Vorschrift ist im § 447 Absatz 3 des neuen H.G.B. wiedergegeben.

Artikel 417.

Zum Empfange des Guts legitimirt ist derjenige, an welchen das Gut nach dem Ladeschein abgeliefert werden soll, oder auf welchen der Ladeschein, wenn er an Order lautet, durch Indossament übertragen ist.

Die Vorschrift ist im § 447 Absatz 1 des neuen H.G.B. wiedergegeben, Absatz 2 desselben fügt hinzu, daß der zum Empfang Legitimirte schon vor der Ankunft des Guts an dem Ablieferungsorte die Rechte ausüben kann, welche dem Absender zustehen, wenn ein Ladeschein nicht ausgestellt ist.

Artikel 418.

Der Frachtführer ist zur Ablieferung des Guts nur gegen Rückgabe des Ladescheins, auf welchem die Ablieferung des Guts zu bescheinigen ist, verpflichtet.

Die Vorschrift deckt sich mit § 448 des neuen H.G.B.

Artikel 419.

Im Uebrigen kommen die Bestimmungen über die Rechte und Pflichten des Frachtführers auch in dem Falle zur Anwendung, wenn ein Ladeschein ausgestellt ist.

Die Vorschrift ist als überflüssig gestrichen.

Artikel 420.

Wenn ein Kaufmann, dessen gewöhnlicher Handelsbetrieb sich nicht auf die Ausführung von Frachtgeschäften erstreckt, in einem einzelnen Falle einen Transport von Gütern zu Land oder auf Flüssen und Binnengewässern auszuführen übernimmt, so kommen die Bestimmungen dieses Titels auch in Bezug auf ein solches Geschäft zur Anwendung.

Die Vorschrift ist im § 451 des neuen H.G.B. wiedergegeben.

Artikel 421.

Die Bestimmungen dieses Abschnitts finden auch Anwendung auf Frachtgeschäfte von Eisenbahnen und anderen öffentlichen Transportanstalten.

Sie gelten jedoch für die Postanstalten nur insoweit, als nicht durch besondere Gesetze oder Verordnungen für dieselben ein Anderes bestimmt ist.

Für die Eisenbahnen kommen ferner die Bestimmungen des folgenden Abschnitts zur Anwendung.

Absatz 1 ist als überflüssig gestrichen, weil er selbstverständlich ist. Das Gleiche gilt von Absatz 3. Absatz 2 aber ist dahin geändert, daß auf die Postverwaltung die Vorschriften über den Frachtvertrag überhaupt keine Anwendung finden, und gleichzeitig ist hinzugefügt, daß der Staat als Postunternehmer kein Kaufmann ist. (Aber der Staat als Eisenbahnunternehmer bleibt es!)

Artikel 422.

Eine Eisenbahn, welche dem Publikum zur Benutzung für den Gütertransport eröffnet ist, kann die bei ihr nachgesuchte Eingehung eines Frachtgeschäfts für ihre Bahnstrecke nicht verweigern, insofern

1. die Güter, an sich oder vermöge ihrer Verpackung, nach den Reglements und, im Falle die letzteren fehlen oder keinen Anhalt gewähren, nach den Einrichtungen und der Benutzungsweise der Bahn zum Transport sich eignen;
2. der Absender in Bezug auf die Fracht, die Auflieferung der Güter und die sonstigen den Eisenbahnen freigestellten Transportbedingungen sich den allgemein geltenden Anordnungen der Bahnverwaltung unterwirft;
3. die regelmässigen Transportmittel der Bahn zur Ausführung des Transports genügen.

Die Eisenbahnen sind nicht verpflichtet, die Güter zum Transport eher anzunehmen, als bis die Beförderung derselben geschehen kann.

In Ansehung der Zeit der Beförderung darf kein Absender vor dem Anderen ohne einen in den Einrichtungen der Bahn, in den Transportverhältnissen, oder im öffentlichen Interesse liegenden Grund begünstigt werden.

Zuwiderhandlungen gegen die Bestimmungen dieses Artikels begründen den Anspruch auf Ersatz des dadurch entstandenen Schadens.

Vorbemerkung. Der Abschnitt „Von dem Frachtgeschäft der Eisenbahnen insbesondere" hat schon in systematischer Hinsicht eine Aenderung insofern erfahren, als in dem entsprechenden Abschnitt des neuen H.G.B. auch die Personenbeförderung mit der Eisenbahn zum Gegenstande einer allgemeinen Vorschrift gemacht ist (§ 472), sodaß dieser Abschnitt nicht mehr eine Unterabtheilung der Bestimmungen über das Frachtgeschäft, sondern einen besonderen Abschnitt unter entsprechender Ueberschrift bilden mußte. Die Ueberschrift dieses selbständigen Abschnitts lautet jetzt: „Beförderung von Gütern und Personen auf den Eisenbahnen". Daß die allgemeinen Vorschriften über das Frachtgeschäft subsidiär Anwendung finden, ist zur Vermeidung von Mißverständnissen ausdrücklich gesagt (§ 454). Eine fernere grundsätzliche systematische Anordnung liegt in Folgendem: Die Vorschriften über die Haftung der Eisenbahnen waren im alten H.G.B. in der Weise gegeben, daß dasselbe der Vertragsfreiheit bestimmte Grenzen setzte. Die Befugniß innerhalb dieser Grenzen zu kontrahiren ist stets in der Weise ausgeübt worden, daß die betreffenden Beschränkungen der Haftpflicht in die Beförderungsbedingungen der Eisenbahn aufgenommen und hierdurch zum Bestandtheile jedes einzelnen Frachtvertrags gemacht wurden. Aber diese Regelung steht mit der wirklichen Sachlage nicht mehr im Einklang, weil die Befugniß der Eisenbahnen, den Umfang ihrer Haftpflicht festzusetzen, weggefallen ist, seitdem die den Vertragsinhalt bildenden Bestimmungen im Verordnungswege in bindender Weise vorgeschrieben sind. Da nun die Vertragsfreiheit thatsächlich weggefallen ist, so erschien es einfacher, die Haftung der Eisenbahnen derart zu regeln, daß die betreffenden Vorschriften unmittelbar, d. h. ohne den Umweg einer Aufnahme in den Frachtvertrag, zur Anwendung kommen. Das neue H.G.B. hat daher die betreffenden Bestimmungen der Verkehrsordnung in sich aufgenommen (vergl. Denkschr. S. 287).

Dabei sind die Vorschriften in möglichsten Einklang gebracht worden mit den Vorschriften des Berner Vertrages.

Im übrigen bleibt die Ausgestaltung des Eisenbahnfrachtrechts, wie sie durch die Verkehrsordnung erfolgt ist, derselben vorbehalten. Aber diese selbst erhält einen anderen Charakter. Ihre Bestimmungen kommen nicht mehr als Bestandtheile des einzelnen Frachtvertrages zur Geltung, sondern als Rechtssätze. Die Verkehrsordnung wird zur Rechtsverordnung erhoben Damit soll erreicht werden, daß die Auslegung ihrer Vorschriften durch das Revisionsgericht nachgeprüft werden kann, was richtiger Ansicht nach früher nicht der Fall war (vergl. Komm. § 7). Indessen ist diese Erhebung zur Rechtsverordnung nicht ausdrücklich erfolgt. Sie soll nach der Denkschrift S. 289 unzweifelhaft daraus hervorgehen, daß nach den §§ 454 und 471 ihren Bestimmungen innerhalb gewisser Grenzen der Vorrang vor den allgemeinen Vorschriften des H.G.B.

eingeräumt und auch sonst mehrfach auf ihre Bestimmungen zur Ergänzung der gesetzlichen Vorschriften verwiesen und jede Vereinbarung, die mit der Verkehrsordnung im Widerspruch steht, für nichtig erklärt ist. Es wäre doch aber einfacher gewesen, ausdrücklich auszusprechen, daß die Verkehrsordnung zur Rechtsverordnung erhoben wird.

Anlangend den vorliegenden Artikel, so ist derselbe in § 453 des neuen H.G.B. wiedergegeben, jedoch mit mehrfachen sachlichen Aenderungen:

1. Der Vertragszwang bezieht sich fortan nicht blos auf die eigene Bahnstrecke, sondern auf die unmittelbare Beförderung nach allen für den Güterverkehr bestimmten Stationen innerhalb des Deutschen Reichs. (Was die Beförderung nach auswärtigen Plätzen betrifft, so besteht insoweit, als es sich um Gütersendungen handelt, auf welche der Berner Vertrag Anwendung findet, nach den Vorschriften des letzteren die gleiche Transportpflicht wie im Inlandverkehr: Art. 5 des Vertrages; im anderen Falle aber besteht eine unbedingte Verpflichtung zur Uebernahme von Transporten nach dem Auslande nicht.)
2. Die Ausnahmen vom Vertragszwang sind um zwei vermehrt: wenn die Beförderung nach gesetzlicher Vorschrift oder aus Gründen der öffentlichen Ordnung verboten ist, und wenn die Beförderung durch höhere Gewalt verhindert wird.

Artikel 423.

Die im Artikel 422 bezeichneten Eisenbahnen sind nicht befugt, die Anwendung der in den Artikeln 395, 396, 397, 400, 401, 408 enthaltenen Bestimmungen über die Verpflichtung des Frachtführers zum Schadensersatze, sei es in Bezug auf den Eintritt, den Umfang oder die Dauer der Verpflichtung oder in Bezug auf die Beweislast, zu ihrem Vortheil durch Verträge (mittelst Reglements oder durch besondere Uebereinkunft) im Voraus auszuschliessen oder zu beschränken, ausser, soweit solches durch die nachfolgenden Artikel zugelassen ist.

Vertragsbestimmungen, welche dieser Vorschrift entgegenstehen, haben keine rechtliche Wirkung.

Dieser Artikel ist fortgefallen. Er hatte in dem veränderten System des neuen H.G.B. keinen Raum mehr. Wie in unserer Vorbemerkung zu Art. 422 hervorgehoben ist, sind die Vorschriften über die Vertragsfreiheit hinsichtlich der Schadensersatzpflicht der Eisenbahn nicht mehr in der Weise geregelt, daß nach verschiedenen Richtungen Konzessionen für die Vertragsfreiheit gemacht sind, darüber hinaus aber die Vertragsfreiheit ausgeschlossen ist. Was vielmehr früher als vereinbarungsfähig bezeichnet war, soll jetzt von Gesetzes wegen als Rechtens gelten. Vertragliche Veränderungen dessen, was hiernach von Gesetzes wegen gelten soll, sind durch § 471 des neuen H.G.B. verboten.

Artikel 424.

Es kann bedungen werden:

1. in Ansehung der Güter, welche nach Vereinbarung mit dem Absender in unbedeckten Wagen transportirt werden:
   dass für den Schaden nicht gehaftet werde, welcher aus der mit dieser Transportart verbundenen Gefahr entstanden ist;
2. in Ansehung der Güter, welche, ungeachtet ihre Natur eine Verpackung zum Schutz gegen Verlust oder Beschädigung auf dem Transport erfordert, nach Erklärung des Absenders auf dem Frachtbrief unverpackt oder mit mangelhafter Verpackung aufgegeben sind:
   dass für den Schaden nicht gehaftet werde, welcher aus der mit dem Mangel der Verpackung oder mit der mangelhaften Beschaffenheit der Verpackung verbundenen Gefahr entstanden ist;
3. in Ansehung der Güter, deren Auf- und Abladen nach Vereinbarung mit dem Absender von diesem besorgt wird;

dass für den Schaden nicht gehaftet werde, der aus der mit dem Auf- und Abladen oder mit mangelhafter Verladung verbundenen Gefahr entstanden ist;

4. in Ansehung der Güter, welche vermöge ihrer eigenthümlichen natürlichen Beschaffenheit der besonderen Gefahr ausgesetzt sind, gänzlichen oder theilweisen Verlust oder Beschädigung, namentlich Bruch, Rost, inneren Verderb, aussergewöhnliche Leckage u. s. w. zu erleiden;
   dass für den Schaden nicht gehaftet werde, welcher aus dieser Gefahr entstanden ist;
5. in Ansehung lebender Thiere:
   dass für den Schaden nicht gehaftet werde, welcher aus der mit dem Transport dieser Thiere für dieselben verbundenen besonderen Gefahr entstanden ist;
6. in Ansehung begleiteter Güter:
   dass für den Schaden nicht gehaftet werde, welcher aus der Gefahr entstanden ist, deren Abwendung durch die Begleitung bezweckt wird.

Ist eine der in diesem Artikel zugelassenen Bestimmungen bedungen, so gilt zugleich als bedungen, dass bis zum Nachweise des Gegentheils vermuthet werden soll, dass ein eingetretener Schaden, wenn er aus der nicht übernommenen Gefahr entstehen konnte, aus derselben wirklich entstanden ist.

Eine nach diesem Artikel bedungene Befreiung von der Haftpflicht kann nicht geltend gemacht werden, wenn nachgewiesen wird, dass der Schaden durch Verschulden der Bahnverwaltung oder ihrer Leute entstanden ist.

Die Vorschrift des vorliegenden Artikels ist im § 459 des neuen H.G.B. wiedergegeben, aber, wie bereits mehrfach hervorgehoben, nicht in der Weise, daß gesagt ist: das kann vereinbart werden, sondern indem gesagt ist: das gilt. (Vergl. zu Art. 423.)

Artikel 425.

An Ansehung des Reisegepäcks kann bedungen werden:

1. dass für Verlust oder Beschädigung von Reisegepäck, welches nicht zum Transport aufgegeben ist, nur gehaftet werde, wenn ein Verschulden der Bahnverwaltung oder ihrer Leute nachgewiesen wird. Dasselbe kann in Ansehung von Gegenständen bedungen werden, welche sich in Reise-Equipagen befinden;
2. dass von Verlust von Reisegepäck, welches zum Transport aufgegeben ist, nur gehaftet werde, wenn das Gepäck binnen einer bestimmten Frist nach der Ablieferungszeit abgefordert wird.

Die Frist darf nicht kürzer als drei Tage sein.

Der Vorschrift des vorliegenden Artikels entspricht § 465 des neuen H.G.B.

Indessen ist zunächst der Charakter der Vorschrift ein anderer (vergl. zu Art. 424), sodann aber ordnet der neue Paragraph auch an, daß die Verkehrsordnung den Höchstbetrag des Schadensersatzes bestimmen kann.

Artikel 426.

In Ansehung der Güter, welche nach ihrer natürlichen Beschaffenheit bei dem Transport regelmässig einen Verlust an Gewicht oder an Mass erleiden, kann bedungen werden, dass bis zu einem im Voraus bestimmten Normalsatze für Verlust an Gewicht oder Maass nicht gehaftet werde. Der Normalsatz muss, im Falle mehrere Stücke zusammen transportirt worden sind, für jedes einzelne Stück besonders berechnet werden, wenn das Gewicht oder Maass der einzelnen Stücke im Frachtbrief verzeichnet oder sonst erweislich ist.

Die hier bezeichnete Bestimmung kann nicht geltend gemacht werden, wenn nachgewiesen wird, dass der Verlust nach Umständen des Falles nicht in Folge der natürlichen Beschaffenheit des Guts entstanden ist, oder dass der bestimmte Normalsatz dieser Beschaffenheit oder den sonstigen Umständen des Falles nicht entspricht.

Die Vorschrift ist im § 460 des neuen H.G.B. wiedergegeben. Der Charakter derselben ist verändert (vergl. zu Art. 424), und hinzugefügt ist der Klarheit wegen, was schon nach dem alten H.G.B. angenommen wurde (vergl. Komm. § 4), daß bei gänzlichem Verlust des Guts ein Abzug für Gewichtsverlust nicht stattfindet.

Artikel 427.

Es kann bedungen werden:

1. dass der nach Artikel 396 der Schadensberechnung zu Grunde zu legende Werth den im Frachtbrief, im Ladeschein oder im Gepäckschein als Werth des Guts angegebenen Betrag und in Ermangelung einer solchen Angabe einen im Voraus bestimmten Normalsatz nicht übersteigen soll;

2. dass die Höhe des nach Art. 397 wegen verspäteter Lieferung zu leistenden Schadensersatzes den im Frachtbrief, im Ladeschein oder im Gepäckschein als die Höhe des Interesses an der rechtzeitigen Lieferung angegebenen Betrag und in Ermangelung einer solchen Angabe einen im Voraus bestimmten Normalsatz, welcher auch in dem Verluste der Fracht oder Theiles derselben bestehen kann, nicht übersteigen soll.

Im Falle einer böslichen Behandlungsweise der Eisenbahnverwaltung oder ihrer Leute kann die Beschränkung der Haftpflicht auf den Normalsatz oder den angegebenen Werth des Guts nicht geltend gemacht werden.

Die Vorschrift der Nr. 1 ist beseitigt. Dagegen enthält das neue H.G.B. im § 457 eine allgemeine Vorschrift über die Höhe des Schadensersatzes, welchen die Eisenbahn zu leisten hat (wesentlich ist dabei, daß nicht, wie beim gewöhnlichen Frachtgeschäft, der Werth zur Zeit der Ablieferung, sondern der Werth zur Zeit der Absendung maßgebend ist) und Ausnahmen von dieser allgemeinen Vorschrift in §§ 460 und 461.

An die Stelle der Nr. 2 tritt der § 466 des neuen H.G.B., der in Bezug auf seinen Charakter (vergl. zu Art. 424) und seinen Inhalt erheblich abweicht. Hervorzuheben ist, daß nach der neuen Bestimmung der Ersatz des vollen Schadens verlangt werden kann, wenn Vorsatz oder grobe Fahrlässigkeit vorliegt, und daß dies durch Vertrag nicht geändert werden kann (§ 471).

Artikel 428.

Es kann bedungen werden, dass nach erfolgter Empfangnahme des Guts und Bezahlung der Fracht jeder Anspruch wegen Verlustes an dem Gute oder wegen Beschädigung desselben auch dann, wenn dieselben bei der Ablieferung nicht erkennbar waren und erst später entdeckt worden sind (Art. 408 Abs. 2), erlischt, wenn der Anspruch nicht binnen einer bestimmten Frist nach der Ablieferung bei der Eisenbahnverwaltung angemeldet worden ist.

Die Frist darf nicht kürzer als vier Wochen sein.

Diese Vorschrift ist durch § 464 des neuen H.G.B. ersetzt, der wiederum an Charakter und Inhalt erheblich abweicht von dem geltenden Recht.

Artikel 429.

Wenn eine Eisenbahn das Gut mit einem Frachtbrief übernimmt, nach welchem der Transport durch mehrere sich einander anschliessende Eisenbahnen zu bewirken ist, so kann bedungen werden, dass nicht sämmtliche Eisenbahnen, welche das Gut mit dem Frachtbrief übernommen haben, nach Maassgabe des

Artikels 401 als Frachtführer für den ganzen Transport haften, sondern dass nur die erste Bahn und diejenige Bahn, welche das Gut mit dem Frachtbriefe zuletzt übernommen hat, dieser Haftpflicht für den ganzen Transport unterliegt, vorbehaltlich des Rückgriffs der Eisenbahnen gegeneinander, dass dagegen eine der übrigen, in der Mitte liegenden, Eisenbahnen nur dann als Frachtführer in Anspruch genommen werden kann, wenn ihr nachgewiesen wird, dass der Schaden auf ihrer Bahn sich ereignet hat.

Die Vorschrift ist im § 469 des neuen H.G.B. im wesentlichen wiedergegeben, jedoch wiederum mit verändertem Charakter (vergl. zu Art. 424).

Artikel 430.

Wenn eine Eisenbahn das Gut mit einem Frachtbrief zum Transport übernimmt, in welchem als Ort der Ablieferung ein weder an ihre Bahn, noch an einer der sich an sie anschliessenden Bahnen liegender Ort bezeichnet ist, so kann bedungen werden, dass die Haftpflicht der Eisenbahn oder der Eisenbahnen als Frachtführer nicht für den ganzen Transport bis zum Ort der Ablieferung, sondern nur für den Transport bis zu dem Ort bestehe, wo der Transport mittelst Eisenbahn enden soll; ist dies bedungen, so treten in Bezug auf die Weiterbeförderung nur die Verpflichtungen des Spediteurs ein.

Die Vorschrift ist im § 468 des neuen H.G.B. wiedergegeben, jedoch mit verändertem Rechtscharakter (vergl. zu Art. 424).

Artikel 431.

Ist von dem Absender auf dem Frachtbrief bestimmt, dass das Gut an einem an der Eisenbahn liegenden Ort abgegeben werden oder liegen bleiben soll, so gilt, ungeachtet im Frachtbrief ein anderweitiger Bestimmungsort angegeben ist, der Transport als nur bis zu jenem an der Bahn liegenden Ort übernommen. und die Bahn ist nur bis zur Ablieferung an diesem Ort verantwortlich.

Derselbe ist gestrichen.

Exkurs zu Art. 431.

Der Abschnitt über das Recht der Beförderung durch die Eisenbahnen ist im neuen H.G.B. umfangreicher geworden, als er im alten war. Es sind folgende Bestimmungen hinzugefügt:

1. Dem weitverbreiteten Institut des Frachtbriefduplikats ist in § 455 eine besondere Bestimmung gewidmet. Die Eisenbahn hat danach die Verpflichtung, ein solches Duplikat auszustellen; geschieht dies, so hat der Absender das im § 433 bezeichnete Verfügungsrecht nur dann, wenn er das Duplikat vorlegt.
2. Das Haftungsprinzip ist, abweichend von der veränderten Regelbestimmung des § 429, und mehr im Anschluß an die bisherige strenge Haftung des Frachtführers, für die Eisenbahn besonders aufgestellt (§ 456). Dabei entscheidet der Werth zur Zeit der Absendung (§ 457), nicht, wie bei jedem anderen Frachtführer, der gemeine Werth zur Zeit der Ablieferung (§ 429).
3. Für die Verjährung der Ansprüche, welche sich auf die Frachtgeschäfte der Eisenbahn beziehen, galten früher die allgemeinen Frachtvorschriften. Das ist zwar auch jetzt noch der Fall. Die Verjährung wird aber in Absatz 1 des § 470 ausgedehnt auf andere Fälle, und in Absatz 2 wird eine Vorschrift über die Hemmung der Verjährung aufgestellt, welche einem in den Kreisen des Handelsstandes vielfach geäußerten Wunsche entspricht.
4. Der § 472 enthält über die Personenbeförderung, über welche das alte H.G.B. nichts sagte, die Bestimmung, daß hierüber die Eisenbahnverkehrsordnung Bestimmung trifft.
5. Der Schlußparagraph des neuen H.G.B. enthält Sonderbestimmungen über die sogenannten Kleinbahnen. Soweit das neue H.G.B. auf Bestimmungen der Verkehrsordnung Bezug

nimmt, sollen für diese die Bedingungen maßgebend sein, welche für die Beförderung auf der betreffenden Bahn festgesetzt sind. Der Vertragszwang, welchen § 453 für alle Eisenbahnen aufstellt, soll für diese nur mit der Maßgabe gelten, daß sie die Uebernahme von Gütern zur Beförderung auf ihrer Bahnstrecke nicht verweigern dürfen.

Zusätze und Berichtigungen:

Zu Seite 5. **Die dort aufgestellte Ansicht, daß nur der 6. Abschnitt des neuen Handelsgesetzgesetzbuchs in Kraft getreten ist, subsidiär also das bisherige bürgerliche Recht zur Anwendung kommt,** wird von v. Specht (Deutsche Juristenztg. S. 261) getheilt. In Uebereinstimmung mit unseren Ausführungen auf S. 5 und 6 will er nur diejenigen Bestimmungen des B.G.B. schon mit dem 1. Januar 1898 entsprechend anwenden, auf welche die am 1. Januar 1898 in Kraft tretenden Bestimmungen des neuen H.G.B. ausdrücklich verweisen (vergl. Supplement Theil I § 62 und Anm. dazu). Dieser ausdrückliche Hinweis ist in der That ein integrirender Bestandtheil des § 62 und bewirkt, daß nicht blos dieser Paragraph, sondern auch diejenigen Gesetzesbestimmungen vorzeitig in Kraft treten, deren entsprechende Anwendung er anordnet.

Mit Unrecht aber will v. Specht das Gleiche gelten lassen im Falle des § 75 Absatz 2. Dort ist aber nicht angeordnet, daß die betreffenden Vorschriften des B.G.B. gelten sollen, es ist nur gesagt: sie bleiben unberührt. Das heißt: wenn und soweit sie gelten, soll durch die Anwendung des § 62 die Anwendung der betreffenden Vorschrift des B.G.B. nicht leiden. Aber es ist nicht vorgeschrieben, daß die betreffende Vorschrift Anwendung finden soll. (Vergl. hierüber Supplement Teil I § 75 Anm. 5.)

Entschieden zurückzuweisen ist endlich die radikale Auffassung Wolffs (in Holdheim's Monatsschrift für Handelsrecht Band 6 S. 234), wonach das ganze Bürgerliche Gesetzbuch vom 1. Januar 1898 insoweit zur Anwendung gelangt, als die Vorschriften des 6. Abschnitts des neuen H.G.B. zur Beurtheilung der Dienstverträge nicht ausreichen. Dafür findet sich nirgends ein Anhalt, im Gegentheil sagt Art. 1 ausdrücklich, daß das neue Handelsgesetzbuch im allgemeinen erst mit dem Bürgerlichen Gesetzbuch in Kraft tritt, und nur der 6. Abschnitt des Ersten Buchs des neuen Handelsgesetzbuchs soll früher in Kraft treten, außer ihm keines derjenigen Gesetze, welche am 1. Januar 1900 in Kraft treten werden. Es klingt ja sehr bestechend, wenn man sagt, die Bestimmungen über die Handlungsgehilfen müßten in demjenigen Sinne in Kraft treten, welchen sie als Bestandtheil des neues H.G.B. haben sollten. Allein das ist ein blendender, aber nicht richtiger Ausspruch. Känn man einen Theil eines Gesetzbuchs vorzeitig in Kraft treten, so wird derselbe damit ein Bestandtheil der zur Zeit bestehenden Gesetzgebung und muß sich den geltenden Gesetzen angliedern, durch welche seine Deutung und Tragweite auf Schritt und Tritt beeinflußt wird.

Wäre es richtig, daß die im 6. Abschnitt des neuen H.G.B. vorkommenden Begriffe schon vom 1. Januar 1898 ab unter allen Umständen diejenige Bedeutung und Tragweite haben, welche ihnen das neue H.G.B. beilegen wollte, so müßte ja auch das ganze neue H.G.B. vorzeitig in Kraft treten, soweit es sich darum handelt, jenen Begriffen denjenigen Inhalt und diejenige Tragweite zu verleihen, welche ihnen als Bestandtheil des neuen H.G.B. zukommt. Der Gehilfe eines Lagerhalters ist z. B. nach dem neuen H.G.B. ein Handlungsgehilfe, weil der Lagerhalter nach § 1 ein Handelsgewerbe betreibt. Wolfs Ansicht würde nun zu der Konsequenz führen, daß der Lagerhalter schon vom 1. Januar 1898 als Kaufmann betrachtet werden muß, nur damit sein Gehilfe ein Handlungsgehilfe wird. Aehnlich würde es mit den Grundstücksspekulanten stehen, welche nach § 2 des neuen H.G.B. sich eintragen lassen müßten, nur damit ihre Gehilfen Handlungsgehilfen werden; der Art. 275, wonach Grundstücksgeschäfte keine Handelsgeschäfte sind, würde schon vom 1. Januar 1898 ab beseitigt sein, damit der Begriff des Handlungsgehilfen vom 1. Januar 1898 die gleiche Bedeutung und Tragweite habe, wie nach dem 1. Januar 1900. Das sind unhaltbare Konsequenzen.

Seite 23 Anm. 5. Ueber die hier erwähnte Frage vergl. zu 1.

Seite 40. Das in Anm. 2 a β citirte Erkenntniß ist jetzt abgedruckt in R.G. 38 S. 173.

Seite 49 Zeile 1 von oben statt: Satz § 10 muß es heißen: Zusatz (§ 10).

Seite 51. Zu Art. 58 ist noch hinzuzufügen: Vergl. Exkurs zu § 59 in Supplement Theil I.

Seite 52: In der Anmerkung zu Art. 62 fünfte Zeile von unten muß es statt Meinung des Kommis heißen: Weigerung des Kommis.

Seite 73. Zu Art. 140. Die Anm. zu Art. 138 gehört hierher.

Lippert & Co. (G. Pätz'sche Buchdr.), Naumburg a/S.

Lippert & Co (G. Pätz'sche Buchdruckerei), Naumburg a.

FSC
www.fsc.org
MIX
Papier | Fördert
gute Waldnutzung
FSC® C083411

Kolibri 360 GmbH
Ferdinand-Jühlke-Straße 7
99095 Erfurt, Deutschland
produktsicherheit@kolibri360.de